日本語音韻音調史の研究

金田一春彦著

吉川弘文館

序

本書は、私が大学生の頃から、八十歳ぐらいの年齢に達するまでに書いて雑誌その他に発表した論文などを集めたものです。私は在学時代、日本語のアクセントの歴史の研究を思い立って、研究のテーマにきめたので、その方面の論究が多くなりましたが、ここに集めたうちの代表的なものは、大部の「日本四声古義」です。ほかのものは、その論の弱い点を支えるもの、あるいはまずかった点を補っているようなものです。

私は小学校の頃から音楽が大好きでしたので、言葉の面でアクセントに関心が強く、大学へ入り、父と同じ国語学の道に進んだ頃は、日本全国をまわって方言のアクセントを明らかにして精密な地図を書こうと思っていました。が、先輩などの話を聞きますと、大学時代に方言なんかつついていると就職できない、国語学科に入ったのなら、日本語の歴史をやった方がいい、と言われ、就職できないことは私にとっては一番響くことなので、在学中に同じアクセントでもテーマを歴史的研究に変えてしまったのです。

ところがアクセントの歴史的研究は、私には向いていませんでした。古い本を見せてもらって問題をつついている先輩を見ますと、細かいことにこだわって人生を終える人が多いように思われました。それから私のように貧しい者にとっては、古い本の魅力にとりこになり、深入りしたら大変なことになると思われました。そのために私のアクセント史の研究は「日本四声古義」とその関連事跡ぐらいにして、東京式と京阪式のアクセントはどのように別れたものかという方言の系統を考える研究の方に鞍変えしてしまいました。

ところで私が書いた論文の中で、一番多くの人に引用され、学界の定説になったように見られるものは、この「日本四声古義」です。

平声＝低い調

上声＝高い調

去声＝低から高へ昇る調

という私の考えは、有坂秀世博士でも考えつかれなかった、服部四郎博士などは昭和三十年代まで去声の内容について迷っておられたので、私の書いたものの中では珍しいものです。それと、この論文との関係で、日本語の単語をアクセントの面から分類して呼んだ

第一類名詞＝飴・牛・丘・…

第二類名詞＝石・音・川・…

第三類名詞＝池・馬・鬼・…

…………………………

という語類の分類も、よく普及したものでした。これは中国にまで紹介して下さいました。それに対して、私がその後、自分では得意になって発表した、日本諸方言のアクセントの面の系統などは、ほんの一部の人たちだけしか認めてくれず、おやおやと思っております。よく、学者の研究は、二十歳代が一番頭が良くて、多く世の中に知られる発明や発見はその頃の思い付きが大部分をしめるということを聞きますが、私のような凡才の場合もその原則にあうのかと面白く思っております。

そんなことから、本書は私の若い頃の研究を一つ一つ誰にでも見られるようにまとめたものになりましたが、こうした本を刊行して下さった吉川弘文館には何とも御礼の申し上げようもありません。有難うございました。それと、編集部では、私の文章について興味をお感じであったかどうか、難解かと心配したところをよく理解して下さり、私の考えの至らなかったところを指摘・改訂して下さった。そのご勉強ぶりには敬服致しました。あわせて御礼申し上げます。

平成十二年九月二十三日

金田一春彦

目次

目次

第四編　音韻・アクセント史の周辺

日本音楽著作権協会（出）許諾第〇〇一三七〇一—〇〇一号

第一編　音韻・アクセント史と平曲・声明

一　平曲の音声

一　平曲とは

1　平曲の歴史

「平曲」とは『平家物語』の詞章にフシをつけて、琵琶の伴奏で語り歌う邦楽である。創始については、『徒然草』の記述により、鎌倉時代のはじめに生仏という盲人によってはじめられたとするのが通説である。代々盲人の間にうけつがれ、南北朝時代に天才覚一の出現により、最盛期を迎えた。江戸時代は三味線音楽に押されつつも、幕府の保護によりどうにか衰亡をまぬかれてきたが、明治維新の際の検校制度廃止が大きな打撃を与え、終戦時は、仙台の館山甲午氏と名古屋の三人の検校により辛うじて命脈を保たれていた。このうちで名古屋の検校の方は数曲を伝えるにすぎないが、仙台の館山氏の方は二〇〇曲のほとんど全部を語ることができる。きょうは、館山氏にお習いしたところを主として述べる。(1)

2 その音楽的性質

平曲は「平家琵琶」ともいわれる。琵琶とは名が付くが、聞いた感じは、筑前琵琶や薩摩琵琶とはちがう。琵琶の一種というより、お経と謡曲とを足して二で割ったようなものである。現行の諸邦楽にくらべると、きわめて単調である。しかし田辺尚雄氏などによると、後世の邦楽の大部分が影響を受けている点で、音楽史上には甚だ重要視すべきものである。そうして、聞いてみれば、これはこれで味がある。少くともメロディーは勇壮なもの、哀婉なもの、など、歌詞の内容によってちがいがあり、謡曲より音楽的な変化がある。

譜本は江戸時代以後に何種類かできた。中で荻野検校の『平家正節』が代表的なもので、写本が相当数伝わっている。東大の国語学研究室には青洲文庫本というい い本がある。(2) この『平家正節』は調べてみると、なかなか科学的な譜本で、ある程度約束事を知れば、これをもとにして、少くとも荻野検校時代の平曲の曲節を大体復原できるようである。現在の平曲家はいずれもこれをテキストとして用いている。

写真を掲げたのは、青洲文庫本『平家正節』巻一下の名曲「竹生島詣」の一部である。「竹生島詣」は平経正が木曾討伐の途次竹生島に参詣して奇瑞にあった故事を語ったものだ。今でも、名古屋では、荻野検校の命日を迎えると、その画像の前でこの曲を演奏するならわしがある。これはこの曲が琵琶の霊験を語ったものだから尊ぶのであろう。ところで今、写真の譜を見ていただきたい。本文の間、ところどころに「口説」とか「中音」とかいう文字が書いてある。この文字のあるところが音楽上の段落の切れ目である。ここでリズムやメロディーの性質が大きく変化し、またここで琵琶の手が入る。(琵琶は主にこの文字のある箇所で弾き、あとは語句の切れ目に一音入るぐらいである。)この位置に書かれる文字を見ると、「口説《クドキ》」・「初重」・「中音」・「三重」・「指声《サシゴエ》」・「歌」・「拾」・「素声《シラゴエ》」など三〇種類ぐらいのヴ

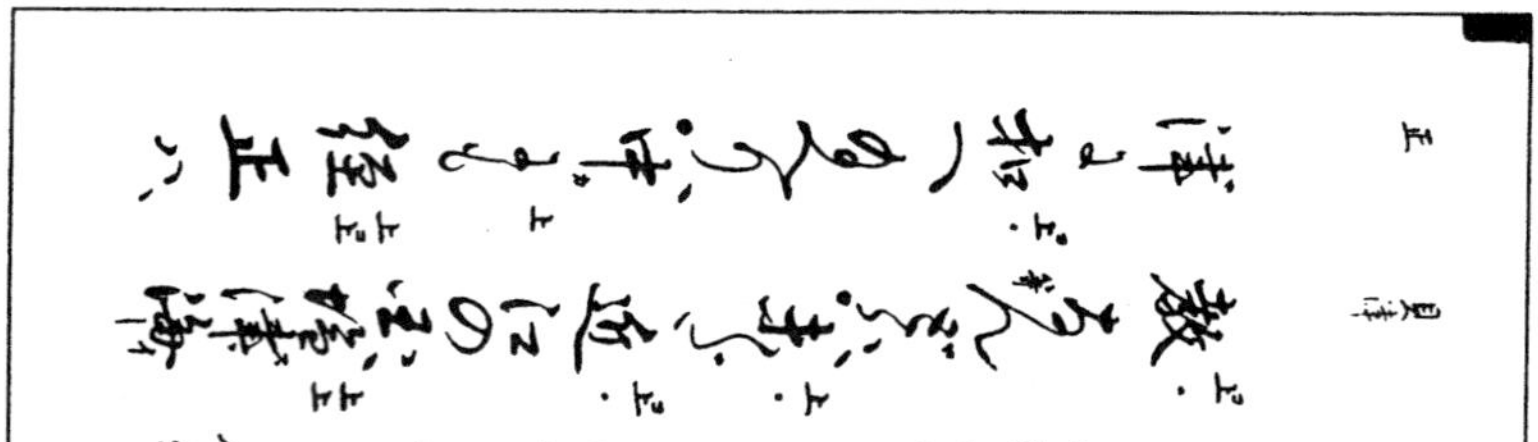
(一)

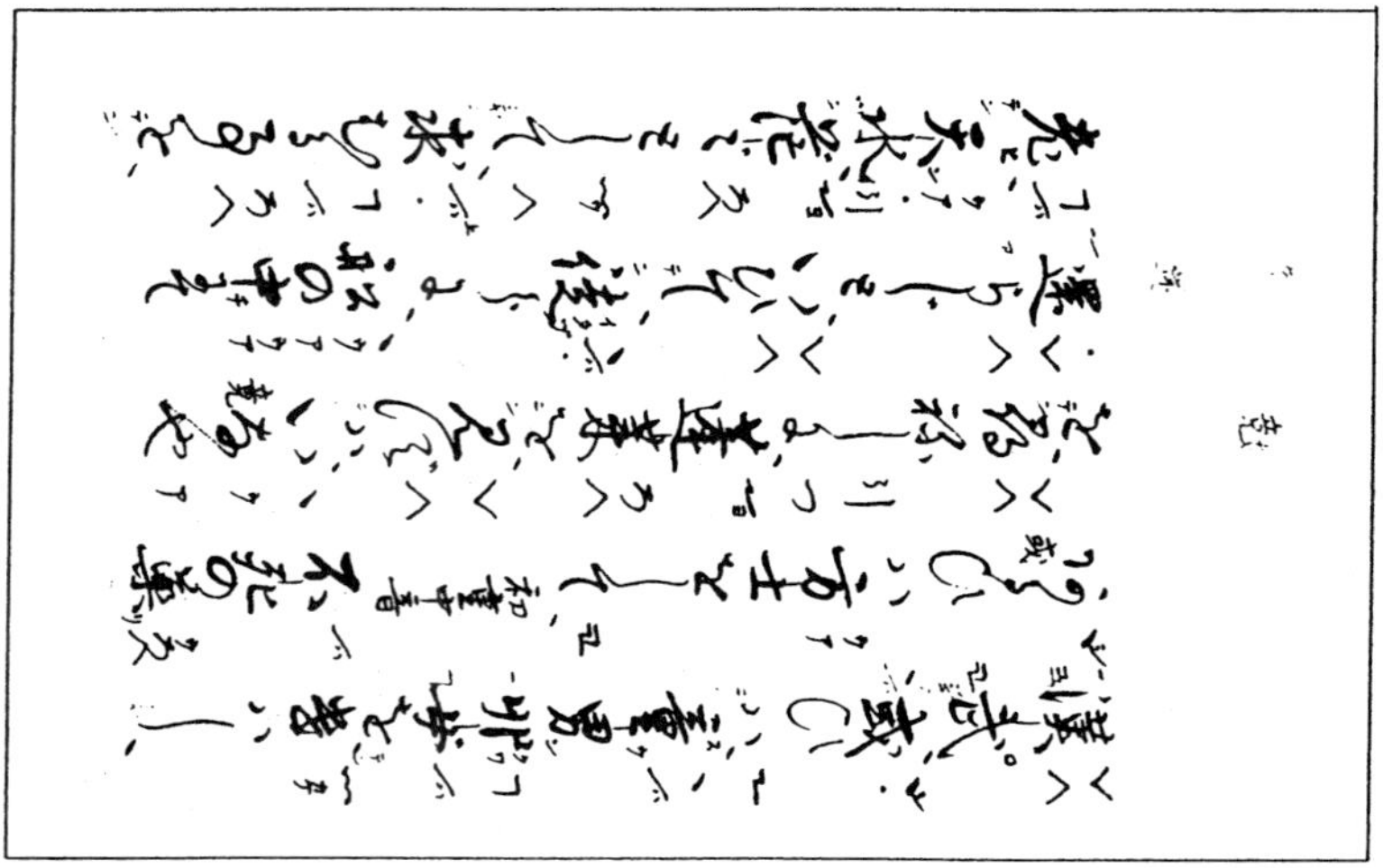
(二)

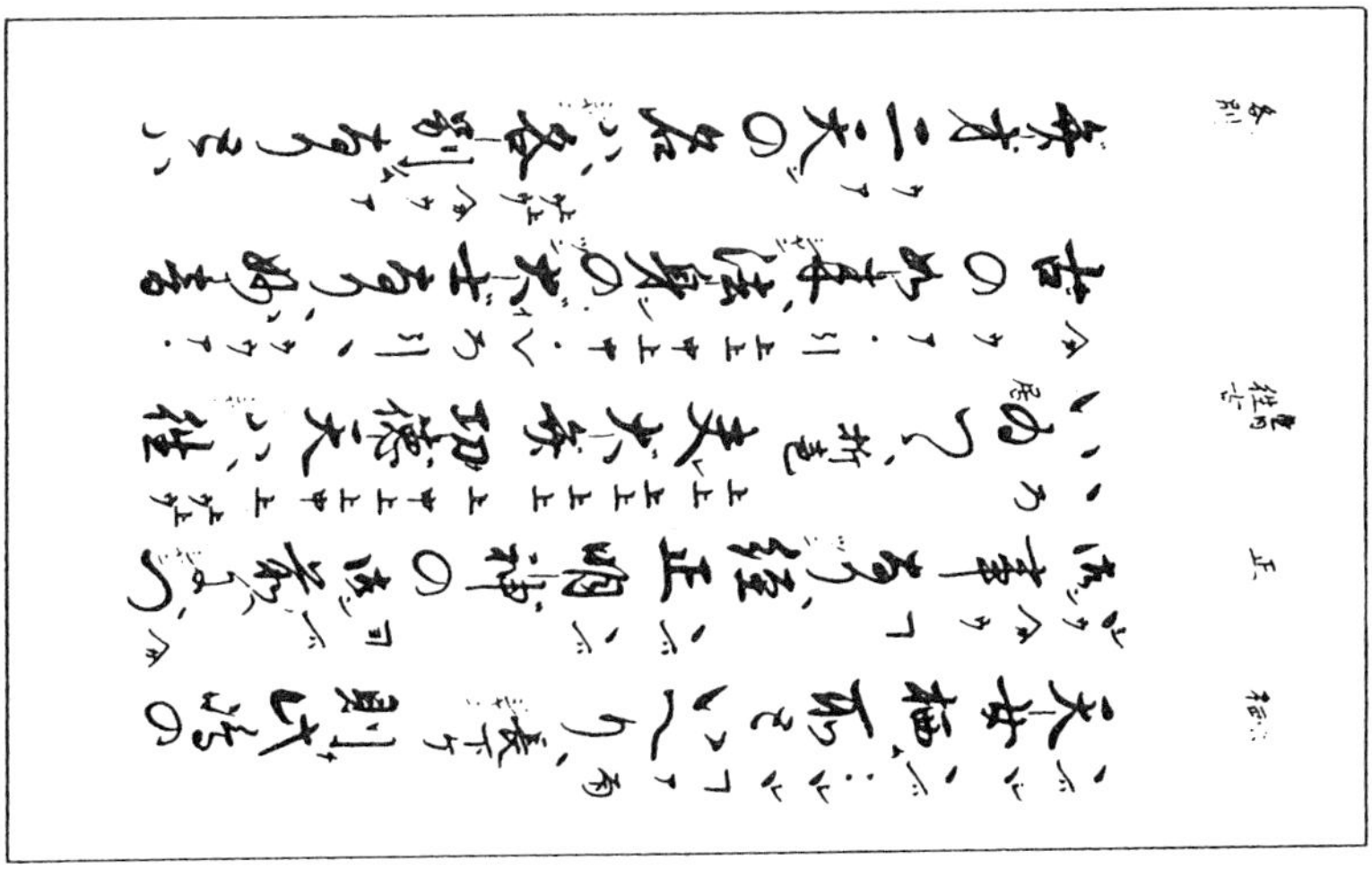

(四)

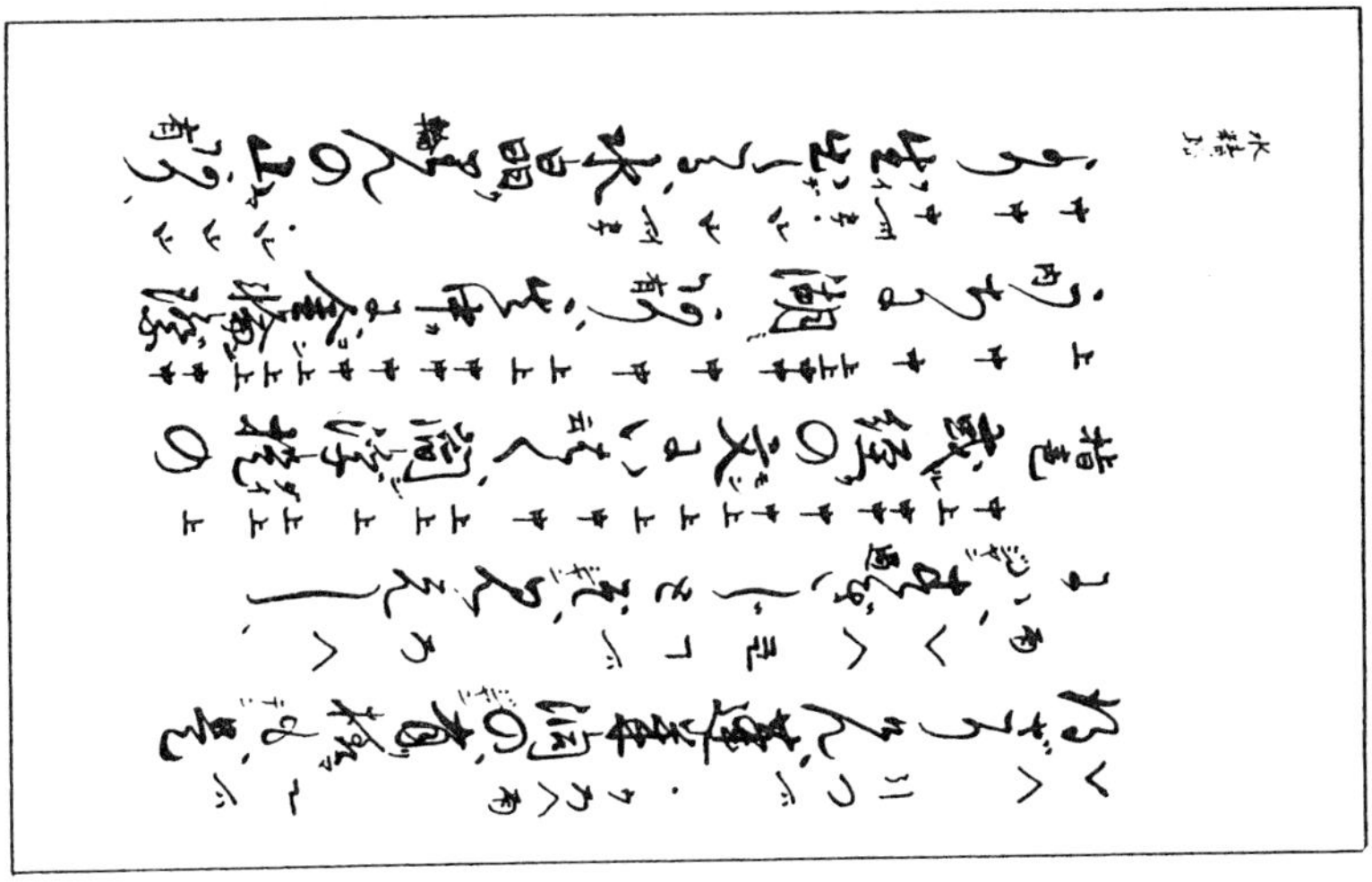

(三)

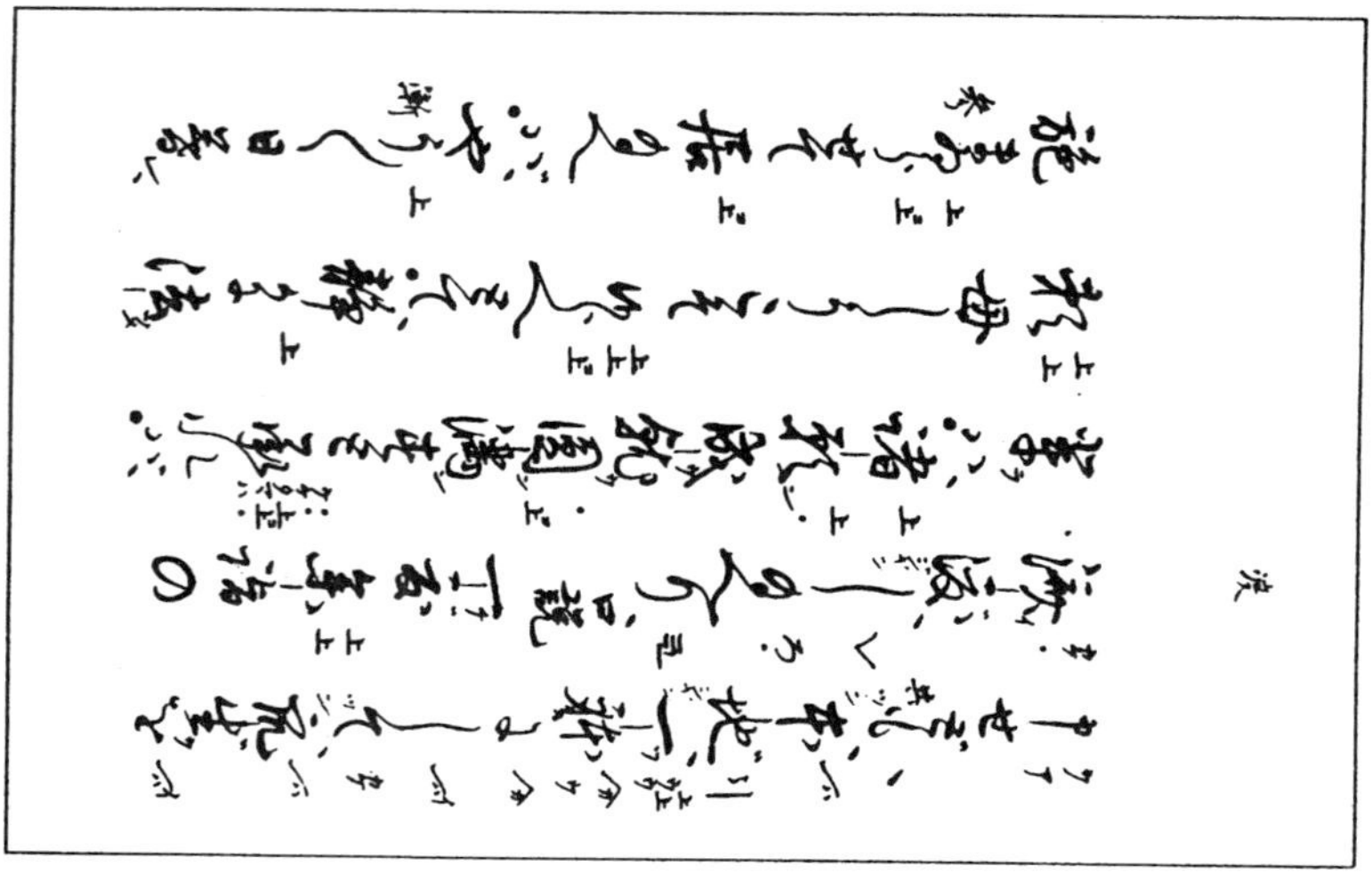

(五)

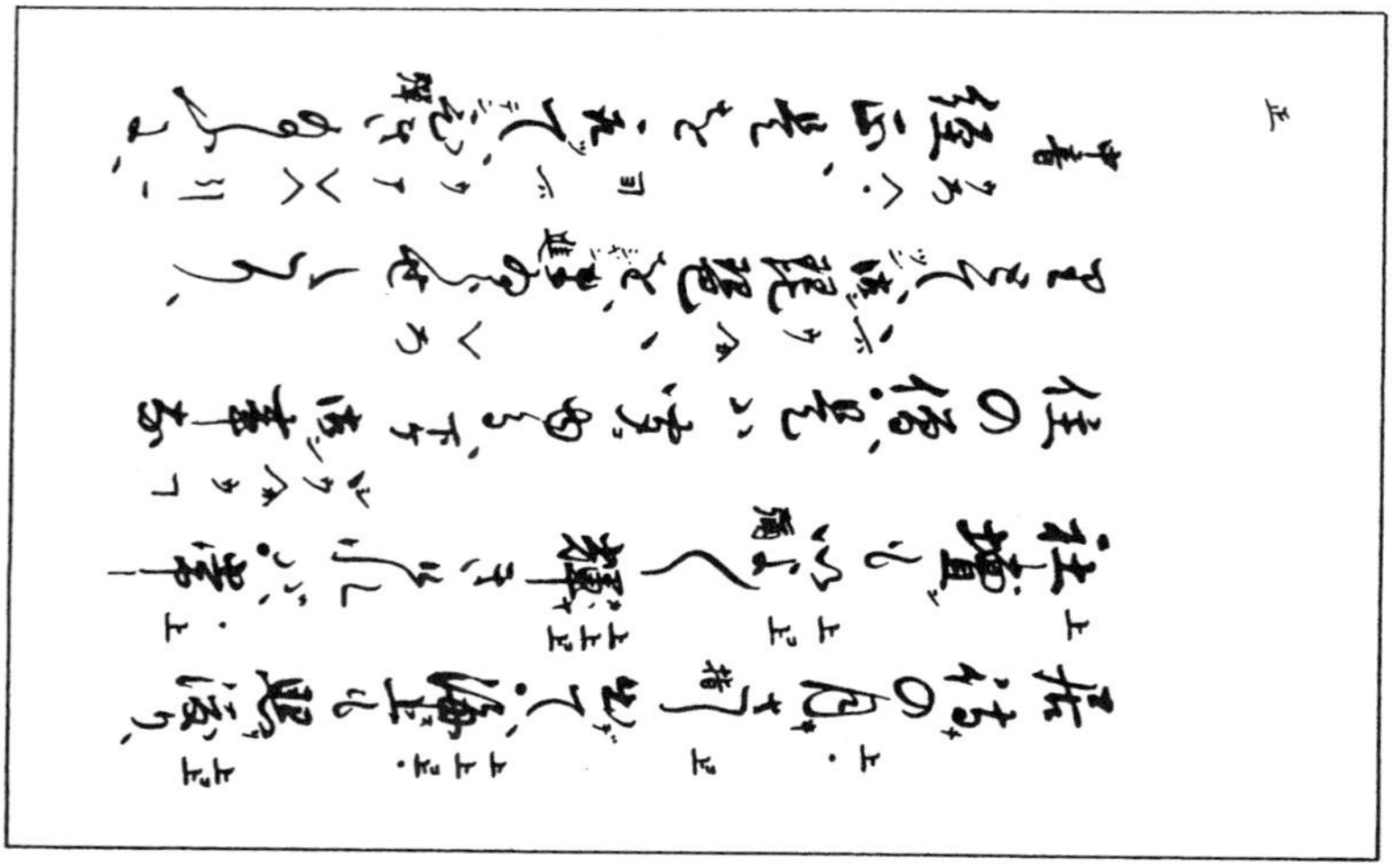

(六)

（八）

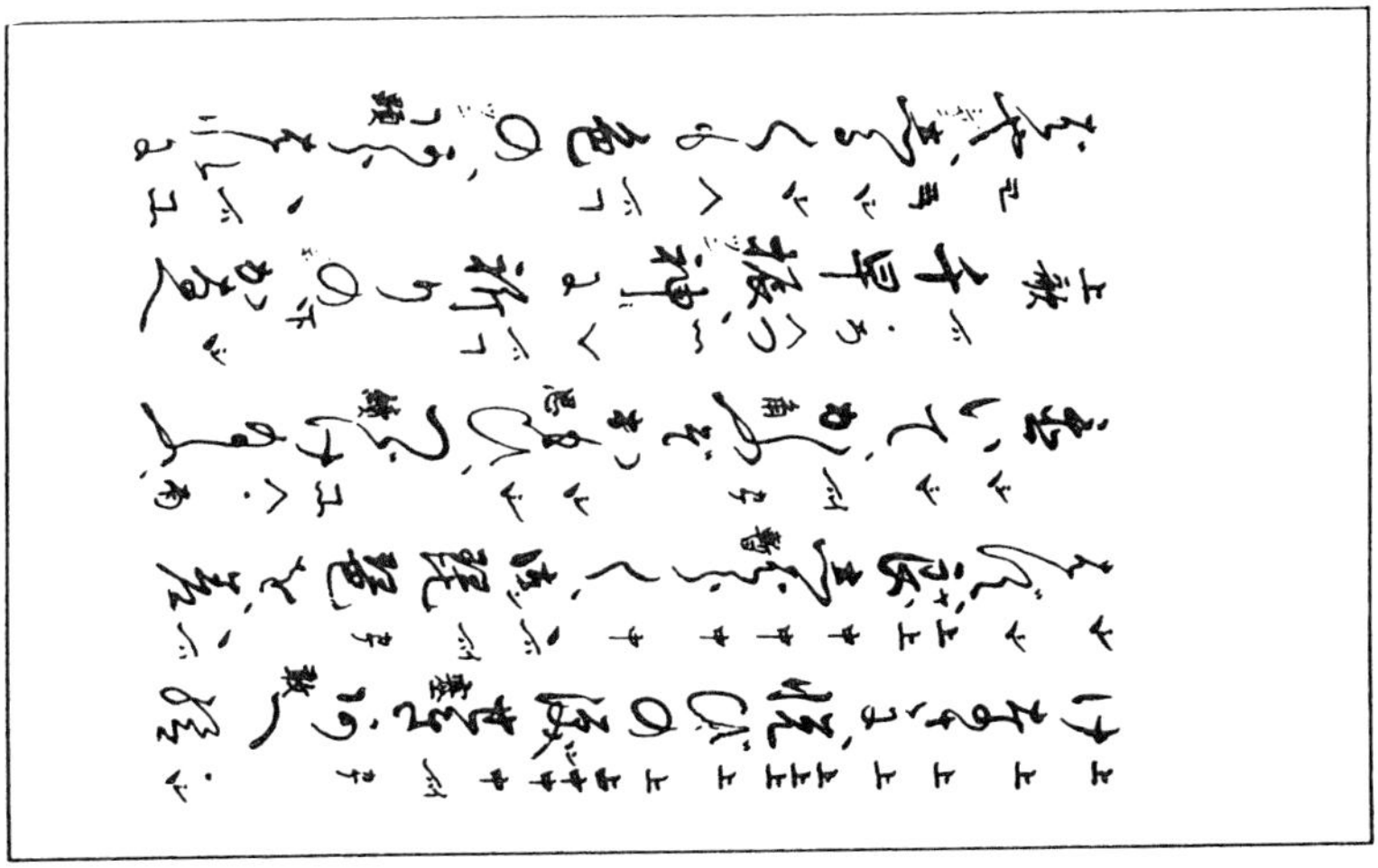

（七）

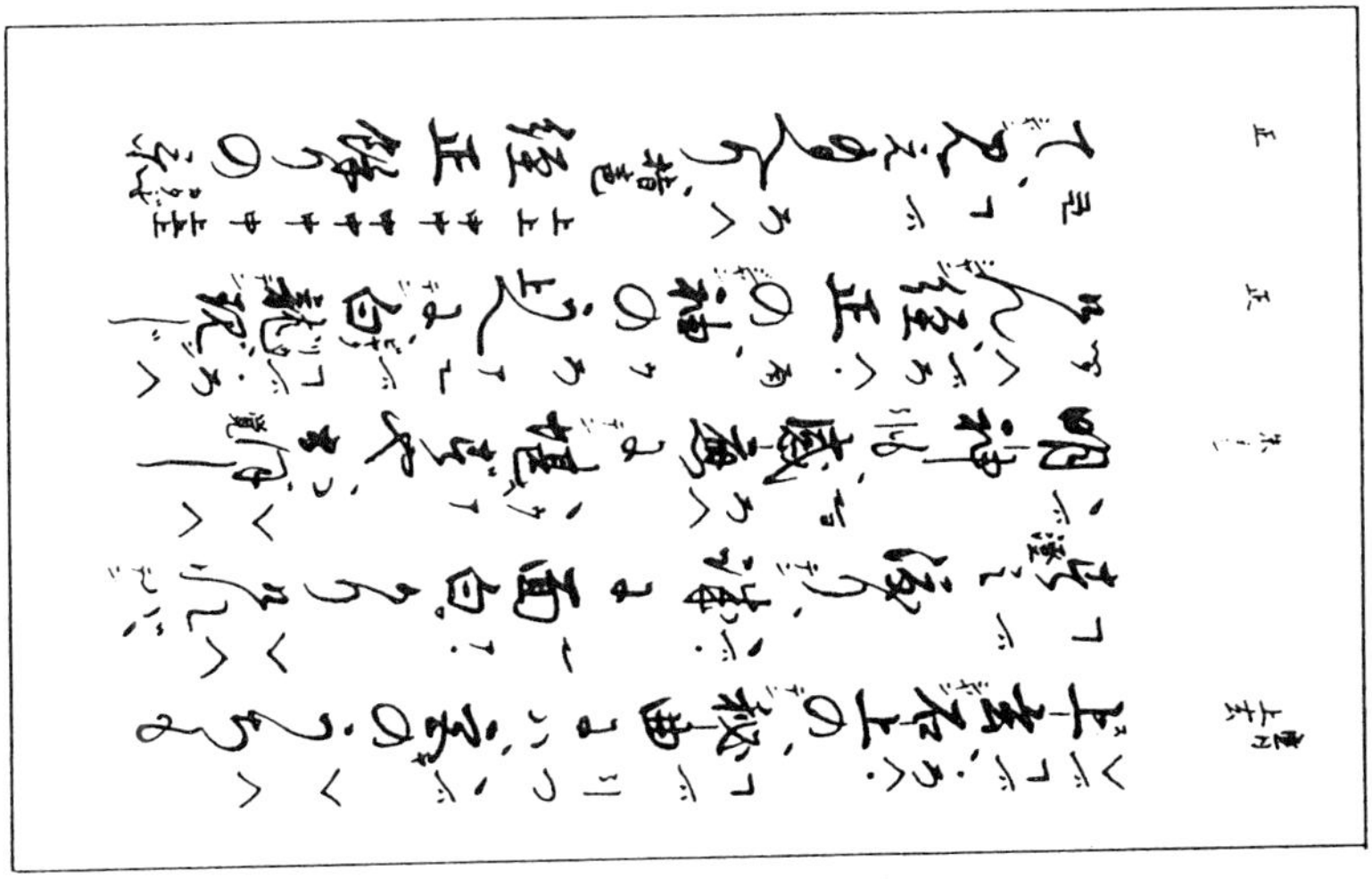

ァラエティーがある。これの一つ一つは、「曲節」と呼ばれ、音楽的にその区別が重要である。

この曲節の註記は、二つの意味をもつ。例えば、もし「口説」とあれば、㈠「次の曲節の註記までが口説だ」という意味と、㈡「ここで『口説』という琵琶の手を入れろ」という意味とである。ここで注意すべきことは、同一の名称の曲節は、すべての曲を通じてよく類似していることだ。「口説」ならば「口説」、「下ゲ」なら「下ゲ」で互にそっくりである。例えば、この譜で、「指声」が二ヵ所に出てくるが、それがいかに類似しているか。それは、詞章の右側の墨譜で明らかであろう。両方とも最初のあたりは「中」と「上」の行列だ。琵琶の手も同様で、同一の曲節についている手は、すべての曲を通じて同一である。（この手については平凡社の『音楽事典』の平家琵琶の条などを参照。）平曲の全曲目の構成は大体そんなふうである。平曲が単調だと評される理由の一つはそこにある。

つまり、はじめに「口説」・「中音」・「折声」…といった旋律形式を作っておく。そうして「竹生島詣」なら「竹生島詣」という詞章があると、このうちのこの部分は「口説」、この部分は「中音」…というようにきめる。もちろんきめる場合には、その内容にふさわしい曲節をえらぶわけであるが、三〇ぐらいしかないから、旋律はずいぶん制限される。とにかくどの曲節かにきめてしまう。そうするとその旋律の細かい部分は、その歌詞の長さと歌詞のもつ固有のアクセントから機械的に定まってくる。そのようにして出来た曲が平曲二〇〇曲である。伊庭孝氏が『日本音楽概論』で「平曲においては作曲は旋律の形式においての創作ではなくて、固定している旋律の組合せにおいての創作である」といっているのは要を得た評言である。

二　平曲の発音

さてこのような平曲に用いられている日本語の発音はどのようであるか。大西雅雄博士は、講演「謡曲の音声」において、謡曲に現れる発音を、音声学的に精細をきわめて観察した結果を報告された。私は、平曲についてそのような音声的な観察を遂げていないのを残念に思う。ここでは、平曲で音韻論的にはどのような拍が区別されており、現在とちがった音で発音される語にはどんなものがあって、その音価はどのようであるかについて述べる。これは、日本語の音韻史の資料として有効なはずである。もっとも、それが何時代の音韻状態を表わすかは、はっきりしない。平曲創立時代のそれと見做すことができればおもしろいが、そうとは考えられない。せいぜい近世の中期以前ごろ、つまり『平家正節』の成立ごろか、それに少し先立つ時代のものであろう。

1　拍の種類

現代標準語と大体同じである。ただし、いわゆる促音の中にツメル音のほかにノム音がある。ノム音とは口蓋帆破裂音で、九州方言のマツノキ（松の木）・キツネ（狐）のツと表記される拍に用いられる音、謡曲にいう含音と同じものである。ツメル音もノム音も、ともに、仮名のツという文字で表記されており、ノム音は、原則としてナ行音・マ行音および濁音の拍の直前に現れるに対して、ツメル音は、原則として一般のカ行音・サ行音・タ行音・パ行音の直前に現れる。ただし、「三月」「四月」などの語末のツは、次にミッカ・ナヌカのような語句が来ても、ツメル音で押通す。つまり、ツメル音とノム音とは同じ環境に立ち得るというわけで、いわゆる音韻論的解釈を試みるならば、別の音素とすべしということになる。

その他、細かいことで、「慈心坊」という曲に「尊恵」という僧が出てくるが、『平家正節』では、これにソンニェという読み方を示した所がある。また、平曲の語り方の口伝を書いた『平家物語指南抄』という本（名古屋国語国文学会編の『国語国文学研究』の第八輯に翻刻されている）を見ると、「幼主」という語は、ヨウともつかずユウともつかぬ音で唱えろというような注意が書いてある。これらは音韻史上示唆的な意味をもつことであろうが、現行の平曲では特別な読み方はしていない。

2　母音

いわゆる「開合」の別、アウとオウのちがいは乱れていて区別はない。ただし今よりカウ・サウの代りに、コー・ソーと唱える傾向が強い。例えば、「母上」という語は、ハオーエと唱える。またキウ・シウの類は、ki-u, si-u と割って読むのが普通である。写真に出てくる「白竜」はビャクリウであり、「常住」はジョージウである。「木曾最期」という曲に「主従」というのが出てくるが、館山氏はシウジウと読む。ジューについてはまだ問題がある。例えば、この写真の中に成就ウという箇所がある。これは「就」の字をジウと読めという意味である。譜本によらず『平家物語』の古写本一般に、今シュー・ジューと読むところを短くシュ・ジュとしている例（例えば、「大衆」）より、今シュ・ジュとしているところが逆にシウ・ジウとなっている例が多い。今の平曲では、シウとシュの区別ははっきりしているが、このことから、一時代前には、シュウ・シウ・シュ、ジュウ・ジウ・ジュの間に甚しい混乱があったように思われる。

それから平曲から少し離れるが、『平家正節』も含めて『平家物語』の古写本のうち、覚一系と呼ばれる本には、連母音アイとアエの混同がかなり拾われる。例えば、ナカラヒとあるべきがナカラヘとあり（「二代后」の条にある）、「和歌のマヘ（前）」とあるべきがマヒとある（「祇王」の条にある）。「蝿」をハヒとし、「おとどえ（兄弟）」をオトドヒとしたところもある。こういう例は、古代や中世のほかの文献にはあまり聞かないように思う。そうすると、平曲のこういう写本にはどこかの方言の、はっきり言うと関東の方言の影響があるのではないか、そうしてそれは、兼好がいう平曲には「生仏が生まれつきの声」すなわち東国の方言を伝えているという言葉と関係があるのではないかと思うが、はっきりはわからない。

その他、ケイ・セイの類は常に ke-i, se-i と唱え、keː, seː と唱えることはしない。

3　子　音

ジ・ヂ・ズ・ヅのいわゆる四つ仮名の区別はない。ハ行の子音は、両唇音のFではない。私が館山甲午氏にはじめてお目にかかったころは母堂（漸之進翁の未亡人）が健在で、平家琵琶のことをフェーケと言っておられたのが耳に残っている。が、あれは館山家が津軽藩士だった、その方言のくせかもしれない。ハ→ワの例は今より多い。例えば「母」はハワである。

清濁には問題が多い。古語の清濁は近頃大野晋氏の『日本書紀』・『万葉集』の研究などが刺激になり、また山田孝雄博士のカクヤ姫の考証などがあって新しい発見が続々報告されている。『平家正節』あたりは、橋本進吉博士・岩淵悦太郎氏・亀井孝氏などが早く注意しておられるように、清濁を明らかにする有力な資料である。写真を見ても知られるように、濁点を、時には漢字にまで施してそれが濁音であることを示す例がある。そうかと思うと、「ス」という表記をして、その文字が清音であることを積極的に示す例があったりする。この譜本の中でも、「塩津」の「津」、「海津」の「津」、「海上」の「上」などいずれもその例である。

私が中学校の国語教師をつとめたころ、ちょうど「聖戦」の最中であったが、「皇太后」の「后」が澄む音であることを知らず、たいへん恐ろしい思いをしたことがあった。が、今『平家正節』をパラパラ見てみると、その程度の今の人の清濁のまちがいを指摘できる例はいくらでも拾える。例えば、「行幸」「行啓」はギョーコー・ギョーケーではいけず、ギョーゴー・ギョーゲーでなければおそれ多いことになる。その他、クハタテ・オビタタシのタは、『正節』ではいずれも澄んでおり、目ダタキ・横ダハルのダはいずれも濁っている。言フハカリナシのハは澄んでいて、ハカリがまだ形式名詞であったことを示し、行カウド思フはドが濁り、行カウとトとの緊密性をうかがわせる。「候フ」は女性の場合には、サブローで一貫している。岩波文庫の『平家物語』で熊谷直実のことばなどにサブローを使わせているのは、当時の人が見たらさぞおかしかろう。こういう清濁は今の平曲の語り手の間にも割合しっかり守られており、「輝く」という語は、「那須与市」にも「竹生島詣」にも出てくるのが、名古屋の三検校はカカヤクと澄んで唱えられる。

いわゆる連濁も今とかなりちがいが多いが、これは、㈠当時は漢音スム、呉音ニゴルという対立がはっきりした文字があった、それが今は無差別に濁るようになったものが多いこと、㈡鼻音の直後に来た場合には、連濁がかなり規則的に行われたが、現代ではそうでなくなっていること、などによるようだ。㈠の例には、前掲写真のうちのカイショー（海上）・トーナン（童男）などがあてはまり、㈡の例には、前掲写真には出ていないが東北《ボク》・天下《ガ》・本懐《グワイ》などがあてはまる。

半濁音も時に見られる。ツメル音の直後のものは現代と同じだから問題はない。取り上げたいのは、ハネル音の次のもので、御母《オンバウ》・御返事《オンペンシ》・一万八千《バッセン》・新平《シンペイ》判官などのような、いまから見るとスムところについているものが目立つ。そうして今半濁音を用いる「関白」「元服」などは反ってクヮンバク・ゲンブクのように全濁音である。「御母」以下の語は、例が一つ一つしか見付からない間は異様な印象を受けるが、多く集めてみると、これらは複合度のゆるい複合語ばかりであるようだ。つまり、全体は一語であるが、オン＋ハワというような複合意識がはっきりしているようなときに半濁音が用いられたらしい。「源平」は当時もゲンペイで半濁音であるが、これもゲン＋ヘイという複合意識が強いからだろう。

4　特殊拍

ツメル音・ノム音については第1項にちょっとふれた。ツメル音の方は、入声音の字音語に広く用いられるほか、和語にも促音便の結果出来た語や擬声語・擬態語の類に広く用いられている。ノム音の方は、これに対して、主として字音語に現れる。(3) ただし和語でもクツバミ（轡）・クツログ（寛）などではツの部分がノム音になる。

ツメル音の本質については浜田敦氏に《押し明けの過程のない［t］の音だ》とする説があるが、平曲の唱え方に反映しているツメル音の本質は、まさしく浜田氏の言うそれらしい。［t］なればこそ、コンニッタというような**連声**を起すのにちがいない。

また、ツメル音については、今ツメル音を全然用いないところに平曲で用いている例が見られる。朝臣をアッソンというときの第二拍のッなどがそれである。

また、平曲のツメル音については、山田孝雄博士の『平家物語の語法』や『平家物語』の解説に妙なことが書いてある。すなわち、平曲のツメル音は、今のツメル音とちがうもので「前の音を稍長く呼びて次の音にうつり行き、中間の音は実は微にして殆ど省かれたる如きすがた」（前書（下）一七六六頁）をしているというのである。私はこれを読んで博士が一体どういう発音をさしているのかちょっと思い当らなかった。が、最近なるほどそういえばそういう例があることに気がついた。

前に掲げた『平家正節』の譜でいえば、㈥の5行の「経正是を取ッて」のッがそうで、ト・オッ・テと唱える。㈣

の4行の「法身の大士なり」の「法身」という語もそうで、ホ・オッ・シ・ンと唱える。㈤の1行の「本地一体」の「一体」も、イ・イッ・タ・イという。博士は、こういう例を言われたにちがいない。しかし、これは実際の平曲というものをちょっと注意して観察してみれば、実にタワイないことである。つまり、ここは、「法身」をドードーシードーとうたうように譜がついている。「一体」はミーミーシミ・シーと歌うように譜がついている。ッのところには声を引いてドーあるいはミーと歌う。このためには、どうしても声を出さなければならない。ツメル音では具合が悪い。そこで声を前のホやイの母音から借りて来るために、オッまたはイッとなり、その結果ツメル音が短く、前の母音が長められるということになるのである。

このようなことは、現代にもいくらでも例がある。例えばNHKラジオの番組「ことばの研究室」のテーマ・ソングだった「五十音の歌」の第四連に、「トテトテタッタと飛び立った」という箇所があるが、ここにはミソミソラドソミ…という譜がついている。つまり、ツメル音の部分にそこだけ高い譜がついているが、これを四家文子女史が吹き込んでいるレコードで聞くと、「ト・テ・ト・テ・タ・アッ・タと飛び立った」と歌っている。これはそうとしか歌えないからそう歌うので、何も「トテトテタッタ」という擬音語のツメル音が、特別のツメル音だからそう歌うのではない。山田博士がたまたま気付かれた、「実は微にして殆ど省かれたる如きすがた」をしている平曲のツメル音はまさにそれだ。かつて、博士が平曲のこの発音を通して、当時のツメル音は今のツメル音よりも短かったと考えられたのは失考だったと思われる。

ハネル音については、ツメル音ほどには問題はない。しかし、ツメル音に見られた「前の音を稍長く呼びて次の音にうつり行き…」という発音法は、ハネル音の場合にも現れる。例えば、前掲『平家正節』の譜で㈣の2行のオンマエ（御前）のン、㈦の3行のカンノー（感応）のンなどがそれだ。つまり、この譜で《ヨ》（ヨセと読む）という譜がついているすぐ下の部分のンがそれだ。これらは、オ・オン・マエ、カ・アン・ノ・オと唱える。（こういうふうに唱えることを「寄セ」というのだ。前のツメル音の時でも、㈥の5行の「取ッて」には〈ヨ〉の注記があった。）これは、ここがちょうどそういうふうに唱えざるを得ないフシマワシになっているために、そう唱えるので、けっしてハネル音が当時特別だったためではない。「ヨセ」という注記のない位置のハネル音の唱え方には、なんら変ったところは見られない。

また、現代語ではハネル音がないところに、平曲ではハネル音がいつも現れる場合がある。ヒンガシ（東）・ミンナミ（南）・ニングヮツ（二月）・シングヮツ（四月）、助詞のナンド（等）などの第二拍のものがそれだ。それから、また、キリシタン資料などでは、中世の日本語では、ダ行音・ガ行音の直前に短い鼻音が挿入されていたことが知られるが、平曲ではその存在は明らかではない。名古屋の平曲にはそれは聞かれない。仙台の館山氏の平曲ではダ行音の前に軽い鼻音が聞かれるが、それは館山氏の郷里である津軽地方の方言音の反映と見られる。

ツメル音・ハネル音を通じて、いわゆる「連声」の現象が見られることは、謡曲の場合と似ている。前掲の写真で㈣の3行の「大弁功徳天は」の「は」はナと発音される。ここには出ていないが、「叡覧あり」は、エイランナリとなり、「謀叛を」はムホンノとなる。「時日を」のような場合には、ジジットのようなツメル音の連声が現れる。ただし、この場合には、ッがノム音になることもある。

現代語の特殊拍には、ハネル音・ツメル音のほかに「引ク音」がある。これは平曲ではどうなっているか。平曲にも引ク音は普通のハダカの母音だけの拍とはちがった特殊の拍として反映している。というのは、ハネル音・ツメル音の場合に見られたヨセの注記が引ク音の場合にも見られ、特殊な唱え方をしているからである。例えば、前掲の写真の㈡の3行の「蓬萊」の第一拍、㈡の5行の「茫々」の第一拍にはいずれも「ノ」という譜の下に「ヨセ」という譜がついている。これは、ホ・オ・ラ・イとかボ・オ、ボ・オとか読むのではなくて、ホ・オー・ラ・イとか、ボ・

オー・ボ・オーとか読むことを示すものである。つまりホやボの母音を次の拍まで残して、そうしてまで「ー」という引ク音を出そうとする。これは、「蓬萊」「茫々」の第二拍がオという正常の拍とちがい、引ク音という特殊な拍として把えられていたことを示すものと思われる。

ついでに、現在の近畿方言では、「葉」とか「日」とかいう単音節の名詞を長く引いて二拍語として用いる習慣があるが、この発音も、平曲の唱え方の上に反映している。前掲の譜にはあいにく見えないが、「那須与市」という曲の**口説**という曲節に「日出だいたる（＝太陽ヲ染メヌイタ）」という語句が二度出てくるが、「日」に対する、《上中上》という珍しい墨譜は、用例を集めてみると、ツメル音・ハネル音や引ク音にしか用いられない譜である。そうすると、これはヒーと長く引いて発音されていたのであろう。

三　平曲のアクセント

アクセントの資料としての平曲は、音韻の資料としての平曲より価値がはるかに上である。『平家正節』には、前掲の写真で見られるように歌詞の右側にメロディーを表わす詳細な墨譜がついている。今、館山甲午氏は大体この譜に従って平曲を語られるが、一方にその語られるメロディーを参考にし、他方に『補忘記』の例や、契沖・文雄・富士谷成章の著書その他によって知られる近世の京都語のアクセントを頭において この譜の意味を判読すると、次のような事実が推定される。

《平曲のメロディーは前時代の京都語のアクセントをきわめて忠実に伝えている。そうしてこの荻野検校の『平家正節』の墨譜は、その前代の京都語のアクセントをかなりはっきり復原してくれる》

この『平家正節』の墨譜は、種類が多く、しかも現行の館山氏の平曲についてみると、同じ形の墨譜が、曲節のちがいに応じ、また、前後の文脈のちがいに応じ、ちがう音価を表わし、なかなか複雑である。ここには荻野検校以来伝承の間にかなりの変化があったものと考えられる。ここにおいて、《荻野検校が個々の墨譜で表記しようとした音価に対する推定》という興味ある研究テーマが発生するわけである。このことについては、不完全ではあるが、「前田流の平曲のメロディーについて」（『日本文学研究』三一号）・「平曲の曲調」（『平家物語講座』第二巻）などに触れたので、ここではそれらの推定の過程は省略し、結論だけ大ざっぱに述べるとこうなる。(4)

無記号　その曲節の基音（tonic）で唱えることを表わす。「上」の文字の次の「・」も同様。

《上》　基音に比して、ヨリ高い音を表わす。

《中》　「上」よりは低く、基音よりは高い音を表わす。「上」の肩に「コ」を書いたものも同様。

《ウ》　基音よりわずかに高い音を表わす。

　同右。ただし、高まりは次の無記号の音にも及ぶ。

《一》の右に《シ》を書いたもの　基音より低い音を表わす。烈しく低いこともある。

《＼》　基音より低い音を表わす。

今この推定の結果に従って、『平家正節』のメロディーを再構し、そこに反映している歌詞のアクセントを考察すると、ここには《曲節には、三種類のものがあって、それぞれちがったアクセント体系が反映している》ことがまず注意される。

京都方言のアクセントは、『補忘記』以下の文献により、近世初以後、次のような変化を遂げていることが知られている。

	『補忘記』		『稿本あゆひ抄』		現代
肩が	カタガ	＞	カタガ	＝	カタガ
雀が	スズメガ	＞	スズメガ	＞	スズメガ

『補忘記』のものは、現代高知や和歌山県田辺地方に行われているものと同種のアクセントであり、『稿本あゆひ抄』のものは、現代徳島や和歌山県竜神地方に行われているものと同種のアクセントである。

今、平曲の旋律を調べてみると、**指声**という部分の初めの部分は『補忘記』式のアクセントを反映しており、**口説**という部分は『稿本あゆひ抄』のアクセントを反映している。例は、次のようである。

1　**口説**のうちの『稿本あゆひ抄』式アクセントの例（×は以下無記譜のしるし）。

大将軍（××上上××）	前掲写真の㈠の2行	
中にも（××上×）	同	㈠の5行
承れば（××上上×××）	同	㈤の3行
照渡り（××上上×）	同	㈥の1行

2　**指声**のうちの『補忘記』式アクセントの例。

文に　（中上上）　　前掲写真の㈢の3行

金輪際（中上上上中中）　同　　㈢の4行

時には、この二つは互にまじりあうこともないではないが、これは顕著な傾向として存在すると見られる。

ここにはあがっていないが、**拾**・**素声**と呼ばれる曲節の旋律は、**口説**の旋律に近く、ここにもあがっているが、**中音**・**三重**・**初重**の曲節は**指声**に近い。**中音**の例を次に。

誠に　《／ノ××》　前掲写真の㈦の2行

明神も　《／ノ××引》　同　　㈦の3行

曲節のちがいに応じてそこに反映しているアクセントの体系がちがうことは不思議なことである。

これは何を表わすか。**口説**は、曲節の中で日常の言葉に近い部分であり、**初重**・**中音**・**三重**などはいかにも「歌う」という部分である。**指声**は**初重**の類に近い。**拾**は**口説**に近い。とすると、**初重**のような歌う部分は、旋律が前代のものをそのまま受け継いで変化しなかった。そのために一時代前のアクセントを保存している。**口説**のような言葉に近い部分は、新時代の日常語の影響を受けることが大きいために、**指声**の類とはちがい、『平家正節』成立時代のアクセントを反映している。そのために曲節により二種のちがった時代のアクセントを反映しているのであろう。

そうすると、平曲は、二種のちがった時代のアクセント比較させてくれる資料というわけで、その資料としての価値は倍加するはずである。

然しここに更に驚くべきことがある。というのは**折声**と呼ぶ曲節があるが、ここの初めの部分では「命」「思う」「山は」というような語句が●○●型になっており、これは南北朝時代のアクセントを反映していると見られることである。折声は大体歌詞に聖賢の言が入っていたりして尊敬すべき箇所である。とすると、これはこういうところだけ明石検校の曲をそのまま残しているものと見られ、アクセント資料として価値はここにきわまる。

（追記）昭和三十一年一月二十四日、音声学会第一三六回例会で、大西雅雄博士の謡曲、安田喜代門博士の浄瑠璃、宮良当壮博士の琉球民謡の演奏、解説のお接伴で、平曲の演奏と、音声学的な解説を行なった。これはその時の草稿に手を入れたものである。

註

（1）詳しくは平野健次ほか監『日本音楽大事典』の平家琵琶の条など、最も詳しくは金田一春彦『平曲考』（平成九年、三省堂）を参照。

（2）複製本に金田一春彦編『青洲文庫本平家正節』（平成十年、三省堂）がある。四―七頁に掲げた写真の㈠は巻一下「竹生島詣」の冒頭（二丁オモテ）、㈡〜㈧は四丁ウラ〜七丁ウラ。

（3）「実名」のツのような、マ行音の前にも現れる。

（4）詳しくは前掲註（1）『平曲考』を参照。

二　音韻史資料としての真言声明

これは、昭和三十四年秋の国語学会の東京の講演会で発表した内容を整備したものです。(補註1)

一

橋本進吉博士に「国語史研究資料としての声明」という論文がある。(1)これを読むと、日本にはいろいろ謡い物・語り物があるが、その中で、謡曲とか平曲とか、そういった過去から現在に伝わっている謡い物・語り物の中には、今、口頭では失われてしまった古い発音を残している例がいろいろ見出だされる。そうして、そういう謡い物・語り物の中で、一番多く古い発音を伝えているものは、仏教界に伝わっている《声明》という音楽だ、ということを述べておられ、具体的な例をいくつかあげておられる。

橋本博士のこの方面の研究は、現在のところでは、岐阜大学の寛五百里教授が深く進められておられ、(2)また、同大学の奥村三雄君や早大大学院の金井英雄君が字音の方から、国際キリスト教大学の桜井茂治君がアクセントの方から、(3)それぞれつついておられる。これらの研究は、いずれも尊重すべきものであるが、この《声明》というものはあまり一般的なものではない。そのために、その発表に接しても、実感が一般の人には伝わらない点があるのではないかとおそれる。私なども、橋本博士の論文で書かれていることが、なるほどこれか、とわかったのは、ナマの《声明》を耳にしてからのことであった。

私は、真言宗に伝わる声明のレコードを手に入れ、また新たに数曲をテープに録音することができた。レコードというのは、NHKの局員である摩尼清之氏が、神奈川県大磯の宝積院の鈴木智弁僧正の伝えているものを六枚のLP盤に録音したものである。テープは、岡山県津山在の五穀寺の岩原諦信僧正のものと、東京中根岸千手院の中義乗僧正のものである。きょうは、これを皆さんに聞いていただこうと思う。そうして、諸先輩が注意しているのはこの点なんだな、ということを理解していただこうと思う――と学会の席では述べて、実際に聞いていただいたが、この活字による発表ではどうにもならぬ。一部は楽譜を載せてみたが、これもあまり効果は期待できない。あの時出席された方は、あの日の演奏を思い出して読んでいただくことにする。出席されなかった方でぜひ聞きたいと言われる方には、できるだけ相談にのりましょうから、そのむね、私あてお申し越しください。とにかく、ここには、あの日しゃべった順序に一往解説しておきます。

二

はじめに《声明》とは何か。《声明》とは、仏教社会で仏教の儀式に用いる音楽の総称である。(4)われわれが大きなお寺へ行くと、本堂で灯明をあげて線香の煙の立ちこめる中で坊さんたちが声をそろえて何やら唱えているのにぶつかる。一般の人は、坊さんの唱えているものはみんなお経だと思っているが、あのうちの半数ぐらいは、実はお経ではない。《声明》である。《声明》と《お経》とは、聞いた感じではよく似ているが、その道の人に教えられたところによると、《お経》は釈迦が遺した教えのことばであり、《声明》の方は、釈迦より後の人が、仏の徳を讃美したり、仏教の精神を高揚したりするものだという点でちがう。耳で聞いた感じも、馴れればこの二つはちがう。《お経》の方は、われわれが聞くと、ナン・ミョー・ホー・レン・ゲー・キョー・ポク・ポク・ポク…というようにリズミカルである。これに対して、《声明》の方は、音楽でいうメリスマ的手法に富む唱え方をして奔放に声をひきのばし、あまりリズムにとらわれない。[5]〔参考1〕[補註2]に、《お経》の例として、新義真言に伝わる『仏遺教経』の一部を掲げておいた。[6]四拍子または六拍子というようなきちんとした拍子で唱えられることが知られよう。純粋の《声明》の例は、あとに別に出すが、このような拍節に切ることができない。

《声明》というものは、仏教の各宗派に伝わっている。しかし、中で特に豊富なのが真言宗と天台宗である。そうして、この二つの流派の《声明》は特に古い姿を伝えているので、音韻史の資料としても貴重である。ここでは、そのうち真言宗に伝わっているものについて述べる。天台宗の《声明》の音韻史資料としての価値については、頼惟勤《つとむ》氏や、水谷真成氏が研究を進めておられ、雑誌『言語研究』その他にりっぱな発表がある。[7]

一体この《声明》は、宗教の儀式に使う音楽という点で、キリスト教の方の讃美歌のようなものに相当するものである。ただし、音楽作品として見ると、讃美歌にはどうも太刀打ちできない。讃美歌にはオルガンの伴奏もはいるが、《声明》にはそういう楽器がつかない。《声明》は、曲調それ自体は大体単調であって、技巧もあまり一般向きではない。これは、成立年代が古いものであったことのほかに、伝承が忠実でなかったことにもよるようだ。また、老人のものうさそうな声をたっとんで、その方がありがたいとされているようであるから、大体がすこぶる地味である。それから、わたくしどもが聞いて奇異に感じるのは、セキなどがはいってもかまわないらしいことである。「南無ゴホン法界…」と言って、それですんでしまう。読みなおしなどやらない。かえってありがたいという感じが出るらしい。これは、ナニワブシの顔をゆがめて苦しそうにやるやりかた、義太夫の泣き落しなど、身も世もあらぬという顔をしてやるのと同じ傾向のもので、日本の歌曲の一つの伝統の、おもしろい問題を含んでいる。

とにかく《声明》は、仏教音楽という言うものの、あまり音楽的ではなく、今の忙しい時代から見ると、まったく脱俗的なものである。しかし、おそらくこれが日本にはじめて輸入されたころ、あるいは、日本でどんどん新作されたころ、つまり平安朝には、実に時代の先端を行くハイカラな外国風の音楽だった。そんなわけで、当時の若い青年ちの魂を強くゆすぶったものと思われる。おそらく当時の《声明》は、今で言えば、フランク永井の低音の魅力とか、ダーク・ダックスの四部合唱のような人気の中心にあったものであろう。これは、千年前の日本人の気持になって味わっていただかなければならない。

三

元来《声明》の分類は、いろいろの立場から行なうことができる。内容から見れば、インド語のもの、中国語のもの、それから日本語のもの、となる。それらも、韻文のものと散文のもの、とに分かれる。音楽の方から見れば、呂旋法とか、律旋法とか、中曲旋法とかに分かれる。岩原諦信僧正は、これらを、

(1)　歌う声明
(2)　読む声明
(3)　語る声明

の三種に分類をしておられる。(8) 岩原師は、岡山県津山の奥の五穀寺の坊さんで『声明の研究』という大著をはじめ『声明教典』ほかたくさんの名著を出しておられる声明研究の権威である。またすぐれた声明実際家でもあり、八十歳と言われるが、今なお壮者をしのぐ元気で『四座講式』などという、二オクターヴにまたがる音域の曲を、朗々と二時間以上唱えられるノドをもっておられる。私がもっている声明の智識の大部分は、二十年来のこの坊さんの垂教によるものであるが、おつきあいしていて、高僧とはこういう人のことをいうのかと思うような方である。

このうち(1)の〈歌う声明〉は、大体声を長く引いて歌い、フシのおもしろさを味わう傾向のものである。引くとなったら、「妙」というたった一つの漢字分だけで、一分半ぐらい引いていることもある。一分半と言ってもピンと来ないかもしれないが、例えば文部省唱歌「春が来た」は前奏を入れて三番まで歌っても一分二十秒ぐらいですむから、「妙」一声の方が、「春が来た」全曲よりも長いということになる。悠長なこと知るべきである。次に述べる中ではじめの『散華』や『対揚』などは、これの代表である。キリスト教で言えば、《讃美歌》とか、《聖歌》とか言われるものに相当する。

(2)〈読む声明〉(3)〈語る声明〉の方は、これとちがい、あまり声を引かない。一つ一つのことばをはっきり言う。つまり、ことばの内容を聞かせることに主眼があるもので、〈語る声明〉においてことにそうである。《讃美歌》に対して、これは、《ザカリヤの章》とか、《詩九十五篇》とか言われるものにあたる。

ところで、《声明》はいつごろに出来たかというと、大体平安朝初期ごろ、中国からたくさん輸入されたものがもとになっている。『散華』とか、『五悔』とかは、そういう輸入曲である。それが、一条天皇のころになると、日本でも《声明》が作られるようになった。真言宗で、日本声明の元祖は、あとにあげる系図で。じるしの付いている寛朝という人だという。宇多天皇の孫にあたり、敦実親王の子息であった。『中曲理趣経』は、その代表作で、これは、それまで《声明》は中国伝来の呂旋法か律旋法かで出来ていた時代に、《中曲旋法》という日本的旋法をはじめて《声明》に取り入れて作曲した点でも、《声明》に新風を吹き込んだ人だそうだ。(9)

《声明》は、一条天皇ごろから、院政時代を経て鎌倉時代の初期に至るころ、多くの曲が出来た。このころが《声明》の黄金時代である。したがって、もし《声明》が音韻史の資料であるならば、この時代の音韻史の資料であるはずのものである。

一体、邦楽史の上では、平安末期あたりは、それまでの《催馬楽》《朗詠》といった、声を引いて歌う声楽ではもの足りなくなって、のちの語り物が発生した。《声明》で、〈読む声明〉〈語る声明〉が生まれたのは、この傾向と歩調をそろえたものである。(10)

次に、真言宗声明の流派であるが、これは今伝わっているものは、大きく二つに分かれる。一つは、進流の声明で、これは、大和中川の観験からはじまったという。高野山に伝わっているのがこれだという。(11)然し、これははなはだ怪しい説で、私は後世の高野山の《声明》は、鎌倉時代の末に、奈良の西大寺から伝わったもので、それがもとになっていると推断する。(12)

岩原諦信師はこの派の人であり、レコードが出来ている鈴木智弁師もこの派の人である。もう一つは、新義派の声明で、根来寺に伝わったものである。新義派の元祖は、覚鑁ということになっているが、声明そのものは、覚鑁よりもっと何代か末になって、頼瑜はじめ、その後の根来寺の人たちが、進流と醍醐流とをまぜて作りなしたものを伝えたものだという。醍醐流とは義範を祖とするもので、進流より古い由来をもつ。日本コロムビア・レコードの『日本音楽史』の中に、『四座講式』の一部が小野塚与澄僧正によって吹き込まれているが、これは新義派である。私が録音できた中では、中義乗僧正という方の声明が新義派である。

この二つの派では、用いる譜本そのものがちがう。が、声明そのものは、両方ともそれぞれ別の面で古い面を伝えており、音韻史の資料としてはともに貴重である。

四

これから本論にはいって、いくつかの曲について、音韻史資料として気の付いたことを述べる。

曲〔1〕『舎利讃嘆』

この曲は、常楽会という法会で歌われる声明である。〔参考2〕に、歌詞と、その古い譜の一部を出しておいたが、仏舎利尊崇の心境を述べたものである。作者は、円仁、つまり慈覚大師と言われる。つまり、これは元来天台宗で作られたものが、真言宗にもはいってきたものらしい。作曲は、伏見大納言の息子の六条中将時平という人だという古伝があるが、私は藤原師長ではないかと思う。(13)

この譜は、日本古典全集の『歌謡集』の上巻に載っている写真を借りたものである。解説によると、鎌倉末期の写で、今金沢文庫に伝わっているそうだ。この譜は、《声明》の譜として珍しい譜で――というのは、ほかの譜は、多く《一》とか《〵》とかいう記号(これを墨譜またはフシハカセという)が歌詞の左側についているのに、この曲では右側についており、そうしてそれに、「五」「六」「七」「八」「九」「十」「斗」といった漢数字が書いてあることである。この漢数字は、今でも中乃島欣一さんあたりが使っているのと同じもので、箏の譜であること疑いない。これは、今一般に行なわれるような墨譜が出来る以前の譜であって、おそらくその古さを示しているように思われる。

律

・舎利讃嘆

佛ニハ舎利ハ・アウコトカタシヤ・敬コトカタシ
ヤ・ヒトタヒモ・アヰテ・コロニシカメハ・悪
シリナカ久ハ紹ヤ・浄五ニツハヤクウてりヤ・老
量劫シ〳しカトモ・イ青ニ元アハサリキ・ケ
ウソワビカアへ亿・イニツヲカミタテヨマツル・ミルヒト

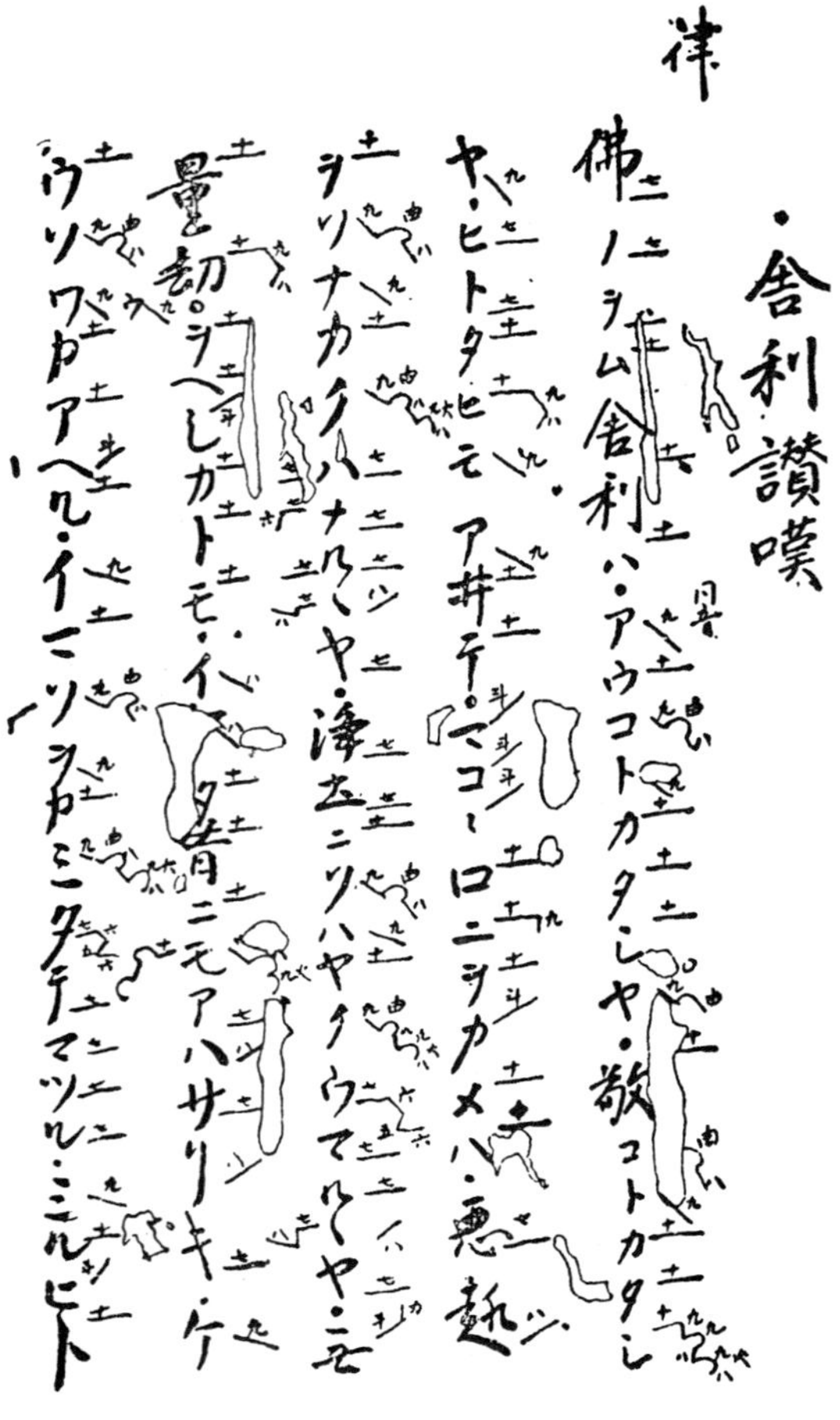

〔参考2〕

この『舎利讃嘆』は、橋本先生の「国語史研究資料としての声明」の中に引かれていて有名である。つまり、歌詞の、「仏のおん舎利は…」というところを、オンシャリファ…という。つまり語中・語尾のハ行音の子音が、両唇音のFの音に発音するという点で珍重しておられるが、ここを岩原師は、たしかに実際にこう唱えられる。

また、この『舎利讃嘆』には、カカリの助詞のゾがたびたび出て来るが、これがいつも〔zo〕ではなくて、〔so〕という清音で唱えられることもおもしろい。

悪趣ヲソ永クハナルルヤ　浄土ニソハヤクウマルルヤ

の。のところがそれだ。

なお、〔参考3〕[補註3]には岩原師が今唱えられる曲調を採譜して掲げたが、これと歌詞の右の箏の譜とを比べてみると、同じ墨譜には同じ曲調がよく対応している。これは、古い譜のとおりのフシが今に守られていることを示すものと思われる。[14] この曲は、歌詞のアクセントをよく反映してフシが付けられているようであるから、これは、アクセント史料としても尊重すべきものである。

曲〔2〕『散華』

この曲は、代表的な声明曲で、真言宗の法会といったら、必ずと言ってもいいくらい唱えられる重要なものである。天台宗でも用いる。中国から古くはいってきたもので、中国語で出来ており、そうして、呉音で唱える。今、新義真言で用いる譜本『新義声明大典』の譜を〔参考4〕[補註4]に掲げた。譜本には「呂旋・一越調」の曲とあるが、今伝えているところでは、呂旋でもなければ、一越調でもない。五線譜は、『声明教典』に、岩原師が進流の所伝を採られたものがのっている。最初のあたりは、ほとんど高低の変化なく一本調子に唱えられる。

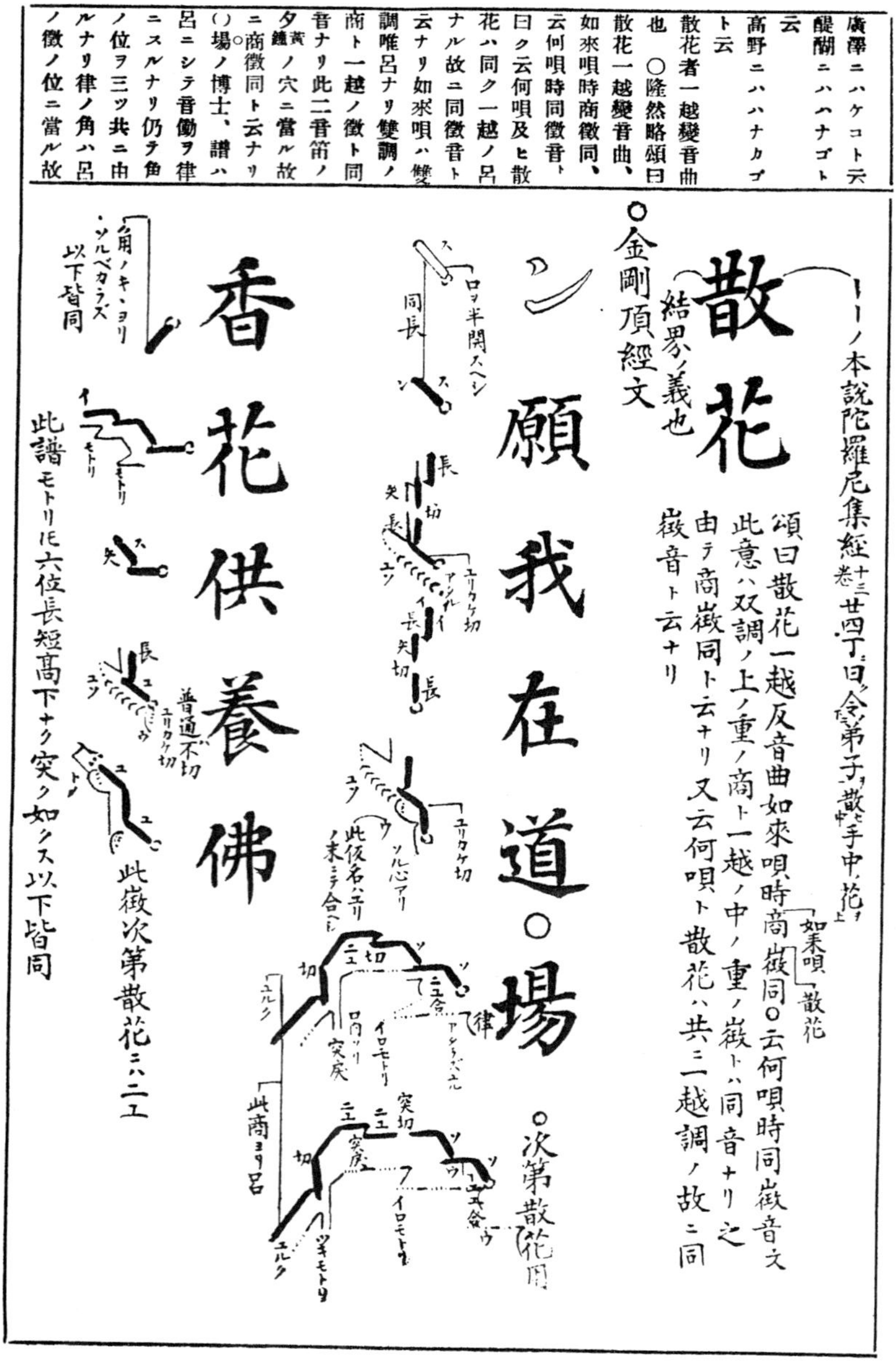
廣澤ニハケコト云
醍醐ニハヘナゴト云
高野ニハハナカプト云
散花者一越變音曲也 ○隆然略頌曰
散花一越變音曲、如來唄時商徵同、云何唄時同徵音ト曰ク云何唄及ヒ散花ハ同ク一越ノ呂ナル故ニ同徵音ト云ナリ如來唄ハ雙調唯呂ナリ雙調ノ商ト一越ノ徵ト同音ナリ此二音箇ノ夕黃鐘ノ穴ニ當ル故ニ商徵同ト云ナリ
○場ノ博士、譜ハ呂ニシテ音働ヲ律ニスルナリ仍テ角ノ位ヲ三ツ共ニ由ルナリ律ノ角ハ呂ノ徵ノ位ニ當ル故
一ノ本說陀羅尼集經巻十三廿四丁曰、令弟子散手中花上
頌曰散花一越反音曲如來唄時商嶽同○云何唄時同嶽音文
此意ハ双調ノ上ノ重ノ商ト一越ノ中ノ重ノ嶽トハ同音ナリ之由テ商嶽同ト云ナリ又云何唄ト散花ハ共ニ一越調ノ故ニ同嶽音ト云ナリ
如來唄
散花
散花
結界ノ義也
○金剛頂經文
願我在道○場
香花供養佛
○次第散花同
此商ヨリ呂
此嶽次第散花ニハ二エ
此譜モトリ圧六位長短高下ナク突ク如クス以下皆同
角ノキ・ヨリ・ソルベカラズ以下皆同

〔参考4〕

所生ノ子ニ譬ヘテ云フニシテ乃チ調《トトノ》子《フルコ》ト訓スルナリ然ラハ甲乙ハ能生ニシテ五調子ハ所生也

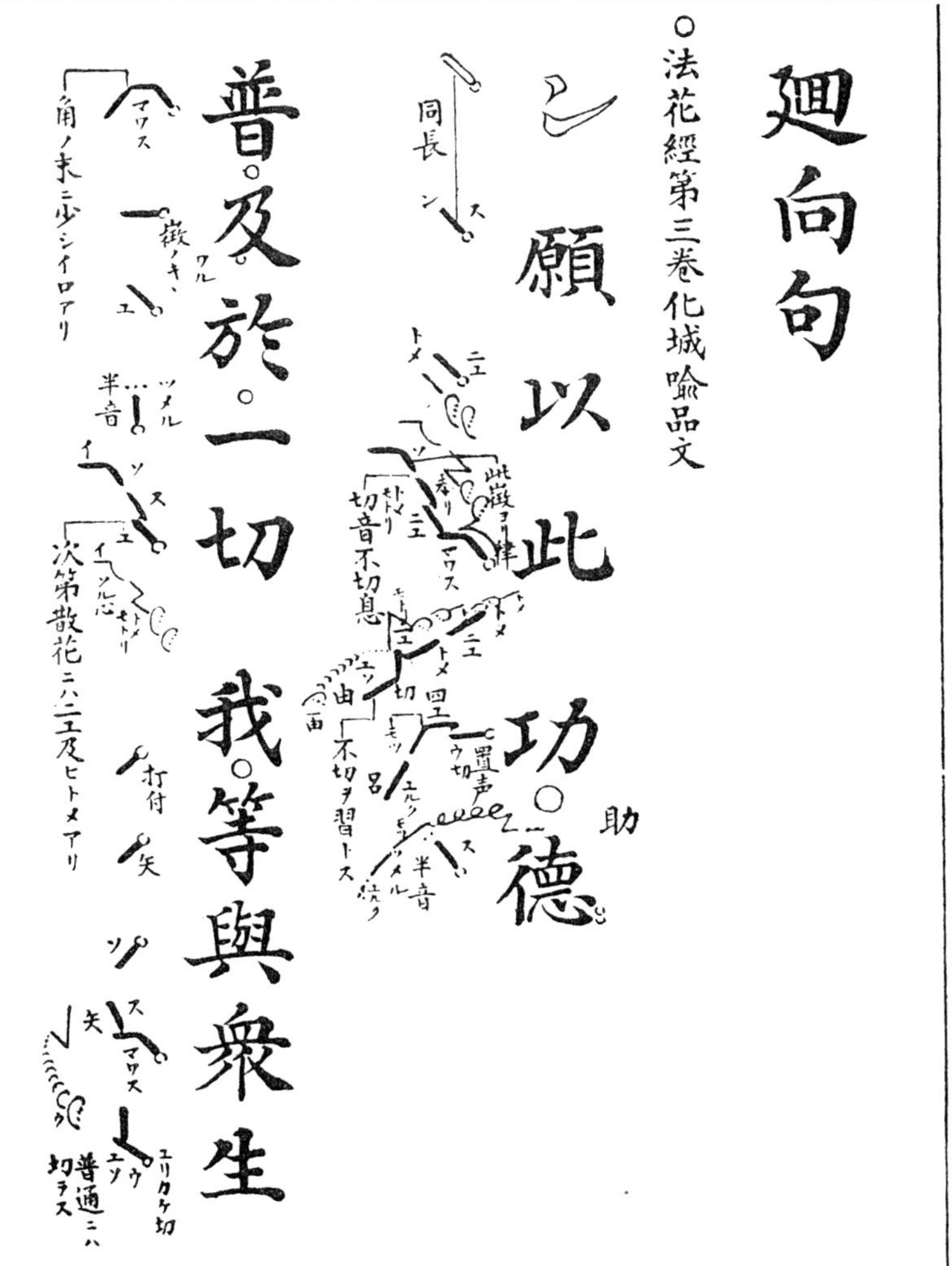

○梵音者盤渉調唯律也　略頌曰梵音唯律盤渉調香花佛末徴位出ト　曰ク散花ハ一越ナリ一越ノ徴ト盤渉ノ羽ト同音ナリ此二音笛ノ夕黄鐘ノ穴ニ當ル故ニ徴位出トテナリ

○勝ノ羽、覺證院ニハ忘レ突キトテ東南院ニハネヂ重ネト云今代ハ之ヲ用ヒス木食朝意ハ偏ニ吹クト云但シ此曲ハ商羽ニ局ルナリ

○供花ノ事十方ノ段ニ初三後二、出生ノ段ニ初二後三ト供スルナリ此十花ハ十波羅行供ニシテ則チ三世三寶ニ供スル義ナリ諸

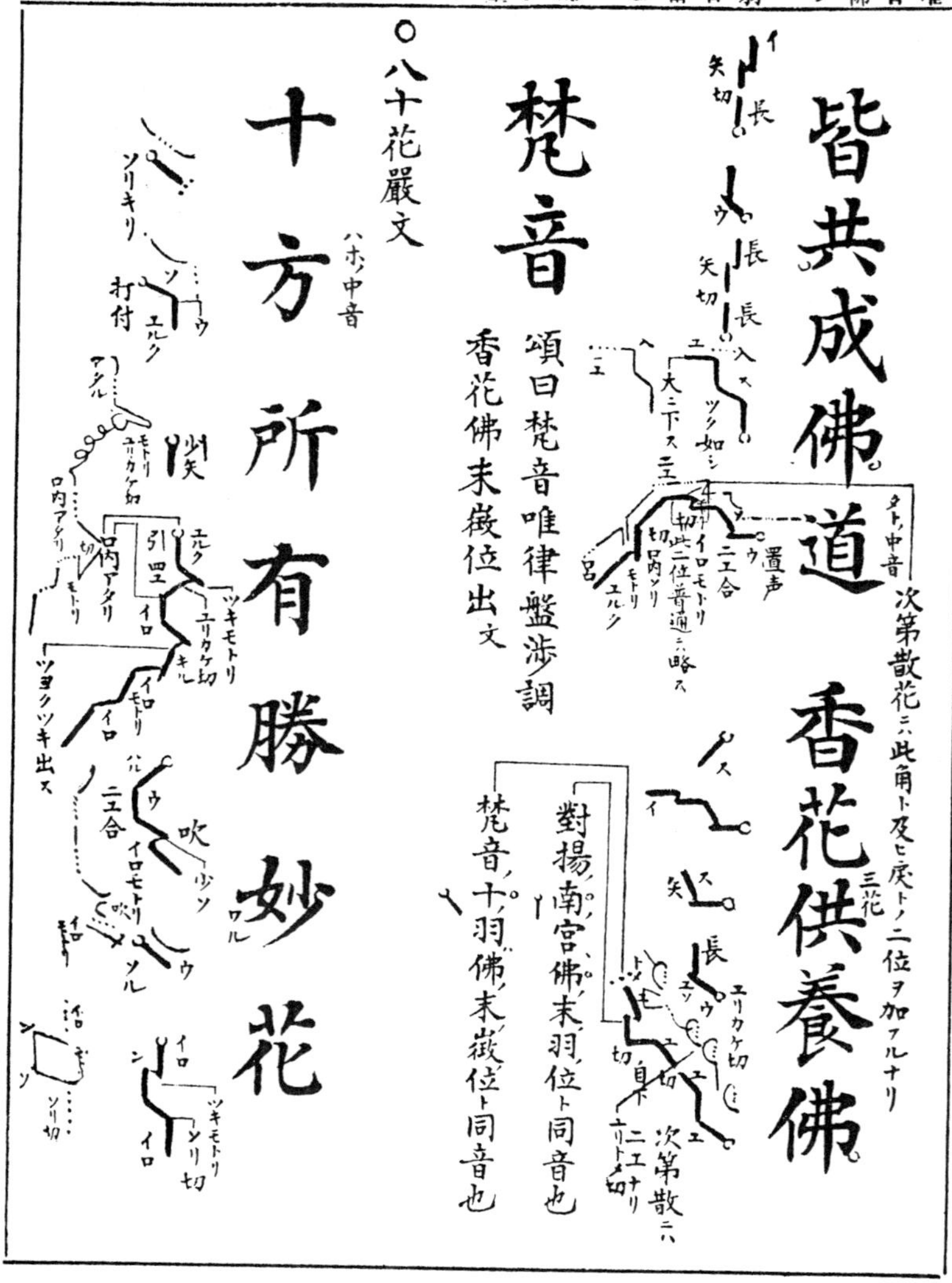

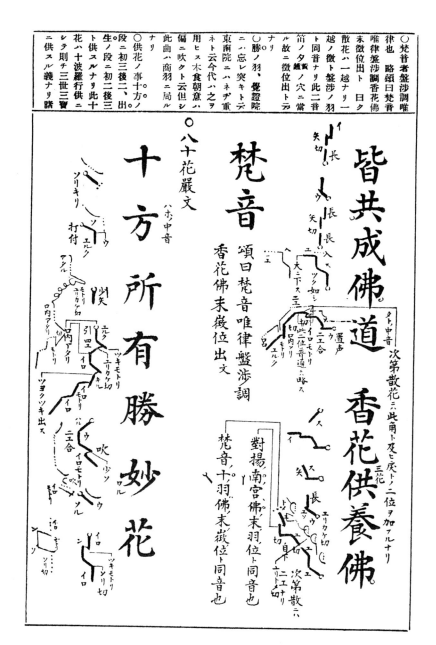

ところで、この本文は、

ングヮン・ガー・ザイ・ドウ・ジョウ・ングヮン・ニー・シー・クー・ドッ・プー・キウ・ヨー・イッ・サイ・

ガー・トウ・ヨー・シュー・ジョウ・カイ・クー・ジョウ・ブッ・ダウ・コウ・ケー・クー・ヨウ・ブッ

とよむ。ここで注意していただきたいのは、

(1) まず、ドウ・ジョウという私の表記は〔dou〕〔zjou〕という音を表わしたもので、〔doː〕〔zjoː〕を表わしたものではないことである。いわば、この仮名は表音仮名遣で、現代仮名遣ではない。

(2) 次に、最初の部分で、「願」の字の上にンという片カナが書いてある。これは、岩原師によると、〔ŋwaɴ〕という鼻音を出す。ところが〔ŋ〕の音が出しにくいので、ンーと引っぱってンーグヮーンと出すそのンを表わすものだという。当時、日本語に子音としての〔ŋ〕音がなかったという証拠の一つになろうか。

(3) 次に、一行目の「道」の字のところに、「タトノ中音」という注記がある。これは、岩原師によると、ダともつかずドともつかず、その中間の音を出せという注記だと教えられて来たそうである。国語史でやかましい、いわゆる開合の発音の指定である。ただし、岩原師の先生格であった人、真鍋戒善師は、そういう口伝を教えただけで、本人の口構えは、必ずしもそうなっていなかったそうである。この口構えは、今は亡びて口伝だけが残ったらしい。ただし、ここで注意すべきは、もっと先の仏道の「道」の字である。これにも「タトノ中音」という注記があるが、『魚山蠆芥集《たいがい》』では、ここに、「ダと取り付きてアの響きにしてすべし」とある。これは、ダと声を出しはじめて、アの声を引け、そうして最後にウと言え、という口伝である。つまり、これは〔dau〕と言えという指定である。新義派の中僧正は、ここは実際そう唱えられている。ずいぶん古い発音を残しているもので、声明でもこれは珍しい。

(4)「願以」の「以」は〔ni〕となる。これは謡曲や平曲にもある連声だ。これはあまり珍しくない。

(5)「功徳」の「徳」は、ドッとつまる。したがって、その次の「普及」の「普」はpの音となり、プーとなっている。これはちょっと珍しい。ここに限らず、一般にこういう古風な声明では、入声音のクという響きはツメルか、あるいは、もしツメないで〔ku〕と言うならば、そのuの母音はきわめて短く言う。これはあとに出てくる。この譜で、「徳」の字の左の墨譜の一方の端に点が三つ付いている。これは、ツメル音で唱えよというしるしである。

(6)「仏道」の「仏」のところに注記された、点を横に三つ並べたしるしは、謡曲でいうノム発音になる。

中義乗僧正は、下谷根岸の千手院というお寺の住職である。新義派の名手と言われた、なくなった瑜伽教如僧正の高弟であり、発声法・節マワシなど巧緻をきわめる。純粋の江戸っ子で、私は数回お寺を訪問して教えを受けたが、江戸前の警句が口をついて出てくるおもしろい風格の持主である。明治二十五年の生まれと言われる。

この『散華』は、代表的な〈歌う声明〉で、実に長い。そこで、最初の「願我在道場」だけでも優に二分かかる。進流での唱え方は、岩原師編の『声明教典』の「音譜篇」にのっている。天台のものは、多紀道忍・吉田恒三両氏編の『天台声明大成』の上巻に見える。

曲〔3〕『対揚』

この曲も、『散華』ほどではないが、真言宗の法会にはよく唱えられる声明である。これもまた天台宗で同様に使うらしい。中国語で、そうしてやはり呉音で唱える。〈歌う声明〉に属し、『散華』ほどではないが、声を相当引く。《盤渉調の律の曲》ということになっており、必ずしも墨譜のようには唱えないが、《呂》の曲である『散華』よりは曲調も変化があり、より破手である。

〔参考5〕（補註5）に『魚山蠆芥集』の譜を掲げておいた。これは、進流で用いる声明のテキストである。この本文は、

ナー・モー・ホッ・カイ・ドウ・ジョウ、サム・ミッ・ケウ・シュー・シャー・ナー・ソン・シー・ホウ・シー・ブッ・ショウ・ジョウ・ミッ・ケウ、テン・ジュー・ジー・ルイ・バイ・ソウ・ホウ・ラク…

と読む。

注意すべき点を述べると、

(1)「教」という字を〔keu〕と割ってよむ。〔kjo:〕ではない。一般にワルというやり方は、謡曲や平曲にもよく使われる。が、それらではイウという連母音に限る。声明では、イウはもちろん割り、そのほかに、このようなエウという連母音も割って唱える。これは、橋本先生が早く注意されたように、声明独特のものである。

(2) 次に、こまかいことであるが、「三」という字の左の墨譜の途中に「ム」という仮名が書いてある。同じハネルしるしであるが、「尊」という字の方には「ン」という字が書いてある。これはどうちがうか、ちょっと考えると、古いmとnのちがいだろうと考えたくなるが、現在伝わっているところでは簡単にそうとは断定できないようだ。これについては、筧五百里教授がかつて、「ムと書いたのは、サンと言ってしまってから声を引く。それに対して、ンと書いてある方は、ソーと声を引っぱって最後に短くンとハネルという区別だ」と言って実演されたが、それがいいようだ。この原則は、他の曲でも例がたくさんあるが、どれを見てもそうなっている。どうしてこんな二つの区別ができたのか、まだわからない。昔の唇内と舌内の区別が残っているのかというと、そうばかりとも割り切れない。四声でいうと、去声の文字にムと書かれているのが多いが、これも例外がある。平安朝ごろ、ハネル音にmとnと二つあり、mの方はりっぱに拍をなしていたが、nの方は、直前の母音にくっついて一拍になっていた、そ

(一)句數ノ事
進流ハ七句九句十一句等ト半數ヲ取ル相應院ニハ重半不定ナリ之ニ惣別ノ二アリ惣ハ教主ノ句ノ名、別ハ諸句ノ號ナリ但シ進流ハ惣句ヲ加ヘテ半數ヲ取ルナリ
○對揚者盤渉調唯律也　頌曰對揚唯律盤渉調散花佛末羽位出ト　曰ク一越ノ羽ト盤渉ノ宮ト同音ナリ此二音笛ノ中盤渉ノ穴ニ當ル故ナリ仍レ之對揚ノ南無ノ南ノ宮ヲ散花ノ供養佛ノ佛ノ末ノ羽ノ位ニ出スヘシ

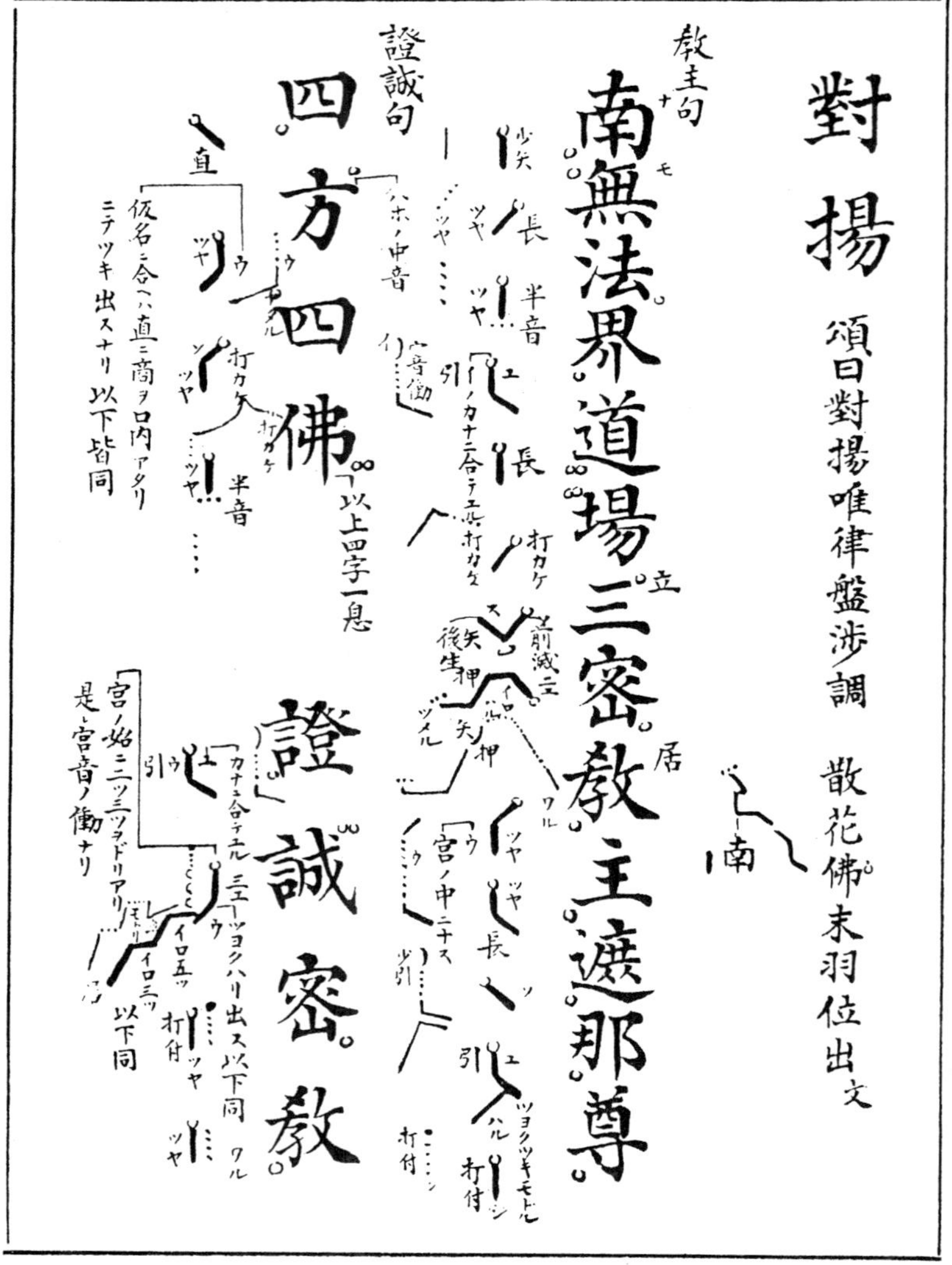

對揚
頌曰對揚唯律盤渉調
散花佛末羽位出文
南
教主句
南無法界道場三密教主遮那尊
證誠句
四方四佛
以上四字一息
證誠密教

〔参考5〕

○魚山集中秘事多シ
秘ハ秘藏事ハ事法ナリ且ラク一例ヲ擧グレハ對揚對告衆ノ句ノ薩ノ註ニ「律ノ商ヲユレバ宮ニナルナリ、是レ則チ中臺ニ歸スル習ヒアリ更ニ問ヘ」ト云ヘリ解シテ云ク其レ變《ソ》レバ必ラズ一位上ガリ由レバ必ズ一位下ル是レ自然ノ音聲ナリ、故ニ薩ノ商ヲ由レバ宮ノ位ニナルナリ、五音ヲ五佛ニ配スルトキハ宮ハ則チ大日如來ナリ而シテ商ヲ由リテ宮ニスル旨趣如何トナレバ則チ對告衆金剛手菩薩ヲシテ中台大日

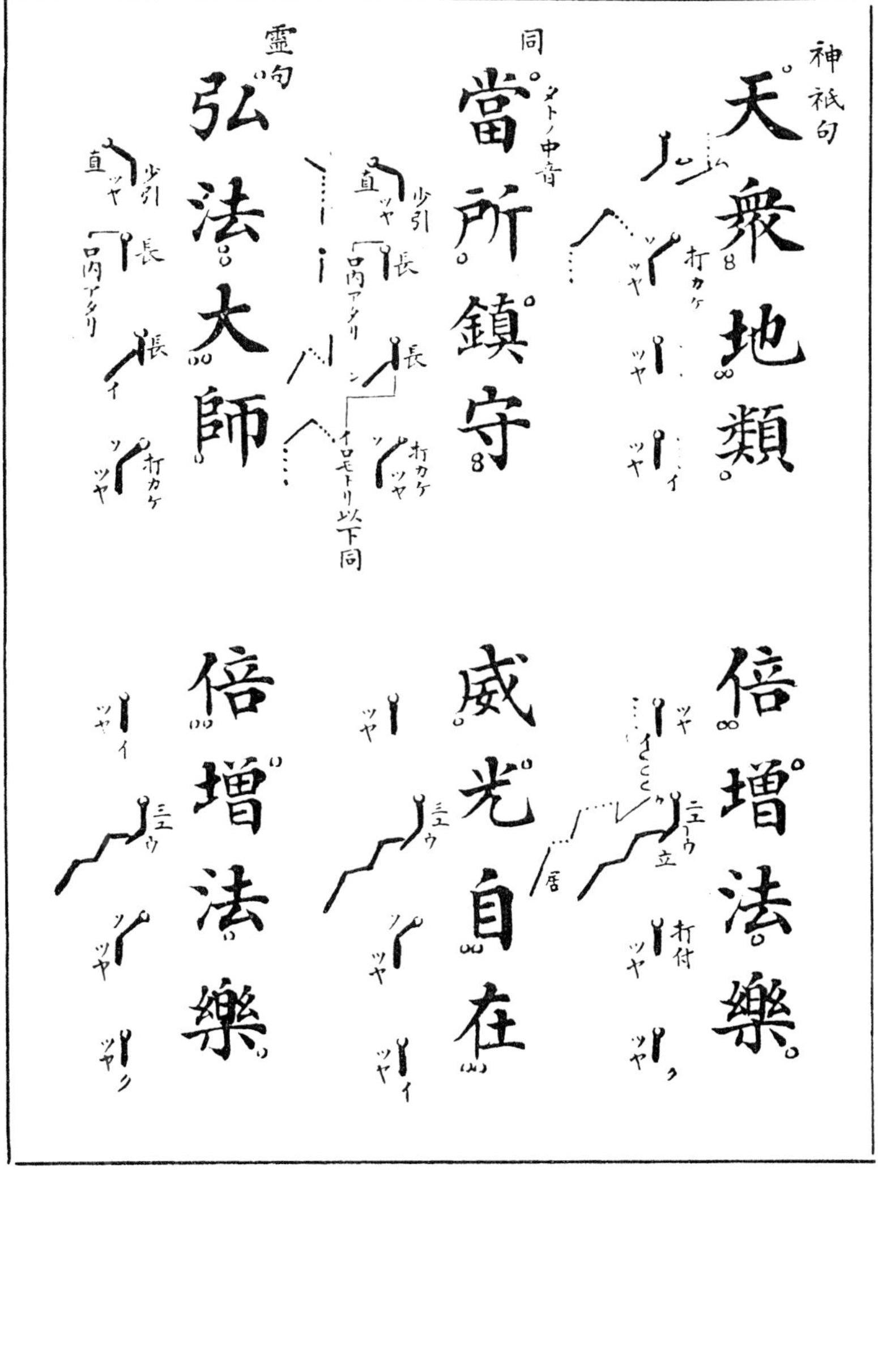

ニ歸納セシメ以テ因果一如一門則普門ノ實理ヲ示ス者也夫レ諸法ハ皆心ノ極理ニ歸スルヲ以テ密敎ノ大旨トス由テ今作ス所ノ法事法身ノ極聖ニ至リ留ムル義ナリ之レニ依テ宮ヲ諸聲明ノ根源諸法ノ至極トスルモノナリ斯ク深意ヲ以テ法事テ營ムベシ又梵音合殺等ノ終リノ商モ亦此ノ意也ト是ヲ魚山集中秘事多シト云フ也

同
貴賤靈等
聖朝句
聖朝安穩
伽藍句
伽藍安穩
又ハ成等正覺ニモスヘシ
皆成佛道
國家豐樂
興隆佛法
打カケ
長
半音

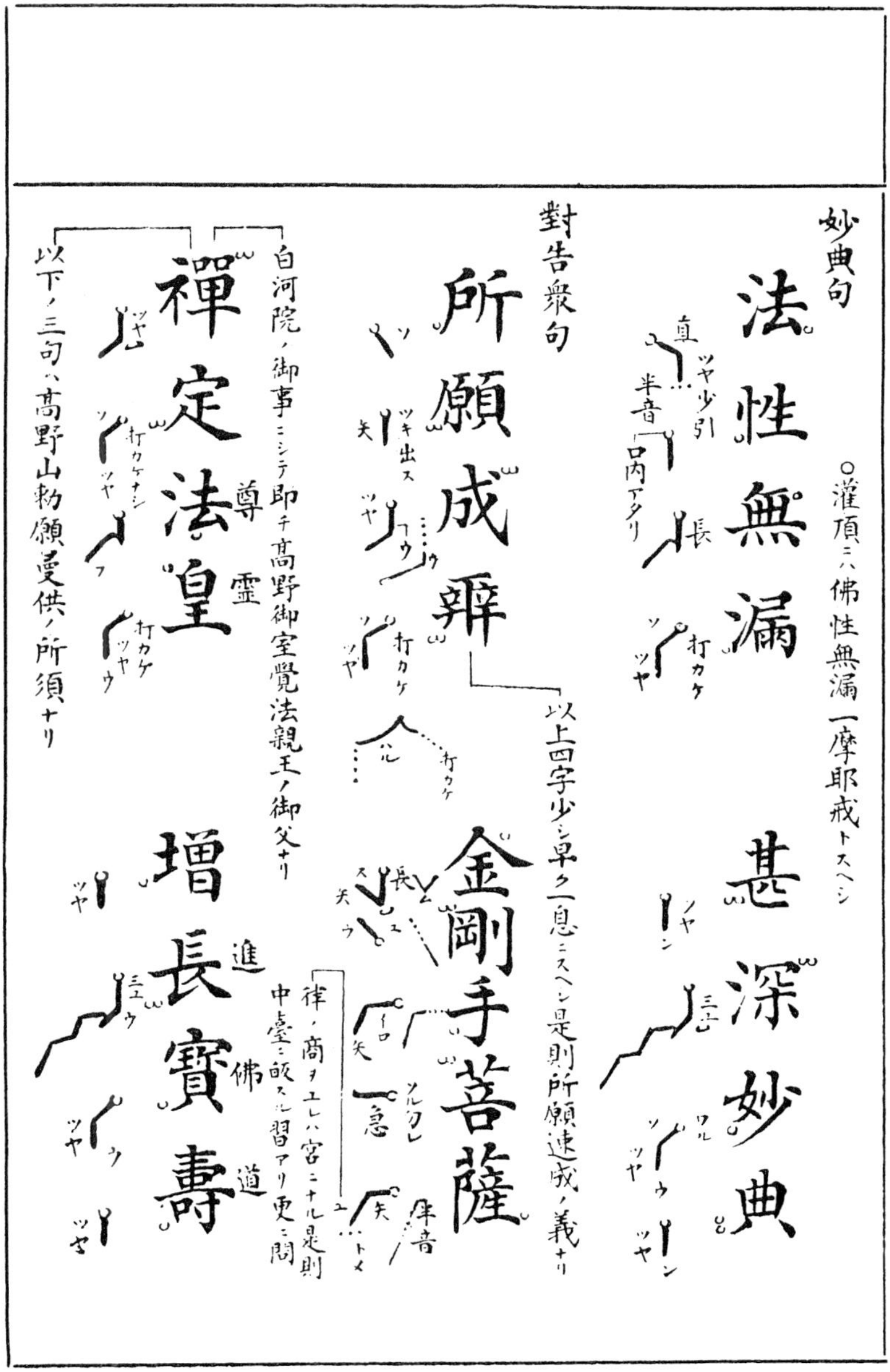
妙典句
法性無漏
甚深妙典
○灌頂ニハ佛性無漏一摩耶戒トスヘシ
直
ツヤ少引
半音
口内アタリ
長
打カケ
ツヤ
對告衆句
所願成辧
金剛手菩薩
以上四字少シ早ク一息ニスヘシ是則所願速成ノ義ナリ
律ノ商ヲエレハ宮ニナル是則中臺ニ敬スル習アリ更ニ問
ツキ出ス
打カケ
長
急
半音
白河院ノ御事ニシテ即チ高野御室覚法親王ノ御父ナリ
禪定法皇
尊霊
増長寶壽
進佛道
打カケナシ
以下ノ三句ハ高野山勅願曼供ノ所須ナリ

ういう一時期があったことを反映しているのではないかと思うが、はっきりはわからない。

(3)「四方四仏」の「方」の右に、「ハとホの中音」という注記がある。これも、昔はほんとうに中間の音を出したのであろうが、今は譜面に残っているだけで、発音は普通のホウと変らない。「証誠」というようなところでは、「ウ」の音を一々はっきり発すること、『散華』の場合と同じである。

(4)「倍増法楽」の「楽」という字は、左側の墨譜の一番下の先のところに「ク」の字がある。これは、ラを永く引いて、一番終りに軽くクをそえる意味で、つまり、〔raːːk〕となる。これは、古い時代のクで終る入声音の発音を伝えるものと見られる。

この『対揚』は、鈴木智弁僧正のレコードに収められている。鈴木僧正は、九十歳になんなんとする御老体とかで、そのレコードは三年ぐらい前に録音されたものである。レコードにとった人は、すでに述べたように、摩尼清之さんという、NHKの社会教育部の局員である。前に、NHKの「コトバの研究室」という番組があった、それの担当者であった人で、今は、宗教の時間の担当者である。昼間は背広を着てNHKの職員であるが、家へ帰れば、法衣に袈裟をかけて、歓成院というお寺の住職に早変りする。自分で声明が学べないなら、せめてレコードに残しておいて後世に伝えようというわけで、鈴木師の声明を六枚のLP盤のレコードに吹きこんだものだと言われる。

曲〔4〕『五悔』

この曲は、《金剛界の唱礼》とも言われる。『対揚』と同じように多く用いられる曲で、天台宗にも伝わっている。これも中国語で、中にインド語の引用があるが、珍しいことには漢音の声明である。ちょうど鈴木智弁師の編纂された譜本『南山進流声明集付仮譜』に振仮名が付いているので、それを写したものが〔参考6〕である。これは大体仮名のとおり読む。(15)これらの中で、切（セイ）・常（ショウ）・住（チウ）・命（ベイ）・十（シッ）・勝（シ）・菩（ホー）・提（テイ）・浄（セイ）・頂（テイ）などすべておもしろい。キョウ・ショウ・チウ・ポウはいずれもウをちゃんと〔u〕ということ、『散華』や『対揚』の場合と同じである。「最」という字はサイと仮名が振ってあるが、〔tsai〕と発音する。これはすぐ上の文字が舌内の入声音であるためであろう。フハというところは〔Fa〕と読むはずであるが、鈴木師も岩原師も、残念ながらハとしか言われない。開合の区別も、「曩」「法」はノウ・ホウと読むという調子で、残っていない。

この『五悔』も〈歌う声明〉であるが、『散華』や『対揚』のようには長く声を引かない。そうして次第にピッチが速くなり、「一切仏最勝妙法」というところからあとは合唱になり、リズミカルで耳に快い。呂の曲ということになっているから、ことにはじめのあたりは高低の動きはほとんどなく唱えられる。これも鈴木智弁師のレコードが出来ている。私は岩原師のものをテープにとってもっているが、ほとんどちがいは見られない。新義派のものは、律で、時には「羽」が半音上る。

〔参考6〕　五　悔

一切《セイ》恭《キョウ》敬《ケイ》敬《ケイ》礼《レイ》常《ショウ》住《チウ》三宝《ボウ》　娑《ソ》嚩《フハ》婆《ハン》嚩《バ》秫《シュ》駄《ダ》

薩《サラ》嚩《バ》達《タラ》麼《マ》　娑《ソ》嚩《フハ》婆《ハン》嚩《バ》秫《シュ》度《ド》薩《サラ》嚩《バ》怛《タ》他《タ》蘖《ギャ》多《タ》

幡《ハ》那《ナ》満《マ》娜《ナ》曩《ナウ》迦《キャ》噜《ロ》弭《ミ》
帰《キ》命《ベイ》十《シツ》方《ポウ》一切《セイ》仏《フ》　最《サイ》勝《シ》妙《ベウ》法《ハフ》菩《ホ》提《テイ》衆《シウ》　以《イ》身《シン》口《コウ》意《イ》清《セイ》浄《セイ》業《ゲフ》
慇《イン》懃《ギン》合《ガツ》掌《シヨウ》　恭《キヨウ》敬《ケイ》礼《レイ》　帰《キ》命《ベイ》頂《テイ》礼《レイ》大《タイ》

曲〔5〕『中曲理趣経』

次に〔参考7〕に掲げたのは『中曲理趣経』と言われる曲の歌詞であるが、この『中曲理趣経』という題については注釈がいる。『理趣経』というのは元来お経の一種で、真言宗では一番たっとぶお経である。ここに掲げた歌詞の中で、「如是我聞」というところからあとが『理趣経』の本文である。その前の部分は何かというと、これは日本人——恐らく寛朝がつけた前説である。そうして、岩原諦信師によると、全体を「中曲旋法」という旋法で日本人が作曲した、つまり、前説があるためにこの作品は声明のうちにいれられており、中曲旋法で出来ているために『中曲理趣経』と呼ばれているという。[補註6] それはとにかくしたがって、この『中曲理趣経』は、一往〈歌う声明〉ということになっているが、はじめのところはたしかに声を引くが、「如是我聞」からあとのところは、スピーディーにリズミカルに進み、感じはお経式である。

それから、この曲は寛朝僧正の作曲で、真言声明の名曲ということになっている。中曲旋法の黄鐘調で作られており、どこが名曲かというと、「善哉善哉」というところから先が美しいことになっている。岩原師の『声明教典』の

「音譜篇」には五線譜にとられたものが載っている。

この曲で注意されることは、まず呉音と漢音と両方が使い分けられていることである。つまり〔参考7〕の「弘法大師増法楽」およびその次の「大楽」という句までが呉音で、次の「金剛不空真実」から先はずっと漢音になる。これは振仮名をたどって知られたい。なお、この本文は、宮野宥智師編の『南山進流声明類聚附伽陀』から採ったが、この振仮名は、私が鈴木師の唱えるところを書きつけたもので、本にこのとおりあるのではない。[16] この本では墨譜がついているが、それは省いた。

次にまた、この曲には、読まない文字や付け加えて読む文字があってややこしい。例えば、〔参考7〕で×じるしを付けた字は不読字である。すなわち、第二行は「無染無着」と読んで、「生々値遇」へとぶというきまり、「時薄伽梵…」とある「時」はいつも読まないというきまりである。「大楽」はタを発せず、いきなりイラーッと言うのが口伝である。この漢音のところで、「薄」はファと読み、「梵」はファンと読み、唇のFの音がはいる。

〔参考7〕　中曲理趣経

帰命《キミヨウ》毘《ビ》盧《ル》舎《シヤ》那《ナ》仏《ブツ》

無《ム》染《ゼン》無着《ムジヤク》真《×》理《×》趣《×》　生《シヨウ》生《ジヨウ》値《チ》遇《グ》無《ム》相《ソウ》教《×》

世《セ》世《セ》持《ジ》誦《ジユ》不《×》忘《×》念《×》　弘法《コウボウ》大師《ダイシ》増法楽《ゾウホウラク》

大《イ》楽《ラ》金《キン》剛《コウ》不《フ》空《コウ》真《シン》実《ジツ》三《サン》摩《マ》耶《ヤ》経《ケイ》如《ジョ》是《シ》我《ガ》聞《ブン》

時《×》薄《ファ》伽《キャ》　梵《ファン》毘《ヒ》盧《ロ》舎《シャ》那《ナ》如来《ジョライ》

時《×》調《テウ》伏《フク》難《ナン》調《テウ》釈《セイ》迦《キャ》牟《ボウ》尼《ジ》如来《ジョライ》

時《×》薄《ファ》伽《キャ》　梵《ファン》　得《トク》自《シ》性《セイ》清《セイ》浄《セイ》法《ハツ》性《セイ》如来《ジョライ》

時《×》薄《ファ》伽《キャ》　梵《ファン》　一《イッ》切《セイ》三《サン》界《カイ》主《シュ》如来《ジョライ》

時《×》薄《ファ》伽《キャ》　梵《ファン》　得《トク》一《イッ》切《セイ》如来《ジョライ》智《チ》印《イン》如来《ジョライ》

時《×》薄《ファ》伽《キャ》　梵《ファン》　一《イッ》切《セイ》無《ブ》戯《キ》論《ロン》如来《ジョライ》

時《×》薄《ファ》伽《キャ》　梵《ファン》　一《イッ》切《セイ》如来《ジョライ》入《ジウ》大《タイ》輪《リン》如来《ジョライ》

時《×》薄《ファ》伽《キャ》　梵《ファン》　一《イッ》切《セイ》如来《ジョライ》　種《シヨウ》　種《ジヨウ》　供《キヨウ》　養《ヨウ》蔵《ソウ》

時《×》薄伽梵《ファキャファン》能《ノウ》調《テウ》持《チ》智《チ》拳《ケン》如来《ジョライ》

時《×》薄伽梵《ファキャファン》一切《イッセイ》平等《ヘイトウ》建立《ケンリウ》如来《ジョライ》

時《×》薄伽梵《ファキャファン》如来《ジョライ》復《フ》説《セ》一切《イッセイ》有情《イウセイ》加持《カチ》

金剛手言《キンコウシュゲン》

善哉善哉大薩埵《センザイセンザイタイサッタ》……

曲〔6〕『御影供《みえく》祭文』

ここで、《声明》の性質はがらっと一変する。この〔6〕からあとのものは、いわゆる〈読む声明〉〈語る声明〉にはいるもので、そのうち祭文は〈読む声明〉である。元来祭文は、法会の時に神や仏にささげることばで、法会によってちがった曲を使う。『御影供祭文』『明神講祭文』『施餓鬼祭文』『仏生会祭文』などいろいろあり、文体は漢文訓読調である。ここに述べる『御影供祭文』は、祭文の中でも代表的なもので、守覚法親王の作かと言われる。〔参考8〕(補註7)は、岩原諦信師編の『昭和改板進流魚山蠆芥集』からとった。左側の墨譜を見ると、《＼》《─》《¬》《∟》という四種類のものがあるが、このうち《¬》と《∟》とは《＼》と《─》との複合であるから、基本的なも

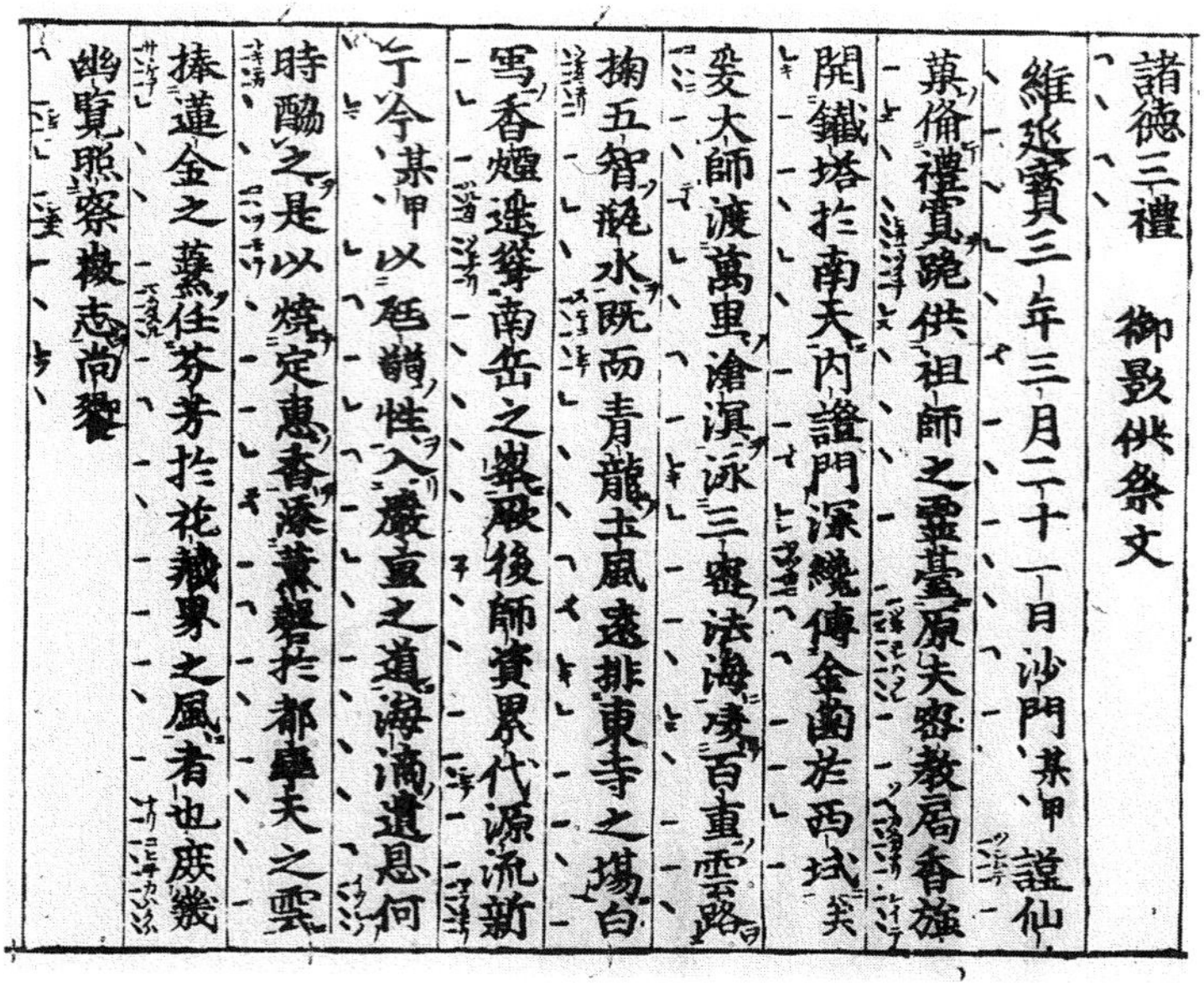

〔参考 8〕

のとしては（＼）と（一）の二種類しかない。これは、この曲の旋律がきわめて単純であることを表わすものと推定されるが、事実そのとおりで、この譜がつけられた当時は、高い音（＼がついている）と低い音（一がついている）の二段の音だけで唱えられたことと想像される。現在鈴木師のレコード、岩原師の録音テープがあって、それでは多少複雑に唱えられているが、これは後世の変化であろう。(17)

この曲で注意すべきは、この墨譜で、（＼）に上声をあて、（一）に平声をあてると、大体『日本書紀』や『古今集』の古写本の声点とよくあうから、大体鎌倉時代のアクセントをもとにして作曲されたものと見られる。(18)つまり、これは特にアクセント史料として重要なものと思われることである。

特に注意すべきものは、字音のアクセント、つまり、四声である。ここで最初の一行を読むと、元年・二年…とある。これは全部呉音で読むことになっている。次の月の名は、どういうわけか漢音で読むことになっている。セイゲツ・ジゲツというのはそれである。ところで、漢音と呉音とは四声が逆になっていると言われる。その法則にしたがって、例えば、「二」という字は、呉音の時は平声、漢音の時は上声に読み、「三」という字は、呉音の時は去声、漢音の時は平声の軽というような芸の細かいところを見せるので大変である(19)。

その他、音韻については特に問題はないが、「三月」の「月」、「二十一日ジシウイツジツ」などの入声のところは、ノム音、つまりtとnといっしょにした口蓋帆破裂音になっていて、前の『散華』―『中曲理趣経』の類よりも下った時代の発音を反映している。

この曲は、中曲の黄鐘調ということになっているそうであるが、このように高低二種の音しかないところから考えると、呂とも律とも中曲ともつかない旋法であるはずである(20)。

曲〔7〕『涅槃講式』

次に、『涅槃講式』は、『四座講式』の一部であって、涅槃会《ねはんえ》の時に唱える長大な声明である。この曲は、アクセント史の資料として、橋本先生・井上奥本氏のころから注目されていたもので(21)、そちらの方で第一等の資料である。ことに〔参考9〕に掲げた元禄版は、服部四郎博士の見付けられたものであるが、ほとんどそのまま何千という語の節博士が、そのままでアクセント資料となる点で尊重される(22)。

この曲は《講式》という一ジャンルに属する代表的な名曲であるが、後世の邦楽作品は、謡曲・平曲と言わず、浄瑠璃・長唄の類と言わず、すべてこの《講式》という声明にもとをもつと言われ、他方、この『四座講式』は、それまでの声明にあった曲調がすべてこの中に取り入れられ集大成されていると言われ、最も尊重すべき曲である。作者

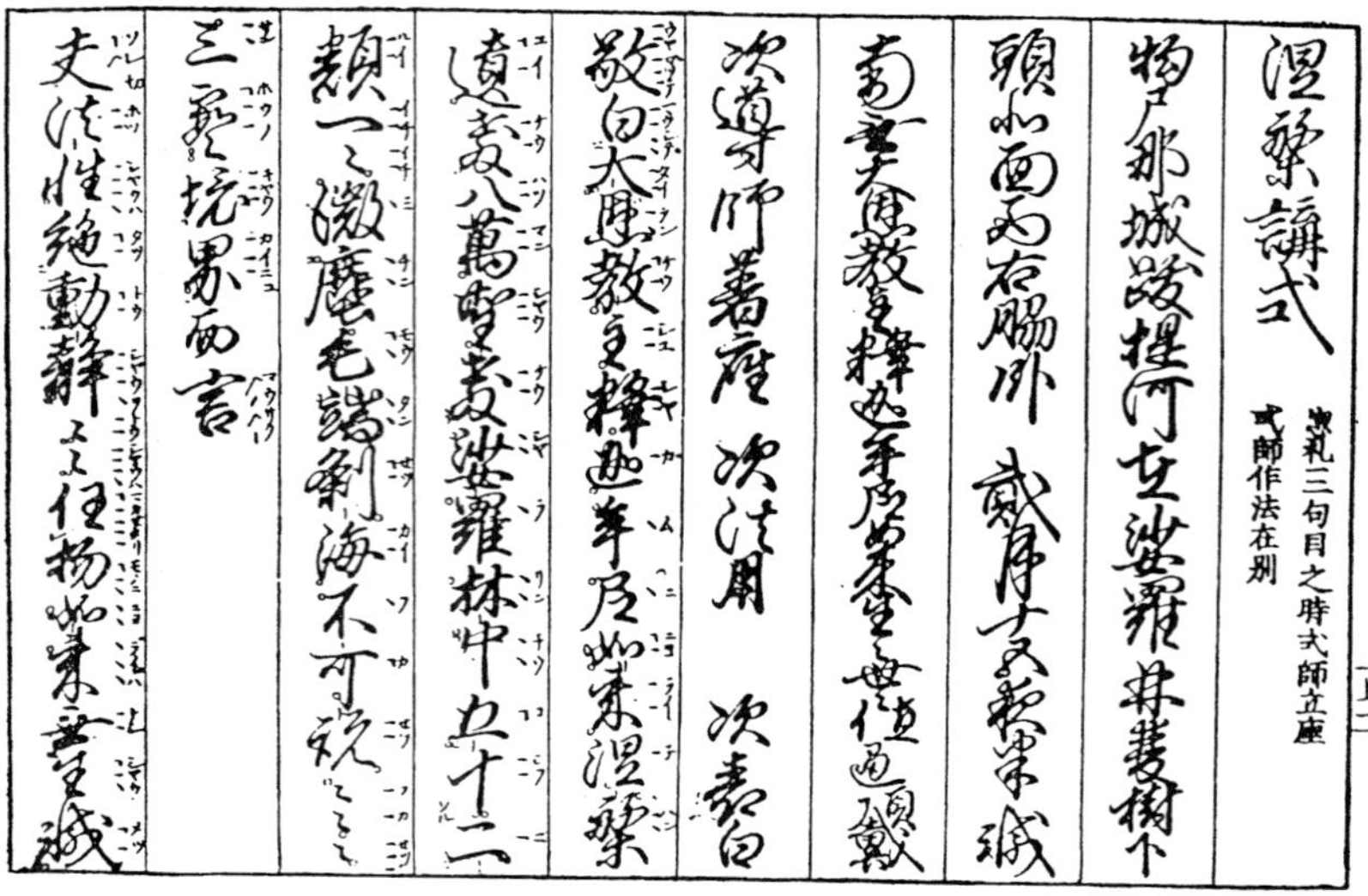
涅槃講式
惣礼三句目之時式師立座
式師作法在別
物尸那城跋提河辺娑羅雙樹下
頭北面西右脇臥　敬礼大聖釈尊滅
南無大恩教主釈迦牟尼如来生生世世値遇頂戴
次導師着座　次法用　次表白
敬白大恩教主釈迦牟尼如来涅槃
會場八万四千娑羅林中五十二
類一一微塵毛端剎海不可說々々
三寶境界而言
夫法性絶動静任物如来示生滅

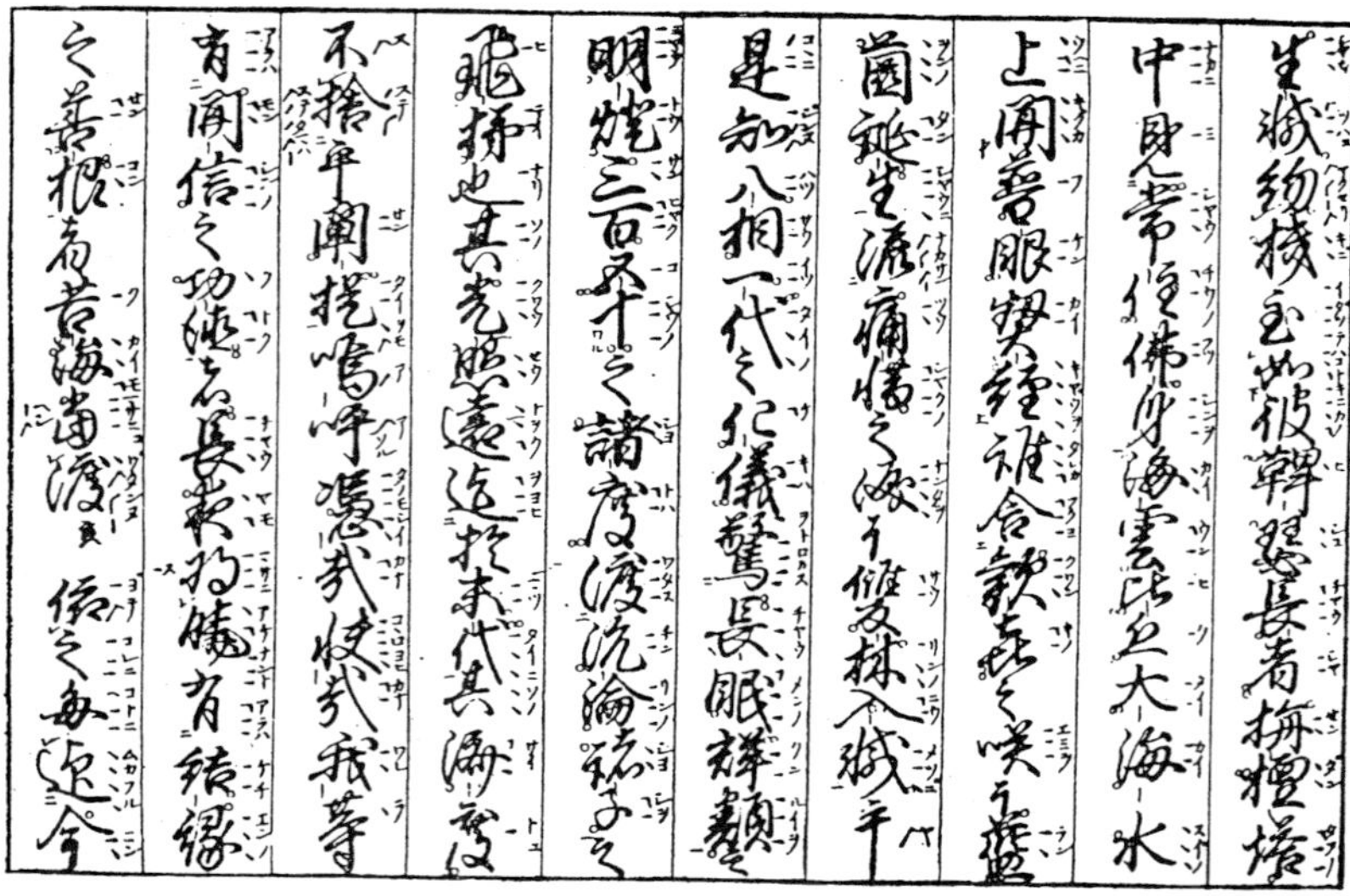
生滅紛紜正如彼鶴林長者栴檀塔
中見常住仏性海雲浮大海水
上開菩提眼鏡圓合歓喜之咲
猶離生滅痛悼之涙于彼林入滅年
是知八相一代之化儀鷲峯眠龍顔
明燈三百余年之諸度渡流論
飛揚也其光照遠近於末代其源
不捨半聞提嗚呼悲哉我等
有聞信之功依長劫備有結縁
之善根希渡　信之無退会

〔参考 9〕

は明恵上人ということになっているが、上人が釈迦の入滅をいたみ惜しむ気持が、感傷的な美文で綴られている。音楽的にも、初重・二重・三重という三種のちがった大旋律型の組合わせが整備されており、見事な出来栄えである。これは完全な〈語る声明〉の例である。この曲については、小著『四座講式の研究』に詳しく述べた。〔参考10〕に中僧正の唱えられる新義派の曲調を私が採譜してみた。(23) 岩原師のは、早く『声明の研究』『声明教典』の中に採譜されている。鈴木師のレコードは、師の唱えられる初重・二重・三重の一部が採録されている。新義派のものはこれらより単純であるが、これは古形に近いものをよけい存していると思われる。(24)

この『涅槃講式』は、音韻史資料としてもおもしろい。岩原師のを聞くと、たとえばこのテキストの一行目の「涅槃遺経」のところでネファンという両唇摩擦音が聞かれる。二行目の「不可説不可説」というところでは、フカセップカセツノというような言い方が聞かれる。ただし、ケウのようなものはすべてキョーになって割らず、新しい面を相当見せている。「不可説不可説」の「説」は、前の方のはツメル音、あとの方のは口蓋帆破裂音で、『祭文』と同じである。「八万」や「生滅」のツの拍も同様である。

それから、貞享版の『四座講式』を見ると、「諸子之飛梯」という語句の「飛」の字の右に「火」という注記がある。これは現行の譜本にもある。これは、「火急」の意味で、ここは短くいうのだそうだ。つまりこれは、いわゆる母音の無声化のしるしにちがいない。同様の例は諸処に散見する。この種の注記は、どのくらい古くまでさかのぼれるかわからないけれども、他の文献には例の少い母音の無声化が早くから日常普通の発音に行なわれていたことを示す記載の例として注目される。

〔参考10（①)〕 涅槃講式（初重）

〔参考10（②)〕　涅槃講式（二重）

曲〔8〕『伝法会論議』

声明の最後にあげたいのが『伝法会論議』である。一体、アクセント史の資料として『補忘記』というものがあることは国語学界に広く知られているが、そうして『補忘記』は「論議」の参考書だということも大体知られているが、その「論議」とはどんなものかということはあまり知られていない。「論議」とは、仏法の哲理についてのディスカッションを形式的に行なう儀式で、その一つの例がここの『伝法会論議』である。〔参考11〕(補註8)はその一節で、これは小野塚与澄師編の『伝法会艸本』からとった。ここに問者というのは詰問する僧、竪者というのは答弁する僧、精義者というのは一段高い地位にいる判者である。

「論議」の形式は、室町時代に出来たと言われ、したがって全体の感じも近代的である。古い音韻もほとんど残っていない。ただし、二行目のシカランバ、三行目のイカンソ、五行目のスベンカラクなど、特別の読ミクセが随所に出て来る。『補忘記』に見えるアクセントのついた語彙は、こういう「論議」に出て来る語彙を正しいアクセントで発音するための参考書なのだそうである。

この「論議」は、新義真言の方によく伝わっている。〔参考12〕(補註9)に、中義乗僧正が見本として唱えられたのを採譜してみた。(25)上方式のアクセントの名残りはここに全然見られず、これではアクセント資料としては直接役に立たないが、もとの本にある二重・三重というきまりはちゃんと守られているようで、大体の輪郭はこれでよくわかるようである。

註

（1）はじめ、『密教研究』三二に掲載されたという。論文集『国語音韻の研究』に収められてあるのによった。

（2）昭和三十三年度岐阜大学の紀要に発表された「声明の「読みくせ」」その他一、二の論文がある。

（3）例えば、あとに述べる『仏遺教経』の研究など。

（4）仏教関係の歌いものの中には、ほかに《御詠歌》というものもある。これは儀式に使うものではないので、歌いものではあるが、《声明》のうちにははいらない。

（5）声明と言われるものの中にも『中曲理趣経』のように、お経を声明の一部にくり入れているものがある。そういうものでは、お経の部分だけがリズミカルである。

（6）ここに、この『仏遺教経』の例を出したのは、ちょっとまずかった。これは経文ではなく、釈迦が経文を諸方へ行って説いたという伝記の文で、経文が紹介・引用されている地の文であり、それを節を付けて歌うのであるから、一種の声明である。そういう地の文までリズミカルになっている。そう承知しておつきあい頂きたい。桜井茂治氏が、かつてこの『仏遺教経』の曲の古譜に反映しているアクセントの考察を、『国語学』二七に発表した。ここの歌詞は、「釈迦牟尼仏初メニ法輪ヲ転ジテ阿若憍陳如ヲ度シ、最後ニ法ヲ説イテ須跋陀羅ヲ度ス。所応度ノ者皆已ニ度シ訖ッテ娑羅双樹ノ間ニシテ将ニ涅槃ニ入リナントス…」。

（7）例えば頼氏の「漢音の声明とその声調」〔『言語研究』一七・一八所載〕・「天台大師画讃並びに類似の諸讃より見出される声調について」〔『中国語学』二二所載〕・「声明のふしと中国語の声調」〔『仏教音楽の研究』所収〕・「諸天漢語讃について」〔『お茶の水女子大学人文科学紀要』一二所載〕など。

（8）声明の分類については、岩原諦信師の『声明の研究』『声明教典』にいろいろの角度による分類が述べられており、ここにもそれに従って述べた。天台宗では、また別の分類があるようで、榎克朗氏が『国語国文』二二の一〇と『語文』八とにその説を紹介している。

（9）呂旋法・律旋法・中曲旋法という旋法の本来の区別については、『声明の研究』その他に詳しい解説がある。簡単なものなら、私の『新明解古語辞典』にも出ている。が、注意すべき点が二つある。現行の声明が、そのとおりの旋法で唱えられていると思ってはいけない。岩原師が『声明の研究』で詳しく論じておられるように、呂旋法と呼ばれている曲は、ことに甚だしくデフォルメされており、今では声の高低変化の甚だとぼしいノッペラボウに近い節で唱えられている。新義派ではまだましであるが、然しそれはレミソラドレという一種の律旋法になっている。律旋法や中曲旋法の曲も、譜本に表記されている旋律からはかなりちがったもので、ラドレミソラという民謡旋法になっているものが多い。これは、伝承の間に変化してしまったもので、岩原師の『声明の研究』の大著は、いかにそれがくずれて来ているかについての克明な考察の著である。

(10)　このへんの事情については、田辺尚雄先生の『日本の音楽』の記述から教えられるところが多い。

(11)　声明伝承の系統については、大山公淳師の『声明の歴史及び音律』『仏教音楽と声明』などに詳しい。が、昔のいい加減の本を無批判に信頼しており、まずい。進流のものについては、岩原諦信師の『声明の研究』、中川善教師の「南山進流声明概説」〔『仏教音楽の研究』所収〕にも解説があり、こちらは批判的であり、よほどよい。新義派のものについては、内山正如師の『新義声明大典』の附録が詳しい。

〔真言声明伝承略図〕

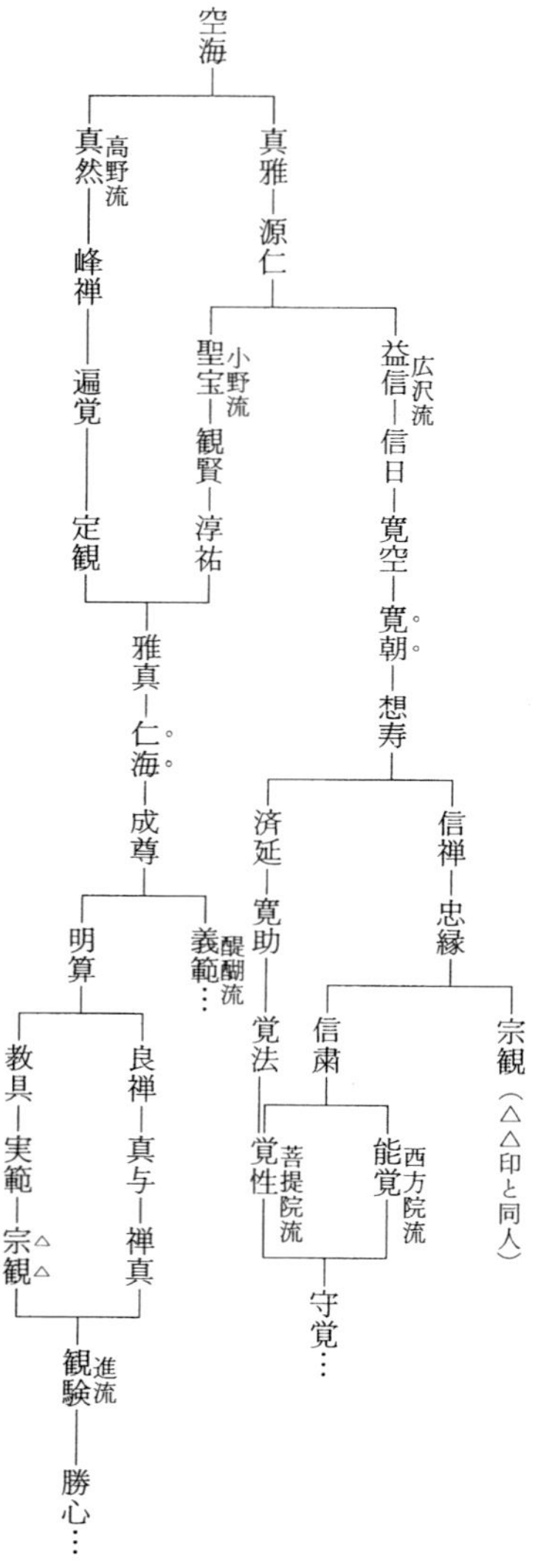

(12)　このことについては、高野山大学仏教学研究室編『仏教と文化』に、私の「魚山蠆芥集の墨譜の問題点について」という論考を発表した。

(13)　『魚山蠆芥集』の巻末の附録に、「古記ニ云…」として、六条中将という人は、音楽の名手で、仁平の際に讒訴にあって鎮西に流された人で、宿因を感じて仏門に入って仏道に勤めた人で、妙音院をたてて、琴の譜をもって懺法伽陀の曲を作り、三宝を讃嘆したとある。六条中将とは、歴史の上には出て来ない名前であるが、藤原師長の伝記があやまり伝えられたのだろうと思う。東大寺の凝念の『声明源流記』には、妙音院は太政大臣師長だと言っている。この曲の音階はレミソラドレで、岩原師の中曲音階であるが、時にミに♭がつき、箏曲の古今調の旋法になっている。

(14) 墨譜と五線譜とを比較してみると、多少の出入りはあるが、「斗」と「六」は(ミ)に、「十」と「五」は(レ)に、「九」は(ド)に、「八」は(ラ)に、「七」は(ソ)に対応すると言える。なお、『舎利讃嘆』の五線譜は、岩原師がみずから採譜されたものが『声明教典』の「音譜篇」に載っている。〔参考3〕はその一部を私見によって改めたものであるが、もし改悪になっていたら、つつしんでおわびする。

(15) 例外として次の点に注意。

(イ)キョウ・ショウ・シュ・ギャの類は拗音で、〔kjou〕〔sjou〕〔sju〕〔gja〕のように詠む。

(ロ)ナウはノウと読む。ゲフ・ハフのような第二拍のフはウと読み、〔geu〕〔hou〕と言う。

その他は、仮名通りに読む。すなわち、セイは〔sei〕であって、〔se:〕ではなく、ボウは〔bou〕であって、〔bo:〕ではなく、ベウは〔beu〕であって、〔bjo:〕ではない。

(16) 大体この振仮名のとおり読んでいただいていいが、ミョウ・シャ・ジャク・キャ・ファの類は拗音である。振仮名に小字を用いにくいので、このような体裁になってしまった。「持」「着」は、古い発音ではダ行の音のはずであるが、ザ行の音と区別なく唱えられる。四つ仮名の区別は、声明の中には残っていないようだ。開合の別も、この声明には見られない。

(17) 現在の唱え方については、岩原師の『声明の研究』の五九五頁—六〇〇頁に解説があり、また五線譜に採録したものが、同書の付録九三頁にあがっている。これらに見えるように、(／)の譜は、(―)の直前ではあとを下げ、それ以外の場所では声をゆるがし、(―)の譜は、(／)の直前ではあとを上げるようになっている。あとを上げたり下げたりするのは、音韻論でいう逆行同化の例、声をゆるがすのは単調をきらっての異化で、ともに後の発生であろう。

(18) 『類聚名義抄』のものともそっくり同じだと言いたいが、『舎利講祭文』という曲に、「得て」という語句が徴々型に表記されているので、『四座講式』と同じ時代のアクセントを反映するものと見た。もっとも、これは『舎利講祭文』だけが特別におそく出来たかもしれないではないかという議論も成り立つが、曲調がよく似ているし、また他の曲にも、『名義抄』で去声点のついた語句が全然出て来ないので、何ともそれ以上のことが言えないのは残念である。

(19)　祭文の本文のうち、昭和何年何月何日というところは、その読み上げる日付を入れるために、ここだけいろいろ変る。その時、どんな時にでも正しい四声で唱えられるようにというわけで、祭文を集めた本には、読み方一覧表があがっている。呉音と漢音とのちがいがはっきり出ていておもしろい。なお、昭和というような年号は、どんな年号でも低平に読むのだそうで、これは四声の伝承が失われたものと解される。

(20)　祭文は何曲かあるが、すべてその曲調はこの『御影供祭文』と同じという。このことは、譜面を見てもわかる。ただ一つ、岩原師の教えに従うと、『明神講祭文』だけは、使われている墨譜の種類も多く、その現行の曲調も著しくちがう。この曲だけは、一つ一つの墨譜はその墨譜の示すままの音で唱えられ、聞いたところでは、古代のアクセントそのままで唱えられている感じが強い。これは高低に関する限り、今に古代の会話のフシをそのまま伝える最高の資料ではないかと思う。ただ、長短緩急の変化が、会話らしい感じを破っている。

(21)　例えば、井上奥本氏の「日本語調学小史」〔『音声の研究』二所載〕など。なお『四座講式』については、服部博士がまだ学生時代に行われた、鎌倉・室町ごろの写という譜本についての未発表の研究がある。

(22)　このことについては、簡単には「日本四声古義」〔『国語アクセント論叢』所収、本書に転載〕の中などに触れた。

(23)　中師は、実際にはこれより半音低い音程で唱えられたが、♯や♭の類を少くするために、このように採譜した。

(24)　現在、進流では、「初重」「三重」は民謡旋法をもち、新義派は「初重」「三重」は律旋法（ただし羽は嬰羽）をもち、「二重」は両派とも旋法をなさないが、室町時代の進流のものは「初重」「三重」が律旋法（ただし羽は嬰羽）、「二重」が民謡旋法であったと解される。

(25)　これも、『四座講式』の場合と同様に、中僧正が実際に唱えられた音高よりも半音高く採譜した。精義者の唱える部分には、このあとまた、次から次へと目まぐるしい転調が行なわれる。

（補註）

(1)　国語学会公開講演会〔東京〕第四十回、昭和三十四年十月十八日（日）、立教大学五号館一五五番教室。

（2）・（3）　本書では割愛した。

（4）・（5）　本書では宮野宥智編『南山進流声明類聚附伽陀』の譜を掲げた。したがって以下の本文の記述とは小異がある。

（6）　岩原師は、中曲を旋法の種類と解されたが、それは間違いで、柴田耕穎氏が説を出されたが、中曲とは、曲の一部を呂旋法で、一部を律旋法で歌うと言うのが正解のようだ。この曲は勧請の部分が律曲、経題と経文の部分が呂曲、「金剛手言」からあとの部分が全部律曲であるから、中曲と呼ばれているという。

（7）　本書では著者架蔵の書名・刊年不明（刊記に「高野山八左衛門尉開板」とあり）の江戸時代巻子本によった。したがって以下の本文の記述とは小異がある。

（8）・（9）　本書では割愛した。

（補記）

（1）　進流レコードの収録作品

二二頁・四〇頁に触れた、摩尼氏の編集されたレコードに収められている声明作品は次のようである。

第一集　表(1)三礼・(2)中唄・(3)如来唄・(4)云何唄・(5)四智梵語。裏(1)散華・(2)梵音・(3)三条錫杖。

第二集　表(1)三条錫杖（つづき）・(2)対揚・(3)大日讃・(4)不動讃・(5)仏讃。裏(1)金剛界唱礼・(2)四智漢語。

第三集　表(1)心略漢語・(2)吉慶漢語・(3)四波羅蜜。裏(1)中曲理趣経。

第四集　表(1)吉慶梵語・(2)四方讃・(3)仏名・(4)教化。裏(1)文殊讃・(2)灌沐頌・(3)駄都讃・(4)光明真言・(5)秘讃不動漢讃・(6)秘讃光明真言。

第五集　表(1)御影供祭文・(2)御影供表白。裏(1)御影供神分・(2)大般若法則。

第六集　表(1)涅槃講式表白段・(2)同二重・(3)同第四段三重・(4)同第五段三重。裏(1)涅槃講式第五段三重（つづき）・(2)羅漢講式第二段二重・(3)同第五段三重・(4)遺跡講式第一段三重・(5)同第三段三重・(6)舎利講式第二段三重・(7)同第三段三重。

（2）　新義派の祭文の旋律について

註（20）に、『明神講祭文』は古代アクセントをそのまま伝える最高の資料のように書いたが、あの時は私はまだ新義派の祭文

を知らなかった。あのあと中義乗師の『御影供祭文』を聞いたところが、新義派の祭文なるものは、譜本に対して、

（／）の譜　高い平らな調子で唱える

（一）の譜　（／）より二度低い平らな調子で唱える

というように、きわめて行儀よく唱えるものであることを知った。これはまことに珍しいことで、現代どこの方言にも残っていない、鎌倉初期の人が使ったアクセントがそのままこの声明という隔離された世界に遺って使われていると言ってよいわけである。私は、中僧正が肉声で唱えられるこの曲を実際耳で聞いた時に、多少誇張すれば、モザンビク海峡のコモロ諸島で、スミス博士という人が生きた奇魚シーラカンスを肉眼で見た感激はこんなものだったかと思った。強いて言うと、部分的には（／）と（一）の混同もあり、終りの部分に音楽的効果をねらった変化がつけられ、また、すべての拍が声を引いてゆるいテンポで唱えられるので、ことばという感じが薄い恨みがあるが、とにかく新義真言の祭文の旋律こそは、一千年前の日本語のアクセントがどんなであったかを直接に教えてくれる最高の資料のようだ。

第二編　アクセント史と文献資料

一　契沖の仮名遣書所載の国語アクセント

一　アクセント資料としての契沖の仮名遣書

釈契沖の『和字正濫抄』『和字正濫通妨抄』『和字正濫要略』は現在行はれてゐる標準仮名遣の基礎を定めたもので、そこに見出だされる純実証的な学的態度は、我国国語研究に一時期を劃した名著であることは広く認められてゐる事実であるが、此等三著書に散見する国語アクセントに関する記載は、我が国語アクセントの史的研究上に貴重な資料と成ってゐることは、苟に興味あることと思はれる。

抑ゝ契沖が『和字正濫抄』を著した動機は、当時世上に流布してゐた定家仮名遣を排撃し、古典に於ける実例から帰納して確乎たる根柢を有する新仮名遣を制定せんとすることであったが、偶ゝ定家仮名遣は仮名の四声、即ち語のアクセントに基いてオ・ヲ等の書分けを行ふ、などと言ふ説が伝へられて居り、その頃出来た仮名遣の書には、国語アクセントに言及したものが少くなかったので、(1)契沖もこれに倣って、『正濫抄』の巻末に国語アクセントに関する彼の蘊蓄の一斑を書止めたのであった。所が橘成員と言へるもの、『和字古今通例全書』によって無謀にも古典による仮名遣を誹謗し、国語仮名遣は須く語のアクセントによるべしとの論を蒸返したので、此処に契沖は憤然として

『和字正濫通妨抄』を、次いで『和字正濫要略』を著して、新たに多数の語彙を挙げて国語アクセントの性質を再論し、斯くて図らずも、彼の近世初期近畿方言に於ける「国語アクセント辞典」の称ある『補忘記』[2]に次ぐ、豊富な当時の国語アクセント語彙を有する文献が成立したのである。

されば国語アクセント研究史を公けにされた、橋本進吉先生[3]・東条操先生[4]・故井上奥本氏[5]・大西雅雄氏[6]・服部四郎先生[7]の諸先進は、何れも此等契沖の著者を重んぜられ、殊に井上氏は契沖の記載した語彙のアクセント価を推定せられ、又森正俊氏は此等の著者に見える語彙と、現在の伊勢四日市のアクセントの比較を試みられたのであった[8]。然るに井上氏の研究はその方法論に言及されたに止まり、その音価の推定に関して従ひかねる点あり、森氏の考察は一拍名詞以外に出ず、この豊富なアクセント史の資料の活用はほんの緒についたばかりと言ってよいのである。小稿は、斯くて、契沖がアクセントを記載してゐる総ての語彙に就て当時のアクセント価を推定し、近古初期の国語アクセントの闡明に些かの努力をなしたいと思ふものである。不備の点は各位の存分な御叱正を願ってやまない。

なほ小稿のテキストとしては、橋本先生の御校訂に成る『契沖全集』第七巻所載の本文を用ひたが、不審ある点は、『正濫抄』に就ては元文四年刊の版本を、『要略』に就ては東大国語研究室蔵の写本二部を、『通妨抄』に就ては橋本先生の御好意によって閲覧することが出来た、著者自筆本のロオトグラフを、それぞれ参照した。小稿を草するに当って終始御指導を賜った橋本先生に慎しんで御礼申上げる次第である。

二　契沖の仮名遣書所載のアクセントの性質

抑〻私達が何か過去の文献を通して、そこに記載されてゐる国語アクセントを考察する場合、第一に考へなければならないことは、そのアクセントは何地方の何時代のものか、と言ふことであって[9]、この稿に於ても契沖の著書に対して先づこの問題から考へて行きたい。

先づ契沖の記載したアクセントは何地方のものであらうか。『正濫抄』以下の著書にはこの点を明らかにする何等の断り書きも見えない。然し、今考へて見るのに、現在例へば神保格先生・佐久間鼎博士等が「国語のアクセント」又は「日本語のアクセント」と言はれる時には、全国諸方言の中で、標準語たる東京語のアクセントを指すのが常である。然らば契沖時代には、京都語が標準語として全国諸方言に対して比類なき地位を占めてゐた故、契沖が何の断りもなく、単に国語のそれとして文献に記載してゐるアクセントは、京都方言のそれを写さうとしたものと見て、何等差支へないと考へられる。殊に契沖は終世京都に近い地方に住み、京都方言には非常に親しかったと想像されるから尚更である。又、契沖記載のアクセントを、現在の京都アクセントと比較し、契沖と略〻同時代の京都アクセントを記載したと見られる『補忘記』に見えるそれと比較し、更に院政時代の京都アクセントを記載したと見られる『類聚名義抄』に見えるそれと比較しても、契沖のアクセントが京都方言のそれと見て何等の支障を来さないのである。それ故、この稿では暫く京都方言のアクセントを記載したものと見て論を進めることとしたい。

唯〻疑ふらくは契沖は摂津尼崎に生れ、生涯を摂津・和泉・河内及び高野山で送った人[10]である。それ故契沖が実際に口頭で用ひたアクセントは、京都方言のそれではなくて、寧ろ現在の大阪・尼崎方言のそれに似たものであったであらう。而して現在京都のアクセントと大阪・尼崎のアクセントとは非常に類似し、契沖時代にあっても事情は恐らく同様と思はれる故、語によっては契沖が京都アクセントを記載したつもりで、実は大阪・尼崎アクセントを記載して了ったものがあるかも知れないと疑はれる。

然らば果して契沖の記載した語の中でどの語が大阪アクセントかと言ふのに、その判定は実に難しい。而して契沖の記載した語例は前述の如く、大体京都アクセントと見ても理解されるものばかりである。斯くてこの稿では、此等著書のアクセントは総て京都アクセントと仮定し、若しそれで矛盾が起る場合にのみ、改めて大阪アクセントではないかとの疑を起して見たいと思ふ。

次に契沖の諸著書のアクセントは何時代のものか。この問題は一見簡単の如く、即ち契沖の生存時代のものと見ればよい、とも思はれるが、実は前の問題以上に面倒な因子を含んでゐるやうである。

佐藤寛の「本朝四声考」〔国学院編『国文論纂』所収〕によれば、文久年中に成った『真洲美の鏡』という本があって、その中に、著者鍋島誠は国語のアクセントを説き、「大皇囫には平・上・去の三声あり。そのわかちは即ち日は平声、樋は上声…」の如く述べてゐるのであるが、今その記述を契沖の『正濫抄』に比すると、説明の語句に多少の相違を見るのみで、アクセントの示されてゐる語例は両者そっくり同じである。これは言ふまでもなく誠が契沖の説を引用したことを示すものと思はれるが、此処で問題に成るのは、契沖の時代から、誠の時代までの間に、それらの語のアクセントが果して変ってゐなかったかどうかと言ふことである。少しも変ってゐなかったら別に差支へはない。然し若しある語例へば「樋」と言ふ語のアクセントが上声から平声にと言ふやうに変ってゐたら？(11) 変ってゐたら誠はその時代には上声の例として相応しくない「樋」を除き、代りに他の適当な語、例へば「杼」と言ふ語を補ふ、と言ふやうなことをしたであらうか？　此は疑問だと思ふ。第一に契沖の著書は誠の時代に非常に権威ある書に成っていた。第二に当時の人はアクセントが時代と共に変ると言ふことは想像してゐなかったと見られる。第三に元来アクセントは非常に主観的な面を有するもので、ある語を平声と思って聞けば平声と聞え、上声と思って聞けば上声と聞える。即ち、若し契沖の時代に上声の例として適当であった「樋」が、誠の時代には適当ではなくなってゐたとしても、誠はなほ「樋」を上声として記載したかも知れない、と考へられるのである。

このやうに考へて来ると、私達は契沖の著書に対しても、果して契沖が当時自分の周囲に行はれてゐた京都アクセントに就いて「日」は確かに平声だ、「樋」は確かに上声だと感じて記載したのかどうかに関して、疑なきを得ない。若し契沖以前に契沖が記載してゐる総て——と言ふことはないにしても——一部の単語のアクセントを示した文献があって、契沖はその文献に従って幾つかの語のアクセントを記載したかも知れない。

岩淵悦太郎先生の御研究に拠ると、『蜆縮涼鼓集』に見える記述から考へて、当時の京都方言のハ行音は既に古い唇音から、現在のやうな喉頭音に変って了ってゐたと考へられる。所が今契沖の『正濫抄』巻一に載せられた五十音図にはこれまた岩淵先生御指摘の如くハ行を立派な唇音として出してゐることよ。此は契沖が古くからの伝承を重んじて、当時実際に行はれてゐる発音に対しては十分な注意を払はなかったことを示すものであって、かう考へると、契沖はアクセントに於ても、或は当時の実際の発音を観察せずに、古い文献の記載をそのまま転載したかも知れないことは、否定出来ないことと考へられる。

このやうに考へて来ると、契沖の著者のアクセントは果して契沖生存時代のアクセントと見てよいかどうか、大きな不安を感ずるものである。然しそれならば契沖のアクセントは必ずもっと古い時代のものと考へなければならないか、と言ふに、決しさうでもないやうである。私達は幸なことに、契沖と同時代の同地方のアクセントを記載した『補忘記』及びそれに準ずる二三の文献を有ってゐる。室町時代末期のアクセントを記載したと見られる洞院実熙の『名目抄』(12)を、近世中期のアクセントを記載したと見られる釈文雄の『和字大観抄』(13)『韻学階梯』(14)その他を有ってゐる。又、契沖よりもう少しのちの時代のアクセントを反映してゐると見られる『平家正節』の旋律を知ってゐる。これらの文献・資料に比較して見るのに、契沖の著書のアクセントは、略〻彼の時代のアクセントとして理解出来るのである。又消極的な理由ではあるが、私達は契沖以前に出来た書で、契沖が記載したと同じ語彙を同じ方法で記載した文献をまだ知らないのである。そこで私は契沖のアクセントに対し、何かさう考へては工合の悪い時には改めて前時代のアクセントかと疑ふこととして、差当っては先づ当時のアクセントを写してゐるものと考へてかかりたいと思ふ。

以上契沖の諸著書所載のアクセントの方言及び時代についての一通りの考察を終へたが、次に考察したいことは、契沖が当時の発音を実際に観察して記載したものとして、果して彼は実際の発音の高低を正確に聞くことが出来たかどうか、と言ふこと、即ち、彼が「日は平声」、「樋は上声」などと記載してゐることを全部信用して、直ちに当時のアクセントを推定してよいかどうかと言ふことである。前述のハ行を唇音としてゐる点などから考へると、彼は果して音の高低を間違ひなく聞分けたかどうか、疑念なきを得ないのであるが、実際契沖の記述してゐる言葉の中には、契沖の記述通り考へては、どうも他のアクセント資料に対して支障を来す場合が間々あるのである。(15) 之に就ては次節以下に於て十二分に吟味して行きたいと考へる。

唯々此処に注意しておきたいことは、契沖の個々の語の高低の姿の観察には従ひかねるものもあるけれども、契沖は同じ型の語は間違ひなく同じ型の語と感じ、異る型の語は誤りなく異る型の語と、判定する耳は十分備へてゐたことである。現在諸方言を見渡すと、幾つかの語が群をなして、同一の方言では同一の型で発音されることが観察され、例へば一拍名詞「蚊」「子」「血」「戸」…は一群をなして、東京方言・名古屋方言では○型、京都・大阪方言では○̄○̄型、「毛」「名」「葉」「日」…は他の一群をなして、東京方言では○型、名古屋方言では○̄型、京都・大阪方言では○̄○型の如くに成ってゐるのであるが、今この事実から、過去のある時代のある方言のアクセントに於ても、現在同一群の中に収められる幾つかの語は、やはり同一の型で発音されてゐたらうと想像されるのである。(16) さて契沖の著書に就て、右の語彙を当って見るのに、「蚊」「子」…の一群は総て上声、「毛」「名」…の一群は総て平声と表記されてゐて、矛盾するものは一語もない。この事実は、契沖はアクセントの異同と言ふことに関しては、安心して信頼することが出来る鋭敏な感覚の持主であったことを証すると考へる。

三　契沖の諸著書所載のアクセント語彙一覧

さて愈〻『正濫抄』以下の諸著書に記載されてゐる一つ一つの語に就て、具体的なアクセントの考察に入りたいと思ふが、此等諸著書のアクセントは一ケ所に集まってゐる訳ではなく、『正濫抄』で三ケ所、『通妨抄』で十一ケ所、『要略』で二ケ所、合計十六ケ所に別れて掲載されてゐて、対照するのに不便であるから、茲に契沖がその語全体のアクセントを表記した語総てを整理して掲げて見ようと思ふ。但し、次の諸点に注意。

一、契沖は語のアクセントを表記する場合、殆ど総ての例を通じてその語を四声の一つに宛てて、音調を示してゐるのであるが、その宛て方は場所によって異ってゐる。例へば〔A〕『正濫抄』（一九八頁——『契沖全集』に拠る。以下頁数を掲げる場合は総て同様）で「橋」「端」「箸」を平上去三声に宛てたのは**第一種の表記法**で、各語全体の音調を四声の一つに宛てたものと見られるが、〔B〕『通妨抄』（二一二頁）で「少男」ををとこ、「尾張」をはりと表記したのは、**第二種の表記法**でその語を一拍宛〻に分解し、各文字の音調を四声に宛てたものと見られる。此等二種のアクセント表記法は性質の全く異るもので、音価の推定に当っても、別に考察するのが便利なので、此処では〔A〕〔B〕に分けて掲げることとする。

二、契沖のアクセント価の推定に便利なやうに、各語のもとに、現在京都方言のアクセント、『補忘記』の記載によって推定される契沖時代の京都方言のアクセント及び『類聚名義抄』の記載によって推定される平安朝末期の京都方言アクセントを対照せしめる。この中、現在の京都アクセントは総て池田要氏の御研究の結果を拝借した。『補忘記』のアクセントに就ては服部四郎先生「補忘記の研究」・金田一春彦「補忘記の研究、続貂」を、『名義抄』のアクセントに就ては金田一春彦「現代諸方言の比較から観た平安朝アクセント」を参照されたい。[17] なほ『補忘記』に例の見えない語は稍ゝ時代が降り、表記法の不完全な憾があるが、釈文雄の『和字大観抄』（「大観」と略称したものがこれ）・『韻学階梯』（略称「韻」）から補ひ、『名義抄』に例の見えないものは、『金光明最勝王経音義』[18]（略称「金」）・『色葉字類抄』[19]（略称「色」）から例を補ったものがある。

三、契沖がアクセントを表記した語彙の中で、次のやうなものはこの稿では一往考察を控へることとした。随って次の語彙表には挙ってゐない。

(a) 契沖がその語の一部分を取出して、その部分のみを四声に宛ててゐる語。例へば『通妨抄』（二一二頁）で「媒鳥」「少女」を「をとり」「をとめ」と表記し、「青葉」「青苔」（あをのり）を「青葉」「青苔」と表記したのがこれである。これらの語彙は、ある特殊の場合を除いてはその語全体のアクセントを推定することが出来ない。[20]

又『正濫抄』（八一頁下）の「いる」（入）・「いる」（鋳）のやうなのは、『通妨抄』（二一二頁上）の「いろ」の例と比較すると、その語全体の音調を示したものとも解せられるが、先づ第一文字だけの音調を示したものと見る方が自然と考へて、左の表から省いた。[21]

(b) 契沖が四声に宛てる以外の方法で音調を示してゐる語。例へば『通妨抄』（三八五頁上）に「おろすと云時は、おを押てさくる」と言ってゐるのはこの例と見る。

(c)　『通妨抄』（二三五頁上）に出てゐる初めの方の「いろは歌」。
(d)　漢語の類。

【契沖仮名遣書所載アクセント語彙一覧表[22]】

〔A〕　第一種の表記法をとった語例

（い）　平声に表記してゐるもの

i　一拍語

語彙	現在京都のアクセント	補忘記所載のアクセント	名義抄所載のアクセント	備考	契沖の著書名及頁数
畔《あ》	｜	｜	｜		通二一三下
鵜	ウ｜ー	｜	ウ｜ー｜	ロートグラフにより点の位置を改めた	同
江	エ｜ー｜	｜	｜	通二一二上に「え」とあるのもこの語であらう	通二一三下（通二一二上）
荏《え》	｜	｜	エ｜ー｜		通二一三下
紀 国名	キ｜イ	｜	｜		同
毛	ケ｜ー	｜	ケ｜ー｜		正一九八下 通二一三下
瀬	セ｜ー｜	｜	｜	上声にも表記されてゐる	通二一四上
名	ナ｜ー	（韻）ナ｜ー？	ナ｜ー？		通二一三下
丹《に》	｜	｜	ニ｜ー？		同
子《ね》	ネ｜ー	｜	｜		同

歯	ハ|ー	(韻)ハ|ー?	ハー|		同
葉	ハ|ー	(大観)ハ|ー?	ハー|		同
羽《は》	|	|	ハー|		同
翳《は》	|	|	ハー|		同
日	ヒ|ー	(ヒ|ノ)	ヒ|ー?	通二一四頁には「去」の註記があるが誤りであらう	正一九八下 通二一四上
真《ま》	マー|	|	|		通二一三下
身	ミー|	|	ミー|	上声にも表記されてゐる	同
実	ミー|	|	ミー|	同右	同
和布《め》	|	|	|		同
藻	モー|	|	モ|ー		通二一四上
箭《や》	ヤ|ー	|	ヤ|ー?		通二一三下
柚《ゆ》	ユ|ー	|	|		同
藺《ゐ》	イ|ー	(韻)ヰ|ー?	ヰー|		同
餌	エ|ー	(韻)ヱー?	ヱー|		同

ii　二拍語

いろ 色	イ|ロ	イ|ロ	イロ		通二一二上 要四九六下
弦	ツ|ル	|	ツ|ル		正一九八下
橋	ハ|シ	ハ|シ	ハ|シ		正一九八下 通二四〇上
居る《をる》	オ|ル		(ヲ|リ)		通二一二下

（ろ）平声の軽に表記してゐるもの

二拍語

語彙	現在京都のアクセント	補忘記所載のアクセント	名義抄所載のアクセント	備考	契沖の著書名及頁数
鴨	カモ／カモ	―	カモ		正一九八下

（は）上声に表記してゐるもの

i　一拍語

語彙	現在京都のアクセント	補忘記所載のアクセント	名義抄所載のアクセント	備考	契沖の著書名及頁数
胆《い》	―	―	イ―		通二一三下
射	―	―	―		同
獣《う》	―	―	―		同
榎	―	―	―		同
柄	エ―	―	エ―		同
得	―	（韻）エ―	―		同
蚊	カ―	―	（金）カ―		同
香	カ―	―	（色）カ―		同
黄	キ―	―	―		同
蹴《け》	―	―	―		正一九八下
子	コ―	―	コ―		通二一三下
羊蹄《し》	―	―	―		同
簀	ス―	―	―		通二一四上

洲		ス｜	ス｜？ ス｜？		同
瀬		セ｜	｜	｜ 平声にも表記されてゐる	同
背		｜	｜	｜	同
麻	そ	｜	｜	｜	通二一三下
血		チ｜	（チヲ）	チ｜	同
茅	ち	｜	｜	｜	同
外	と	｜	｜	ト｜	同
戸		ト｜	（韻）ト｜？	ト｜	同
汝	な	｜	｜	｜	同
煮		ニ｜	｜	｜	同
似		ニ｜	（韻）ニ｜？	｜	同
沼	ぬ	｜	｜	｜	同
寝		ネ｜	（韻）ネ｜？	｜	同
端	は	ハ｜	｜	｜	同
半	は	ハ｜	｜	｜	同
樋		ヒ｜	（韻）ヒ｜？	ヒ｜	正一九八下 通二一四上
氷	ひ	｜	｜	ヒ｜？ ヒ｜？	通二一四上
翳	ひ	｜	｜	｜	同

語彙	現在京都のアクセント	補忘記所載のアクセント	名義抄所載のアクセント	備考	契沖の著書名及頁数
経へ	｜	(韻)へ｜？	｜		通二一三下
舳へ	｜	｜	へ｜		同
帆	ホ｜	(韻)ホ｜？	(色)ホ｜		同
身	ミ｜	｜	ミ｜	平声にも表記されてゐる	同
実	ミ｜	｜	ミ｜	同	同
女	｜	｜	メ｜		同
喪	モ｜	｜	｜		通二一四上
世	ヨ｜	｜	ヨ｜	二三五頁の例は「いろは歌」の一節	通二一三下　通二三五下
井	イ｜	｜	｜		通二一二上　通二一三下
猪	イ｜	｜	ヰ｜		通二一三下
苧を	｜	｜	ヲ｜		同
緒	オ｜	｜	ヲ｜		通二一三下　通三〇三上
ii　二拍語					
釣る	ツル｜	｜	｜		正一九八下
端	ハシ｜	ハシ｜	ハシ｜		正一九八下　通二四〇上
(に)　去声に表記してゐるもの					
i　一拍語					

得う	ウー｜	｜	ウー｜	通二一三下
木	キー｜	｜	キー？	同
来く	｜	｜	｜	同
食け	｜	｜	ケー？	正一九八下 通二一三下
粉	コー｜	｜	コー？	通二一三下
酢	スー｜	｜	スー？	通二一四上
田	ター｜	｜	ター？	通二一三下
乳ち	｜	(韻)チー｜？	チー？	同
津	ツー｜	｜	｜	同
手	テー｜	(テヲ)｜	テー？	同
砥	トー｜	(韻)トー｜？	トー？	同
菜	ナー｜	(韻)ナー｜？	｜	同
荷	ニー｜	(韻)ニー｜？	ニー？	同
根	ネー｜	(韻)ネー｜？	ネー？	同
野	ノー｜	(大観)(ノノ)｜？	ノー？	同
篦の	｜	｜	｜	同
幅の	｜	｜	｜	同
半 は、双六用語	｜	｜	｜	同
場	バー｜	｜	(色)バー？	同

火		ヒー	(ヒノ)	ヒー?		正一九八下 通二一四上
経	ふ	—	—	フー		通二一三下
部	ふ 鷹用語	—	—	—		同
屁		ヘー	(韻)ヘー?	ヘー?		同
綜	へ	—	—	ヘー?		同
穂		ホー	(韻)ホー?	ホー?		同
箕		ミー	—	—		同
目		メー	—	メー?	「上」と註記あれど誤なるべし	同
芽		メー	—	—	同	同
屋		—	—	—		同
湯		ユー	—	—		同
夜		ヨー	(ヨヲ)	ヨー?		同
節	竹よ	—	—	ヨー?		同
輪		ワー	—	ワー?		同
絵		エー	—	—		同
尾		オー	—	ヲー?		通二一三下 通三〇三上

ii　二拍語

箸	ハシ	ハシ	ハシ		正一九八下 通二四〇上

語彙	現代京都のアクセント	補忘記所載のアクセント	名義抄所載のアクセント	備考	契沖の著書名及頁数
青 馬の毛	アオ	―	―		通二一二下
鶴	ツル	―	ツル？		正一九八下

〔B〕 第二種の表記法をとった語例

語彙	現代京都のアクセント	補忘記所載のアクセント	名義抄所載のアクセント	備考	契沖の著書名及頁数
(い) 平平型に記したもの					
まひ 舞ひ、動詞の中止形	マイ	―	―	「平声軽」との註記あり	通二二五上
ゆめ 夢	ユメ	ユメ	ユメ	「いろは歌」の一節。「ゆ」の点平声の軽か	通二三五下
みじ 見じ	ミジ	―	―	同	同
せず 為ず	セズ	―	―	同	同
(ろ) 平平平型に表記したもの					
いろは 色は	イロワ	*イロハ	*イロハ	「いろは歌」の一節	通二三五下
こえて 越えて	コエテ	(大観)コエテ？	*コエテ		同
(は) 平平平平型に表記したもの					
にほへど 匂へど	ニオエド	ニホフ	―	「いろは歌」の一節。「に」の点平声の軽か	通二三五下
(おくやま 奥山)	オクヤマ	(大観)オク ヤマ		同。或は「おく-やま」と二語に発音するものかも知れず	同
(に) 平平平平平型に記したもの					
ちりぬるを 散りぬるを	チリヌルオ	チリ	―	「いろは歌」の一節	通二三五下
(ほ) 上上型に表記したもの					

安房		アワ	―	―		正一六〇上
まひ	舞 名詞	マイ	―	―		通二二五上
（へ）　上上上型に表記したもの						
つかひ	使 名詞	ツカイ	―	ツカヒ		通二二五上
うたひ	歌 名詞	ウタイ	―	―		同
こをけ	小桶	コオケ	―	―		要四九六上
（と）　上上平型に表記したもの						
をとこ	小男	オトコ	―	ヲトコ		通二一二下
をはり	尾張	オワリ	―	―		同
つかひ	使、動詞の中止形	ツカイ	―	―		通二二五上
たれぞ	誰ぞ	タレゾ	―	―	「いろは歌」の一節	通二三五下
あさき	浅き	アサキ	―	―	同	同
（ち）　去平型に表記したもの						
阿波		アワ	―	―		正一六〇上
（をけ）	桶	オケ	―	―	『要略』の例は「を」の点が入声であるが、『通妨抄』の例によって正した	要四九六上 通二一二上
（り）　去上型に表記したもの						
わが	我	ワガ	ワガ	―	「いろは歌」の一節	通二三五下
けふ	今日	キョオ	（大観）キョオ	ケフ	同	同

(ぬ)　去上平型に表記したもの

ゑひも　酔ひも　エイモ　――　(金)エフ　「いろは歌」の一節　通二三五下

(る)　去上上平平型に表記したもの

つねならむ　常ならむ　ツネナラン　ツネ――　ツネ――　「いろは歌」の一節　通二三五下

四　契沖の四声の音価に関する考察

契沖は『正濫抄』その他の文献に於て、国語のアクセントを記載する場合、殆ど総ての例を通じて中国語の四声の何れかに当ててその音調を示してゐる。それ故私達は契沖の記載より当時の国語アクセントを推定するためには四声――殊に契沖の解してゐた四声は、如何なる音価をもつものであるかを明らかにしなければならない。

先づ此等の文献に何か契沖自身の四声に関する記述はないかと言ふのに、『正濫抄』巻五(一九八頁)に於て彼は四声の音価に関する簡単な説明を試みて居り、その他『通妨抄』の中にも、二三その音価に関する断片的な補説が見える。今『正濫抄』前述の箇所に於ける説明を聞けば次のやうである。なほ入声は国語アクセントを表記した例がなく小稿には関係がない故、以下考察を省く。

平声は声の本末あからすさからす一文字のことくして長し。上声は短かくしてすくにのほる。去声はなまるやうに声をまはす。入声は(以下略)。平声と入声とに軽あり。当りて居(すう)るなり。

これは如何なる意味を有するものであらうか。

先づ右の中平声の説明は最も平明である。「上らず下らず一文字の如く」であるから、つまり現在の全平調に相当するものを言ったものと見られる。抑ゝ契沖は真言宗の僧侶であって、若い頃高野山に居て、学業を修めた人である(23)から、彼の解してゐた四声は当時真言声明道に伝はってゐたものと想像されるが、後出・去声及平声の軽を説明するのに真言声明の術語を用ひてゐることは、この想像を支持するものと考へられる。さて現在声明道に伝はってゐる所では、真言・天台共に平声の内容は原則として低平調であるとのことであり(24)、契沖時代に成った文献で、当時の真言宗所伝の四声の音価を説明したもの、例へば前出『補忘記』を見ると、平声に対して節博士「角」即ち「一」を用ひて居り(25)、これは低平の音調を表すものである。これらは総て契沖の記述と矛盾しない故、この稿では契沖の平声は全平調、但し低い全平調を表すと言ふやうに一往考へておきたいと思ふ。

但しこのやうに推定した場合、都合の悪いことは、契沖が「平声なり」と表記してゐる語の中には、当時全平調であったと見ては、諸方面に矛盾を起す語が非常に多いことである。此に対して如何に考へるべきか、に就ては第五・六節に考察することにする。

次に上声に就て考へるのに、契沖は「短くして直ぐに上る」と言った。何等捉はれた観念を有たず之に対したならば、短い上昇調、即ち一拍の中に低から高へ昇るやうな音調を意味したものと想像する。然し契沖の解してゐた上声の音価はこのやうなものではなかったやうである。

現在声明道に伝はってゐる所では、上声の内容は高い全平調であり(26)、又『補忘記』に於ても、上声に対して高い平調の音価をもつ節博士「徴」、即ち「丶」を用ひてその音調を表してゐる(27)。さて今契沖が上声と表記してゐる語を見るのに、例へば前節の表〔A〕(は)の「胆」「射」以下の語彙が之であるが、これらは殆ど全部現在京都方言で○○

型のものばかりであり、『補忘記』にも若しその語が載ってゐれば同様高平調と成って居り、『名義抄』に於ても同様である。即ち契沖の上声は、寧ろ高い全平調を表してゐると見なければならないと思はれるのである。

今、「直ぐに」と言ふ語の意を考へるのに、『補忘記』の類書『開合名目抄』[28]の、四声の出合を説いた条に、例へば「平ヨリ上ニ移ニハ平ヲ下テ曰ヒ上声ヲ直クニ可曰」の語が見え、例として「四。。身」「二。。身」のやうな例が挙ってゐる。此は平声の文字（但し仮名で一文字のもの）と上声の文字とが熟語を作った場合の発音を説いたものと考へられ、例語に何等音調を示す符号が見られないのは残念であるが、『補忘記』に偶〻この「四身」なる語が出てゐて、之に「｜、」のやうな節博士がついてゐる。之に拠れば『開合名目抄』で上声の文字に対して「直ぐに」と言ってゐるのは、「、」のやうな音調に、即ち高く平らに発音されることを意味してゐると考へられる。さすれば契沖が「直ぐに上る」と言ったのは、高く初まる平らな音調を言ったものと見て、無理ではないと考へられるのである。

次に去声に対しては契沖は「なまるやうに廻す」と言った。此が如何な音価を表すか、此だけからは分らないが、井上奥本氏は「高より低へ急降してなまるやうに呼ぶ」のだと推定された[29]。つまり下降調である。然るに契沖が去声に表記してゐる語を検するに、殆ど全部が現在京都で上昇型の語である。『名義抄』『補忘記』を参照しても、苟くも記載されてゐるものは上昇型にこそ成れ、下降型に成ってゐるものは殆どないのである。即ち契沖の去声は下降型を意味してゐたとは考へ難いと言はざるを得ない。

所で現在声明道では去声の文字は上昇調に唱へるやうに定まってゐる[30]。又『補忘記』その他では去声に対して「∟」のやうな節博士が記されてゐるが、此は声明道で《角徴》と呼び、初め低く後高い音を表す符号であるから[31]、契沖の去声は寧ろ上昇調を意味すると見たく成る。

然らば契沖の「なまるやうに」云々は如何に解せられるかと言ふのに、前出『開合名目抄』の四声の出合を解いた条に、「廻す」の用例があり「去ヨリ平ニ移ニハ上ヲ廻ス」と述べ、「。相対。」「。円満。」などの語が出て居り、何れも上字に対して上昇の節博士「レ」がついてゐる。これは去声の文字と平声の文字とが熟語を作った場合に上の去声の文字は「廻す」発音をし、その音調は丁度節博士「レ」で表されると解すべきものと思はれる。即ち「廻す」は上昇調を表すと見られることとなる。

次に「なまるやうに」に就ては、現在の所他の用例を知らないのでハッキリしたことは言へないが、思ふに平声・上声の発音が平調なのに対して、去声の発音のみが平調でないので、此を説明するのに「なまるやうに」との修飾語を加へたのではなからうか。即ち「なまるやうに」は単に「まはす」と言ふことと同じ意味で、結局去声は上昇調を表すと見たい。

契沖の去声は上昇型と考へると、現在京都のアクセントその他と対照した場合に好都合なことは前に触れた通りである。かくて私は井上氏とは異り契沖の去声を上昇調と見ようと思ふ。

最後に平声の軽に就ては、契沖は「当りて据うる」と説明した。これも『開合名目抄』を参照するに、四声の出合の条に先づ「当る」の用例があり、「上声ヨリ平ニ移ニハ上字ニ至テ可レ当」とあり、「。不二。」「。不動。」の如き例が挙げてある。節博士は生憎記してないが、「。不二。」は丁度『補忘記』に例があり、そこでは「不」の文字に対しては「、一」のやうな節博士が記されてある。即ち「当りて」云々の語で表される上声の文字は高平調「、」のやうに発音されるのである。而して用例を集めて考へるのに、「当る」とはそれ自身を高平に発音し、次の拍を低く発音することを意味するやうである。

さて次の「据うる」は『開合名目抄』には例がない。所が私の所蔵する『相承仮名声雑集名目』(32)は、やはり『開合名目抄』『補忘記』と同類の書であるが、これにやはり四声の出合に就て述べた箇所があり、そこに「長ノ入平声ノ字ヨリ上声ヘ移ルト又平声ノ軽ヨリ入平声ヘ移ルト同也。上ノ字ヲスエテ（マヽ）可去。」のやうな記載があって、「鐘。。中」「即。時〻」のやうな例を挙げ、「スエル」と言表されてゐる「鐘」「即」の字に対して、「、一」のやうな節博士が記されてゐる。而して「、一」は初め高く後低く唱へる筈である。即ち「据うる」とは下降的な音調を意味するものと考へられ、「当りて据うる」とは初めに高く声を出し、而して下降調に発音するので、結局契沖の平声軽の内容は下降調と見られるかと考へる。

今、声明道に伝はってゐる平声軽の内容は正に下降調であり、[33]『補忘記』その他では「⌝」のやうな節博士でその音価を表してゐるが、これまた「徴角」と呼び、初め高く後低い音調を表すものである。[34]又契沖が「平声軽」と表記してゐる語は、現在京都方言で下降調型の語であり、『補忘記』には語例がないのは残念であるが、当時下降型に発音されてゐたと見ては都合が悪いと言ふことはない。以上の如くあらゆる点から見て好都合故、契沖の平声の軽の内容は下降調であると考へることとする。

以上この節で考察し得た事実を総括すれば契沖の解してゐた四声の内容は次の如くであると推定された。

平声＝低平調　上声＝高平調　去声＝上昇調　平声の軽＝下降調

五　契沖の仮名遣書所載語彙のアクセント価の推定（その一）

——第一種の表記法に従った語彙に就て——

契沖は『正濫抄』以下の文献に於て、四声の一つ一つが大体前節で考察したやうな音価をもつものと考へて、国語のアクセントを説明してゐると考へるが、然らば契沖が記載した個々の語は如何なるアクセント価をもってゐたと推定出来るであらうか。今契沖が記載してゐる語を、第三節で試みたやうに、〔A〕契沖が**第一種表記法**によって音価を示した語、〔B〕契沖が**第二種表記法**によって音価を示した語の二つに分けて、先づこの節では〔A〕の種類の語についての考察を行ひたい。「**第一種表記法**によった」とは、ある語全体の音調を四声の一つに宛ててそのアクセントを示した語の謂である。

契沖がこの種の表記法をとった語は、総て一拍又は二拍の語であって、この中には、（い）契沖が平声に宛てたもの、（ろ）平声の軽に宛てたもの、（は）上声に宛てたもの、（に）去声に宛てたものの四種があること、これまた第三節の表で知られる通りであるが、便宜上（は）（に）（ろ）（い）の順に考察を進める。

先づ（は）契沖が上声に表記してゐる語は、一拍語「胆」他四三語と、二拍語「釣る」「端」の二語とであるが、此等に関しては別に難しい問題はないやうである。前節に於て契沖の上声は高平調を意味すると推定されたが、此等の語は、一拍語・二拍語の区別を問はず、現在京都方言で殆ど全部が高平調の○○型に発音されて居り、『補忘記』又は『名義抄』その他に於ても、苟くも記載されてゐる語は、殆ど例外なく高平型であると見てよい。さすれば契沖が上声と記載してゐる語は総て高平調、即ち○○型であったらうと推定して何等差支へないと考へられる。

唯ゞ此等の語の中で、一拍語の、「半」は現在京都でハーのやうに、「世」は現在京都でヨーのやうに発音されてゐるが、此は契沖時代—現代の間に、○○型>○○型、又は○○型>○○型のやうな型の変化を遂げたものであらう。

以上の如くで、契沖が上声と表記してゐる（は）の語彙は、当時総て○○型であったことと推定する。

（に）の契沖が去声に表記してゐる語は、一拍語「得」他三五語と、二拍語「箸」「鶴」「青」の三語とであるが、契沖の去声は前節で上昇調を意味すると推定された。先づ一拍語に就て考察するのに、現在京都方言では殆ど総て○○型に成ってゐる故、当時も上昇型の○○型であったと見ると非常に都合がよい。『韻学階梯』所載の語彙が総て○○型と思はれる型に成ってゐることもこの推定を助けるものである。又、『補忘記』に記載されてゐる語は総て低平型の○型に成ってゐるが、其等は何れも助詞がついた例であって、助詞がつかない場合に○○型であって、助詞がついた場合に○型に変化するのは、現在京都その他各地の近畿系諸方言に見られる傾向である故、『補忘記』の此の記載も、此等の語が当時単独の場合に○○型であったらうとの推定に対して少しも支障を来すものではない。

但し『名義抄』に此等の語が、殆ど全部が助詞をつけない場合のアクセントを示してゐると思はれるが、低平型又は下降型の何れとも推定出来る型に成って居り、此の推定に対して稍ゝ不利であるが、『名義抄』時代と、契沖時代との間に、此等の語に○○型＞○○型、又は○○型＞○○型のやうな変化があったものと考へ得る。而して『名義抄』時代の○○型の語は、原則として近世初期にはそのままであったと見られるから[35]、此等の語は『名義抄』時代には○○型であったものであらう。

次に二拍語中、去声に表記されてゐるものでは、「箸」は現在京都で一拍語と同様上昇調の○○型に発音されて居り、これは『補忘記』『名義抄』にも○○型に記載されてゐる故、契沖も○○型のつもりで記載したものと見てよいと思はれる。

但し問題に成るのは、同じく二音節語中の「鶴」「青」であって、これらは現在京都では同じく上昇調ではあるが、第二拍の中途で音が下降して、○○型に成ってゐることである。この傾向は京都方言以外、大阪・奈良・彦根・姫路・和歌山・徳島・高松等他の多くの近畿系方言にも共通で、此等の語をかう発音するのは最近に発生した傾向とも見られないことである。然らば「鶴」「青」の三語は「箸」とは異り、当時○○型に発音されてゐたが、○○型と○○型とは外形が可成り近く、契沖のやうに、二拍語を無理に平上去の何れかに宛てようとしたら、去声に宛てなければならない故、契沖はその差異を軽く視て、○○型と同じく去声と表記したのではなからうか。この問題は契沖時代のアクセント体系に○○型の他に○○型と言ふ型があったか否かの問題と関聯して来るので、此に就ては後に再び考察することがある。（第六節「ち」参照）

次に契沖が（ろ）の平声の軽と表記してゐる語は、「鴨」の一語に過ぎない。契沖の平声の軽は前節の考察によって下降調を意味すると見られた。今この語は現在京都で下降調の○○型に発音されてゐるから、契沖の時代に○○型であったと考へることは誠に好都合である。唯とこの語は『補忘記』に記載なく、『名義抄』には○○型に成ってゐるから一寸問題に成得るが、然し平安朝時代に○○型であった語は、近世初期には総て○○型に成ってゐたと推定されるから、[36]『名義抄』に於ける此の記載は、契沖時代に此の語が○○型であったことを寧ろ証明するものと考へられる。以上によって契沖が平声軽と表記してゐた語は当時○○型に発音されたものと推定する。

なほ「鴨」は現在京都で○○型にも発音されてゐるが、之は新しく出現したアクセントで、その出現の原因は近畿系方言では二拍の動物名は○○型に発音することが多いことへの類推であらう。

契沖が第一種の表記法をとった語彙の中、最も問題のあるのは、（い）の契沖が平声と表記した語である。契沖が平声と表記した語は一拍語「畔」他三三語、二拍語「色」「弦」「橋」「居る」の四語である。今便宜上二拍語を先に考察する。

前節で契沖の平声の内容は低平調であると推定した。所が契沖が平声と表記してゐる上記二拍語四語の中には、現在京都で低平型に発音されてゐるものが一語もなく、総てが下降型の○|○型に発音されてゐる。『補忘記』でも記載されてゐる「色」「橋」は何れも○|○型に成ってゐる。更に「色」を除いては『名義抄』でも総て○|○型に記載されてゐる。即ち此等の語の中、「弦」「橋」「居る」三語は平安末期以来、京都方言で○|○型であり、「色」は近世初期以来○|○型であったと推定されるのであるが、かう言ふ語を契沖が低平調の平声で表記したのである。此は如何に見るべきであらうか。差当り浮ぶ考へは次のやうである。

(イ) 契沖が此等の語の音調を正しく観察することが出来なかったか。

(ロ) 契沖の此等の語に対する音調表記法が不完全であったか。

(ハ) 契沖は京都以外の方言を観察したのではないか。

契沖が音調を正しく観察出来なかったと考へることは最も簡単である。然し此は他に適当な方法が見つからなかった場合の考へ方としておきたい。然らば契沖は京都以外の方言を観察したのであらうか。契沖は大阪・尼崎附近の方言を観察した疑が十分認められること、第二節に考察した通りであるが、然し現在の大阪・尼崎地方のアクセントは京都のそれに非常に近く、京都方言で平安朝以来○|○型であった「弦」等の諸語が、近世初期に大阪で京都と異るアクセントに発音されてゐたとは考へ難い。而して大阪・尼崎以外の方言を契沖が観察したとは考へられない。そこで私は契沖の表記法が不完全であったことに帰したいと考へる。

即ち、『補忘記』に於ける記載により、此等の語は契沖時代の京都方言で○|○型に発音されたと推定される、所で契沖は○|○型の語を別に《平声の軽》と表記してゐる、それ故契沖は「色」「弦」以下の語を《平声の軽》と表記すべきであった、それを簡略に「平声」と表記して了った、とこのやうに考へたいのである。而して契沖が平声軽と記

すべきものを単に平声と記して了った、と考へられる証拠として、私はなほ次のやうな事実を挙げたいと思ふ。

(1)　契沖がある語に対して「平声軽」とも「平声」とも表記してゐる例を挙げることが出来ること。例へば『正濫抄』(一九八頁)の二つの「天下」と言ふ語の「天」の音などがそれである。

(2)　契沖は「平声の軽」と記すべき場合であるにも拘はらず、単に「平声」とのみ記したと明らかに考へられる例を他に指摘することが出来ること。例へば契沖は『通妨抄』(三七〇頁上)に「親類をおやこといふ時はすゑて平声にいふ」と言ってゐる。前節で考察したやうに「するゑ」は下降調を表す語であって平声軽の音価を表す語である。即ち此処は「親類と言ふ意味で「おやこ」と言ふ語を用ひる場合には、すゑて平声軽に言ふ」と言ふべきものを、簡単に「すゑて平声に言ふ」と言ったものと考へられる。又『要略』(四九六頁)に「平声にあたりてすゑ去声にまはしていふ」云々とあるが、「あたりてすうる」は平声軽の音価であって、これも「平声の軽に…」と言ふべきものを「平声に…」と言ったものと考へられる。

(3)　又契沖は声点を差すに当って、平声軽の点を差すべき場合であるにも拘らず、普通の平声の点を差してゐる例があること。契沖は『正濫抄』(一九八頁)に「平声の軽は字の左の中ほどに声を差す」とハッキリ言明して居り、同頁にあげた語例、「鴨」に対しては確かに左の中程と見得る位置に声点を差してゐる。所が契沖が他の場所で平声の軽と言ってゐる語、例へば『通妨抄』(二一二頁)の「青羽の山」以下の語・同書(二二五頁上)の「使」以下の語に於ては声点はさう言ふ位置について居らず、普通の平声の点を差す左下隅につけられてゐる。

以上(1)(2)(3)によって、契沖はこれら「色」以下の語について平声軽と表記すべきだと思ひながらも、簡単に平声と記したことが有得ると言へると思ふ。然らば契沖は何故此等の語について平声軽と表記せず、単に平声と表記したのであらうか。その理由は、私は「契沖が此等の語の音調を示す場合には、特に平声と平声の軽とを区別して言表す必要がなかったから」ではないかと思ふ。例へば契沖が「橋」「弦」の音調を示したのは、「ハシ」「ツル」のやうな音連結をもつ語で上声でも去声でもないものがあることを示せばよかったので平声か平声軽かは問題に成らなかった。『通妨抄』で「色」「居る」の音調を示したのは「いろ」と言ふ音連語、「を」と言ふ音を含んだ語で上声でも去声でもないものがあることを示せば事足りたので、平声か平声の軽かは問ふ所でなかった。そこで平声の軽と長ったらしく書く代りに、簡潔に平声と書いて済したと考へたいのである。

以上のやうで私は「色」「居る」「橋」「弦」四語とも、「平声」とは表記してあるけれども、実は「平声軽」と表記されるべき語で、その当時の音調はそれぞれ下降調のイ|ロ、オ|ル…であったらうと推定する。

以上で二拍語についての観察を終へ、一拍語に就ての考察に移らうと思ふが、所が、この一拍語がまた、現在京都方言では契沖の表記に反して低平型に発音されてゐるものは一語もなく、殆ど総てが下降調の◯|◯型に発音されてゐること、二拍語の場合とよく似てゐる。又、『韻学階梯』でも記載のあるものは総て下降型と推定される型に表記されてゐる。但しこの度は『補忘記』のものは助詞についた例であるが、高平型に表記されて居り、『名義抄』に記載されてゐる語は、大部分が平声、即ち低平型とも下降型とも推定される型に表記されてゐる。此は如何に考ふべきであらうか。

私はこの度もまた此等の語は総て契沖時代には平声の軽と表記すべき下降調であった、契沖が此等の語を「平声」と表記したのは「平声の軽」と表記すべきものを略したのだと見たいのである。推定の根拠は次の如くである。

(1) 此等の語は現在京都方言をはじめ、大阪・奈良・彦根・津・姫路・和歌山・徳島・丸亀・松山等、近畿系諸方言の地帯では、殆ど総て◯|◯型に成ってゐること。此から考へて現在からあまり遠くない近世初期に、此等の語が◯|◯型でなかったとは一寸考へ難い。此等の語の中『韻学階梯』で記載されてゐるものが殆ど総て◯|◯型と思しき型

に表記されてゐることも、契沖時代に○|○型であったらうとの推測を支持する筈である。

(2)『補忘記』では此等の語中、一語「日」が見えてゐるだけで、助詞と共に○|▽型に表記されてゐる。（▽の部分が助詞。以下同じ。）「日」以外の語も恐らく助詞がつけば○|▽型に成ったものであらう。さて助詞がついた場合に○|▽型に成る語は、単独の場合○|○型ならんと推定するのと単独の場合○○型ならんと推定するのとでは、前者の方が遥かに優れてゐると考へられる。例へば生田早苗氏の研究の結果を拝借すれば、兵庫県黒井町方言では、此等の語は単独の場合○|○型で、助詞がつけば○|▽型に成り、和歌山県新宮市・三重県波切町・滋賀県長浜町・福井県今庄村の諸方言では単独の場合○|○型で、助詞がつけば○|○▽型にも成るが、又○|▽型にも成るとの事である。一方此等の語が、――否、他の語であっても、単独の場合に○型で助詞がついて○|▽型に成る方言はまだ聞いた事がない。

(3)『名義抄』に記載されてゐるこの種の語彙は、大部分低平・下降両型の何れか一方であらうと推定されるのであるが、私は『名義抄』の著者は下降型のつもりに表記したものであらう、『名義抄』時代にも此等の語彙の大部分は現在と同じく○|○型であったらう、と推定したいのである。『名義抄』で此等の語が下降型であったらうと推定することは、全く私一個の臆断であって、此に就てはその論拠を掲げるべきであるが、この問題を論じてゐては非常に長く成る故、その論に就ては追って他の機会に公表し、各位の御批判を頂くこととし、此処には根拠の一つを挙げれば、『名義抄』にはこの類の語に助詞のついた例が一つあり、即ち「日の出づる」[37]がそれであるが、そこで「日の」が上平型に表記されてゐることである。此はこの類の語に助詞がついた場合○|▽型発音されたことを意味し、さすれば『補忘記』に見える記載と完全に同じことに成り、当時名詞単独の場合にはやはり○○型であったと見るよりも、○|○型であったと見る方が妥当と言ふことに成るではないか。

以上(1)(2)(3)によってこの類の語は平安末期以来○|○型であったと想像される。即ち契沖時代にも○|○型であって、

契沖は「平声軽」と註記すべき所を、略して「平声」と記したと推定するのである。契沖が此等の語を単に「平声」と表記したのは二拍語の場合と同様に特に「平声の軽」と断る必要がなかったからであらう。

契沖が平声と表記した一拍語は○|○型であった、と推定することによって、この種の語彙の中、「江」「真」「藻」等は当時は現在と異る型で発音されたことと成るが、此等は平常あまり用ひない語故、個別的に型の変化を遂げたものであらう。又、「鵜」「荏」「毛」「歯」「葉」「藺」「餌」等は平安末期と異る型で発音されることと成るが、此等は平安末期以後に型の変化を遂げたものと推測する。例へば平安末期に○̄○̄型であったものが可成り多いが、此等の中に「葉」の如きは単独の場合には○̄○̄型で、助詞がつけば○|▽型に成ったやうである(38)から、単独の場合類推によって、○|○型に発音するやうに成るのは自然であると思ふ。「歯」「餌」などは平安末期に○○|型であったと見られるが、此は助詞がついた場合○○|▽型に成ったが、このアクセントは無造作な発音の場合、無理を伴ふので○|▽型に発音するやうに成り、結局単独の場合に○|○型に発音されるやうに成ったものであらう。

以上この節で契沖が私の**第一種**の方法で音価を表記した語に就ての考察を終へたが此処に推定の結果を綜合すれば次のやうである。

平声＝総て平声軽の意。随って下降調の語を表す。
平声の軽＝下降調の語を表す。
上声＝総て高平調の語を表す。
去声＝総て上昇調の語を表す。但し二拍語では○○/型の語をも表したかも知れない。

〔補〕　私は以上の如く契沖が「平声」と表記したものは、総て「平声の軽」の略だらうと推定した。然しかう推定することに対して次のやうな疑問が起るかも知れない。即ち『正濫抄』（一九八頁下）で「橋」も「毛」も平声軽ならば契沖は何も次の「鴨」だけを平声軽と断る必要はないではないか」と。これに対しては次の如く答えたい。

〝契沖が「橋」「毛」などを単に平声と表記したのは、何か声明道に於ける口伝か、先行文献の記載を踏襲したのではないであらうか。例へば伝三条西実隆著の『仮名遣秘伝』の最後にやはり四声に関する説明があり、此処に橋平・端上・箸去などとある。契沖は此はうまい例だとばかりそっくり自分の著書に取込み、次に自分の観察し得た「鴨」の例を添へたと見ることは出来ないだらうか。〃

六　契沖の仮名遣書所載語彙のアクセント価の推定（その二）

――第二種の表記法に従った語彙に就て――

前節では契沖が**第一種の表記法**によってアクセントを記載した語彙に関する考察を終へた故、次には契沖が**第二種の表記法**をとった語彙に関してアクセント価の推定を試みたい。即ち、その語を仮名一拍宛〻に分解し、各一文字を四声の何れかに宛てて音調を示した語彙に就てであるが、此には既に第三節に掲げたやうに、（い）平平型・（ろ）平平平型・（は）平平平平型・（に）平平平平平型・（ほ）上上型・（へ）上上上型・（と）上上平型・（ち）去平型・（り）去上型・（ぬ）去上平型・（る）去上上平平型の十一種類の型に表記した語がある。便宜上、（ほ）（へ）（と）（い）（ろ）（は）（に）（り）（ぬ）（る）（ち）の順に考察を進める。

（ほ）　上上型に表記した語に就て。契沖が上上型に表記した語は「安房」「舞」の二語である。契沖の上声は第四節で考察した所では高平調であった。そこでこの二語は第一拍・第二拍共に高平調の型、即ち○○型であったらうと推定される。今「舞」の方は現在京都方言でマイと発音される故、この推定に好都合である。『補忘記』『名義抄』には記載がなく残念であるが、諸方言で「舞」と同型に成ってゐる「端」「口」「鼻」などの語彙は『補忘記』『名義抄』共に○○型に記載されてゐるから、若しこの語がこれらの文献にあったら、恐らく○○型に記載されてゐたことと推測する。一方の「安房」は現在○○型又は○○型であるからこの推定に工合が悪いが、日常あまり用ひない語故、現在に至る間に型の変化を遂げたと考へても差支へないと思はれる。変化の原因は「阿波」への類推が働いたかも知れない。以上によってこの型の語は当時○○型であったことと推定する。

（へ）上上上型に表記した語に就て。契沖がこの型に表記してゐる語は「使ひ」「歌ひ」「小桶」の三語である。（ほ）に準じて考へればこの型の語は当時○○○型であったと推定されるが、現在京都方言では三語皆○○○型でこの推定を支持し、且つ「使ひ」が『名義抄』で○○○型に記載されてゐることは、この推定を一層強化するものと考へる。かくて上上上の型に表記してゐる語は当時も○○○型であったらうと推定する。

（と）上上平型に表記した語に就て。契沖がこの型に表記してゐる語は「男」「尾張」「使ひ」（連用形）「誰ぞ」「浅き」の五語である。（ほ）（へ）に準じて考へれば、最初の二拍は○○であらう。最後の拍は普通の平声と見れば第四節で低平調と推定されたから○拍と成り、全体は○○○型であったらうと推定される。

さてこの種の語彙は現在京都では「誰ぞ」はその通り○○○型であるが、「男」「使ひ」「尾張」は○○○型にも言ふが○○○型が普通であり、「浅き」は○○○型である。今、諸方言について見ると、「尾張」「使ひ」については未知であるが、「男」は和歌山・赤穂・高知等で○○○型で、京都でも古くは○○○型であったらうとの推定を誘発する如くである。『補忘記』には此等の語は残念ながら一語も見えないが、多くの諸方言で「男」と同じ型に属してゐる「刀」「表」「鏡」の類、多くの諸方言で「使ひ」と同じ型に属してゐる「磨き」、多くの諸方言で「浅き」と同じ型に属してゐる「重き」が〇〇〇型に記載されてゐることは、「男」「使ひ」「浅き」が当時〇〇〇型であったかと想定せしめるものと考へる。『名義抄』には「男」一語が見え、〇〇〇型に記載されてゐるが、『名義抄』でこの型の語は近世初期までに総て〇〇〇型に変化してゐたらうと推定される故、(39)『名義抄』にある此の記載は、契沖時代にこの語が〇〇〇型であったらうとの推定に寧ろ有利である。かくて契沖の上上平型は〇〇〇型のアクセントを表記しようとしたものと推定したい。

「男」以下の語は以上によって当時〇〇〇型であったものと推定する。随って「男」「尾張」「使ひ」の諸語は現在までに〇〇〇型＞〇〇〇型の変化を経過しつつあるものと考へる。(40)「浅き」は京都方言で終止形が〇〇〇型＞〇〇〇型の変化を遂げて後、元来終止形が〇〇〇型であった形容詞（「白し」の類）に類推したものであらう。

〔補〕以上（ほ）（へ）（と）によって契沖の語彙の中、上声の音節で初まるものに就ての考察を終へた訳であるが、契沖は若し必要があれば次のやうな表記法も考へてゐたであらう。而してその音価は括弧内のやうであった筈である。
上上上上型（〇〇〇〇型）。上上上平型（〇〇〇〇型）。上上平平型（〇〇〇〇型）。
これらの型が文献に見えないのは、偶ゝこの型に属する語が問題に成らなかったからであらう。

（い）　平平型に表記した語彙。契沖が平平型に表記してゐる語は、「夢」「舞ひ」（連用形）「為ず」「見じ」の四語である。但し此の中「夢」は「ゆ」が平声軽に成って居り、「舞ひ」は平声軽と表記してゐる。「舞ひ」の「ま」が平声軽の意か、「ま」「ひ」共に平声軽の意か、同所の記載からは知得ない。

さて契沖の意味する平声の内容は普通には低平調であるが、平声軽ならば下降調であった。契沖は厳密には平声軽と言ふべきものを単に平声とのみ記載することがあり、その声点も普通の平声と同じく左下隅に差すことがあること前節に考察した通りである故、この例に於ても上の拍下の拍を問はず単に「平声」とあるものは平声・平声の軽何れをも意味し得る。随って此処の語彙は、「為ず」「見じ」については可能の型として○○型・○○型・○○型・○○型四種の型を、「舞ひ」に対しては○○型・○○型・○○三種の型を、「夢」に対してはユメ・ユメ二種の型を想定し得る筈である。然し『補忘記』の研究の結果では当時○○型と言ふ型は存在せず、又○○型・○○型も存在したとは考へ難い。果して契沖が表記しようとした型は如何な型であったらうか。

契沖がこの型に表記してゐる語は、現在京都方言では右の四種の型の何れでもなく総て○○型であり、詳しくは調査してゐないが、他の近畿系諸方言でも、大体同様のやうである。少くとも「夢」は津・和歌山・高知の諸方言でも○○型であって、此等は近世初期にこれらの語が○○型だったのではないかとの推測を懐かせる。『補忘記』にはこの中「夢」が載って居り、やはり○○型である。「舞ひ」は載ってゐないが、多くの諸方言で同じ型に成ってゐる「入り」「散り」が○○型に記載されて居り、若し載ってゐたら○○型であったらうと想定され、当時此等が○○型であったとの推定を支持してゐる。『名義抄』には「夢」が○○型に出てゐるが、『名義抄』で○○型の語は、近世初期までに○○型に成ってゐた筈であるから、これまた○○型推定説を援護する。「見じ」「為ず」も近世初期に○○型だったらうと考へるには別に障碍はないやうである。即ち、此等「夢」以下四語は契沖の表記からは○○型その他ならんと想定されるにも拘らず、他の資料を基とすれば当時の実際の発音は○○型であったのではないかと推定されるのである。此は如何に考ふべきであらうか。

今契沖時代に弦等が○○型であったらうとの推測に有利な条件として、更に次のやうなものが挙げられる。

(1) 『補忘記』の記載から見て当時○○型の存在したことは確実と見られるに拘らず、平平型以外に契沖が○○型を表記したと思はれる型が見当らないこと。例へば契沖は○○型を表すためには上平型あたりを用ひたらよささうに思はれるが、契沖が上平型に表記してゐる語は一語もないと言ってよい。唯と「琵琶」に対して上平の声点をつけてゐる例がある（『正濫抄』一六二頁）が、此は漢語故、特例と見てよいであらう。

(2)　契沖の表記した語例の中には○○のやうな音調をもつ語の上の拍、即ち○の拍に対して平と註記してゐるものが見えること。例へば『通妨抄』（二一二頁下）で「青羽の山」の「青」に対して契沖は「平声軽」と註してゐる故、「青」は○○のやうな音調であらう。所が同書（二一二頁上）で「青羽の山」の「あ」の部分に平声と註記してゐるのである。第二拍の「を」に対して声の註記がないのは残念であるが、恐らく平と註記する筈だったのではなからうか。

(3)　平平平型その他此に準ずる型のアクセント価の推定に当って、平平型を○○型と推定することが便利であること。此に就てはのちに述べる。

以上(1)(2)(3)の如き事実があって、契沖の平平型は○○型ならんと推定することは非常に有力なのであるが、此に対して、さう推定することに対して不利な条件は何かと言ふに、(4)さう推定したら、「契沖は○○型の第一拍○に対して高平調を表す上声を以て宛てればよいものを、わざわざ○又は○を表す平声を以て宛てた」と考へざるを得ないこと、即ち「契沖は実際のアクセント価に合はぬ表記法をした」と認めざるを得ないことである。然し以上の諸方言の状態・諸文献の記載並びに(1)(2)(3)(4)の諸事実を比較して見ると、どうも「契沖時代には此等の語は○○型であったらう」、随って「契沖の表記法は不完全であったらう」と見る方に分があると思はれるのである。

斯くて私は契沖の平平型は○○型を表記したものと推定しようと思ふ。但し契沖の平平型が○○型を意味すると言ふことは既に井上奥本氏も考へて居られた所である。井上氏は自身の方言のアクセントとの比較から殆ど直覚的にさう考へられたらしい。私の論は証拠を連ねて井上氏の考へ方を証明したやうなものである。但し井上氏は平安朝の諸

文献に於ても平平型は〇|〇型を表すと見られた。私は平安朝諸文献に於ては平平型は〇〇型を表すと見、契沖の文献に於てのみ平平型は〇|〇型を表すと見るのである。各位の御叱正を仰ぎたい所である。

（ろ）平平平型に表記した語に就て。契沖がこの型に表記してゐる語は「色は」「越えて」の二語である。平平平型は契沖の言葉に対し杓子定規に考へれば、平平型同様〇〇〇型・〇/〇〇型等六通りの型が想定される筈であるが、平平型の実際の発音が〇|〇型と推定された事実を基本として考へると、契沖の表すつもりだった型は右六通りの型の何れでもなかったらうと思はれる。先づ最初の平声は、平平型の最初の拍同様、高平の〇|拍であったらう。又最後の平声は低平の〇拍であったらう。而して中の平声は高平・低平何れを表すとも見得るが、(1)契沖は他に〇〇|〇型を上上平型で表してゐること、(2)契沖が他に〇|〇〇型を表してゐるらしい型が見られないこと、から考へて、これは低平調を表す拍と考へられる。結局平平平型は〇|〇〇型を表記したものと推定されることと成る。

今契沖が平平平型に記載してゐる語、「色は」「越えて」はともに現在京都方言で〇|〇〇型であり、『補忘記』には記載こそないが、当時も現在と同様のアクセントであったと想定して何等差支へない。例へば諸方言で「越えて」と同型に発音されてゐる「植ゑて」は〇|〇〇型に記載されてゐる。以上によって契沖の平平平型は〇|〇〇型を表すものと推定する。

（は）平平平平型に表記した語に就て。契沖がこの型に表記した語は、確実のものとして「匂へど」一語である。第一拍の平声は平声の軽かと見られる。（い）（ろ）に準じて考へれば、最初の平声は高平の〇|拍であらう。最後の二つの平声は低平の〇拍に相違ない。第二拍の平声は（ろ）に準ずれば低平拍と見る方が自然のやうである。現代の京都で〇|〇〇〇型であることもこれを支持する。で、この型は結局全体としては〇|〇〇〇型であったかと推定される。

さて現在京都方言では「匂へど」は普通ニオ|エド型であってニ|オエド型は寧ろ奇異に響くやうだ。然らばこの型は

○○○○型を表したものであらうか。然し今、和歌山・高知では「匂へど」はニオエド型であって此が古型を伝へてゐると見ることには差支へないやうである。『補忘記』には生憎記載がないが、「匂ふ」が現在と異りニオウ型に成ってゐる所を見ると、当時「匂へど」も現在と異りニオエド型だったらうと考へることも無理ではないのではないか。殊に表記法が不完全故優れた証拠とも言はれないが、『和字大観抄』でこの語に対しニオエドと推定するのが最も自然と見られる表記法をとってゐることは、当時の語がニオエドと発音されたらうとの推定に対して有力な支持をなすものと考へる。実際若し○○○○型を表記するならば契沖は上上平平型とでもしさうである。以上によって平平平平型は当時の○○○○型を表した、「匂へど」は当時○○○○型であったと推定する。

契沖が平平平平型（但しこれも第一拍は平声軽か）と表記したかと見られる語には、他に「奥山」（「いろは歌」の一節）がある。而して此は現在京都でオクヤマ型である。○○○○型から○○○○型に変化したものであらうか。然るに『和字大観抄』にもこの語が出て居り、「オク」「ヤマ」と二語に切って挙げてある。然らば契沖もそのつもりであったかも知れず、さすれば「奥」「山」二つの平平型即ち○○型の語と言ふことに成る。斯う考へれば現在の京都アクセントに照して見て甚だ都合がよい。此は未解決としておく。

（に）平平平平平型に表記した語。契沖がこの型に表記してゐる語は、「散りぬるを」一語である。この型の音価は（ろ）（は）と全く同じ様に推定してよいであらうから、第一拍の平声は高平拍と見、第二拍以下の平声は低平拍と見、結局この型全体は○○○○○型であったと推定したい。

所で「散りぬるを」は現在京都方言でチリヌルオ型である。私の推定は間違ってゐるだらうか。『補忘記』にはこの語が記載されてないが、「散り」だけは○○型に、「止みね〳〵」と言ふ語が○○○○○型に出てゐる所を見ると、若し記載されてゐたら、チリヌルヲ型と出てゐたかも知れないと考へる。『大観抄』にはこの語はチリヌルヲと表記したと見るのに最もふさしい型に表記されてゐるから、当時この語が○○○○○○型であったと考へることは決して無理ではないと思はれる。斯くて平平平平平型は○○○○○○型を表記したもの、「散りぬるを」は当時チリヌルオ型だったと推定する。

〔補〕 以上（い）（ろ）（は）（に）によって契沖が**第二種表記法**をとった語の中、平声で初まる型についての考察を終へた。此処で次のやうな疑問が起る。「契沖は上声と表記したら最も適当な第一拍を何故平声で表記したのであらうか。契沖は第一拍低平調のやうに錯覚を起したのであらうか」と。私の考へは次のやうである。

〝契沖はある語の語調を考へるに当り「その語の最初の一拍を四声の一つに宛てた場合と、最初の二拍を一かたまりとしてそれを四声の一つに宛てた場合とでは、常に同一の四声に宛てることに成る」と言ふ考へ――或は錯覚？――をもってゐた。その証拠は諸処に見られるが、例へば『通妨抄』（二一二頁下）の「居る」「女」「臙」の部分に於て、「女」「臙」には第一拍「を」に対して声点を差し、「居る」には「居る」全体に対して声点を指してゐる、これなどは契沖が右のやうな考へをもってゐたと考へなければ解釈出来ないと思はれる。さて契沖は○○…型の最初の二拍を平声（軽）と解釈した。（これは中ってゐる。）そこで更に第一拍だけでも平声の筈だと考へたのであらう〟

なほ契沖がこのやうな考へを懐くに至ったのは何か先行文献の影響があったのではないかと思はれる。例へば洞院実熙の『名目抄』は契沖と全く同じ様式で語のアクセントを示してゐるやうである。

（り） 去上型に表記した語。契沖がこの型に表記してゐる語は「吾が」「今日」の二語である。契沖の去声は上昇調であり、上声は高平調であるから、この型は契沖の表記法に忠実に従へば、第一拍の途中で声が上り、第二拍が高平に発音される型、即ち○○と表記すべき型でもあったらうかと想定される。然し此等二語は、随って契沖の去上型はこのやうな型であったと考へることは出来ないやうである。

先づ○○型と言ふやうな型は現在京都を初めどの方言にも存在しない。又『補忘記』その他によっても契沖当時このやうな型があったとは推測されない。今、「今日」「吾が」二語は現在京都方言では共に○○型である。而して「我が」は『補忘記』に○○型に出てゐて、契沖時代も○○型であったとしか思はれない。「今日」は他方言中和歌山・高松・高知の各方言でも○○型であり、『名義抄』にも○○型に出て居る。これまた契沖時代に○○型だったらうと推測させるに十分であると考へる。即ち契沖の去上型は○○型に非ずして寧ろ○○型であったらうと推定したいのである。

さて次のやうな事実も去上型は○○型ならんとの推定に有利である。

(1) 去上型以外には契沖が○○型を表記したらうと思はせる型が見当らないこと。例へば契沖は平上型あたりで○○型を表記したらよささうに思はれるが、平上型に表記されてゐる語は一語もない。

(2) 契沖が去上平型と表記してゐる語などの音価を推定する場合、去上型を○○型と推定しておいた方が都合がよい。

これに対して去上型が○○型を表すと見ては不利な事実は唯一つ、「契沖が低平な拍に対して低平調を表す平声を宛てないで、わざわざ上昇調を表す去声を宛てた」と見なければならないこと、即ち「契沖の表記法は不完全であった」と見なければならないことである。併し以上の事実を綜合して考へるのに、どうやら去上型は○○型を表すと見る方に分があるやうである。契沖が○○型の最初の拍を去声と認めたのは、(に)の次の〔補〕に述べたやうな考へが頭にあったからであらう。

以上によって契沖の去上型は○○型を表記したものと見る。即ち「吾が」「今日」二語は現在と同じく○○型だったことと成る。

(ぬ) 去上平型に表記した語。契沖がこの型に表記してゐる語は「酔ひも」一語である。契沖自身の説明に従へば、最初の拍は上昇調と成る筈であるが、(り)に準じて考へれば低平調の○拍と考へる方がよいと思はれる。第二拍の

○は動かない所、第三拍は（と）に準じて考へれば低平の○拍と見られ、結局全体は○○○型であったかと想定される。

さて「酔ひも」は現在京都で○○○型であって誠に都合よく、『補忘記』その他には見えないが、○○○型であったと想定して何の支障もない。即ち去上平型は○○○型、随って「酔ひも」は現在同様○○○型であったと推定する。

（る）　去上上平平型に表記した語。契沖がこの型に表記してゐる語は「常ならむ」一語である。この型の第一拍は（り）（ぬ）に準じて考へれば低平調の○であらう。第二・第三拍は○○と見られる。第四拍の平声は一寸議論もあらうが、低平調と見るのが穏当であらう。第五拍は低平調に相違ない。然らばこの型は○○○○○型であったらうかと推定される。

さて「常ならむ」は現在京都で丁度ツネナラム型である。『補忘記』には記載がないが、『和字大観抄』にあり、その記載はやはりツネナラムと考へるのが最も自然な形に成ってゐる故、右の推定には誠に都合がよい。以上によって契沖の去上上平平型は○○○○○型であったらう、「常ならむ」はツネナラムと発音されたらうと推定する。

（ち）　去平型に表記した語。契沖がこの型に表記した語は確実のものとしては「阿波」一語である。他の型においては、第一拍が去声ならば第二拍は必ず上声であるのに、この型のみは第二拍が平声である。最後に残ったこの型は如何なる音価を表すものだらうかと迷ってゐた矢先、畏友和田実氏が「○○のやうな型を表すのではありませんか」と助言を与へてくれた。最初の去声は（り）（ぬ）（る）に準じて考へれば低平調の○拍である。次の平声は平声の軽と見れば確かに○○型と成る。抑ゝ契沖が私の所謂**第二種**の方法で二拍語を表記した例は、上上型・平平型・去上型及去平型の四種があるが、契沖当時のアクセント体系が現在と同様であったと考へることは少しも差支へない故、現在通り○○・○○・○○及○○の四種の型があったと考へれば、而して上上型が○○型を、平平型が○○型を、去上型が○○型を表すとすれば、残る去平型は残る○○型を表したと見て、至極自然ではないか。而も「阿波」は現在○○型にも発音されるが、同時に○○型にも発音されてゐる。うまい！　私はこの考へに承服する。即ち去平型は○○型を表すと見ようと思ふ。随って「阿波」は当時アワと発音されたと推定される。

今、この推定が当ってゐるとすると、近世初期京都方言のアクセント体系が今までより一層明らかに成ったことに成る。『補忘記』は夥しい語彙に就て当時のアクセントを教へてくれたが、現在あるやうな○○型と○○型との区別に就てはあったとも無かったとも語らなかった。今去平型が○○型を表すものとすれば、当時の○○型の存在が確定されたことと成り、さすれば前節で○○型か○○型かに迷った「鶴」「青」二語は、現在同様○○型であったらうと見ることが出来るやうに成った訳である。

なほ契沖の著書で「阿波」の他「桶」が去平型に表記されてゐるかと見られたが、この語も現在京都で○○型に成ってゐる。此は、この語も去平型に記載するつもりだったのであらう、而して当時も同じく○○型であったらうと推定してよいものと考へられる。

〔補〕以上の（ぬ）（る）（ち）で契沖が去で初まる型に表記した語彙についての考察を終へたが、なほ契沖は此等の他に次のやうな型をも考へてゐたらう。そしてその音価は括弧内のやうであったらうと推定する。

去上上型（○○○型）。去上平平型（○○○○型）。去上上平型（○○○○型）。去上上上型（○○○○型）。…

以上この節では契沖が私の**第二種の方法**で音価を表記した語に就ての考察を終へた。此処に私の試みた推定の結果を纏めて掲げれば次のやうである。五拍以上の語に就ては省略する。（　）は例のなかったもの。

平平型＝○○型　　平平平型＝○○○型　　平平平平型＝○○○○型

上上型＝○○型　　上上上型＝○○○型　　（上上上上型＝○○○○型）
去上型＝○○型　　上上平型＝○○○型　　（上上上平型＝○○○○型）
去平型＝○○型　　（去上上型＝○○○型）　　（上上平平型＝○○○○型）
去上平型＝○○○型　　（去上上上型＝○○○○型）
（去上上平型＝○○○○型）
（去上平平型＝○○○○型）

即ち第二種の方法によって音価を表記した場合の各四声の内容は次のやうであったと推定する。

上声＝常に高平の拍○を表す。

去声＝常に第一拍に現れ、常に低平の拍○を表す。

平声＝位置により異る音価を表し、(1)第一拍に来た場合には高平の拍○を表す。(2)第二拍以下に来た場合には普通には低平の拍を表すが、二拍語に於て去声の次に来た場合のみは下降調の拍○を表す。

註

（1）木枝増一氏『仮名遣研究史』に見える『仮名遣近道』はその一例。著者の架蔵する伝三条西実隆著『仮名遣秘伝』にも四声の記載がある。

（2）服部四郎先生「補忘記の研究」（『日本語のアクセント』所収）。

（3）『日本文学大辞典』の中「アクセント」の条。

（4）「日本のアクセント研究史」（『国語教育』三ノ七所載）。

（5）「日本語調学小史」（『音声の研究』二所載）。

（6）「日本四声考」（『コトバ』五ノ三所載）。
（7）前掲註（2）「補忘記の研究」。
（8）『音声学協会会報』四・五所載。
（9）服部先生前掲註（2）「補忘記の研究」（「研究方法」の条）参照。
（10）『国学者伝記集成』に拠る。
（11）之は全く仮説である。実際は誠の時代にも「樋」は上声であったと見られる。
（12）著者は長禄元年歿。
（13）宝暦三年の叙あり。
（14）天保年間刊行。但し著者は宝暦十三年歿。
（15）例へば第五節平声の条、第六節（い）（り）の条等。
（16）金田一春彦「国語アクセントの史的研究」（『国語アクセントの話』所収）第一篇第一章参照。
（17）金田一「補忘記の研究、続貂」（『日本語のアクセント』所収）。金田一「現代諸方言の比較から観た平安朝アクセント」（『方言』七ノ六所載）。その後この問題に就ては、橋本博士還暦記念会編『国語学論集』に投稿した「類聚名義抄和訓に施されたる声符に就て」（本書に転載）なる一文の中で論考した。
（18）写本。一巻。著者未詳。承暦三年に成る由の識語あり。
（19）橘忠兼撰。治承年間成。
（20）例へば此等の語彙の中、「青葉」「青苔」は第一・二文字共に「アオ」で、全体はそれぞれアオバ・アオノリであらうと推測される。「媒鳥」「少女」二語は第一・二文字は共にオトだらうと推測されるが、第三文字の音価は他の資料を参照しない限り不明である。
（21）然しこの種の語彙は、他の例を多く集めて見ると、第一文字だけに差した点と見ても、第一・第二両文字に差した点と見ても、結果は同じことに成るやうである。と言ふのは契沖は後に述べるやうに、ある語の四声を註記する場合、第一文字だけの四声を註記しても、第一・第二両文字を一体と見てそれの四声を註記しても、結局同じであると考へてゐたやうであるから。
（22）イ、術語について。第二種の表記法をとった語例に於ける呼び方は次のやうである。まひ＝平平型。安房＝上上型。わが＝去上型。その他これに準ずる。ロ、語彙について。（　）を施したものは疑問のあるもの。『通妨抄』（二三五頁下）の後の方に載ってゐる「いろは歌」は、仮に橋本先生の御唱導の文節・文節で区切って、然るべき個所に分け掲げた。例へば、いろは—にほへど—ちりぬるを—等。切り方に悪い所があれば、音価の推定は失敗の恐れがあるが、これで大過ないと思ふ。ハ、現代京都アクセントについて。○/は音節の途中で声が下降する符号。ニ、『補忘記』所載のアクセントについて。（ ）は全く同じ形が『補忘記』に見えず、他の形のアクセントで補ったもの。＊は推定形。一拍語は当時も現在同様長く引いて発音されたものと考へた。服部先生のお考へである。『和字大観抄』『韻学階梯』から引いたものは音価をまだ論証してゐない故、暫く?を附して掲げた。ホ、『名義抄』所載のアクセントについて。（ ）＊及一拍名詞に—をつけたことについてはニ、に同じ。『名義抄』で平声に表記されてゐるものの音価は、○̄○・○○両型に推定されるが、今は方言の比較から適当に推定した結果に?をつけて掲げておいた。第五節の平声の条参照。

(23) 久松潜一先生「契沖伝」〔『契沖全集』九所収〕に拠る。

(24) 総て真言宗のものは水原尭栄先生の御教示による。天台宗のものは多紀道忍氏『天台声明の梗概』に従ふ。

(25) 総て岩原諦信先生の御教示による。

(26) 註(24)参照。

(27) 註(25)参照。

(28) 著者未詳。一巻。根来寺刊行。室町時代のものと推定される。

(29) 前掲註(5)「日本語調学小史」七七頁。

(30) 註(24)参照。

(31) 註(25)参照。

(32) 写本。一巻。文化十三年写とあるが原本はもっと古かった見込。

(33) 註(24)参照。

(34) 註(25)参照。

(35) 例へば二拍名詞中の「石」「音」の類その他。

(36) 金田一前掲註(17)「現代諸方言の比較から観た平安朝アクセント」第九章・註(16)「国語アクセントの史的研究」第二篇第一章第三節参照。

(37) 『類聚名義抄』仏中巻四六枚ウラ「晧」字の条。

(38)『古今訓点抄』に見える。大原孝道氏の発見。
(39) 金田一前掲註(16)「国語アクセントの史的研究」第二篇第一章第三節参照。
(40) 金田一前掲註(17)「補忘記の研究、続貂」一八六頁参照。

二　類聚名義抄和訓に施されたる声符に就て

内容目録

一

『類聚名義抄』(全十一巻)は、後一条朝―堀河朝の頃[1]、恐らく真言宗の僧侶により撰定されたと推定されてゐる漢字の字書であって、本書記載の豊富な和訓は、古代国語の語彙・語法・音韻の研究に非常な貢献をなすものであることは言ふまでもないことである。同時に此等和訓に施されてゐる夥しい声点は、同時代国語の語調《アクセント》を明かにする上に絶大な価値を有することも、夙に諸先輩の注目する所であって、この方面の研究として、先には江戸末期の伴信友翁の[3]、後には大正期の井上奥本氏の[4]発表があるが、声点の種類及び音価の推定に関する説の中には、その儘従ひかねる個所があるやうに思はれる故、茲に愚考を開陳して大方の御叱正を仰ぎたい。なほこの研究は橋本進吉先生に初めにお勧め頂いたもので、本稿を草するに当ってその御指導に負ふ所が多かったのであるが、不敏の質、折角発表の機を与へて頂きながら未熟なものしか出来なかったことを深くお詫び申上げる次第である。

二

抑〻声点は、その文字の四声を表す為に文字の四隅その他に施す星点（又は圏点・短線）であって、我国では漢土よりの輸入により大体平安朝初期以後用ひられてゐるものである。[5] 而して『中右記』『法華経音』乃至『諸家点図』〔『群書類従』所輯〕『古点図』〔『続々群書類従』所輯〕及び印融著『真俗二点集』等所載の四声点図に拠れば、その様式には、四隅のみに点を差すもの、四隅以外に二点を差して六声を区別するもの等、幾多の種類があるやうであるが、[6]〔甲〕図の如く四隅の点が夫々平上去入の各声を表すことだけは総ての式を通じて一貫してゐるやうである。

［甲］

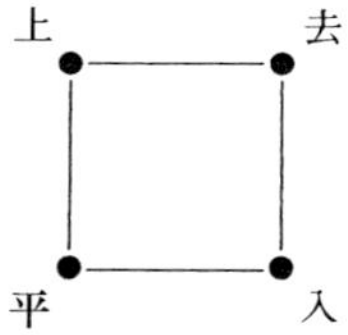

今、『名義抄』和訓に於ける声点の状態は如何と言ふに、現在唯一の古写本たる観智院本仏上巻[7]に現れた声点を位置により分類し、その頻出数を掲げれば、次の〔第一表〕の如くである。即ち、(1)(5)が著しく多数で全体の約半数宛〻を占め、残余では(2)(3)(4)(7)が稍〻多いと言ふ状態であるが、この傾向は同本の他の巻々にも略〻同様に現れてゐる所である。

【第一表】

声点の位置	例（ゴヂックの文字がそれぞれの種類の点がついてゐる仮名）	頻出数
(1) 左側下位	ヒ**ト**〔一枚オ「人」字の条〕	一〇三二

(2)	左側下位に近きもの	**イ**キホトケ〔四枚オ「神仙」字の条〕	九八
(3)	左側中位	ワラハ**ヘ**〔九枚ウ「侲」字の条〕	三九
(4)	左側上位に近きもの	タ**ヽ**スム〔二枚オ「徒倚」字の条〕	七八
(5)	左側上位	**ヒ**ト〔一枚オ「人」字の条〕	一一二二
(6)	上辺但し右に近きもの	ヨ**シ**〔四枚オ「休」字の条〕	一
(7)	右側上位	**ナ**ソ〔四枚ウ「何」字の条〕	一三
(8)	右側中位	**イ**ソク〔二十四枚ウ「退」字の条〕	三
(9)	右側下位に近きもの	イ**ソ**ク〔五枚オ「佪」字の条〕	一
(10)	右側下位	ナソ**モ**〔四枚ウ「何」字の条〕	六
(11)	上字の点ならば左側下位 下字の点ならば左側上位	**オホ**フ〔十四枚ウ「佩」字の条〕	三
(12)	右字の点ならば左側下位 左字の点ならば右側下位	カ**リル**〔十七枚オ「仮」字の条〕	三
(13)	右字の点ならば左側上位 左字の点ならば右側上位	タ**ヘフ**〔一枚ウ「任」字の条〕	二
	計		二四〇一

三

さてここに声点なるものは、元来誤写され易い性質のものである上に、観智院本と雖も原本以来間に二回の転写を経たものであり、[8] 而して第三回目の転写者、即ち観智院本自体の筆者は余り厳密な態度で書写しなかった疑がある故、[9] この本の点の位置はそっくり原著者の意向を伝へてゐるとは想定できず、随って右の表の(1)―(13)の中には、元来他の位置に施されたもので誤ってその位置に施されてゐるものが当然含まれてゐると考へられる。

然らば何れの点が正しいものかと言ふのに、伴信友が先づ説を立て、自身で行はれた校本『類聚名義抄』の「附言」の中、及び『仮字本末』の「仮字に点を施して音を示した例」の中に、〔乙〕図のやうな点図を掲げ、《左側下位のもの、左側中位のもの、左側上位のものが、夫々去平上の三声を表す》と推定されたのである。

〔乙〕

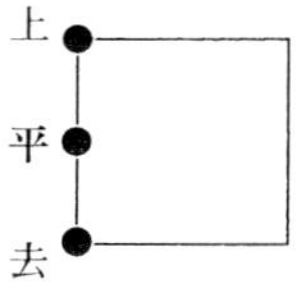

四

右の信友の考へは現在その儘広く行はれてゐるものであるが、[10] 然し左の〔1〕〔2〕〔3〕のやうな難点をもつ。

〔1〕　第二節に述べたやうに一般の文献における点が〔甲〕式に拠ってゐるのに、『名義抄』の和訓だけが〔乙〕式に拠ってゐることは考へ難い。殊に字音の点は『名義抄』においても〔甲〕式に拠ってゐると見ざるを得ず、[11] 同一の著書の中に、字音と和訓とで異る式に従って点を指してゐるとは更に考へ難い。

〔2〕現在の本において、明瞭な意識で原著者が左側中位に指したと見られる点は、見出し難く、現在の中位の点は総て原著者の誤記か、転写者の誤写ではないかと見られること、即ち、

(イ)現在の本で、ある語のある仮名の左側中位に加点がある場合、その語が他の場所に現れた場合の点を検すると、必ずその仮名の点は左側下位か左側上位に施されてゐること。例へば仏上43オの「疌トシ」の「ト」の点は如何にも左側中位に見えるが、「迅」〔仏上23オ〕・「遄」〔仏上26オ〕・「肆」〔仏下本17オ〕・「略」〔仏中54オ〕・「湍」〔法上2ウ〕・「駛」〔僧中50オ〕に見える「トシ」の「ト」の点は何れも左側下位である。

(ロ)現在の本でこの位置に点が見出されるのは、小さい場所に無理に多くの仮名を書込んだ例に多い。例へば仏上17オの「儀ヨソヲヒ」の「ヲ」の点は正しく左側中位であるが、この訓は一糎ばかりの余白に四文字を詰め込んだ例である。

〔3〕信友のやうに考へると、右側上位の点は解釈できないが、『名義抄』には確かにその位置に施されたと思はれる点が見出されること。例へば第十六節の〔第五表〕にあげた語彙を見よ。殊に「巣」「若し」「稍と」「嘉す」等の語は四度以上現れるが、その第一文字の点は何れも右側上位にある。

五

以上〔1〕—〔3〕のやうに考へる時は、信友の〔乙式点図〕に拠る解釈法には賛成しがたく、玆に井上奥本氏は、《『名義抄』の和訓の声点も他の文献のものと同様に〔甲式の点図による〕》即ち《左側下位のものは平声、左側上位のものは上声、右側上位のものは去声を表す》のやうに解釈すべきことを提唱されたのであるが、(12)この考へに拠れば、右〔1〕—〔3〕にお

いて、何等矛盾を生ぜぬ故、従ふべき説と思はれる。

さて今、井上氏による新説に基いて、観智院本の声点に再検討を加へれば、原著者が施した（厳密に言へば施したつもりの）声点の種類及びその使用数は、次の〔第二表〕の如くであった、と推定される。(13)《平上二声の点が断然多く、去声の点が極めて稀である》ことが注意される。又入声点は全然ないやうである。(14)

【第二表】

位置	内容	使用数	同百分率
〔1〕左側下位	平声	一一七五	四八・九
〔2〕左側上位	上声	一二一〇	五〇・四
〔3〕右側上位	去声	五	〇・二
〔4〕著者が何れの位置に施したか不明　然し恐らくは〔1〕〔2〕の孰れかならん	平声？上声？	一一	〇・五
計		二四〇一	一〇〇・〇

然らば次に、此等平上去三点は、夫々如何なる音価を表してゐるのであらうか。

六

抑〻四声とは、中国語の語調の一種であって、中国語の渡来と共に我国へ輸入された観念である。而して現在彼の国語では方言間で四声の音価は極めて多種多様になってをり(15)、随って時代的にも恐らく音価の変遷があったことと推定されるにも拘らず、その変遷のあとは未だ分明ならず、(16)一方我国に伝へられた彼の国語は、何れの地方の方言であるか、明らかでない故、彼の国語の現在諸方言の四声を通して『名義抄』所載の四声の内容を考へることは、無意味に近いことと考へられる。

然らば我国に現在伝はってゐる四声の内容如何と言ふのに、此には甲乙二式の解釈法が行はれてゐる。即ち甲式は漢学者漢詩人(17)を初めとして、一般人の間に広く普及してゐるもので、(18)

平声＝全平調　上声＝上昇調　去声＝下降調

と解釈し、乙式は真言・天台宗の仏家に伝承されてゐるもので、

平声＝低平調（但し変種・「平声の軽」は下降調）　上声＝高平調　去声＝上昇調

と解釈する。(19)而して漢学者側では特に甲式解釈法に拠って漢籍を音読し、漢詩を吟詠すると言ふことはないやうであるが、仏家では経文を誦し、声明を唱へる際に、実際に一々の漢字に対して乙式の解釈法に従って節をつける習慣が現在行はれてゐる。(20)

七

さて『名義抄』の声点の音価は甲乙孰れの式により解釈すべきか、と言ふのに、信友は総て甲式に拠らうとしたもの如くである。(21)井上氏は総て甲式に拠りたく思はれたらしい(22)が、結局便宜の為に平上二声は乙式に、去声は甲式に拠られ、即ち、《平声点はその仮名が低平調に、(23)上声点はその仮名が高平調に、去声はその仮名が下降調に発音されることを表す》と解釈されたのである。(24)又最近『名義抄』の三拍名詞の語調に就いての詳密な考察を発表された(25)大原

孝道氏は、平上二声は乙式に拠る方が有利であることを認めながら、なほ平上去三声とも甲式に拠るべきもののやうに考へられた(26)。

然し今つらつら思ふに甲乙二式の解釈は全然異る種類のものである以上、余程特別の事情でもない限り、井上氏の如く両式を混用するのは望ましくないと考へる。然らば甲乙二式中、何れを撰ぶかと言ふに、私は伴・大原氏とは反対に寧ろ乙式に従ひ、即ち、《平点の仮名＝原則としては低平調(27)　上点の仮名＝高平調　去点の仮名＝上昇調　と見るべきではないか》と思ふ。

八

《『名義抄』和訓の声点は乙式に解釈すべきではないか》その第一の根拠は、《『名義抄』は岡田希雄氏(28)以来真言宗僧侶の撰と見られてゐるが、真言宗では前述のやうに現在四声を乙式に解釈してゐる》こと、しかも、《この解釈法は『名義抄』時代から同宗派で行はれてゐたらしい》ことである。

即ち今、『名義抄』と大体同時代に著された釈明覚の『悉曇要訣(29)』（十四オ―十五ウ）の記述に拠れば、《当時我国に伝へられてゐた四声の解釈法には六声式と八声式との二種があり》《弘法流ではその中六声式解釈法を伝へてゐた》とのことであり、しかもその内容として次のやうに述べてゐる。

㈠　初平後上之音。六声家ニハ為二去声一ト。㈡　初昂後低ヲ為二平声之軽一ト。初後俱ニ低ヲ為二平声之重一ト。㈢　初後俱ニ昂ヲ名テ為二上声一ト。

之に拠れば『名義抄』時代弘法家即ち真言宗に伝はってゐた四声の解釈法は、平声＝軽重の別あり、軽は下降調・重は低平調　上声＝高平調　去声＝上昇調であったと見られる。之は現在仏家に伝はってゐる乙式解釈法と全く同一のものではないか。

九

『名義抄』和訓の声点を乙式に解釈したい第二の根拠は、《『名義抄』成立時代には、現在漢学者の間に盛んな甲式解釈法は全然我国に行はれてゐなかったのではないか》と疑はれることである。

抑ゝ、元禄期以前の文献で、四声の具体的な音価に就ての記述のあるものとしては、釈安然の『悉曇蔵』(元慶年中成)・釈信範の『悉曇秘伝記』(鎌倉時代末期成)・著者不明の『文字反』(元弘年中成)・釈心空の『法華経音訓』『法華経音義』(吉野朝期成)・著者不明の『開合名目抄』(室町末期成?)・釈宥朔の『韻鏡開奩』(寛永四年成)・西村重慶の『韻鏡問答抄』(貞享四年成?)・釈観応の『補忘記』(貞享四年成)・釈契沖の『和字正濫抄』(元禄六年叙)等を挙げることができるが、此等における記述は、『文字反』を除く以外は、何れも乙式又は乙式に近い解釈と見られ、偶ゝ前記『悉曇要訣』の如く、六声流以外に八声流の解釈を載せてゐるものもあるが、之とて乙式解釈法に極めて近いものであって、少くとも甲式解釈法とは全然異るものであると断言できる。唯ゝ『文字反』だけは具体的な四声の音価の説明は甲式の解釈に近いやうにも思はれるが、其処に挙げてある語例を見れば、どうも乙式の解釈法と見る方がよいのではないかと思はれる。(30)

而して我国文献中、明らかに甲式の解釈を試みてゐる最古のものは、管見に入った所では、釈円義の『韻学発蒙』(宝暦七年成)・藤啓明の『韻学秘訣』(同八年成)等であって、その記述の状況から推測するのに、この解釈は『元和韻譜』『康熙字典』等に見える近代中国の四声解釈に導かれたものの如く、これがその後現代まで漢学者の間に伝へられ、一般にも広まったものであって、『名義抄』時代には我国には未だ行はれてゐなかったのでないかと思はれる。なほ現在我が国において、甲式の解釈法が乙式の解釈法を圧倒して栄えてゐる形になってゐるのは、一つは、甲式解釈法の方が乙式解釈法よりも「平」「上」「去」と言ふ文字に対して（殊に去声字に対して）合理的だと考へられることに原因するであらう。

十

以上三つの根拠から、《『名義抄』の著者は乙式四声解釈法に従って平上去の点を和訓に施したと考へた方がよいのではないか》と思ふが、然らば次に《『名義抄』の声点を甲式に解釈した場合と、乙式に解釈した場合とでは、孰れが『名義抄』成立当時の語調として恰好な内容をもつものが再構される》であらうか。

今『名義抄』記載の語調は如何なる内容を有すべきかと想定するのに、先づ『名義抄』記載の語調は古い時代の語調であるとは言へ、やはり日本語の語調には違ひない故、先づ第一に、《現在の我国諸方言の語調と根本的に異る性質のものではないであらう》と想像される。而してそれは当時の京都方言の語調であったらうと推測される故、《後世の京都方言の語調、及びそれと形態がよく似てゐて同一の起源から別れ出たと推測される所の、服部四郎博士の所謂甲種諸方言(31)の語調に共通に見られるやうな諸性質は、やはり『名義抄』の語調にも存してゐたのではないか》と想像される。

そこで先づ『名義抄』の語調の大凡の輪郭を窺ふよすがとして、試みに現在諸方言の語調の構造を考察するのに、先づ京都方言の語調の体系は次の〔第三表〕のやうな型の種類から構成されてゐる。なほこの稿では以下次のやうな記号を用ひる。

○| 高く平らな拍。 ○ 低く平らな拍。 ○/ 下降調の拍。 ○\ 上昇調の拍。 ——・の如き右側の小黒円 次の助詞が一般に高く発音される語。 ○。 の如き左側の小白円 次の助詞が低く発音される語。

【第三表】

一拍語

(1) ◎|型・ （例「蚊」）
(2) ◎/型・。 （例「葉」）
(3) ◎\型 （例「木」）

二拍語

(4) ○○|型・ （例「鳥」）
(5) ○|○型。 （例「花」）
(6) ○○|型・ （例「箸」）
(7) ○○/型。 （例「猿」）

三拍語

(8) ○○○|型・ （例「形」）
(9) ○|○○型。 （例「一つ」）
(10) ○|○○型。 （例「命」）
(11) ○○○|型・ （例「烏」）
(12) ○○|○型。 （例「兜」）

四拍語

(13) ○○○○|型・ （例「友達」）
(14) ○|○○○型。 （例「炭取」）
(15) ○|○○○型。 （例「山路」）
(16) ○|○○○型 （例「蝙蝠」）
(17) ○○○○|型・ （例「麻縄」）
(18) ○○|○○型 （例「蟷螂」）
(19) ○○|○○型。 （例「撫子」）

なほ右の中◎で表した一拍語の三つの型は何れも二拍にも発音される。又名詞に助詞のついた形の語調をも考慮に入れれば、右の他になほ◎/○型。（例「葉が」）・◎\○型。（例「木も」）・◎/○○型。（例「葉には」）・○○/○型。（例「猿が」）・◎\○○型。（例「木まで」）などのやうな例を補ふことができる。四拍の型の例は省略。

而して京都方言以外の甲種諸方言の語調の体系も大体これに類似するものであるが、京都方言になくて他の方言に存する型の例をあげれば次の如きものがある。

(20) ○|型。（例、高知方言・池田方言等の「葉」「日」等）。 (21) ○|○/型。（例、赤穂方言・舞鶴方言等の「猿」「雨」等）。 (22) ○

○型（例、松山方言・高知方言等の「猿」「雨」等）。(23) ○○○型（例、赤穂方言の「聾」、舞鶴方言の「昔」等）。(24) ○○○型（例、田辺方言・高知方言の「鳥」「兎」等）。(25) ○○○型（例、亀山方言の「近目」、和歌山方言の「ぎっちょ」等）。(26) ○○○型（例、高松方言の「心」等）。(27) ○○○○型（例、舞鶴方言の「山猿」等）。(28) ○○○○型（例、高知方言の「絹糸」等）。(29) ○○○○型（例、高知方言の「味噌汁」等）。(30) ○○○○型（例、亀山方言の「黒ん坊」等）。(31) ○○○○型（例、高松方言の「親指」等）。

なほ助詞のついた形にはこの他、◎○型（例、田辺方言の「木が」）・◎○○型（例、田辺方言の「木には」）・◎○○型（例、田辺方言の「木にも」）等がある。四拍の型は省略。

又甲種以外の方言の語調の型の種類も大体右の範囲を出ないのであるが、以上に洩れてゐるもので、比較的広く用ひられてゐるものに次のやうな型がある。

(32) ○型（例、東京・広島方言の「蚊」等）。(33) ○型（例、秋田方言の「蚊」等）。

(34) ○○型（例、宇和島方言の「花」等）。(35) ○○型（例、秋田方言の「鳥」等）。

(36) ○○○型（例、東京方言の「男」等）。(37) ○○○型（例、秋田方言の「男」等）。(38) ○○○型（例、秋田方言の「形」等）。

四拍語の型、助詞のついた形の型は省略。

十一

右の〔第三表〕以下に拠れば、現在の国語諸方言の語調には略〻次のやうな性質があることが窺はれる。

〔1〕 総ての型は○|（高平）・○（低平）・○/（下降）・○\（上昇）の四種の拍の組合せから成る[32]。

〔2〕 この中、○|と○とは極めて多数で、しかも互に同数ぐらい現れる。その位置も全く自由であるが、唯ゝ、○|○○|と言ふ形には並ばない[33]。

〔3〕 ○/と○\とは遥かに少数で、しかも《○/は語尾又は○の拍の前のみに現れ》《○\は一拍語のみに現れ、名詞＋助詞の形においても最初の拍以外には現れない》の如くその位置は限られてゐる。

さて『名義抄』の点は仮名一字毎に附いてゐる故、平上去各点は各拍の性質差異を表すはずであるが、先に考察した所では、此等三点の中、平上二点が無闇に多くて、去点は実に寥々たるものであった[34]。今、『名義抄』の語調が現在諸方言から帰納した右の〔1〕―〔3〕の如き性質をもってゐたと考へられるならば、著者は平上二点で○|と○との孰れか一方宛ゝを、去点で○/か○\かの一方を表したものではないかと疑はれて来るではないか。

而して今、去点に就て[35]は後に考察することとし、平上二点について先づ考へて見るのに、若し著者が　平声＝全平調　上声＝上昇調　のやうな甲式解釈法をとってゐたならば、平上二点で○・○|両音節を表すのに多少の無理を伴ふ理窟であるが、若し著者が　平声＝低平調　上声＝高平調　と言ふ乙式解釈法をとってゐたならば、上点で○|拍を、平点で○拍を、何の無理もなく表し得るはずだと思ふ。

十二

以上『名義抄』記載の語調の内容に就いて第一に想定されたことは、《後世諸方言の語調と根本的に性質の異るものではないであらう》と言ふことであったが、第二に想定されることは、《それは古い時代の語調であるとは言へ、やはり京都方言の語調である以上、後世の京都方言と比較した場合に、総ての語において全く同一であるか、或いは語によって現在と語調が異るものがあっても、さう言ふ語においては、如何にして『名義抄』の語調から後世の京都方言の語調に変化したか、その変化のあとが説明できるやうなものでありたい》と言ふことである。又《『名義抄』記載の語調と後世の京都以外の甲種諸方言との間にも同様な関係が成立つことが明らかとなれば一層好都合である》と考へられる。

さて今『名義抄』において上点が○拍を、平点の仮名が○拍を表してゐると考へた場合、果して右のやうな条件を満足させる語調が再構されるかどうか。今試みに、『名義抄』において上点の仮名を○、平点の仮名を○として、例へばヒトのやうな語はヒト型、ヒトリのやうな語はヒトリ型と表記し、所載の二・三拍名詞の一部を型の相違によって分類し、之に後世甲種諸方言の語調を対照させれば次の〔第四表〕の如くである。なほ後世諸方言の代表として、(1)『補忘記』によって窺はれる近世初期京都市方言[36]、(2)同方言の俤をよく伝へてゐると言ふ定評のある現在高知市方言[37]、(3)同じく甲種系とは見られながら、近世初期には既に別の方向に変化してゐたと見られる現在高松市方言を撰び、更に近世初期京都方言の不明の部分を推定する資料として、同方言の系統を引く現在京都市方言[38]、及び(5)兵庫県赤穂町方言[39]をとることとする。なほ―は未調査の符号、（　）内は推定された形である。

【第四表】

〔A〕二拍名詞

(イ)上上型

名義抄	近初・京都	現・高知	現・高松	現・京都	現・赤穂	名義抄に於ける出所
コレ（・）「此」	コレ	コレ	コレ	コレ	コレ	法上50オ他

トリ「鳥」	トリ	トリ トリ	トリ	トリ	トリ	僧中55ウ他
ニハ「庭」	ニワ	ニワ	ニワ	ニワ	ニワ	（場）法中26ウ他
ハシ「端」	ハシ	ハシ	ハシ	ハシ	ハシ	法上45ウ他

(ロ)　上　平　型

イシ「石」	イシ	イシ	イシ	イシ	イシ	法中1オ他
カミ「紙」	カミ	カミ	カミ	カミ	カミ	法中68オ
ハタ「旗」	ハタ	ハタ	ハタ/	ハタ	ハタ	僧中14ウ他
ヒト「人」	ヒト	ヒト	ヒト/	ヒト	ヒト/	仏上1オ他

(ハ)　平　上　型

タネ「種」	タネ	タネ	タネ	タネ	タネ	法下10オ
ハシ「箸」	ハシ	ハシ	ハシ	ハシ	ハシ	僧上31ウ他
クモ「蜘蛛」	*クモ	クモ	クモ/	クモ/	クモ	（蟏蛸　アシタカノクモ）僧下10オ他
サル「猿」	*サル	サル	サル/	サル/	サル/	（猨猴）仏下本64オ他

(ニ)　平　平　型

アシ「足」	アシ	アシ	アシ	アシ	アシ	法上37オ他
イケ「池」	イケ	イケ	イケ	イケ	イケ	法上1ウ他

ハナ「花」	ハナ	ハナ	ハナ	ハナ	ハナ	僧上3オ他
ヤマ「山」	ヤマ	ヤマ	ヤマ	ヤマ	ヤマ	法上53ウ

〔B〕三拍名詞

(イ)上上上型

名義抄	近初・京都	現・高知	現・高松	現・京都	現・赤穂	名義抄に於ける出所
カタチ「形」	カタチ	カタチ	カタチ	カタチ	カタチ	仏下本16オ他
ケムリ「烟」	ケムリ	ケムリ	ケムリ	ケムリ	ケムリ	仏下末20オ他
サカナ「魚」	(サカナ)	サカナ	サカナ	サカナ	サカナ	(肴) 仏中60オ

(ロ)上上平型

アヅキ「小豆」	(アズキ)	アヅキ	アズキ	アズキ アズキ	アズキ	(腐婢　アヅキノハナ) 仏中66ウ
フタリ「二人」	(フタリ)	フタリ	フタリ	フタリ フタリ	—	仏上1オ他
ミドリ「緑」	ミドリ ミドリ	ミドリ ミドリ	—	ミドリ	—	(碧) 法中6ウ

(ハ)上平平型

アハビ「鮑」	(アワビ)	アワビ	アワビ	アワビ	—	僧下3オ他
コガネ「黄金」	—	コガネ	コガネ	コガネ コガネ	—	僧上57オ他

チカラ「力」	チカラ	チカラ	チカラ	チカラ / チカラ	チカラ	僧上41オ

(ニ) 平上上型

カラス「烏」	(カラス)	カラス	カラス	カラス	カラス	僧中66ウ他
セナカ「背中」	セナカ	セナカ	セナカ	セナカ	セナカ	(背) 仏中62ウ他
イヅレ「孰」	イズレ	イヅレ	―	イズレ	―	仏下末10オ他

(ホ) 平平上型

イノチ「命」	イノチ	イノチ	イノチ	イノチ	イノチ	僧中2オ他
ナミダ「涙」	ナミダ	ナミダ	ナミダ	ナミダ	ナミダ	(泗) 法上1ウ
ハシラ「柱」	(ハシラ)	ハシラ	ハシラ	ハシラ	ハシラ	仏下本55オ他

(ヘ) 平上平型

カブト「兜」	(カブト)	カブト	カブト	カブト	カブト	(冑) 仏中59オ他
クヂラ「鯨」	(クジラ?)	クジラ	クジラ	クジラ	―	僧下1ウ他
ヤマヒ「病」	ヤマイ	ヤマイ	ヤマイ / ヤマエ	ヤマイ	―	(疾) 法下57オ他

(ト) 平平平型

アタマ「頭」	(アタマ)	アタマ	アタマ	アタマ / アタマ	アタマ	(天窓) 法下30ウ

カガミ	「鏡」（・）	カガミ（○）	カガミ。	カガミ・	カガミ。／カガミ。	カガミ。	僧上69オ他
カタナ	「刀」（・）	カタナ。	カタナ。	カタナ・	カタナ。／カタナ。	カタナ。	（小刀）僧上43オ

備考　近初・京都の「蜘蛛」「猿」はクモ・サルやも知れず。「名義抄に於ける出所」の条の、例へば（蠨蛸　アシタカノクモ）の如き記載は、「クモ」なる訓が「蜘蛛」字の条にはなく、「蠨蛸」なる文字の条に見えることを表す。

十三

右の表において、再構された『名義抄』の語調と後世諸方言の語調とを比較するに、近世初期京都方言及び高知方言の語調は、『名義抄』の語調によく類似し、即ち〔A〕(イ)(ロ)(ハ)〔B〕(イ)(ロ)(ハ)(ニ)(ヘ)と言ふ多数の語類においては見事な一致を示し、唯と〔A〕(ニ)〔B〕(ホ)(ト)の語彙において不一致を見るに過ぎない。然し此等の語彙とても、全然不規則だと言ふのではなくて、『名義抄』の語調と近初京都及現高知方言の語調との間には(A)(ニ)○○型―○○型、〔B〕(ホ)○○○型―○○○型、〔B〕(ト)○○○型―○○○型のやうな、或いは若し助詞のついた形を考へるならば、〔A〕(ニ)○○○型―○○○型、〔B〕(ホ)○○○型―○○○型、〔B〕(ト)○○○○型―○○○○型（何れも上が『名義抄』、下が近初京都及現高知方言の語調）のやうな規則的な対応が見られ、若し〔A〕(ニ)○○○型∨○○○型、〔B〕(ホ)○○○型∨○○○型、〔B〕(ト)○○○○型∨○○○○型のやうな語調変化の起ったことが説明できれば、この再構された『名義抄』の語調が、即ち当時の京都方言であると考へることは極めて適当であると考へる。

さて〔A〕㈡の変化について見るのに、『名義抄』でこの類の語と同じく平平上型（推定によれば○○○型）の語を集めて見ると、「思ふ」「動く」等、私の所謂第二類動詞[40]の終止・連体形、「白し」「白き」等、同じく第二類形容詞[41]の終止・連体形などがそれであるが、此等の語は近世初期京都方言・現在高知方言では、何れ〔A〕㈡の語に助詞がついた場合と同様に○○○型になってをり、『名義抄』の如く○○○型になってゐる語は一語もない故、《『名義抄』時代以後、此等両方言では○○○型＞○○○型なる変化が起った》と見ることは極めて自然であると考へられ、〔A〕㈡の語は偶〻この浪に乗って同じ方向に変化を遂げたものと想像される。

然らば○○○型＞○○○型の変化は如何にして起ったかと言ふのに、此は○○○のやうな語調で発音してゐる間に、いつかリズムの関係で○○○のやうに第一拍も高く発音されるやうになり、この第一拍に出来た山が、高さを増して固定的なものとなり、同時に三拍の古い山が次第に低くなって○○○のやうな形になり、在来ある○○○型に混同して果ては全くもとの山が消滅してしまったのではないか、と想像する[42]。

〔B〕㈡の○○○型＞○○○型の変化、〔B〕㈭の○○○型＞○○○型の変化に就ては、長くなる故証明を略するが、同様にして起り得たことが説明できるのではなからうか。なほ高知方言の「鯨」「柱」の語調の如く、『名義抄』の語調から変化した経路が説明できない語が二三散見するが、此等は類推その他の原因で夫々個別的な変化を遂げたものと考へられ、結局、近世初期京都方言・現在高知方言との比較の結果では、『名義抄』の語調は〔第四表〕に再構した通りで略〻差支へないやうに考へられる。

十四

次に再構された『名義抄』の語調と現在高松方言とを比較するのに、この関係は稍〻複雑で、〔A〕(イ)(ハ)〔B〕(イ)及び〔A〕(ロ)〔B〕(ヘ)の一部の語彙では一致を見るが、他の約半数の語彙では一致を見ない。然しその不一致の語を考察するのに、大体次の二類型に要約できるやうである。(43) 総て助詞のついた形を取る。

〔1〕〔A〕(ニ)『名義抄』の○○○型—高松の○○○型。〔B〕(ト)『名義抄』の○○○○型—高松の○○○○型。

〔2〕〔A〕(ロ)『名義抄』の○○○型の一部—高松の○○/○型。〔B〕(ハ)『名義抄』の○○○○型の一部—高松の○○/○○型。
〔B〕(ヘ)『名義抄』の○○○○型の一部—○○○/○型。

さて〔1〕においては高松方言で〔A〕(ニ)○○○型＞○○○型、〔B〕(ト)○○○○型＞○○○○型のやうな変化が起ったことが説明できれば良いわけであるが、今〔A〕(ニ)について考へるのに『名義抄』で平平上型（即ち推定によれば○○○型）の語、前出「思ふ」「白き」等の類は現在高松方言で総て○○○型に発音されてゐて、○○○型に残ってゐる語はないやうである故、○○○型＞○○○型の変化が起ったと見ることは自然であると考へられ、さうしてその起った動機如何と言ふに、恐らくこの方言では○○○型における拍の高低の差が次第に小さくなり、つひに○○○型を在来の○○○型に混同してしまったのではないかと想像する。〔B〕(ト)の○○○○型＞○○○○型の変化も略〻同様にして起ったことが説明できると考へる。

次に〔2〕について考察するのに、かくの如き対応をなす語彙は総て『名義抄』で○の次の拍がハタ・ヒト・アワビ等広い母音で出来てゐる語であって、○の次の拍がイシ・カミ・ヤマイ等狭い母音で出来てゐる語では語調は『名義

抄』と同形になってゐる。即ち《この方言では頂点の次に広い母音をもつ拍が来た場合○|○○型、○|○○○型、○○|○○型の語に、○|○○型∨○○/○型、○|○○○型∨○○/○○型、○○|○○型∨○○○/○型のやうな型の変化が、〔1〕に述べた変化とは別に起った》と推定すればよいわけであるが、語調の頂点が次の拍に滑り易いことは、佐久間鼎博士も認めてをられる所であり[44]、狭い母音の拍は高い母音の拍よりも高く発音することが面倒であることも、首肯できることと思はれる故、結局現在高松方言の語調も、前に再構された『名義抄』の語調から変化して出来たものと見てよいのではないかと考へる。

以上前節・本節には『名義抄』所載の二・三拍名詞の極一部しか考察を遂げなかったけれども、他の多くの語彙においても、全く此と同様に上点を○|、平点を○に発音して再構した『名義抄』の語調は、近世初期京都・現在高知及び現在高松の三方言の語調と一致するか、或いは歴史的なつながりをもつことが説明できる。

十五

以上三節に亙って考察したことをここに綜合すれば、《『名義抄』所載の声点は、上点に対しては○|調に、平点に対しては○調に発音する時に、『名義抄』時代の京都方言の語調として誠に適当なものが再構される》。さうして今若し上・平二点を右以外の方法で発音する時には、——例へば何でもいいわけであるが、かりに上点に対して○\調に、平点に対して○|調又は○調に発音する時には、決してこのやうな適当な語調は再構されず、かう考へる時は、《『名義抄』の上点は○|、即ち高平の拍を、平点は○、即ち低平の拍を表した[45]》と考へてよいことが略〻明らかとなったと思はれる。なほ『名義抄』所載の三拍語において、上平二拍の各種の組合せの型が現れながら、上平上型の語だけが見

出されないことも、(46) 現在諸方言に○|○○|のやうな型の語が存在しないこと(47)を思ひ合せると、右の考へを支持するものと考へられる。

私は以上の如く平上二点の音価を推定したいのであるが、これは結局この二点については井上氏の推定と全く一致したわけ(48)であって、即ち、甲乙二種の四声解釈法の中何れの式に従ったことになるかと言ふのに、平上二声に就いては乙式解釈法に従ったと言ふべきだと思ふ。さうして次の去声の点については、井上氏は甲式解釈法に従って○/、即ち下降調の拍と見られたのであるが、果してさう推定して良いかどうか。

十六

『名義抄』において去声点を施した語彙は、先に考察した通り、非常に稀であるが、しかもその中には誤ってこの位置に施されたと目される例が少くない故、ここには確実を期するために、この位置に加点した例が二ケ所以上に見える語彙のみを撰び、その代り二ケ所以上に見える語彙は総て集録すれば次の〔第五表〕の如くである。なほ漢字の下の（　）内は『名義抄』に見える点の位置を表し、後世方言としては現代京都市方言だけを掲げる。

【第五表】

ス　「巣」⦅去⦆〔(棲)　仏下本39オ〕〔(栖)　同〕〔(操　スクフ)　同32オ〕〔(スクフ)　同60ウ〕　⦅現在京都　す|●⦆

ハ　「歯」⦅去⦆〔法上51ウ〕〔(齬　ハキカヘル)　同53ウ〕　⦅同　は/⦆

メ　「妻」⦅去⦆〔(女　メアハス)　仏中3ウ〕〔(婚　メマク)　同8オ〕　⦅同　め|●○⦆

ウ　「得」⦅去⦆〔仏上19オ〕〔(服)　仏中67オ〕　⦅同　う|●⦆

フ「経」《去》〔（逕）仏上27ウ〕〔法中56ウ〕〔（歴）法下55オ〕　《同　ふ》

ハギ「脛」《去平》〔仏中57オ〕〔（胻）同65オ〕〔（骹）仏下本3ウ〕　《同　ハギ》

トク「利く」「疾く」《去平》〔（踠　トクス）法上43ウ〕〔（稷　トクス）法下7オ〕〔（利　トクス）僧上47ウ〕
〔（敏　トクス）僧中28オ〕　《同　トク》

ナク「無く」《去平》〔（无　ナクモガ）仏下末8ウ〕〔（ナクモガ）同26オ〕　《同　ナク》

ヨク「良く」《去平》〔（能）法上49オ〕〔（剋）僧上47オ〕〔（祥　ヨクス）法下5オ〕　《同　ヨク》

ナゾ「何ぞ」《去平》〔仏上4ウ〕〔（奚）仏下末18オ〕　《同　ナゾ》

ホボ「略」《去平》〔仏中54オ〕《去上》〔（粗）法下16オ〕　《同　ホボ》

モシ「若し」《去平》〔（頗）仏下本11ウ〕〔僧上24オ〕〔（或）僧中20オ〕〔（即）僧下55ウ〕　《同　モシ》

ヤヽ「稍」《去上》〔（校）仏下本25ウ〕〔法下7ウ〕〔（良）同20ウ〕　《同　ヤヤ》

ヨミス「嘉す」《去平平》〔（好）仏中7ウ〕〔（善）同28ウ〕〔（鑠）僧上60オ〕〔（臧）僧中21オ〕他二例　《同　ヨミス》

メガハラ「牝瓦」《去平平平》〔僧中9オ〕〔（瓪）同10ウ〕　《同　メガワラ》

モシクハ「若者」《去平平上》〔（脱）仏中67ウ〕〔僧上24オ〕〔（或者）僧中20オ〕　《同　モシクワ》

ヨカラズ「不善」《去平——》〔（不穀）僧中34オ〕〔（不愇）同41オ〕　《同　ヨカラズ》

オモハカル「慮る」《平去平平上？》〔（恕）法中43ウ〕〔法下47ウ〕　《同　オモバカル》

十七

右の表を通覧するに、此等の語彙の中には、日常余り用ひないものが少からず存し、それらは『名義抄』時代―現代の間に夫々個別的な語調変化を遂げたかと疑はれる故、それらの語が後世の方言でどんな語調になってゐるかと言ふことを基として『名義抄』当時の去点の拍の音調を推測することは危険であると考へられる。但し「無く」「良く」「若し」等日常頻繁に用ひられる語が、『名義抄』では去平型、現代京都では○|○型の如く対応してゐることは注意すべきものと思はれ、『名義抄』の去点拍は、〔1〕《去平型が即ち○|○型である》か、然らざれば〔2〕《去平型から○|○型への変化が可能である》と言うやうな音価をもったものでありたい。さうして『名義抄』においては既に上平型が○|○型を表してゐることが明かである以上、〔1〕のやうに去平型も○|○型を表すとは考へ難い。〔2〕のやうに考へようとするのに、先に現在諸方言の語調の構造を考察した折に、《『名義抄』の去点を○/・○\両拍の中の孰れか一方を表してはゐまいか[49]》と疑はれたのであったが、○/○型∨○|○型、○\○型∨○|○型の変化は共に可能であると考へられる故、この場合去点が○/・○\何れの拍を表してゐると見ても差支へなく、結局去点の拍の音価の推定は暫く他の方面から進まなくてはならない。

所で右の表を一覧して先づ気附かれるのは、《去点の多くは一拍語又は一拍の語根に現れ、しかも殆ど総てを通じて第一拍に現れる》と言ふ傾向である。即ち此処で想起されるのは、同じく現在諸方言の語調の構造を考察した場合に、《○/拍にはそのやうな傾向は見当らないが、○\拍には一拍語のみに現れ、又助詞のついた場合にも第一拍のみに現れる性質がある[50]》と結論されたことである。今『名義抄』の去点の右の傾向と、現在諸方言の○/・○\両拍の性質とを比較する時は、《去点は井上氏の考えられたやうに○/拍を表すのではなくて、寧ろ○\拍を表すのではあるまいか》と言ふ疑念が浮んで来るではないか。殊に《去点が○\拍を表す》と見ることは、去声に対しても平上二声に対した時と同様に乙式四声解釈法を適用すること[51]となり、《去声が○/拍を表す》と見るよりも、遥かに合理的と見られるにおいてをや。

十八

《去声点は○/拍を表さず、○\拍を表すのではないか》と言ふ私の推定に対して、上述の事実だけでは、まだ根拠薄弱と思はれるが、ここに『名義抄』の中から次のやうな事実を拾ひ集めることができ、此等は何れもこの推定を支持するかと思ふ。

〔一〕 広く現在諸方言を見渡すと、例へば京都・大阪方言等におけるは/(葉)・ひ/(日)の如き拍は、ゆっくり二拍程度に発音する場合があり[52]、此の場合にはハ|ア・ヒ|イの如き音調となり、同じくき\(木)・て\(手)の如き拍はゆっくり発音した場合[53]にキイ|・テエ|の如き音調となる。この事実を頭において今『名義抄』における去点の拍が二拍的に発音された例を探ねると次のやうな例を拾ふこと[54]ができる。

ハギ 《去平》(前出)に対して ハアギ《平上平》〔(脛) 仏中57オ〕

ナゾ 《去平》(前出)に対して ナニカハスル《平上――》〔(遮莫) 僧上1ウ〕

オモハカル 《平去――》(前出)に対して オモヒテ《平平上上》〔(以為) 僧下40オ〕

此等の例を見ると去点の拍は、長く発音された場合には、常に《平上》の拍になってゐるのであって、平が○拍、

上が○|拍、と見られる以上、《去点の拍は○/拍ではなく、○\拍であった》と考へたい。

十九

〔二〕 次に『名義抄』において「得」「経」二語の終止形が去型であるが、現在諸方言を見渡すと、此の二語は一類[55]をなし、同じく二段活用動詞中「晴る」「見ゆ」の類[56]、「流る」「乱る」の類[57]、「改む」「現る」の類[58]等と密接な関係をもち、同類の語調で発音されること次のやうである。

	東京・名古屋・広島	浜松	秋田	高松	長崎・鹿児島
得・経	エル	エル	エル	エル	エル
晴る・見ゆ	ハレル	ハレル	ハレル	ハレル	ハレル
流る・乱る	ナガレル	ナガレル	ナガレル	ナガレル	ナガレル
改む・現る	アラタメル	アラタメル	アラタメル	アラタメル	アラタメル

この傾向は現在の京都・大阪を中心とする近畿諸方言には生憎見当らないが、元来同一の祖語から分れ出た右の諸方言にこのやうな性質がある以上、現在こそ消失せてしまってゐるが、古い時代の京都・大阪方言にはこの性質はあったと想像してよいかと思はれる。さて今『名義抄』においては「晴る」類は平上型に（例「晏」字の条他）、「流る」の類は平平上型に（例「行」字の条他）、「改む」の類は平平上平型に（例「悛」字の条他）、夫々表記されてをり、何れも初低く、後高い語調で発音されてゐたと推定される。然らば、同一族の「得」「経」二語も○/型・○\型の中孰れかと言ったら○\型ならんと推定したいと考へる。

又、『名義抄』で《去》点の「見る」の連用形「見」（後出）は、諸方言において「攻む」「閉づ」の類[59]の連用形「閉ぢ」「攻め」と、同じく『名義抄』で《去》点の「良く」「無く」の第一拍は、諸方言において「長く」「早く」の類[60]の「ナガ」「ハヤ」の拍と同様な関係をもつことが、観察されるが、「セメ」（「促」字の条）・「トヂ」（「鏁閉」二字の条）・「ナガ」（「永」字の条）・「ハヤ」（「早」字の条他）は『名義抄』において何れも平上型に記載されてゐる。

二十

〔三〕　最後に、『名義抄』所載の語彙においては、ある語の語調とその語を先部とする複合語の語調との間には極めて規則的な関係があるものの如く、例へば、その語が《平》点の仮名を以て初まってをれば、複合語も《平》点の仮名を以てをり、（随って共に低く初まってゐると思はれる）その語が《上》点の仮名を以て初まってをれば、複合語も《上》点の仮名を以て初まってゐる（随って共に高く初まってゐると思はれる）。以上は旧稿[61]に考察した通りであるが、同様な事実はある語とその語の活用形、或いはその語と同根の派生語の間にも観察される所で、例へば「白し」（例「皚」字の条他）「白き」（例「粉」字の条他）の第一文字には共に《平》点が差されてをり、「消ゆ」「消す」（共に「消」字の条に見ゆ）の第一文字には共に《上》点が差されてゐるが如きである。

今この事実を念頭に置いて、《去》点の仮名で初まってゐる語の他の活用形、派生語、或いはその語を先部とする複合語を採録すれば次のやうで、それらは総て《去》点の仮名か、若しくは《平》点の仮名で初まってをり、《上》点で初まってゐる語は一語も発見されない。

ス　「巣」《去》（前出）に対して　スモリ「巣守」《平上平》〔（鵩）僧下37オ〕

ヒ　「檜」《去》〔仏下本46オ〕に対して　ヒグレ「檜榑」《平平上》〔仏下本57オ〕

ミヨ　「見よ」《去平》〔(省) 仏中38ウ〕・ミオロセバ「見下せば」《去平――》〔(直下) 仏上37ウ〕に対して　ミル「見る」《平上》〔(覩) 仏中41オ他〕・ミユ「見ゆ」《平上》〔仏中41オ〕

ナク　「無く」《去平》(前出)に対して　ナシ「無し」《平上》〔仏下末26オ他〕・ナケン「無けん」《平平――》〔(无) 仏下末8ウ〕・ナイガシロ「蔑」《平上――》〔(忽) 法中42オ〕

メ　「妻」《去》(前出)に対して　メガハラ「牝瓦」《去平平平》(前出)・メケモノ「牝獣」《去平平平》〔(牝) 仏下末1ウ〕・メカツラ「雌桂」《去上上上》〔(桂) 仏下本48オ〕・メタマシヒ「牝魂」《去平平平平》〔(魄) 僧下24ウ〕及びメドリ「雌」《平上平》〔僧中67オ〕・メムマ「牝馬」《平平平》〔僧中49ウ〕

ヨク　「良く」《去平》(前出)に対して　ヨミス「嘉す」《去平平》(前出)及びヨシ「良し」《平上》〔法下20ウ他〕・ヨキカナヤ「善哉や」《平上――》〔僧中21オ〕

《平》点は○拍を、《上》点は○拍を表すならば、この事実もまた《《去》点は高く初まる拍○を表す》と見るよりも《低く初まる拍○を表す》と見る方が妥当であることを示してゐないだらうか。

二十一

以上第十八節―第二十節に述べた事実の中には、私の推定に対して極く微力な根拠でしかないものもあるかも知れないが、併しそれでは逆に《《去》点が○拍を表した》と見なければならないやうな事実があるかと言ふと、そのやうなものは何も見出だされないやうであり、先に《平上》二点を乙式四声解釈法に拠った[62]以上、《去》点も乙式解釈法によりたいと考へる故、私は井上氏等とは異り、《『名義抄』の去声点は上昇拍○＼を表したらう》と考へたい。

さて去声点が○＼拍を表したと見る時、後世方言の語調との関係如何と言ふのに、例へば『名義抄』の《去平》型は、現代京都方言の○|○型に対応すると見られた故、(63) ○＼○型∨○|○型の音調変化を想定すればよいこととなる。今このやうな変化は如何して起り得たかと言ふのに、思ふに『名義抄』当時《去》点の拍は他の一般拍よりも稍ゝ長く発音されてゐたのではなからうか。そしてそれが一般の拍と同長に変化した時に、○＼○型∨○|○型の変化が起ったのではなからうか。現在近畿諸方言では一拍語を多く稍ゝ長く発音すること、『名義抄』で前出のハギ＝ハアギ等のやうな例が見えることから考へると、当時《去》点の拍が稍ゝ長かったと想像することは決して無理ではないと思はれ、現在京都・大阪方言等でキ＼モ（木も）・ヒ＼エ（火へ）等の語の第一拍を他の拍と同長に発音しようとすると、屢ゝキ|モ・ヒ|エの様な語調になることがあることから考へて、(64) ◎＼○型∨○|○型の変化を推定することは自然だと考へる。

二十二

ここに小論に考察し来ったことを要約して掲げれば次のやうである。

〔1〕『名義抄』原著者は和訓に声点を施す場合、文字の左下隅・左上隅・右上隅の三ケ所を撰んだものと推測される。

〔2〕その中左下隅の点は、その仮名が平声的な音調、即ち原則としては低平調に発音されることを表したものであらう。

〔3〕左上隅の点は、その仮名が上声的な音調、即ち総て高平調に発音されることを表したものであらう。

〔4〕右上隅の点は、その仮名が去声的な音調、即ち総て上昇調に発音されることを表したものであらう。

二十三

最後に書遺した二三の事項について簡単に結論だけを述べさせて頂く。詳細は他日の発表を期する。

(1) 井上奥本氏等が、去点は下降拍と考へてゐられる理由の一つは、漢音の去声は呉音の去声と異なり、下降調であると解されたためと思ふが、これは『法華経音義』などに見える「漢呉両音では平声と上去二声が相反する」と言ふ句を誤解されたものと考へる。蓋しこの句は、「漢音で去声調の字は呉音では平声調に発音する」などの意と解すべきもので、去声は呉音でも漢音でも上昇調であつたと私は考へる。

(2) 『名義抄』における《平》点は大体低平拍を表すと見たが、稀に平声軽の音価を発揮して、下降調の拍をも表してゐるものがあると考へる。例へば「名」「日」「藻」「矢」等、一拍名詞中現在甲種諸方言で下降型のものなど。

(3) 和語を表す仮名に声点が施されてゐる文献は、『名義抄』以外にまだ豊富に存在するが、『色葉字類抄』『字鏡』或いは『日本書紀』『古今集』のある写本等、鎌倉時代以前の文献の声点は大体『名義抄』の声点と同様の音価をもつものと解してよいと考へる。但し『仙源抄』『名目抄』『和字正濫抄』等吉野朝以後に成った文献の中には、全然別個の性質をもつものが存在するやうである。

註

（1） 山田孝雄博士『観智院本類聚名義抄解説』に従ふ。

（2） 岡田希雄氏「類聚名義抄に就いて」〔『芸文』一三ノ二・四—七・九—一二、一四ノ一—三所載〕に従ふ。

(3) 校本『類聚名義抄』の「附言」に見える。

(4)「語調原理序論」〔『国学院雑誌』二二ノ一—四・七—一〇所載〕・「日本語調学小史」〔『音声の研究』二所載〕に見える。

(5) 橋本先生・東大文学部昭和九年度御講義「国語学史概説」のノートに従ふ。

(6) 橋本先生の御執筆になる『日本文学大辞典』中の「乎古止点」「四声」の条の挿絵にその主な種類が掲げられてゐる。

(7) 岡田氏「観智院本類聚名義抄攷」〔『芸文』一四ノ六・七所載〕・山田博士『観智院本類聚名義抄解説』共に鎌倉中期以前の写と見てをられる。なほ拙稿は田山信郎・七条憲三両氏の御好意により見ることができた同本の写真原版をテキストとした。

(8)・(9) 岡田氏前掲註(7)「観智院本類聚名義抄攷」に従ふ。

(10) 赤堀又次郎氏『国語学書目解題』・山田博士『観智院本類聚名義抄解説』参照。

(11) 信友自身も校本『類聚名義抄』の「附言」の中にこの事実は認めてゐる。

(12) 井上氏前掲註(4)「日本語調学小史」(八一頁)参照。

(13) 尤も原著者が記した点を後の転写者が記し落したり、原著者が記さなかった点を転写者が新たに記入したりしたものがあれば、それだけ使用数には狂ひが出て来るわけである。但しさう言ふことがあっても百分率の方は殆ど変りないであらう。

(14) 随って以後入声に関する考察は省略する。

(15) 劉復『四声実験録』・趙元任『現代呉音的研究』(七三頁以下)参照。

(16) 王力『中国音韻学』参照。

(17) 例へば塩谷温博士『作詩便覧』一〇頁。

(18) 次に述べるやうに伴氏・井上氏等何れも『名義抄』の点の解釈にあたり、甲式の解釈法に恋々とされてゐることなど、この例と見た。

(19) 大山公淳氏『声明の歴史及び音律』(第十一章)・多紀道忍氏『天台声明の梗概』(第七章)参照。

(20) 水原尭栄・大山公淳両先生の御教示に従ふ。

(21)『仮字本末』中前掲の章に見える。

(22) 井上氏前掲註(4)「語調原理序論」(二)〔『国学院雑誌』二二ノ二所載〕の記述によって窺はれる。

(23) 但し場合によっては高平の音価をも表すと見られた。第十三節註参照。

(24) 井上氏前掲註（4）「日本語調学小史」（八八頁・八九頁・九一頁等）。
(25) 「類聚名義抄のアクセントと諸方言アクセントとの対応関係」（『日本語のアクセント』所収）。
(26) 大原氏前掲註（25）論文五一頁—五二頁。
(27) 但し第二十三節(2)参照。
(28) 第一節に前述。
(29) 堀河朝の著述。
(30) 『文字反』における音価の説明は、「平声は平らかなる声、上声はのぼる声、去声は去る声」と言ふのである。然るにその語例を見ると、上声の所には当時高平調に発音されてゐたらしい語を、去声の所には当時上昇調に発音されてゐたと推測される語を挙げてあるのであって、この点から考へると、『文字反』の著者は四声の具体的な音価について正しい智識に欠けてをり、「平声は平らかなる声」以下の説明は、文字の上から思ひついたイイ加減のものであったのではなからうか。
(31) 服部博士「国語諸方言のアクセント概観」(一)—(四)（『方言』一ノ一・三・四、二ノ二所載）・『アクセントと方言』・「原始日本語の二音節名詞のアクセント」（『方言』七ノ六所載）参照。又同方言の分布範囲については金田一春彦「国語アクセントの地方的分布」（『標準語と国語教育』所収）参照。
(32) 方言の中には、この他に中位の高さの平らな拍を有ってゐると見なければならなさうなものがあるが、多くは○又は○の拍に摂し得るやうである。例へば佐久間鼎博士・三宅武郎氏は東京語の「鳥」「鼻」等を下中型と見てをられるが、この第二拍は高平に発音しても全く差支へないもので、○○型と見て何等差支へなく、寧ろさう見るべきもののやうだ。有坂秀世氏「アクセントの型の本質について」（『言語研究』七・八所載）参照。新宮方言の「形」「雀」などの語を上中中型とするのは稍ゝ根拠があるけれども、此は上上上のやうになってゐたり、上上中或いは上中下のやうになってゐたりで甚だ安定を欠き、しかも同地方においてもこの語調の分布範囲は極めて限られてをり、結局語調変化の過渡期に現れた特殊の形と見るべきもののやうである。
(33) この形は全然ないと言ふわけではなく、例へば京都方言の「十五」「十九」等は如何にも○○○型で発音されるが、此は二文節的な語である。（「五」が鼻音にならぬことなど比較）。又、埼玉県吉川町の「心」「動く」等も○○○のやうに発音されるが、高低の差が僅かで、安定を欠き、且つ分布範囲が狭小であることから判断するのに、やはり過渡期に現れた特殊の型と見るべきもののやうだ。

(34) 第五節参照。

(35) 第十六節以下。

(36) 服部博士「補忘記の研究」・金田一春彦「補忘記の研究、続貂」〔共に『日本語のアクセント』所収〕参照。

(37)—(39) 金田一前掲註（36）「補忘記の研究、続貂」（一九〇頁以下）参照。高松市方言は稲垣正幸氏の御指示に従った。

(40)・(41) 共に東京語で終止形の○○○型の動詞・形容詞とみて頂けば大体差支へない。なほ第一類・第二類などの用語については金田一春彦「国語アクセントの史的研究」〔『国語アクセントの話』所収〕を参照頂きたい。

(42) 服部博士『アクセントと方言』（六一頁）参照。

(43) この他に〔B〕㈡において『名義抄』の○○○型—高松の○○○型と言ふ対応もある。これは近世初期以後京都方言その他に起った○○○型∨○○○型の変化がこの方言にも起ったと見ればよい。金田一前掲註（36）「補忘記の研究、続貂」（一八八頁）参照。

(44) 『日本音声学』中「アクセントのすべりおよび平板化」の条参照。

(45) 第二十三節(2)参照。

(46) 稀に「倍羅麼」（ホロハ）のやうな語において見出されるが、特殊な語と見てよいであらう。

(47) 第十一節〔2〕参照。

(48) 唯と井上氏は平平型等の場合の上方の平の音価は高平調であったと見、即ち上平型と平平型とは名目は異るが、同一音調を表すものと考へられた。然し之は無理と思はれること旧稿「現代諸方言の比較から観た平安朝アクセント」三四頁〔『方言』七ノ六所載〕に述べた通りである。なほ井上氏のやうに考へると、高松方言が変化して出来た過程が説明できないことも無理だと思ふ理由の一つに挙げたかった。

(49)・(50) 第十一節参照。

(51) 第七節参照。

(52)・(53) 此等が寧ろ普通の発音である。

(54) 「ハアギ」の例は天沼寧氏の解読に従ふ。

(55)—(59) 何れも私の所謂第二類動詞に相当する。金田一前掲註（40）・（41）「国語アクセントの史的研究」を参照されたい。

(60) 私の所謂第二類三拍形容詞の連用形。金田一前掲註（40）・（41）「国語アクセントの史的研究」参照。

（61）金田一前掲註（48）「現代諸方言の比較から観た平安朝アクセント」（第十節）参照。

（62）第十五節参照。

（63）第十七節参照。

（64）和田実氏に従ふ。尤もキモ・ヒエのやうにも発音されるとのこと。

三　金光明最勝王経音義に見える一種の万葉仮名遣について

〔要　旨〕

小稿は、『金光明最勝王経音義』の和訓に見える例をあげ、万葉仮名で綴られた古代の文献の中には、語句のアクセントによる仮名遣の行われているものがあることを論考したものである。

一

『金光明最勝王経音義』（一巻）は、金光明最王経に見える漢字を抽出して、これに音と訓とを註記したもので、巻末の識語によれば、承暦三年の成立と見られる文献であるが、この稿は、この音義の和訓に見える、特殊な万葉仮名の仮名遣に関して考察し得た事実を報告しようとするものである。この音義の由来、体裁、内容の概略、及び一般国語研究の資料としての価値などについては既に平井秀文氏による穏健着実な労作[1]が世に出ているゆえ、ここではそれらの点に関する記述は一切省略し、直ちに本題目に突入することとしたい。なおこの論考に用いたテキストは、東大国語研究室所蔵の写本であるが、この本は、その奥書によれば、故木村正辞博士の所蔵の本を影写したものであり、その木村博士の本というのは横山由清が原本を摸写したものを、博士が自身で影写されたものの由である。

二

抑々『金光明最勝王経音義』（以下「この音義」と略称する）の和訓は、総て万葉仮名で記載されているが、今、その仮名の使用状況を検討するのに、拍によって二種の万葉仮名が用いられており、その場合、同じ種類の語に対して常にその一方だけが用いられている例が屢々見出だされる。即ち、その顕著な例をあげれば、

〔1〕「し」の拍に対して、「之」「志」二種類の仮名が用いられており、「之」の用例が三十三箇、「志」の用例が十箇あるが、形容詞の語尾の「し」には常に「之」が用いられ、「志」が用いられた例は一つもない。

例、○止之「駛」（巻一）[2]。○須之「醋」（巻九）。○与之「嘉」（巻三）。○八也之「駛」（巻一）。○与八之「憊」（巻一）。○ツ与之「牢」（巻二）。○伊也之「鄙」（巻六）。○阿万之「甜」（巻九）。○太介之「猛」（巻二）・「暴」（巻六）。…

これに対して、名詞の最後に現れた「し」に対しては「万保呂志」（幻）「久智婆志」（嘴）の如く、「志」の字も用いてあり、又、「惜しむ」の「し」の如きは、二例とも「志」の字を用いてある。

〔2〕「ふ」の拍に対して、「布」「不」二種類の仮名が用いられており、「布」の用例十六箇、「不」の用例十六箇を数えるが、四拍動詞の語尾の「ふ」には、次の如く常に「布」が用いられていて例外がない。

例、○古之良布「誘」（巻一）。○太々加布「戦」（巻六）。○多太与布「漂」（巻一）。…

これに対して、三拍動詞においては、「牟婆不」（奪）「宇礼不」（憂）の如く、「不」字を用いた例が少くない。又、「振ふ」は二例あるが、二例とも「不流布」の如く、上の「ふ」は「不」で表記され、下の「ふ」は「布」で表記されている。

尤も以上の例とは反対に、同じ語の同じ拍が二種類の文字で表記されている例もないではないが、全体から見れば、それらは少数の例外と言うべく、この音義の和訓において同一の拍に対して二種類の万葉仮名が、語の種類によって使い分けられているのは顕著な事実であって、これから考えると、この文献に用いられている万葉仮名にはある種類の仮名遣が行われているのではないか、と疑われる。

万葉仮名の仮名遣といえば、直ちに聯想されるのは、橋本進吉先生が『万葉集』その他の上代の諸文献に発見された、例の「き」「け」「こ」などの十三種類の拍の仮名遣であるが、この文献に見られる仮名遣は、次のような事実から考えて同一種類のものではないこと明らかである。

(1) 橋本先生の仮名遣で使い分けのなかった「し」「ふ」などの拍に使い分けが見えること。

(2) 橋本先生の仮名遣で使い分けのあった「き」の拍などには使い分けが見えないこと。

然らば、この音義に万葉仮名の仮名遣が行われているのが事実であるならば、その仮名遣は、如何なる性格のものであろうか。

三

今、この音義に窺われる万葉仮名の使い分けの原理が何であるか、ということを推測する上に、第一に手掛かりと成るものはその仮名に施されている星点である。即ち、この音義に記載された万葉仮名の和訓には、その半数近くについて、文字の左肩又は左裾に朱の星点が差されているが、万葉仮名の二種類と星点の位置との間に、次のような極めて規則的な関係が見出だされるのである。

即ち、先ず、拍「か」を表わすのに「加」「可」二種の文字が用いられているが、その中星点の施された例を拾うと次のとおりで、(甲)「加」字を用いた例は十三あるが、そのうち、十二までは文字の左肩に点が差されており、(乙)「可」字を用いた例は十箇あるが、十例総て左裾に点が差されている。

(甲)「加」の例。○加阿《上上》「蚊」(巻一)[3]。○加保留《上上平》「馥」(巻一)。○加宇婆之《上上上平》「芬」(巻一)。○加古牟《上上平》「擁」(巻一)。○ッ加留《平上平》「羸」(巻一)。○乎加須《上上平》「侵」(巻一)。…

(乙)「可」の例。○佐八可之《平平平上》「鬧」(巻一)。○伎奴可佐《平平平上》「傘」(巻一)。○阿坐耶可仁《平平上平□》「鮮」(巻一)。○可須《平上》「滓」(巻二)。○可久須《平上平》「屏」(巻二)。…

次に、拍「る」を表わすのに、「流」「留」二種の文字が用いられているが、その中星点の施された例を拾うと次のとおりで、(甲)「流」字を用いた例は十二ある中、十例までは文字の肩に点が付けられ、(乙)これに対して「留」字を用いた例は十箇総て裾に点が付けられている。

(甲)「流」の例。○不流布《上上平》「揺」(巻一)。○万毛流《平平上》「衛」(巻一)。○之流須《上上平》「注」(巻一)。○伎流《平上》「戮」(巻二)「截」(巻三)「鋋」(巻五)。○天流《平上》「赫」(巻五)。○可流《平上》「馳」(巻六)。…

(乙)「留」の例。○由ッ留《上上平》「譲」(巻六)。○可九留《平上平》「翳」(巻四)。○佐具留《上上平》「搗」(巻三)。○於留《上平》「織」(巻一)。○久知比留《上上上平》「脣」(巻一)。○ッと末留《平□上平》「促」(巻一)。○ッ加留《平上平》「羸」(巻一)。…

以上の他、「は」の拍を表わすのに、「波」「八」二種の文字が用いられているが、「波」の字を用いた例では四箇総て左肩に点があり、「八」字を用いた例では十箇総て左裾に点があって例外がない事実、「ふ」の音節を表わすのに「不」「布」二種の文字が用いられているが、「不」字を用いた例では十一箇総て左肩に点があり、「布」字を用いた例では九箇総て左裾に点があって例外がない事実を指摘することが出来、これらの事実を綜合すれば《この音義において二種の万葉仮名が用いられている場合、若し星点が註記されていれば、(甲)の文字に対しては常にその左肩に差されており、(乙)の文字に対しては常にその左裾に差されている》という傾向が見られる。

尤も右の「か」「る」「は」「ふ」の拍に見出だされたような、二種の万葉仮名と星点の位置との関係は、他の総ての音節に亙って見られるというわけではなく、例えば、「む」の拍に対しては、左肩に点のある例は七つ、左裾に点のある例は四つあるが、万葉仮名は常に「牟」の字を用いて他の字を用いず、「す」の拍に対しては、「須」「寸」二字を用いているが、この中「寸」字は一例だけで、他は悉く「須」字を用いており、その間には星点の位置に対応する違いが見出だされない。然しこのような例があるからと言って、さきにあげた「か」「る」「は」「ふ」に見られた二種の仮名と星点の位置との関係を偶然と言うことは出来ないと思われる。そして、今、「い」「ろ」「は」…総ての拍について、この音義に用いられている万葉仮名の種類と、そこに差されている星点の位置との関係を検討して見ると、上記の「か」「る」「は」「ふ」の拍のほかに、「し」「ま」「た」「ち」「こ」などの拍にも、ある程度、星点の位置に関聯をもつ万葉仮名の使い分けが窺われるのである。

四

以上前節に考察したところを綜合すれば、この音義においては、ある幾つかの拍、少なくとも「か」「る」「は」「ふ」の拍に対して用いられている二種の万葉仮名は、その万葉仮名に施されている星点の位置によく対応していると言うことになるが、然らばこの事実は如何なることを物語るものであろうか。抑《そもそ》も漢字の左肩または左裾に差されている星点は、声点と呼ばれ、元来漢字の四隅に施されてその字音の四声を示す符号であるが、『和名類聚抄』『類聚名義抄』『字鏡』『色葉字類抄』等、平安末期に著された漢字辞書類においては、和訓に対してそのアクセントを示すために施されているもので、二種の点はそれぞれ次のような内容を表わすと考えられている。[4]

(1)　左肩にあるもの……上声点……常に高い平らな拍を表わす。

(2)　左裾にあるもの……平声点……原則として低い平らな拍を表わす。

然らば、この音義の和訓に施された星点も和訓のアクセントを示すものであろうと推定され、この音義において万葉仮名と声点の位置との間に規則的な対応関係が認められるところを見ると、この音義の万葉仮名の使い分けは次のような標準に基いたものではないかと推測されて来る。即ち、

Aの推定《この音義の著者は、和訓を註記する際に、「は」「か」「る」「ふ」等の拍の表記に当って二種の万葉仮名を用意し、その和訓のアクセントを考えて、若しその拍が高く平らに（即ち単に「高く」と言うのに同じ）発音される時には甲の文字を用い、併せて、上声の位置（即ち字の左肩）に点を差した。又若しその拍が低く平らに（即ち単に「低く」と言うのに同じ）発音される時には乙の文字を用い、併せて平声の位置（即ち字の左裾）に点を差したのであろう》

尤も此に対しては、理論的には、次のような想像を立てることも不可能ではない。

Bの推定《この音義の著者は、此等の和訓を註記する際に、「か」「は」「る」「ふ」等の拍については二種の万葉仮名を用意し、和訓のアクセントを考えるということはなく、何か他の標準に従って、ある語においては甲の文字を用い、他の語においては乙の文字を用いた。その後、甲の文字を用いた箇所には機械的にその左肩に星点を差し、乙の文字を用いた箇所には機械的にその左裾に点を差したのかもしれない》

このＡＢ二つの推定のうち、孰れが正しいかということは次のような事情によって明らかになるはずである。

《若し、この音義に差されている星点が当時の国語アクセントを示していることが、他の方面から証明されればＡの推定が正しいことになろう》

《若し、この音義に差されている星点がアクセント以外の他の標準によって差されたものであることが証明されればＢの推定が正しいことになろう》

ところが、この音義の和訓の仮名の使い分けに関しては、アクセント以外の適当な標準が思い寄られないに対して、この音義に差されている星点は、正しく当時の国語のアクセントを示していることが証明出来る。

即ち、ここに、『類聚名義抄』（十一巻）は、この音義と同じ頃出来たと推定されている文献であるが、その和訓に施されている夥しい声点は当時の国語のアクセントを伝えているものと認められる故、(5) この音義の星点が正しく当時の国語のアクセントを示しているか否かを知るためには、同じ和訓について、『名義抄』の例と比較するのが捷径のはずである。ところが、今、一例として、前節の語彙のうち、「か」の条に掲げたものについて『名義抄』のものと比較すれば、その結果は次のようであって、苟くもこの音義と『名義抄』との両方に出ている語に関する限り、その星点の位置は完全に一致する。

(甲)「加」字を用いた例。

〔音義の例〕	〔名義抄の記載〕
ツ加留《平上平》「羸」	ツカル《平上平》「羸」（僧下四七ウ）
乎加須《上上平》「侵」	ヲカス《上上平》「侵」（仏上一五オ）
勢那加《平上上》「背」	セナカ《平上上》「脊」（仏中五八ウ）

阿良加禰《上上上上》「礦」　　アラカネ《上上上上》「鉱」（僧上六三オ）

……………………　　　……………………

(乙)「可」字を用いた例。

〔音義の例〕　　〔名義抄の記載〕

佐八可之《平平平上》「鬧」　　サハガシ《平平平上》「摻」（仏下本二八ウ）

伎奴可佐《平平平上》「傘」　　キヌガサ《平平平上》「盖」（僧中八オ）

阿坐耶可仁《平平上平□》「鮮」　　アザヤカ《平平上平》「鮮」（僧下一ウ）

可須《平上》「滓」　　カス《平上》「糟」（法下一五ウ）

……………………

この事実は、この音義の和訓における星点が、全く当時の国語のアクセントに従って施されたものであること、即ち声点であることを遺憾なく証明しているものと考えられる。即ち、上に掲げた**A**・**B**二つの推定の中、**A**の方が正しかったことが知られたことと成り、随ってこの音義の万葉仮名の使い分けは、実にアクセントに基いたものであることが明らかと成ったわけである。

尤も、この音義における仮名の使い分けをアクセントによるものと推定した場合、《「か」「る」「は」「ふ」…といった拍に関しては確かに声点の位置に対応する仮名の使い分けが見られたが、「む」とか「す」とか言う拍に関してはそのような使い分けは見られなかった。これはどう考えるべきか》と言う問題が持上って来るが、これに関しては次節に考えることとする。

五

以上の如く、我々は前節において《この音義の和訓にはアクセントによる万葉仮名の使い分けが行われている》という推定を試みたのであるが、さて、この推定は、専ら《この音義の和訓に見られる万葉仮名の使い分けの実例と、それに差された声点の位置の関係》という面から論じ立てたものであった。所で、それとは全く別に、この音義の内部に次のような事実が存在するのであって、これは右の推定を他方から強く支持するものと考えられるのである。即ち、この音義の巻頭を開くと、そこに次のような万葉仮名で書かれた「いろは歌」が掲げられてあり、その右肩にあたって「先可レ知ニ所レ付借字一」という語が見える。[6]

以（平）伊（上）呂（平）路（上）波（上）八（平）耳（平）爾（上）本（平）保（上）へ（上）反（平）止（平）

都（上）

千（平）知（上）利（平）理（上）奴（平）沼（上）流（上）留（平）乎（上）遠（平）和（　）王（平）加（上）

可（平）

餘（上）与（平）多（上）太（平）連（平）礼（上）曾。（上）祖（平）津（平）ツ（上）禰（上）年（平）那（上）

奈（平）

良（平）羅（上）牟（平）无（上）有（平）宇（上）為（上）謂（平）能（上）乃（平）於。（平）久（平）九（上）

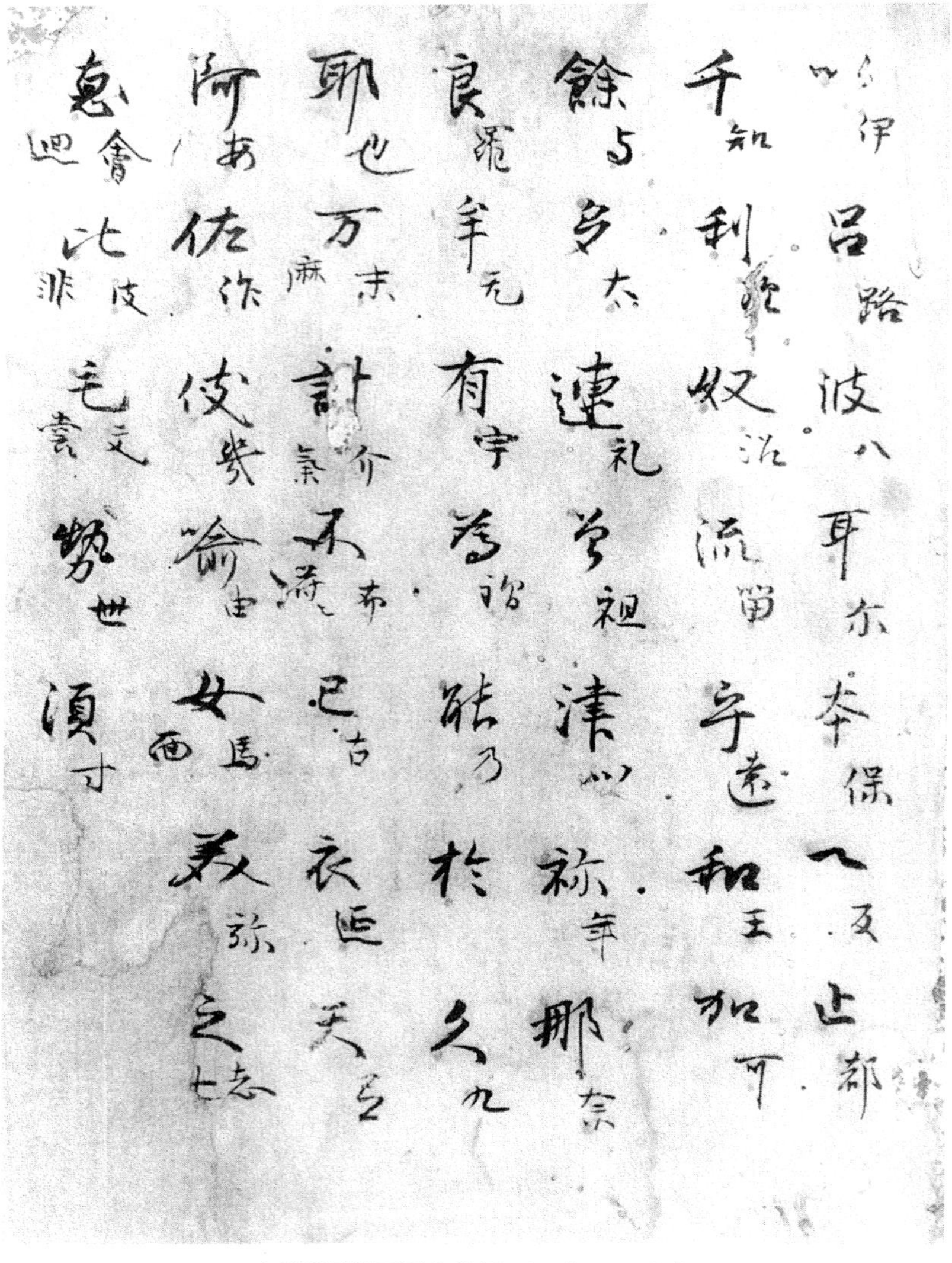

金光明最勝王経音義（巻頭の「いろは歌」）
（大東急記念文庫所蔵）

耶《上》也（平）　万《平》末（平）麻（上）　計《平》介（平）気（上）　不《上》布（平）符　己《平》古（上）　衣《上》延（平）　天《上》弖（平）

阿《上》安（平）　佐《上》作（平）　伎《平》幾（上）　喩《平》由（上）　女《上》馬（平）面（平）　美《平》弥（上）　之　志（平）七

恵《平》会（平）廻（上）　比《平》皮（平）非（上）　毛《上》文（上）裳（平）　勢《上》世（平）　須《上》寸（平）

これは「い」「ろ」「は」…の各拍を表わす万葉仮名を大体二字（稀に三字）ずつ並べ、上の文字に上声の点を差せば下の文字に平声の点を差し、上の文字に平声の点を差せば下の文字に上声の点を差す、といった体裁にしたものである。なお下の文字は上の文字よりも一段小さい大きさで記されている。

今、前節までに考察を試みた、和訓の「か」「る」「は」「ふ」…の拍を表わすために用いられていた各組の文字を、この「いろは歌」に対照して見ると、「加」「波」「流」「不」等、さきに上声の点が差され、《和訓の高い拍を表記している》と推定された文字は此処でも上声の点が差してあり、「可」「留」「八」「布」等、さきに平声の点が差され、《和訓の低い拍を表記している》と推定された文字は、此処でも平声の点が差してあることを知る。そして「いろは歌」の右上にあたって、上述の「先可〻知…」の文字があるのである。然らばこの「いろは歌」なるものは、この音義の和訓に用いられている万葉仮名の使い方の凡例のようなものであって、《この音義では同じ拍を表記するに当り、常に同じ文字を用いるとは限らない。例えば、「か」を表記する場合に、若しそれが上声調の拍、即ち高い拍ならば「加」の字を用いる。若しそれが平声調の拍、即ち低い拍ならば「可」の字を用いる》と言う意味のことを示していると解釈出来る。然りとすれば、前節に試みた《この音義の和訓においては語のアクセントに拠る万葉仮名の使い分けが行われている》という推定は更に確実さを加えたと見てよいと思うのである。

そうして、『法華経音』・『法華経単字』などの文献を参照すると、この音義の本文の中で上声の点が差され、且つこの「いろは歌」でも上声の点が差されている文字は、大体呉音で上声又は去声の文字であり、この音義の本文並びにこの「いろは歌」において平声の点が差されている文字は、大体呉音で平声又は入声の文字であることが知られる。[7] 上声として用いられた「加」「流」「波」「不」、平声の点のある「可」「留」「八」「布」等いずれも然りである。然らば前節に掲げた**A**の推定は一先ずこれを解消させ、代りに次の**A′**の推定を試みてよいと考えられる。

A′の推定《この音義の著者は和訓を万葉仮名で表記するに際し、「か」「る」「は」「ふ」等の拍に対しては、呉音で上声（又は去声）の文字「加」「流」…と、呉音で平声（又は入声）の文字「可」「留」…と二種の万葉仮名を用意しておき、高い拍に対してはその中の上声（又は去声）の文字で表記し、低い拍に対してはその中の平声（又は入声）の文字で表記したものであろう》

又、前節の最後において、我々は、《この音義において万葉仮名に使い分けが行われている拍と行われていない拍とがある》という事実を問題として残しておいたが、今、この「いろは歌」を見ると、先に本文で一種類の文字しか用いていなかった「む」というような拍に対しても、此処では上声の拍に対しては「无」を用い、平声の拍には「牟」の文字を用いるようにチャンと規定してある。又、本文でハッキリした使い分けが見られなかった「す」というような拍に対しても、此処では上声の拍には「須」を用い、平声の拍には「寸」という文字を用いるようにチャンと規定してあるのである。そうして見ると、原著者の意図は「む」や「す」の拍についても書き分けをしようとしたものと考えられる。思うに、著者自身は本文の和訓を書く場合に「い」「ろ」「は」…総ての拍に関して、高く発音されるか、低く発音されるかによって「いろは歌」に見られる通りの使い分けをしたのではなかろうか。そして後世それを転写する人が、著者の志のあるところを無視し、「牟」も「无」も同じムである、「須」も「寸」も同じスであると軽く考えて、「无」とあったところを全部見慣れた「牟」に書き換え、「寸」とあるところを大部分書きなれた「須」に書き換えてしまい、ただ「か」「る」「は」「ふ」…といった、幾つかの拍においてのみ、原著者の用法を大体遵奉し、巻頭の「いろは歌」をそのまま転載した、それを伝えているのが現在の写本なのではなかろうか。但し、この想像の正否は他日この音義のもっと古い写本が発見された場合に明らかに成るであろう。

附記 「いろは歌」についてはなお考察すべきことが多い。例えば文字により、「い」「ろ」の如きは平声の文字を上に置いているかと思うと、「は」の如きは上声の文字を上に置いている。若し、唯凡例として掲げるだけならば、凡て上声ならば上声の文字を上に置くというような一貫した態度で押通したらよさそうなものである。それゆえ、何故このように成っているのか、と疑われるが、これは著者が当時の京都方言において「いろは歌」を唱える場合のアクセントを考慮においたのであろうと思う。但しこの事実については東大国文学科在学の西尾寅弥君が考究中であるので、その成果を俟つこととする。なお、「いろは歌」において同一の拍に対して時に三箇の文字をあげていること、星点の代りに時に圏点をさしていることの理由はまだわからない。又この音義には「いろは歌」の次に濁音の仮名の用法を示した表も挙がっているが、考察を控えた。

六

以上前節までにおいて、我々は、この音義の著者は和訓を表記するに当り、「か」「る」「は」「ふ」の拍においては一々その語のアクセントを考え、アクセントによる万葉仮名の使い分けを実行したことを推定し、更に、現在の本では使い分けが乱れている他の多くの拍においても、著者は同様なアクセントによる万葉仮名の仮名遣を意図したのではないか、と想像した。今、我々は、この推定から一歩を進めて、更に次のような三つのことを考えることが出来ると思う。

第一に我々はこの音義の和訓の星点は当時のアクセントを表わしたものであることを重ねて証拠立てたことと成り、ここに差されている星点を基として、安心して当時の国語のアクセントを推定することが出来るはずだといえると思う。例えば、次にあげるような語は、『類聚名義抄』『色葉字類抄』『字鏡』等には、声点のついた例が見えず、この音義により初めて当時のアクセントを推定し得る語である。〔　〕内は推定されるその語のアクセントを表わす。

○加阿《上上》「蚊」(巻一)〔カー〕。○安父《平平》「蜩」(巻一)〔アブ〕。○禰□《平上》「鼠」(巻一)〔ネ□〕。○八伎《平上》「彗」(巻六)〔ハキ〕。○波へ《上上》「蠅」(巻一)〔ハヘ〕。○婆智《平平》「桴」(巻二)〔バチ〕。○久知比留《上上上平》「脣」(巻一)〔クチヒル〕。○宇差伎馬《平上上上》「驢」(巻一)〔ウサキマ〕。……

第二に、若しある語について、現在の本の星点が誤った位置に差されている疑のある場合、そこに用いられた万葉仮名の種類を考えることにより、正しい位置に復することが出来るだろうと考えられる。例えば、「蛭」という語は、現在諸方言のアクセントを調べて見ると、京都方言その他服部四郎博士の所謂甲種諸方言[8]においては一般にヒル型に発音され、東京方言その他服部博士の乙種方言においては一般にヒル型に発音されている。それゆえ、他の語の例から考えて、この音義成立当時の近畿方言ではヒル型に発音されていたろう[9]、随って若しこの音義に記載されているならば平上型に記載されているだろう、と言う可能性の大きい語であるが、この音義の現在の本では、巻一の「蛭」字の条にヒル《平平》と記載されており、この予想を裏切る。所がその万葉仮名を見ると「比流」と成っており、「る」に対して、「流」の字が——第三節にあげた如く、他の語にあっては常に上声の点と共に用いられている「流」の字が用いられている。此は当然声点の位置に疑をかけてよいと思われる。即ち、現在の本においてこそ「比流」は平平型に表記されているが、原本にあっては平上型に表記されていたものであって、随って当時の京都方言の「蛭」のアクセントはヒルではなくてヒルであり、現在諸方言のアクセントに対して規則的な対応を示していたのであろう、と考えることが出来ると思う。

さて以上第一・第二の考察は専ら声点の差してある和訓についての考察であった。所で第二節に述べた如くに、現在のこの音義の和訓の半数には声点が差されていないのである。そこで第三として、声点の有る万葉仮名にアクセントによる仮名遣が行われている以上は、声点の無い万葉仮名にもアクセントによる仮名遣が行われていはしないか、と推測されて来る。若し、この推測があたっているならば、この音義は声点のない和訓についても、その万葉仮名の用い方を考察することにより、そのアクセントを推定することが可能に成って来るわけであり、アクセント資料としてのこの音義の価値は一段と高められるはずである。この推測は正しいものかどうか。次節及び次々節には暫くこの点に関する考察を進めようと思う。

七

さてこの音義において、声点の無い和訓についてもアクセントによる万葉仮名の使い分けが行われているか否か。この事実を考察するに当り、「む」のような常に一種の仮名ばかりが用いられている拍、或いは、「す」のような一方の仮名ばかりが多く用いられている拍に関しては、調査してもムダと考えられるゆえ、ここには、第三節において、声点の施された和訓に関して規則正しい使い分けの見られた「か」「る」の音節について、果してアクセントによる使い分けが守られているか否かを検討して見たい。声点の差されていない場合、その万葉仮名がアクセントを反映しているか否かは、各〻の用例について、他の資料を基として推定されるその語のアクセントと比較するのが適当と考えられる。

先ず、「か」の拍について試みると、この拍については声点のない和訓においても「加」を用いた例と、「可」を用いた例とが存在する。今、「加」字を用いた例を全部掲げれば次のようである。

○ツ加留「疲」(巻六)。○乎加「岳」(巻二)。○加須美「霧」(巻二)。○加ゝ也久「暎」(巻二)。○同「弈」(巻五)。○佐加由「稔」(巻五)。○同「昌」(巻六)。○佐加利奈り「盛」(巻六)。○以奈比加理「霹靂」(巻七)。

今、右の語の中、「ツ加留」はこの音義の中に声点を差した例があり、それには第三節に掲げたように、語としては平上平型、即ち「加」の拍に対しては上声の点がついていたから他の文献を参照するまでもない。他の「乎加」以下の語は総て『類聚名義抄』に声点を差した例が見え、次の如くである。

ヲカ《上上》「阜」(法中巻一九オ)他。○カスミ《上上上》「霞」(法下巻三四オ)。○カ、ヤク《上上上平》「玲瓏」(法中巻九ウ)。○サカユ《上上平》「荂」(僧上巻一九ウ)。○サカリナリ《上上上□□》「阜」(法中巻一九オ)。○イナビカリ《平平平上平》「雹」(法下巻三三ウ)。

即ち此等を見ると、この音義で「加」の字を用いている拍は『名義抄』では総て上声の点が差されている拍ばかりであって、此によればこの音義の著者が「か」の拍に対して「加」字を用いたのは、総て当時上声調に、即ち高く発音されていた拍であろうと考えられる。そして、当時此等の語における「か」の拍が高く発音されたろう、と言うことは、現在諸方言におけるそれらの語のアクセントを基として考えても首肯出来るところである。

次に「か」の拍を「可」字で表記したうち、声点の差してない例は、総て之をあげれば次のようである。

○佐八可之「闠」(巻三)。○可久須「潜」(巻六)。○可万美寸之「諠」(巻一)。○阿太ゝ可奈り「暑」(巻六)。○可太伎

「敵」(巻六)。○曾比也可仁「繊」(巻五)。

此等の語の中、「佐八可之」「可久須」の二語は、この音義の中に声点を差した例があり、第三節に掲げた如くいずれも「可」字に平声の点が差してあったから問題はない。次に「可万美寸之」「阿太と可奈り」「可太伎」の三語は『名義抄』に声点を差した例があるが、それは次のようでいずれも「か」の拍に対して平点が差されてある。「可万美寸之」はカマビスシと出ているが、アクセントには変りなかったであろう。

○カマビスシ《平平平平上》「喧」(仏中巻二三ウ)。○アタヽカ《平平上平》「暖」(仏中巻四六オ)。○カタキ《平平平》「敵」(僧中巻二八オ)。

現在諸方言のアクセントと比較しても、以上の語のアクセントが当時このようであったと考えて何等差支えない。

唯と一語、「曾比也可仁」のみは、この音義の中にも他に例がなく、『名義抄』その他の文献の中にも声点の差された例がまだ見出だされず、且つ、現在諸方言では日常用いていない語ゆえ、当時のこの語がどんなアクセントであったかを推定することは困難であり、随ってその「可」の文字が果して高い拍を表わしたか低い拍を表わしたか決定することも難しい、と言わなければならない。ところが今、広く「――やか」「――らか」と言う形をもった四拍の形容動詞の語幹のアクセントと言うものを考えて見ると、先ず現在京都方言ではニギヤカ(賑)・アザヤカ(鮮)・ホガラカ(朗)・アキラカ(明)の如く、総て同一の型をもっているのを初めとして、大原孝道氏に従えば、各地の諸方言を通じて同じ型をもって発音されている傾向がある由である。[10] そして『名義抄』におけるこの種の語の用例を調べて見ると、アキラカ《平平上平》「顕」(仏下本巻一五ウ) ○アザヤカ《平平上平》「鮮」(僧下巻一ウ)…の如く、これまた総て同一の型に表記されている。然らば当時の国語においても、此等「――らか」「――やか」の形の語のアクセントは平平上平型に一定していたのではないかと考えられる。然りとすれば、「曾比也可」なる語も当時平平上平型であったろうと推定され、即ち、この語における「可」の字で表わされている拍は、他の語の「可」字で表わされている拍と同様に平声調に、即ち低く発音されていたろう、と推定される。

　かくてこの節に考察し得たところを要約すれば、《この音義においては、「加」字は声点のない場合にも上声調の拍を表記しており、「可」字は声点のない場合にも平声調の拍を表記していると推定される》ということに成る。

八

　次に「る」の拍について試みると、声点の差されていない場合にも、「流」の字を用いた例と、「留」の字を用いた例とが見出だされるが、先ず「流」の字で表記した例を総て挙げれば次のようである。

○末毛流「衛」（巻六）。○不流布「餝」（巻七）。○止保流「徹」（巻四）。○八之流「走」（巻五）。○佐流「獮猴」（巻九）。
○宇美志流「膿」（巻五）。

此等の語の中、「末毛流」「不流布」の二語は、この音義の中に声点を差した例があり、第三節に述べたように「流」字に対し上声の点が差されているゆえ、問題はない。「止保流」「佐流」は『名義抄』に声点を差した例があり、「通」字の条、「獮猴」字の条にいずれも上声の点が差されている。これらは現在諸方言との比較から見ても、いずれも当時「る」の拍が上声調に高く発音されていたろうと見て差支えない語である。

　唯と「八之流」は『名義抄』に声点を差した例が二箇所に見えるが、「る」の拍に対して、「猭」字の条では上声の点が差してあり、「奔」字の条では平声の点が差してある。此はちょっと困るが、

(イ)「走る」と言う語は、現在諸方言のアクセントから考えると、三拍動詞の中で私の所謂第二類に属し(11)、この類の

動詞は平安末期には〇〇〇|型であったと推定されること、

(ロ) この音義と略〻同時代に出来たと見られる同類の文献『法華経単字』[12]の中に偶〻ハシルと言う訓に声点を差した例がみえ、その点は《平平上》となっていること、

の二つの理由から、『名義抄』でこの語に差されている二種の声点の中、《平平平》の方はあやまりで、《平平上》の方が正しいものと考えてよいと思われる。然らば「八之流」の「流」の拍は、他の「流」の拍同様に、上声調の拍であったと見られることと成る。

又、「宇美志流」はやはり『法華経単字』の中に例があり、即ち《平平平上》と表記されている。此をそのままとってよいとするならば、この語の「流」の拍も当時やはり上声調の拍であったと見られることと成り、結局、この音義で「流」字を用いている拍は、総て上声調、即ち高い拍であったろうと推定出来たことと成る。

以上で、「る」の拍を「流」字で表記した例を終り、最後に、「る」の拍を「留」字で表記した例を、総て掲げれば次のようである。

〇ツ加留「疲」(巻六)。〇末何留「枉」(巻一)。〇伊太留「臻」(巻六)。〇宇留不「沃」(巻)六。〇佐止留「寤」(巻五)。〇牟末留「誕」(巻五)。〇ツ留伎「剣」(巻三)。〇以ツ波留「偽」(巻三)。〇久留保之「狂」(巻二)。〇止〻己保留「停」(巻二)。〇同「滞」(巻三)。〇伊太八留「労」(巻六)。〇多〻留「爛」(巻五)。

此等の語の中、「ツ加留」はこの音義の中に例があり、「留」の字に対して平声の点が差してあること、第三節に述べたとおりである。次に「末何留」「伊多留」「宇留不」「佐止留」「牟末留」「ツ留伎」「以ツ波留」「伊太八留」は『名義抄』に声点を差した例が見え、総て「る」に対して平声点が差されている。そして此等の語は、総て、現在諸方言のアクセントから考えても、当時『名義抄』に見えるようなアクセントをもっていたと考えてよい語である。

但し、「久留保之」「止、己保留」の二語は『名義抄』に例がなく、他の文献にも声点のついた例を見出だし得ない。又現在諸方言でもこの語は日常普通には用いられない語ゆえ、当時のアクセント価の推定は稍ヽ困難と言わなければならない。然し先ず「久留保之」の方から考えて見るのに、

(イ) 現在諸方言において動詞と動詞から派生した形容詞との間には規則的な型の照応が見られ、例えば東京語において動詞クルウ・サワグ・タノム…などが同型であると同時に、クルオシイ・サワガシイ・タノモシイ…なども総て同型である。この性格は平安末期のアクセントにも存していたろう、と考えられ即ち、この音義の成立時代のアクセントに関して、次のような比例式が成立したものと想像される。

クルウ：クルオシ＝タノム：タノモシ＝サワグ：サワガシ＝…

(ロ) 「くるふ」と言う動詞は『名義抄』に出ており、《平平上》と表記されている。「おそる」と言う動詞も『名義抄』に出ており、やはり《平平上》と表記されている。「さわぐ」と言う語は『名義抄』に見えないが、現在各地で普通に用いられる語ゆえ、諸方言のアクセントを基として考えると、私の所謂第二類に属する動詞であって若し当時の文献に載っていたらやはり《平平上》と表記されていたろうと思われる。

(ハ) 次に(ロ)の動詞から派生した形容詞の中、「おそろし」は『名義抄』に出ており《平平平上》と表記されている。「さわがし」はこの音義にも『名義抄』にも例があり、第四節に掲げた如く《平平平上》の型に表記されている。

今、求める「くるほし」のアクセントをxとし、(ロ)で知られた動詞のアクセントと、(ハ)で知られた形容詞のアクセントを、(イ)の比例式に代入すれば次のように成る。

《平平上》：x＝《平平上》：《平平平上》＝《平平上？》：《平平平上》＝…

この式からxの値を求めれば《平平平上》と成る。此が推測される平安末期の「くるほし」のアクセントである。か

くて、「久留保之」の「留」の拍は、平声調の拍であったろう、と推定される。

次に「止、己保留」について考えるのに、『名義抄』から五拍動詞の例を集めて見ると、明らかに複合して出来たことが認められる動詞を除いた、一般の動詞は、大体上上上上平型（例、オビヤカス、ヒコヅラフ）又は平平平上平型（例、ウツクシム、ソコナハル）の二つの型のいずれかに表記されている。さて広く現在諸方言のアクセントを通観して見ると、五拍動詞は明瞭な複合意識をもつものを除けば、一種の型か、又は精々二種の型に発音されており、三種以上の型に発音されているものはないといってよい。しかも二種の型で発音されている方言について調べて見ると、大体『名義抄』に見える二種の型と規則的な対応関係をもっているようである。然らば、当時の五拍動詞も二種の型即ち上にあげた第一の上上上上平型か、第二の平平平上平型か、いずれかに属していたと考えてよいと思う。然らば、問題の「とゝこほる」も、《第一・第二いずれの型に属していたか》と言うことは、現在口頭で多く用いない語ゆえ、決定困難であるが《第一・第二のいずれかの型に属していたろう》と考えることは差支えないと思う。然らば、第一・第二いずれの型に属していたにせよ、「留」で表記されている「る」の拍は、当時平声調であったと推定されることになる。

かくて最後に「多と留」と言う一語が残った。この語は実は『名義抄』に声点を差した例が一箇あり、即ち、「爛」字の条（仏下末巻二一オ）に《上上上》と表記されている。即ち、「る」に対して上声の点が差されている。そうすると、「留」字で表記された拍の中で、この語の最後の拍のみは上声調に発音されたものであろうか。

然し、今、『名義抄』におけるこの語の表記には疑を挿む余地があるのである。先ず、「爛れる」は現在諸方言で日常親しく用いている語ゆえ、この音義成立時代のアクセントを考えるに当り、現在諸方言のアクセントに対して十分注意を払わなければならないが、そのアクセントは次のようで、諸方言において「産れる」「較べる」それから此処には掲げなかったが「与へる」「震へる」等の語と同じ型に属している。

	東京	松本	秋田	広島	高松	高知	長崎	京都
爛れる	タダレル	タダレル	タダレル	タダレル	タダレル	タダレル	タダレル	タダレル
産れる	ウマレル	ウマレル	ウマレル	ウマレル	ウマレル	ウマレル	ウマレル	ウマレル
較べる	クラベル	クラベル	クラベル	クラベル	クラベル	クラベル	クラベル	クラベル

ところが「爛れる」と同類の語の中、「産れる」「較べる」及び「与へる」は『名義抄』の中に声点を差した例が見えるが、それらは総て上上平型に表記されている。又、「震へる」はこの音義に声点を差した例が見え、其処には第三節に掲げたように、上上平型に表記されている。しかして《上上上》という型に表記されている語は、『名義抄』全巻を通じて「爛る」以外にはないと言ってよい状態で、平安末期には上上平型の動詞の外に上上上型というようなアクセントをもつ動詞は存在しなかったと考えられる。

以上のように考えるならば、「爛る」を現在の『名義抄』の写本で《上上上》と表記していることについては、誤写の疑が濃厚に成って来るのであって、この語は実は《上上平》と表記されるべき語であったろうと推測されて来る。若しこの推測が正しいものとすれば、「多ゝ留」の「留」の拍も他の「留」で表記された拍と同様に平声調の拍であったろうと推測されたことと成る。因みに『名義抄』十巻の中で、この「タヾル」の訓の載っている仏下末巻の声点には、先にも「ハシル」の例があったが、他の巻々の声点に比較して誤写らしいものが際立って多く見受けられるようである。

とまれ、この音義で「留」の字を宛てた「る」の拍は、総て平声調の拍であったと見てよいかと思われるが、以上本節に考察し得た所を総括すれば、次のようである。

《この音義においては、「流」字は声点のない場合にも上声調の拍を表記しており、「留」字は声点のない場合にも平声調の拍を表記していると推定される》

九

前々節及び前節において、我々は《この音義の著者は和訓を記す場合、「か」「る」二つの拍に関しては、声点を差さなかった場合にも、声点を差した場合と同様に、その語のアクセントを考えて、それに基く仮名の使い分けを試み、上声調の拍に対しては「加」「流」の字を用い、平声調の拍に対しては「可」「留」の字を用いた》と言うことを推定した。此処に詳述することは避けるが、「は」「ふ」の二拍に関しても、「か」「る」の拍についてと全く同様な事実が観察されるのであって、先に「いろは歌」において上声点の差されていた「波」「不」二字は、声点の註記のない和訓においても上声調の拍の表記に用いられ、先に「いろは歌」において平声点が差されていた「八」「布」二字は、声点の註記のない和訓においても平声調の拍の表記に用いられている、と断定出来る。

尤も、「む」とか「す」とかのように、先に声点のある例において声点の位置に拘らず常に一種の仮名のみが用いられた拍においては、声点のない例においても現在の本では一方の仮名のみを用いていて、アクセントによる使い分けは行われていないと断ぜざるを得ないが、一般に「か」「る」「は」「ふ」の他、「い」「た」「こ」「ひ」「ま」「け」「や」「り」「つ」等、苟くも二種の万葉仮名を用いている拍にあっては、高く発音される拍に対しては、「いろは歌」で上声の点が差してあった「伊」「多」「古」…の文字を用い、低く発音される拍に対しては、同じく「いろは歌」で平声の点が差してあった「以」「太」「己」…の文字を用いているということは、見遁し得ない事実と考えられる。ただし、「し」だけは「之」を上声と形容詞の語尾に使っている。「志」を低い音に使う予定だったろう。これを要すれば、この音義の万葉仮名の使い方に関して次のようなことを言明することが出来ることとなる。

《金光明最勝王経音義の和訓における万葉仮名は語のアクセントによって使い分けられている》

なお、小さいことであるが、「ま」の拍に対して、この音義の「いろは歌」の中では、「万」字を上声の文字、「末」字を平声の文字として用いるように規定しているが、本文の中では、逆に、「万」字を平声の文字として用い、「末」字を上声の文字として用いているようである。

十

以上、私は『金光明最勝王経音義』を例にとって、そこに見られる万葉仮名にはアクセントによる仮名の使い分けが行われているものがあることを実証し得たと思う。そうしてこの事実から更に次のような推測を試みてよいと思う。即ち、

《この音義にアクセントによる仮名の使い分けが見えるからには、他にもやはりアクセントによる仮名の使い分けが行われている文献はないだろうか》

私は、実は、この音義以外にはこのような性質をもった文献を見出だしていない、と言わざるを得ない。たった一つの文献の例を以て、《古代の文献の中にアクセントによる仮名遣が行われていたものがある》と断ずることは、専断である、と言われるかも知れない、が「然し」である。然し、岡井慎吾博士は、『日本漢字学史』（三三頁）において、愛媛県の旧名「イヨ」を漢字で書く場合普通には「伊豫」という文字を当てるに対し、「イヨ温泉碑文」では

「夷餘」という文字を当てている事実に注意され、「イ」「ヨ」共にどんな漢字を当てようと自由であるにも拘らず、「伊」「夷」が共に漢音で平声の文字であり、「豫」「餘」がともに漢音で上声の文字であることを指摘されて、いみじくも《偶然であろうか》と言う疑を提出しておられる。然り。若し偶然でないとするならば。此処にもまたアクセントによる万葉仮名の使い分けの例が見出だされたことと成るわけである。

彼の『古事記』の中の万葉仮名で書かれた部分には「阿夜上訶志古泥神」のように、「上」又は「去」という文字を註記した例が散見するが、その意図を想像するのに、《アヤカシコネのヤは、元来上声の文字で表記さるべき拍であるが、適当な文字がないので、上声でない「夜」という文字を借り用いる》というような意であろうと考えられる。然りとすれば、この『古事記』の著者にもアクセントによって万葉仮名を使い分けたいという意向があったと見てよいのではなかろうか。

降って、歌僧釈顕昭はその著『袖中抄』巻三の「さほひめ」の条で、「さほひめ」のアクセントを問題にして、《「さを」と上声に詠むべきか、「さほ」と平声に詠むべきか》云々と言っている。又、中世大いに栄えた例の定家仮名遣に対しては、一時、《四声（即ちアクセント）による仮名遣である》との言い伝えが流布されたようなこともある。このように考えて来ると《アクセントによる万葉仮名の仮名遣がこの音義以外にも行われていたのではないか》と考えることは決して無稽なことではないと考えるのである。

後記　『金光明最勝王経音義』の万葉仮名にこのような使い分けが行われていることについては、昭和十二年七月、東大国語研究室で行われた研究会で発表したことがあった。ところが、その後『音図及手習詞歌考』（六一頁）を繙いて見ると、大矢透博士が既にこの事実に気附いておられたことが分ったので、私自身活字にすることを見合せていたものである。然るにその後、この音義に関して論述せられた諸家の論文は、いずれもこの点に関する記述を欠いており、大矢博士の記述というのも、「この音義の伊呂波歌において毎字平上の点を施せるものは、此の音義に用ゐたる仮名には皆平上の別によりて訓を施せることを示せるなり」という二三行に過ぎないので、私自身、古代のアクセント資料として本書を援用する場合のことを考え、この度原稿にまとめて見たのである。

なお、この原稿作成後、大野晋氏より、この音義の仮名遣の中で「こ」の仮名遣だけは、橋本先生の例のコの甲乙二類の別の残存と見る方が適当ではありませんか、との御注意を受けた。

註

（1）平井秀文「承暦本「金光明最勝王経音義」に就いて」〔『国語国文』一〇ノ一一所載〕。

（2）この原稿におけるこのような表においては、万葉仮名の下の「　」で包んだ漢字は、その和訓がその漢字の条に出ていたことを示し、その下の巻幾つという記載は、その漢字の載っている『金光明最勝王経』の巻数を示す。

（3）原本には万葉仮名の肩又は裾に星点が差されてあるが、印刷の都合でこのような表記法を取った。この表記で、《上》とあるのは、原本で仮名の左肩にある星点を意味し、《平》は原本で仮名の左裾にある星点を意味する。例えば○加阿（上上）は加阿のような体裁で「蚊」字の訓として見えているもの、○佐八可之（平平平上）は佐八可之のような体裁で「闇」字の訓として見えている。

（4）・（5）金田一春彦「類聚名義抄和訓に施されたる声符に就て」〔『国語学論集』所収、本書に転載〕参照。

（6）此処でも星点の代りに《上》《平》の文字でその位置を示した。原本では例へば以伊 呂路 波八…の如くあったものである。又文字の横に○をつけたものは星点の代りに圏点が差されていたものである。「和」「符」二字には点の註記がなかった。

（7）但し総てが総て呉音の四声に合っているわけではない。それらは呉音から転じた和音の四声によったものかと思う。「津」「女」などは和訓のアクセントによったものであろう。

（8）服部四郎「アクセントと方言」〔『国語科学講座』中の一部〕その他。

(9) 金田一春彦「国語アクセントの史的研究」(『国語アクセントの話』所収)。
(10) 大原孝道「類聚名義抄のアクセントと諸方言アクセントとの対応関係」(『日本語のアクセント』所収)による。
(11) 金田一前掲註(8)「国語アクセントの史的研究」。
(12) 声点の差された語例は『名義抄』に比べれば比較にならぬほど少いが、声点の位置の正確さから言ったら、断然、『名義抄』の上にあると見られる。

(補記)

アクセントによる仮名遣の例は、この私の報告と大野晋氏の定家仮名遣の発表以後久しく報告がなかったが、昭和五十二年・五十八年に至り、森博達氏・高山倫明氏が『日本書紀』の岩崎家本の中にこの趣旨の万葉仮名の書き分けを見付けて、アクセント史の研究の範囲を奈良時代にまで延長したのはすばらしかった。

四　日本四声古義

［要　旨］

我が国の古文献に見える平上去入の四声は具体的にはどのやうな音価をもったものであったらうか。之を種々の方面から考察した結果次のやうな結論を得た。

平声……低平調。　上声……高平調。　去声……上昇調。　入声……入破音。

軽……高く初まる声調の称。　重……低く初まる声調の称。

一　はしがき　考察の目的

国語のアクセントを真に科学的に研究する為には、過去の永い時代に於て、どのやうな変遷を遂げて現在に至ったかを明らかにすることが必要であり、此の為には、過去の文献にして、国語のアクセントに関する記述の見えるものは極力之を蒐め、比較研究することが必要である。

抑ゝ国語のアクセントを記述した文献は、可成り古くまで遡り、その数も乏しくはないが、我が国で国語のアクセントに関心を有ち初めたのは、古代、隣国、中国から、中国語のアクセントであるところの「平」「上」「去」「入」

といふ所謂四声の概念を学び、その頭で国語の声調を観察した結果である故、文献の殆ど総ては、中国語の四声の一つに宛てて国語の高低昇降の相を説明したものである。即ち、国語のアクセントは具体的様相を考察する為には、是非古代の日本に於ける、字音の四声の具体的音価を明らかにすることが必要である。

所で、此の、古代の字音の四声が、如何なる具体的音価を有ってゐたかを明らかにすることは、決して容易ではない。その理由は次のやうである。（〔1〕―〔5〕）。

〔1〕古代の文献で四声の具体的な音価を示したものが少く、又、或る文献に具体的な音価が示してあっても、果して夫が信頼出来るか否か疑はしいこと。

上に述べたやうに、我が国の文献には、四声を以て国語のアクセントを説いたものは少くない。又その他個々の字音語に就いてその語の四声を示したり、単なる四声といふ現象に言及したりした文献は相当の数に騰る。[1] 所が四声の一つ一つに関して、その具体的な音価（例へば平声は平らな曲節を有つ声調であるとか、さうでないとか）に就いて記述した文献は甚だ少いのである。元来、発音といふ現象、特に四声といふやうな音の高低曲節の現象は、一般の人にとっては何時も正しい判断が出来るといふものではない故、此処に四声の音価を述べた一つの文献があっても、夫が正しい判断を下したものか否か、その儘信頼出来るか否かは問題であって、夫には同一の対象に就いて記述した多くの文献と比較することが望ましい。それ故、四声の音価を記述した文献の数が少いといふことは、苟に残念なことで、古代字音の四声を明らかにしがたい第一の原因が先づ此処になければならない。

〔2〕現在漢学者の間に勢力ある四声の音価に関する解説は、古代の文献の四声註記の説明には役に立たないこと。

現代漢学者の人達に四声の説明を求めると、平声＝平らな声調、上声＝低から高へ昇る声調、去声＝高から低へ降る声調、入声＝p・t・kの入破音で終るもの、といふのが一般である。例へば塩谷温博士の『作詩便覧』

（二〇頁）の記述はその一例であるが、山田孝雄博士の『古事記概説』その他にも同じやうな記述があり、此の見方は、決して漢学者の間だけではなくて、国語学者・国文学者の間にも相当広く行亙ってゐる見方のやうである。此の中、入声に就いては問題はない。問題は平上去の三声であるが、今、前代の文献の例を見ると、例へば釈契沖は、『和字正濫抄』の中で、元禄時代の京阪語と覚しいアクセントを四声に宛てて説明して居り、その宛て方は次のやうである。

現在京阪語で全平型の語を「上声」と記載してゐる。例、「樋」「端」…

同じく　上昇型の語を「去声」と記載してゐる。例、「火」「箸」…

同じく　下降型の語を「平声」と記載してゐる。例、「日」「橋」…

之を若し現代流の見方で解釈しようとすると、京阪語は元禄期―現代の間に目まぐるしいアクセントの変化をしたと考へなければならず、之は方言のアクセントとの比較考察の上から言って相当無理である。そして之は決して契沖のものだけが変だと言ふのではなく、中世以前の諸文献は先づ全部と言ってよい程、契沖のものと同じやうに記述されてゐる。即ち、漢学者を中心に現在広く行はれてゐる見方は、果して、昔からある、権威のあるものか否か、疑ってかからなければならないのである。

〔3〕　四声の音価の説明が、文献により様々であること。

釈契沖の『和字正濫抄』では、前述の通り「樋」「端」…の類を上声の語とし、「日」「橋」…の類を平声の語としてゐるが、賀茂真淵・本居宣長等も此の行き方を受け継いでゐる。所が玆に、釈文雄の『和字大観抄』『韻学階梯』は大体同じ頃の同じ方言を観察してゐると見做されるにも拘らず、契沖の見方を誤りとして、「樋」「端」…の類を平声とし、「日」「橋」…の類を上声としてゐる。更に、伊勢貞丈は『安斎随筆』に於いて契沖一派の平声としてゐるものを上声とし、契沖派の去声としてゐるものを上声としてゐる。即ち、仮に「上声」といふ声調を例に取るならば、上声は、学者により、或いは全平調を意味し、或いは下降調を意味し、或いは上昇調を意味してゐたと考へざるを得ず、苟にその正体は捉へ難いと言はざるを得ないのである。

〔4〕古代の四声の内容は、複雑であったらしいこと。

近世でも、釈文雄の『和字大観抄』辺りでは四声の種類は平上去入の四声だけで、甚だ単純であるが、元禄期の釈観応の『補忘《ブマウ》記』辺りに成ると、平声と入声との中に、平声の「軽」、入声の「軽」と、普通の平声、普通の入声とを区別して居り、更に古代の『和名類聚抄』にまで遡ると、上去二声にも軽重の区別が見え、四声とは言ひ条、平上去入に各〻軽重の区別があって、合計八種の区別があったやうである。特に甚だしい例を挙げれば、釈心空の『法華経音義』の中には、普通の平上去入の他に、「重」の平上去入、「軽」の平上去入を区別して示す四声点図が挙って居り、流派によっては、合計十二声を区別するものもあったかと思はせる。然らば、此の時代の四声の音価を明らかにする為には、例へば平声ならば、唯〻平声一般の音価を明らかにするだけでは不十分で、平声の「軽」は如何、平声の「重」は如何、と考へなければならなくなる。

〔5〕日本に伝来した中国語の四声には、色々の種類があって、一様の内容を有ったものではないらしいこと。

後に紹介する通り、釈安然の『悉曇蔵』の中に、日本に伝来した四声の内容を説明した条があるが、その記述に拠ると、平安朝初期当時に日本に伝来してゐた四声には、旧派が二種、新派が二種あって、その間に微妙な相違があり、一つの派の上声の音価は、他の派の平声に似た音価をもつと言った風であったらしい。之に拠れば、同じく平声と言っても、どの流派の平声であるかによって、音価を異にすることがあるわけで、若しこの中の或る流派だけが残って他の流派は後に伝はらなかったと言ふならばいざ知らず、さうでないとすれば、その文献の四声はどの流派の平声であるかを決定した上でその音価を推定しなければならない。

殊に面倒なのは、漢音と呉音との四声の相違であって、『法華経音義』『梵字口伝』など仏教関係の文献には、「漢音と呉音とでは平声と上声去声とが相反する」と言ふ言伝が散見するのである。此はどう解すべきか。例へば「漢音で平声といふ曲節で発音されてゐる文字は、呉音では上声又は去声という曲節で発音されてゐる」と言ふ意味にも解され、「漢音で平声といふ名目の声調がもってゐる曲節は、呉音では上声又は去声と呼ばれる声調がもってゐる曲節と同じである」といふ意味にも解される。

故井上奥本翁は、古代字音の四声の音価の考定を試みられた唯一人の先覚者であって、数多くの前代の文献を渉猟する一方、現在の中国語の四声の音価を参照し、大正の初年、当時としては大変進んだ労作「語調原理序論」(2)に於いて、古代字音の四声の音価を闡明しようと努力せられたが、上に挙げたやうな困難に災されて、遂に満足な結果を得るに至らず、その解決を後進に委ねて世を去られた。此の稿は、中絶した翁の遺志を継いで、此の難問題の解決に当らんとするものであるが、(3)素より不敏の資、さぞや粗漏の点の多いことと、偏へに識者の叱正を待望するものである。

二　考察の範囲と方法

古代の字音に於ける平上去入の四声は如何なものであったか。此が小稿の考察の目的であるが、今、問題の探究に入るに先立ち、論旨の多岐に亙るのを避ける為に、前節に挙げた諸問題に就いて私の解答を与へ、以て考察の範囲を限定し、併せて考察の方法を説明して置きたい。

第一の問題は、「古代の文献で四声の具体的な音価を示したものが少なく、而も具体的な音価を示してゐる文献でも、その記述が果して信頼出来るか否か疑はしい。之をどう解決するか」と言ふことであった。文献の数の少いことは確かに大きな困難である。そこで、私は、之に対して次のやうな方法、即ち、「字音の四声の音価を明らかにする為には、徒らに文献の記述のみに頼るのを避け、他の方面にもっと資料を藉りる」と言ふ方法を取らうと思ふ。即ち、小稿では、現代語に伝はってゐる字音語のアクセント、現在仏家に伝はってゐる字音誦読の曲節、及び過去の文献にその声調が記載されてゐる語彙の現代諸方言におけるアクセント、などを考察し、夫等を基として、古代の四声の音価を推定し、その結果を、古代の文献の記述を通して推定される結果と対照して、果してその推定が正しいかどうかを批判するといふ行き方をとらうと思ふ。此は、次節以下の実演で見て頂けるであらう。猶、古代の文献で、四声の音価を記述したものは、稀であると言っても全然無い訳ではなく、而も夫等は比較的正確に音価を記述してゐると見られるやうである。此等の古代の四声の音価を記述した文献に就いては、第七節に於いて一通り触れるであらう。

第二の問題は、「現代漢学者の間に勢力のある四声の解釈は、古代の文献の四声註記を説明するのに役に立たない」と言ふことであった。井上奥本翁は、平声＝平らな声調、上声＝昇る声調、去声＝降る声調、と言ふ、漢学者流の見方を、漢音、呉音の中の漢音の四声の内容であると考へ、之によって説明出来ない古代の四声表記の例は、呉音の四声の内容によったものと解釈された。(4) 此は、一つには、現代の漢学者が、古代の儒家の流れを汲み、古代の儒家は漢音を重んじた事実から、二つには、古代文献に上述の「漢音と呉音とでは平と上去とが相反する」といふ記述が散見する事実から、考へつかれたのであらうが、然し色々調べて見ると、どうもこの解釈は正しくないやうである。と言ふのは、一つには、近世初期以前の文献で現代漢学者式の四声解釈によって初めてアクセントの記述が説明出来る文献と言ふものは絶無であるし、二つには、近世初期以前の文献で漢学者式の四声の内容を説いてゐると見られる文献も此また絶無だからである。即ち、私の考へでは、現代漢学者式の四声解釈は、近世中期に、古い伝統とは別個に新たに発生し、近世後期以後急激に勢力を有ち初めて現在に至ったもので、此は近世初期以前の文献を取扱ふに当っては、全く念頭に置かないでよい解釈と考へるのである。そこで、小稿の考察に於いては、平声＝平らな声調、上声＝昇る声調、去声＝降る声調、と言ふ、現代普通に行はれてゐる解釈は全然棄て去って、この古代四声の音価推定といふ問題にぶつからうと思ふ。猶、このやうに論ずるためには、夫では何故この漢学者式の四声観が近世中期に発生し、急激に盛んに成ったかといふ事実を説明すべきであるが、(5)この解答は長く成るから又別の機会を有ちたい。又、「漢音・呉音で平声と上去が相反する」といふ口伝に就いては、この節の先に至って考察する。

次に、第三の問題は、四声の内容が文献により様々であることであった。前節にのべた契沖派と文雄派との対立は井上翁をよほど苦しめたらしく、特に、井上翁が「降る音」と信じてゐた去声を、契沖も文雄も共に「昇る音」と見てゐた事に就いては、全く途方に暮れられた模様であった。今、此の点に関する私の考へを述べると、契沖式の見方即ち、「樋」「端」の類を上声と見、「日」「橋」の類を平声と見る見方は、伝統的な見方であって、古代以来の伝統を受継ぐもの、文雄式の見方、即ち、「樋」「端」の類を平声と見、「日」「橋」の類を上声と見る見方は、文雄が当時の中国諸方言の中で特に標準音と見た杭州地方の方言で、「樋」「端」のやうなアクセントが平声であり、「日」「橋」のやうなアクセントが上声であることを知り、その四声観を国語に当て嵌めた為であらうと思ふ。文雄が杭州音を重んじた事は、『磨光韻鏡指要録』などの言葉で明らかである。又、伊勢貞丈が、契沖一派の平声としてゐるものを去声とし、契沖一派の去声としてゐるものを上声としてゐるのは、平声＝平らな声調、上声＝昇る声調、去声＝降る声調、と言ふ、前項に触れた、近世中期以後に発生した解釈法であって、古代の四声を考へるには参考にする必要のないもの、つまり、伊勢貞丈は、現代流行の四声解釈の尖端を切った人と見られる。(6)

次に第四の問題は、「古代の四声の内容が複雑だったらしい」といふことであった。『法華経音義』所載の点図のやうに、普通の平上去入の他に、それぞれ軽重の平上去入があるのでは、甚だ複雑であって、その音価を推定することは容易でないと思はれる。然し、玆に、問題を、四声全般と言ふのではなく、唯と古代国語のアクセントの記述を考へる資料としての四声の音価の考察と言ふことに限るならば、国語のアクセントを表記してゐる四声の名目は、平声だけは、一般の平声の他に平声の軽をも用ゐてゐるが、上声・去声は軽とも重とも著かないものだけで、結局、平声の軽重と、上声一般、去声一般とが明らかに成れば十分である。而して此の四声の音価の推定だけならば、さほど面倒な事はない。

又、四声に於ける軽重といふ概念は、古くは金沢庄三郎博士・岩橋小弥太氏辺り、近くは朝山信弥氏辺りがその内容の捕捉に苦しまれたが、(7)現在の仏家に於ける使用例、現代中国語に於ける使用例や、表記されてゐる字音の例等を考慮に入れて、古代文献の記述を検討すれば、「軽」とは、同種類の声調の中、より高く初まる声調、「重」とは、より低く初まる声調の称である、と見てよいやうである。(8)

第五の問題は、「日本に伝来した中国語の四声には種々違ふものがあると推定された」といふことである。確かに安然の『悉曇蔵』辺りに拠れば、種々の内容をもった四声が日本に伝へられたやうである。が、今、『類聚名義抄』を初め、平安朝中期以後、近世初期に至る文献で、国語のアクセントを、四声によって表記した文献を通覧すると、一つの文献に平声と表記された語は、大体他の文献にも平声と表記されて居り、或る文献に上声と表記された語は、他の文献にも上声と表記されてゐる、と言ふ風で、之から見ると、平安朝以後、和語のアクセントを表記説明するに用ゐられたものは、平安朝初期に伝へられた各派の四声観の中の、限られた一つの派だけと見てよいやうである。即ち、『悉曇蔵』に見える各派の四声観の中、一つを取ればよいのであって、見掛け程困難ではない。但し、近世中期以後に成ると、前項に述べたやうな文雄一派の四声観、伊勢貞丈等を魁として現代漢学者間に伝へられてゐる四声観が起ったが、此は特別なものとして、除いてよいこと前述の通りである。

又、『法華経音義』『悉曇口伝』等の仏教関係の文献に見える、「漢音と呉音とでは平声と上去声とが相反する」と言ふ詞に就いては、井上翁は、「漢音の去声は、高から低へ降る音であり、呉音の去声は、低から高へ昇る音である」と言ふやうに、個々の声調について高低関係が逆に成ってゐる意味と考へられた。所が、実際に古代の文献に当って見ると、「人」ならば「人」と言ふ漢字は、漢音では平声、呉音では去声と成って居り、「子」と言ふ漢字は、漢音では上声、呉音では平声に成ってゐると言ふやうに、同一の文字に就いて、漢音と呉音とで四声の名目が違ってゐることが観察される。然らば、「漢音と呉音とで平声と上去声とが逆だ」と言ふのは、「漢音の平声の音価は、呉音の上声や去声の音価と同じだ」と言ふ意味ではなく、「漢音で平声の文字は呉音では上声又は去声に発音される」と言ふ意味であって、例へば平声なら平声と言ふ声調に就いて言ふ場合には、漢音の平声でも呉音の平声でも、同じ音価を有ってゐる、と見るべきだ、と考へられる。

以上を以て不十分ながら、前節に挙げた諸問題に就いての解答を終へたこととし、次節以下に於いて、古代の字音の平上去入の四声は具体的にはどんな音価をもってゐたかと言ふ本題の論究に入らうと思ふ。

三　中国語の四声の音価の考察

往時の四声なるものの具体的な内容はどのやうなものであったか。之を考察する手懸りとして、先づ有力な候補者として念頭に思ひ浮ぶものは、四声が中国から伝来した観念である以上、その本家本元である中国に於いて、四声の内容は古くどのやうなものであったかを、明らかにすることであらう。我が国の字音の代表的なものとして、漢音と呉音とがあるが、その中、呉音は、我が国と中国との直接の交通が開けない以前の江南地方の音を、朝鮮と通じて伝へたものであり、漢音は、平安朝初期、つまり唐代の長安地方の音を伝へたものと推定されてゐる故、当時のその地方の四声はどのやうであったか、と言ふことが明らかにされれば大変好都合なわけであり、仮令その地方のそれでなくても、古代の中国語音の四声の正体が明らかにされることが望ましいわけである。然し、この、往時の中国の四声なるものが、どのやうであったかを推定することは甚だ困難のやうである。

抑ゝ中国に於ける古代の四声の内容を考察する上に、先づ手懸りと成ると思はれるものは、「平声」「上声」「去声」「入声」と言ふ名目の字面である。即ち、誰でも平声は「平らな声」の意味であらうし、上声は「高く上る声」の意味であらう、随って少くともその術語が初めて用ゐられた時代には、平声は平らな曲節をもち、上声は低から高へ上昇する曲節をもってゐたのではないか、と推測してしまうのである。而して「四声」といふ術語は、南北朝の斉の永明年間（四八三―四九三）に、沈約・周顒（周捨の父）等によって用ゐられ初めたものと言ふ。

然し、この推測は当ってゐるかどうか、疑問なきを得ない。と言ふのは、今、「平」「上」「去」「入」といふ文字の四声を調べて見ると、「平」字は丁度平声に属し、「上」字は丁度上声に属し、「去」字は丁度去声に属し、「入」字は丁度入声に属して居り、之は偶然ではないと思はれる。それ故「平声」とか「上声」とか言ふ術語は、王力氏が疑を掛けたやうに、(9)「平らな声」「上る声」と言ふ意味ではなくて、寧ろ、「『平』といふ文字のやうな声」、「『上』といふ文字のやうな声」の意味ではないかと疑はれるからである。若し平声といふ声調が、「平」といふ文字の声調であり、而も平らな曲節を有ち、上声といふ声調が、「上」といふ文字の声調であり、同時に低から高へ上る曲節を有ってゐたならば、問題はない。然し、仮令その曲節が実際には平らでなくても、『平』といふ文字の曲節だといふ理由から、その曲節を平声と呼ぶ」と言ふやうなこともあり得るのではないか。特に去声の如きは、このやうな方法では何ともその内容を推測し難いのである。

そして又、仮に、沈・周時代の平声が実際に平らな曲節をもった声調であり、上声が上昇する曲節をもった声調であったとしても、此が古代中国語の四声一般に通じた事実だとは見做しがたい。と言ふのは、沈・周の居たのは今の江南地方であらうが、その地方の四声はその時代既に長安地方の四声と違ってゐたかも知れない——否、恐らく違ってゐたらうと思はれるからである。(10) 即ち、之によって、漢音の四声の音価を推定することは無理だと言はなければならない。然らば、呉音の四声はどうか、呉音は江南の地の音と推定されるから、呉音の四声は推定出来るかと思はれるが、現在の呉音なるものは、江南地方から朝鮮に一先づ伝へられ、それが日本に輸入されたものであるから、どこまで純粋にもとの音を伝へてゐるか甚だ疑はしいものである。而もその四声は、前に触れたやうに漢音や、現中国の韻書に於ける四声とは全く様相が異ってゐて、一般に平声と呼んでゐるものを上声又は去声と呼んでゐるのである。而して沈・周が平上去入と呼んでゐるものは、漢音や韻書のものと一致する。とすれば、呉音の四声といふものは、中国から伝はったものではなくて、漢音の四声が伝へられてから、その音価を基として、以前に伝はってゐた呉音の声調を解釈したものかと推測される。それならば、仮令呉音そのものが江南の地の音であるとしても、その四声は沈・周の考へてゐた四声とは全然内容の違ったものと考へなければならない。

古代の中国語の四声の音価を推定する手懸りとなると思はれる第二のものは、古代文献に見られる四声の音価に関する記載である。この方面で最も著名なものは、先づ唐の元和年間（八〇六—八二〇）に成立したと見られる『元和韻譜』に出てゐるといふ次の詞である。

平声ハ哀ニシテ安シ
上声ハ厲シクシテ挙ル

去声ハ清クシテ遠シ

入声ハ直クシテ促ル

この詞は、成立年代が古く、而も確実であるといふ点で尊重すべきものであるが、然し一読して知られるやうに、その表現が甚だ文学的であって、高低現象に触れた辞句は、この中で「挙ル」一語である。これでは、之を基として平上去入の音価を推測することは、到底不可能と言はざるを得ない。

之に継ぐ古い四声の説明としては、『康熙字典』にも引かれてゐるので著名な、次の詞である。

平声ハ平ラニ道ヒテ低昂ナシ

上声ハ高ク呼ビテ猛烈ニ強シ

去声ハ分明哀遠ニ道フ

入声ハ短ク促リ急ニ収蔵ス

此は明の「主鑰匙歌訣」に出てゐるのを初見とする由で、劉復氏はその文体から、唐末宋初の頃、文人によって唱へ出されたものと推測された(11)。

此は成立年代の明らかでない点で『元和韻譜』のものに一籌を輸するが、四声の内容を表すのに「平ラニ道ヒテ低昂ナシ」「高ク呼ビテ」のやうに高低現象を表す辞句を用ゐてゐる点で韻譜のものより遥かに勝れてゐると言ふべきである。然し、劉復氏も言はれるやうに(12)、「猛烈ニ強シ」は音の強弱を述べたもの、「短ク促リ」は音の長短を述べたもの、「分明哀遠」に至っては、物理的範囲を離脱して心理的属性である音色に就いて述べたもので、之を通じて当時の四声の音価を想定再構することは甚だ困難であり、——特に去声に於いては不可能と言はなければならない。そして平声と、之に次いで上声とは、この記述によってその曲節が彷彿するけれども、然し此も疑って見れば、果して作者が音の高低昇降を正しく捉へ得たかどうか、例へば「平声」とか「上声」とかいふ文字面に引摺られた解釈をしなかったかどうか、他に資料が無い限り何とも言へないのである。

四声の音価を説明した文献は、右二種類以外にもない訳ではないが、今まで知られてゐるものは、ずっと明末以後に降るもので、この問題の解決には余り重要な働きをなすとは考へられない。

古代中国語の四声の音価に推定に、文献が余り役立たないとすれば、次には現在中国語の諸方言の四声の音価に頼る外はないこととなる。即ち、それはカルルグレンが現代中国語諸方言の音韻状態を比較して、古代中国語の音韻体系を再構した如き方法をとるわけである。然し、此も、現在の所は一寸手を下しかねる状態である。と言ふのは、現在の諸方言に於いて、四声――方言によっては五声・六声或いは八声・九声でもあるが――声調の音価が余りにも千差万別の様相をもってゐるからである。

劉復氏の『四声実験録』を繙けば、四声の内容が、北京・南京・武昌・長沙・成都…と言った地方で、様々の変化をしてゐることが知られるが、(13)このやうな相違は、決して遠隔な地方の間だけに見られるものではなく、例へば北京と天津と言ったやうな、僅か二十余里を隔てた地方の間にも見られるやうである。(14)特に驚くべきは、所謂呉方言に於ける複雑性であって、趙元任氏の『現代呉音的研究』(七三頁以下)を繙けば、そこには約七八十方里内に介在する三十許りの都邑に於ける調査の結果が掲げられてあるが、先づ上平声は、宜興・武進・呉江・金華等では大体平調、江陰・無錫・上海・松江・嘉興等では大体下降調、金壇・呉県・余姚等では大体上昇調、更に靖江・黄厳・衢県等では初下降後上昇の複合調と言った有様、下平声、上声、去声も之に準じて各地各様と言った有様で、その間には自らなる傾向さへ見出だすことの出来ない状態である。まさか広い中国全土がこのやうであるとは思へないが、少くとも「中国全土はどのやうになってゐるか一寸想像がつかない」と言はざるを得ない。

劉復氏は『四声実験録』の巻尾に、各地方の四声の音価を比較綜合した結語として、

平声ノ音ハ、最モ平実ニシテ、ソノ曲折ハ最モ少シ。

上声ノ音ハ、最モ高ク、大多数ノ上声ノ全部或イハ一部ハ、都、高ク線ノ上ニ出デ、只ヾ南京ノ「上」、広州ト福州ノ「下上」トハ例外ナリ。

去声ノ音ハ、最モ曲折シ、潮州ノ「上去」ト広州ノ「上下ノ両去」ノ外ハ、ソノ余ハ、都、曲折較ヾ多キ線ナリ。

入声ノ音ハ、最モ短ク、短カラザルハ、只ヾ武昌・長沙（オヨビ北京）ノミ。

と述べてゐるが、さうだからと言って、古代の四声も同様の性格をもってゐたらうとは断定しがたいわけで、結局古代の四声の音価の推定に役立たせるためには、まだまだ諸方言の四声に関する精密な比較研究がなされなければならないわけである。

古代の中国語の四声の音価の推定には、まだこの外に、音韻現象、特に音韻変化の現象に就いての音声学的な解釈も一役買ひ得る筈である。

例へば、現代北京官話の去声は、古代の北方中国語の去声の文字全部の外に、古代北方中国語の上声のうち、韻書の所謂「全濁」を声母（即ち頭音）とする文字を含んでゐるが、此は、古代の上声の文字が二つに別れ、全清・次清・次濁を声母とするものは上声に止まったが、全濁を声母（＝頭音）とするものは、去声の文字へ合流したことを意味するものである。所で、元来全濁（カルルグレンに従へば、古代中国語においては有気有声音と推定されてゐる）を頭音とする音節は、音声学的に見て、他の音を頭音とするものよりも、初まりが低く発音される可能性をもってゐるものである。さうすると、この声調変化が起った当時——それは恐らく日本の承和（八三四—八四七）以前——の北京語の祖語に於ては、上声と去声とは、音節の初頭を除いては似た曲節声調であった、而も上声の方はより高く初まり、去声の方

はより低く初まるものであった——例へば若し上声を高平調とするならば、去声は上昇調と言ふやうなのではないか、といふやうな——ことが想像されるのである。(15)

此は唯一例であって、このやうな方法は将来各地の方言の四声の変化を考察する上に応用されるべきだと思はれるが、まだ資料が出揃はない現状では、未だ十分威力を発揮出来ないと言はざるを得ない。

以上、この節に考察した所を綜合すれば、現在の所では、中国語の古代の四声の音価がどんなであったかは明らかでなく、之を基として古代日本に伝はった四声の内容を明らかにすることはまだ不十分である。但し、不完全ではあるが、以上に考察した結果を綜合すれば、古代の四声の内容は次のやうであったと見る時に、最も妥当性が大きいと言へるかも知れない。

○平声……平らな曲節。もし上声が高い平らな曲調であるならば、平声は低い平らな曲節。
○上声……高い曲節。上昇する曲節といふよりは高い平らな曲節。
○去声……高低変化のある曲節、強ひて言へば下降調といふよりは上昇調。
○入声……これはｐｔｋの入破音で終る音として問題はない。

これを一層簡単な形で表はせば次のやうになる。

〔結論第一〕
平声……平調。殊に低平調？
上声……高い声調。高平調か。
去声……変化のある声調。上昇調か。

右の想定は、上に述べた、平声・上声・去声・入声といふ語の語源、古代文献に見られる四声音価の記述、現在諸方言を通じて見られる各声の一般的性格、音声学を応用しての音韻変化の説明、といふ各項目に照らして矛盾がないと思ふ。

四　現在の国語諸方言に伝へられてゐる字音語のアクセント

古代中国語における四声の音価が明らかにしがたいとすれば、我が国古代の字音語の四声を明らかにする為には、矢張り眼を内に向けて日本に残ってゐる資料に頼らなければならない。日本に於ける、古代の字音の四声を考へる上に、最も手近の資料となるべきものは、我が国現在諸方言に伝はってゐる字音語のアクセントである。

抑々我々が日常用ゐてゐる字音語のアクセントに、元の中国語の四声が伝はってゐると言ふことは、従来余り注意されなかった所である。(16) 然し、一般に、或る国語が、外国語として他の国語を話す人々に学ばれ、その傍らその単語が外来語として帰化して行く時は、さういふ外来語の上には、元のアクセントが、その俤を止めることが少くないやうである。最近の例で言へば、我が国は英米からエッセンス・シンフォニー・ナンセンス・ハイキング・バッテリー・モーニングと言ったやうな単語を外来語として受入れたが、此等の語彙は、標準語に於いて○|○○○○型と言ふ型で発音されてゐる。○|○○○○といふ型は日本語の標準語としては極めて珍しい型である。此等は英語の時のアクセントを保存してゐるものであること疑ない。而して、この事情は昔も今と変りなかったと思はれる。即ち、漢語は、

大和時代以来滔々として日本語の中にその語彙が流入し来り、殊に奈良朝平安朝初頭の頃には喧しくその発音を正された中国語であるが、此等の中には、当然元の中国語のアクセント——即ち四声を何等かの形で伝へてゐるものがあってよいと思はれる。(17) 平安朝中期に、時の碩学源為憲が、藤原為光の息、松雄君のために書いた『口遊』は、当時の貴族の子弟が常識として心得てゐなければならなかった事項を書記したものと言はれるが、それを開いて見ると、その中に出て来る「顔淵」「閔子騫」と言ふやうな単語に四声を示す点、即ち「声点」が差してある。此などは当時のインテリ階級の人達が漢語を口にする場合に、そのアクセントまで喧しく詮議立てをして正しく発音しようとしたことの現れであると考へる。(18)

勿論、漢語の中には、平安朝—現代といふ永い期間のうちには、もとの四声の俤を全然失ってしまったものも多く、殊に新しい時代に我が国で作られた漢語においては、その文字の四声とは無関係なアクセントで呼び初められたものが多いことであらうし、それ故、現在我々の漢語の中で、元の四声を伝へてゐるものは苟に寥々たるものであらう。然し、兎に角少しでも四声を伝へてゐるものがあれば面白いのであって、偶々玆に次のやうな二つの事実が存在することは、注目に値すると考へられる。

第一は古代の漢字辞書の記載であるが、例へば『類聚名義抄』を繙くと、その中に

佳　亠家……禾　クヱ　ケイ　〔仏上巻二枚オ〕

起　亠豈……禾　キ　〔仏上巻三三枚ウ〕

の如く、解説すべき漢字の下に、「亠□」のやうな体裁で著者の所謂正音（現代の所謂漢音のこと）を挙げ、声点を差してその四声を註記してゐる他に、「禾□」のやうな体裁で「和音」といふものを註記して、夫にも声点を差してゐる例が見出だされる。而してその和音の声点を調べて見ると、例へば、仏上巻から仮名一文字で表記してある例を全部

拾ひ蒐めて見ると次に掲げる如くになり、平声の位置に差されてゐる文字と去声の位置に差されてゐる文字とがあることが知られ、更にその声点の位置を漢音の四声を示す一般韻書、並びに、呉音の四声を示す『法華経音義』その他の仏書に就いて比較して見ると、『名義抄』の和音に於いて平声の位置に差されてゐるものは、韻書では上声又は去声の位置に、仏書では平声の位置に差されて居り、『名義抄』の和音に於いて去声の位置に差されてゐるものは、韻書では平声の位置に、仏書では上声（又は去声）の位置に差されてゐることが知られるのである。

〔甲　類〕

（漢字）	（名義抄の和音の記載）	（名義抄における所在）	（韻書に見える四声）	（仏書に見える四声）
「右」	禾ウ（平）	仏上四二枚ウ	上・去	平
「有」	禾ウ（平）	〃　四三枚オ	上	平
「可」	禾カ（平）	〃　三八枚ウ	上	平
「起」	禾キ（平）	〃　三三枚ウ	上	平
「休」	禾ク（平）	〃　四枚オ	去	平
「傴」	禾ク（平）	〃　一六枚オ	上	平
「価」	禾ケ（平）	〃　一〇枚ウ	去	平
「去」	禾コ（平）	〃　四二枚ウ	去	平
「乎」	禾コ（平）	〃　四一枚オ	平（例外）	平
「作」	禾サ（平）	〃　一七枚オ	去	平

「左」	禾サ（平）	〃	四二枚ウ	上	平
「至」	禾シ（平）	〃	三八枚オ	去	平
「事」	禾シ（平）	〃	四〇枚ウ	去	平
「趣」	禾主（平）	〃	三五枚オ	去	平
「避」	禾ヒ（平）	〃	二八枚ウ	去	平
「復」	禾フ（平）	〃	一九枚ウ	去	平
「位」	禾ヰ（平）	〃	二枚オ	去	平
〔乙　類〕					
「伊」	禾イ（去）	仏上	一七枚オ	平	上
「丘」	禾ク（去）	〃	三八枚ウ	平	上
「牙」	禾ゲ（去）	〃	三八枚オ	平	上・去
「不」	禾フ（去）	〃	三九枚オ	平・上	上・去
「保」	禾ホ（去）	〃	一七枚オ	上	去
「廻」	禾ヱ（去）	〃	二六枚オ	平・去	（未知）

事情は仏中巻以下に於いても同様であり、又仮名二字で表記されてゐる例を拾ひ出して見ると、「卉クヰ」の如く、二字共に平声点を差したもの（甲）と、「佳クヱ」の如く、上字には平声点を差し、下字には上声点を差したもの（乙）とがあり、やはり、（甲）は韻書類では上声又は去声、仏書類では平声、（乙）は韻書類では平声、仏書類では去声（又は上声）と言ふやうな対立を示してゐるのである。

此はいかなる事実を物語るものであらうか。「和音」とは、呉音から脱化した、当時一般の人達の間に広く用ゐられてゐる日本化した字音と言はれてゐるものである。声点の位置が韻書のものとは逆の関係に成って居り、仏書のものと一致する傾向を示してゐることは、確かに此が呉音と深い関係にあることを物語るものと思はれる。ところで今その和音に平去といふ二種類のアクセントの別があるのである。此は、「当時我が国に伝はってゐて一般に用ゐられてゐる漢字音のアクセントに二種類の型があった」と見なければならないと思ふ。そしてその二種類の別が、うまく漢音、つまり当時新たに伝来した中国語に於ける別に対応してゐるのである。此は、「此の当時に一般に用ゐられてゐた漢字音のアクセントは、元の中国語（それは朝鮮を経由して伝はったものであらうが）のアクセントを兎に角反映してゐた、――伝来したそのままかも知れないし、或いは型の姿に大きな変化を遂げてゐたかも知れないが、古い平と上去との別を守り続けてゐた」と見るべきだと思ふ。

然りとすれば、現代諸方言に伝はってゐる漢字音のアクセントにも、やはりこの様は型の区別が幾らか反映して残ってゐはしないか――滅多に用ゐない語に於いてはさういふ望みは少ないが、日常頻繁に用ゐられ続けて来た語には、何かその痕跡のやうなものでも残ってゐないだらうかと考へられるのである。

現在伝はってゐる字音語のアクセントに元の四声が伝はってゐはしないかと考へられる第二の根拠は、現在諸方言に用ゐられてゐる漢語のアクセントにおける型の区別の存在である。今、諸方言の一例として京都語を取れば、京都語に次の様な事実が指摘される。

即ち、京都語で漢字で二字、仮名で四字の漢語のアクセントは、一般和語のそれと同じやうに、○○○○型、○○○○型、○○○○型、○○○○型といふやうな種類の型をもってゐるが、一つの漢語がこの中のどの型を取るかと言ふことについて、その語を構成してゐる漢字と関係があることが指摘される。即ち、漢字の中には甲乙二類の文字があり、甲類の文字を先部成素とする漢語は○○○○型又は○○○○型をとり、乙類の文字を先部成素とする漢語は○○○○型又は○○○○型をとる傾向があるのである。

例へば、「新」といふ字は乙類に属する文字で、随って「新何」と言ふ熟語は、次の様に○○○○型、又は○○○型である。

例、シンイン（新院）、シンゲツ（新月）、シンザン（新参）、シンキュー（新旧）、シンサク（新作）、シンシキ（新式）、シンシュン（新春）、シンシン（新進）、シンセン（新鮮）、シンゾー（新造）、シンタイ（新体）、シンチク（新築）、シンドー（新道）、シンネン（新年）、シンピン（新品）、シンペイ（新兵）、シンマイ（新米）、シンライ（新来）、シンロー（新郎）…。

これに対して同じシンでも「神」の字は甲種に属し、「神何」と言ふ漢語は原則として、○○○○型又は○○○○型をとる。

例、シンオン（神恩）、シンカン（神官）、シンキョー（神鏡・神橋）、シンコク（神国）、シンセン（神仙）、シンゼン（神前）、シンタイ（神体）、シンタク（神託）、シントー（神道）、シンブツ（神仏）、シンボク（神木）、シンレイ（神霊）…。

随って同じ音韻をもつ語でも、「神何」であるか、「新何」であるかによって次の様な対立を見る。

シンシキ（新式）――シンシキ（神式）
シンデン（新田）――シンデン（神田）
シンマイ（新米）――シンマイ（神米）
…………

又、「人」と言ふ文字は、ニン・ジンといふ二種の音をもつが、この中、ニンの方は乙類の音で、「ニン――」といふ熟語は左記の通り、大体〇〇〇〇型又は〇〇〇〇型をとる。ジンの方は甲類の音で、「ジン――」といふ熟語は左記の通り、大体〇〇〇〇型又は〇〇〇〇型をとる。

「ニン何」の例。ニンギョー（人形）、ニンゲン（人間）、ニンジン（人参）、ニンソー（人相）、ニンソク（人足）、ニンベン（人偏）、…。

「ジン何」の例。ジンイン（人員）、ジンカイ（人界）、ジンカク（人格）、ジンクン（人君）、ジンコー（人口・人工）、ジンシン（人臣・人身）、ジンセイ（人生）、ジンタイ（人体）、ジンドー（人道）、ジントク（人徳）、ジンピン（人品）、ジンブツ（人物）、ジンボー（人望）、ジンミン（人民）、ジンメイ（人命）、ジンリン（人倫）、ジンルイ（人類）、…。

以上の外、「三《サン》」「近《キン》」「今《コン》」「来《ライ》」「論《ロン》」「同《ドウ》」「類《ルイ》」などの文字は孰れも乙類の文字で、これらを先部成素とする熟語は〇〇〇〇型又は〇〇〇〇型に成るのを原則とし、之に対し、「山《サン》」「金《キン》」「天《テン》」「水《スイ》」「前《ゼン》」「小《セウ》」と言ったやうな多数の漢字は甲類に属し、此等を先部成素とする熟語は原則として〇〇〇〇型又は〇〇〇〇型に成るやうである。

この事実は何を意味するか。『名義抄』の和音に平声のものと去声のものと二種類のものがあったことを思ひ合せると、この甲乙二種といふのは、一方が『名義抄』の平声のものの系統を引き、他方は『名義抄』の去声のものの系統を引くのではないかと疑はれて来るではないか。而して今、『補忘記』などによって、此等の漢字の四声を調べて見ると、右の例において乙種に属する文字は大体呉音で去声の文字が多いことを知るのである。「新」「三」「今」「来」「論」「同」等孰れもさうであり、「人」字の如きも、ニンと読む時は矢張り呉音で而も去声である。さうすると、この、現在京都方言におけるアクセントから見た漢字の甲乙二類なるものは、いよいよ『名義抄』の甲乙二類と関係があるものであって、而して、現在京都語で乙類の漢字は、『名義抄』の乙類の系統を引くものであり、随って現在京都語で甲類の漢字は『名義抄』の甲類の系統を引くものではないか、と想像されて来るのである。

なほ、このやうな現在の漢語のアクセントに古代の字音の四声が反映してゐるのではないかと言ふ疑は、京都語以外の方言にも広く掛けられるが、他の場所で言及したこともあり、[19] 長く成るので此処では省略することにする。

さて、現在の京都語のアクセントに、古い字音の四声が残り伝はってゐることを最後的に断定するためには、日常よく用ゐられる漢語に就いて、古代の文献に記載されてゐる四声と、現在の京都語のその語のアクセントとの間に、何か規則的な対応の法則のやうなものが見出だされなければならない。所で此処に、釈観応の『補忘記』(二巻又は三巻)は、近世初期に刊行された真言宗の論議に用ゐられる漢語和語に就いて、声明《シャウミャウ》(=仏教音楽)の音譜である節博《ハカ》士《セ》によって、同宗に伝はってゐる曲節を示した文献であるが、各漢語の音調は大体その四声(各漢字には呉音の四声を註記してある)の音価に従って示されてゐる故、それは古い四声の音価と関係をもった音調であること疑ない。所が、そこに掲載されてゐる漢語の中で、現在の京都語に於いて日常用ゐられてゐるものについて、現在の京都語のアクセントを探ねて見ると、現在同一のアクセントで発音される語には同一の節博士が施されてゐるのである。

(1) 現在○○○型の漢字二字の漢語は《、、》といふ節博士が施されてゐる。《、、》は「徴《チ》々」と呼び、共に高く唱へる曲節を表す。

	(単語)	(節博士)	(補忘記における表記)	(補忘記の出所)	(現在京都のアクセント)
例、	「威勢」	徴々	上上	「イ」の部	イセイ
	「都合」	徴々	上フ入	「ツ」の部	ツゴー
	「修行」	徴々	上上	「シ」の部	シュギョー

(2) 現在○○○型の漢字の熟語には二種類のものがあり、一拍漢字プラス二拍漢字といふ構成をもつものは大体《、一一》といふ節博士を施されて居り、二拍漢字プラス一拍漢字といふ構成をもつものは大体《⌐一》といふ節

博士を施されてゐる。《、一》は「徵角」と唱へ、《┐一》は「徵角角」と唱へ、共に第一音だけが高く他は低い節を表はす。

例、「功德」　徵　角　上　入　「ク」の　部　クドク
　　「儀式」　徵　角　上　入　「キ」の　部　ギシキ
　　「天下」　徵角角　平軽上　「テ」の　部　テンガ
　　「証拠」　徵角角　平　上　「シ」の　部　ショーコ

…………

(3) 現在○○○○型の漢字二字の熟語には、多く、《、一》といふ節博士が施されてゐる。《、一》は(2)のものと同じで「徵角」と呼び、上の文字を高く、下の文字を低く唱へる節を表はす。

例、「発心」　徵　角　平　去　「ホ」の　部　ホッシン
　　「一心」　徵　角　入　去　「イ」の　部　イッシン

…………

(4) 現在○○○○型の漢字二字の熟語には《∟、》と言ふ節博士が施されてゐる。《∟、》は「角徵々」と唱へ、最初の一音だけ低く唱へ、他は高く唱へる節を表はす。

例、「観音」　角徵々　去　上　「ク」の　部　カンノン
　　「融通」　角徵々　去　上　「ユ」の　部　ユーズー

(5) 現在○○○○型の二字の漢語は、《∟一》といふ節博士で表記されてゐる。《∟一》は「角徵角」と呼び、第二音だけ高く、他は低い節を表はす。

例、「上人」　角徴角　　去　平　　「シ」の　部　ショーニン
　　「了簡」　角徴角　　去　平　　「サ」の　部　リョーケン

『補忘記』に挙ってゐる漢語の数が多くない為に、同じ例を沢山挙げることは出来ないのは残念であるが、『補忘記』に表記されてゐる型と、現在京都語におけるアクセントの型との間に対応関係の見られることは無視出来ない事実で、この事実は近世初期に仏家に伝へられた漢語の曲節——これは古代の四声を伝へてゐる——が何等かの形で現代京都語の漢語のアクセントに伝はってゐることを物語る。即ち、現在京都語の漢語のアクセントには、古代の四声が反映してゐることは肯定してよいと思ふのである。なほ『補忘記』の「兎角」といふ語の条に、《徴々》といふ節博士を記載し、「世話には角徴角に云ふ」といふ註記があるが、此は、この語が、仏家では字音の四声に適合して発音されてゐるのに対し、民間では異るアクセントで発音されてゐることを注意したものと推測される。この様な仏家と民間とで異るアクセントをもってゐる語をわざわざ注意してゐる所を見ると、当時、仏教関係の漢語のアクセントは、仏家でも民間でも一致する方が普通であったことと思ふのである。

兎に角、以上の考察によって、現在の京都語の漢語のアクセントには、古代のその語の四声を反映してゐるものがあることが肯定された。かくて、現在京都語の漢語のアクセントを通じて、古代の字音の四声の音価を推測することに希望が開かれて来たと思ふのである。然らば、その結果はどのやうであるか。先づ音の各四声が現在の京都方言で具体的にどのやうな曲節で発音されてゐるかを明らかにしなければならない。今、『法華経音義』『補忘記』等により漢字の呉音の四声を究め、各種の四声をもった漢字の熟語が現在の京都語でどの様なアクセントを有つか、顕著な例を挙げれば次のやうである。

(1)　漢字で一字、読んで一拍の語で平声のものには○○型のものが多い。例、クー（苦）、ニー（二）、シー（四）、

ジー（字、地）、…。尤もここに注意すべきことがある。それは古い平声のものでも、中には○○型のものもあることである。然しこれは重要視しないでよい。何となれば、現在京都語では一拍語には○○型のものが頗る多く、耳馴れない一拍語にぶつかると、京都の人はそれを○○型に発音してしまふ。つまり寺川喜四男氏の術語を借りれば、○○型が京都語一拍語の「基本アクセント」[20]である。即ち、古い平声の語でも、耳遠いために○○型に変化してしまったものも多々あったと考へられるからである。これに対して、字音語で、現在○○型に成ってゐるものは「茶」といふ例外一語を除けば、総て古い平声の語である。これは古い伝統を伝へたものと考へるより外に途がない。そこで少数ではあるが、この○○型に成ってゐるものに重きをおいて、「平声のものには○○型のものが多い」と言ったのである。

(2) 漢字一字で二拍の語の中、入声のものには○○型のものが多く、稀に○○型のものもある。○○型は京都語二拍語の「基本アクセント」であるから、この立論には一寸問題がありさうであるが、他の型、例へば○○といふやうな型に属してゐる語は殆どないやうであるから、このやうに考へてよいであらう。例、イチ（一）、キク（菊）、シャク（尺）、ヒチ（七）、ニク（肉）、ハチ（八・鉢）、バチ（罰）、ドク（毒）、マク（幕）、ロー（蠟）、ヤク（役）、ラク（楽）、ヨク（慾）、…、テキ（敵）、トク（得）、ゾク（俗）、…。

(3) 漢字二字で二拍のもの。

イ、上声＋上声のもの、去声＋上声のものには○○型のものが多い。

例、ケサ（袈裟）、ゴマ（胡麻）、シュロ（棕櫚）、シャバ（娑婆）、ジャマ（邪魔）、ルリ（瑠璃）、…。

○○型のものもあるが、○○型は「基本アクセント」であるから、右のやうに見てよい。

ロ、上声＋平声のもの、平声＋平声のものは○○型のものが多い。

例、ガキ（餓鬼）、ビワ（琵琶）、ルス（留守）、ギリ（義理）、ニド（二度）、チエ（智恵）、カシ（菓子）、ムリ（無理）、ヨソ（余所）、…。

（4）漢字二字で一拍プラス二拍のもの。

イ、上声＋上声のもの、去声＋上声のものには○○○型のものが多い。○○○型は三拍語における「基本アクセント」の一つと見られるが、もう一つの「基本アクセント」○○○型に発音されるものは殆どないから、かう言ってよいであらう。

例、イセイ（威勢）、ズツー（頭痛）、ゴニン（五人）、クニン（九人）、タニン（他人）、ムゴン（無言）、シュギョー（修行）、バショー（芭蕉）、…。

ロ、上声＋平声のもの、上声＋入声のもの、平声＋平声のもの、平声＋去声のもの、平声＋入声のものには○○○型のものが多い。○○○といふ型も三拍語の「基本アクセント」であるが、もう一つの「基本アクセント」である○○○型になってゐるものは少いから、かう言ってよいであらう。

例、フダン（不断―上平）、キリョー（器量―上平）、ゴガツ（五月―上入）、クガツ（九月―上入）、セカイ（世界―平平）、メノー（瑪瑙―平平）、セケン（世間―平去）、ミライ（未来―平去）、ジゴク（地獄―平入）、ニガツ（二月―平入）、シガツ（四月―平入）、ニジュー（二十―平入）、…。

（5）漢字二字で二拍プラス一拍のもの。

イ、平声＋上声、平声＋平声、入声＋平声のものには○○○型のものが多い。

例、ショーコ（証拠―平上）、サンゴ（珊瑚―平上）、ジョード（浄土―平上）、ジョーズ（上手―平平）、ショーブ（勝負―平平）、ダイジ（大事―平平）、ドーリ（道理―平平）、カクゴ（覚悟―入平）、イチリ（一里―入平）、ハチリ（八里

—入平）、…。

これも○○○型になってゐるものは少い。

ロ、去声＋上声のものには○○○型のものが多い。

例、ホービ（褒美）、サイショ（最初）、レンゲ（蓮華）、ビョーブ（屏風）、…。

この他○○○型、○○○型になってゐるものも可成りあるが、それは「基本アクセント」であるから無視してよい。

ハ、去声＋平声のものには○○○型のものが多い。

例、コンド（今度）、サイゴ（最後）、サンゼ（三世）、サンド（三度）、サンリ（三里）、ヨーイ（用意）、…。

この他○○○型、○○○型になってゐるものもなくはないが、○○○といふ型に属する漢語は、元来少く、そのために去＋平のものにこの型になっているものが目立つからこのやうに言ってよいと思ふ。

(6) 漢字二字で四拍のもの。

イ、平声＋平声のもの、平声＋入声のもの、入声＋平声のもの、入声＋入声のものには○○○○型のものが可成りある。（尤も○○○○型のものも多い）

例、ショーメン（正面—平平）、ショージキ（正直—平入）、ニッポン（日本—入平）、イチガツ（一月—入入）、ゴクラク（極楽—入入）、ローソク（蠟燭—入入）、…。

数に於いては○○○○型のものの方が多さうであるが、○○○○型は「基本アクセント」であり、○○○○型は珍しい型であるからこのやうに見てよいであらう。

ロ、去声＋上声、去声＋去声のものには○○○○型のものが多い。

例、ドージョー（同情―去上）、インネン（因縁―去上）、カンノン（観音―去上）、ユーズー（融通―去上）、…ニンギョー（人形―去去）、ニンゲン（人間―去去）、…。

この他に○○○○型のものが相当にあるが、○○○○型は「基本アクセント」であるからこのやうに言ってよいであらう。

ハ、去声＋平声のもの、去声＋入声のものには○○○○型のものが多い。

例、サンボン（三本―去平）、リョーケン（了簡―去平）、オンガク（音楽―去入）、サンビャク（三百―去入）、ミョーニチ（明日―去入）、…。

この他に○○○○型のものが相当にあるが、○○○○型は元来珍しい型であるからこのやうに言ってよいであらう。

以上（1）―（6）を通覧すると、古代の平上去入各声はそれぞれどんな音価を有ってゐたと想定されるだらうか。同一の声調でもその組合せによって種々の音価をとってゐるので、単独の場合どのやうな音価をもってゐたかは決めがたいが、推定の容易なものから順に考へて行くと次のやうに成らうかと思はれる。

○上声　高く平らな拍であったと見たい。（3）のイ、ロ、（4）のイ、ロ、（5）のロ、など総てこの推定に合ふ。（5）のイの例だけは合はないが、これは後世アクセントが変化したものと考へればよい。

○去声　（3）のイ、（4）のイ、などで上声と同じ音価に成ってゐる所から考へると、上声と似た音価を有ってゐたらしい。（5）のハ、（6）のハから判断すると上昇調の声調だったかと思はれ、（5）のロ、（6）のロから判断すると低平調の声調だったかと判断される。上昇調又は低平調の孰れかであらう。

○平声　最も推定し難い声調である。（1）では上昇調かと推想され、（3）のロ、（4）のロでは低平調、或いは時により高平調になったこともあるかと推測され、(4)のイでは下降調かとさへ疑はれる。この中、高平調かと言ふ疑は、上声と矛盾し合ふから先づ消去され、(5)のハ、(6)のハなどを考へ合はせると低平調かと見る推想が最も確実性に富む。

○入声　多くの場合を通じて平声と同一の性能を有する。恐らく、末尾がｐｔｋの入破音で終るといふ点で相違するだけで、声調は平声と同じものだったのであらう。

この推定を一層簡単な形に改めれば次のやうになる。

〔結論第二〕
平声……少くとも高平調にはあらず。低平調か。
上声……高平調か。
去声……上昇調？　低平調？
入声……入破音で、声調は平声と同じ。

五　仏家に伝へられてゐる四声の音価の考察

前節に於いては、我が国の現在の口頭語に伝はってゐる字音のアクセントを通じて古代の四声の音価を推定しようと試みたが、現在の段階では決定的な解答は与へられなかった。然し、此は已むを得ないことであった。と言ふのは、我々の祖先は、漢字音を輸入した当初に於いてこそ、その四声の音価を正しく発音しようとしたであらうが、時代の隔った後世の人は、一般には何等そのやうな注意を払ふことなしに、一般の和語と同様に唯ゝ年長者の発音を模倣し、時には他の語へ類推することによって自分で新しい発音を創造し、時には不注意から後代に誤った発音を伝へつつ今日に至ったからである。所が、我が国の一部には、平安朝初期、中国から四声の発音法を学ぶや、極力之を忘れまいと努め、代々特別な教育によって後進に伝へて今日に至ったと言はれる社会があった。仏教界が之である[21]。

仏教界では、中国から仏教経典を伝へるや、これを神聖視する余り、字音・読ミ癖その他総て古式を重んじ、ひたすら之に違背すまいと努力した。今日仏典の誦読に際して、同じ撥音の文字の中を、両唇間閉鎖のものと、舌尖歯槽突起間の閉鎖のものとに使ひ分け、ハ行拍の子音をp音又はF音で発音することのあるなどは[22]、孰れも古い発音法保存の例であるが、アクセントの方面も全く之に平行し、古い四声の発音法を代々伝へ、今日に至ったと言ふのである。而して、この傾向は、同じ仏教界の中でも、特に、他の方面でも古式を保存することの多い、真言・天台二宗に著しく、例へば高野・比叡二山では、中国伝来の経典のみならず、日本で新たに作成した経典の類をも、一々そこに用ゐられてゐる個々の漢字に就いて四声を吟味し、その音価に随って節附けを行ってゐると言ふのである。

さて、真言宗では、——或は他の宗派でもさうかも知れないが——一々の漢字に就き、その四声を正しく読むことを声《シヤウ》読《ヨ》みと言ふ。そして弘法大師の撰である『吽字義』とか『三教《サンガウ》指揮』とかいふやうな聖典は今でも声読みをする風が残ってゐる。私はそのやうに聞き噛り、四声の発音の実際を直接耳で聞かうと、昭和十四年秋、『三教指揮』他二三の文献を携へ、勇んで高野山に登った。そして、その道の権威であるといふ二三の学僧の方に、その四声の発音を乞うたのである。

それらの方々は快く私の要求を入れられ、面談の機を与へられた。が、私の期待は裏切られた。と言ふのは、Aの権威の方とBの権威の方とでは、同一の四声に対する唱へ方が全く異って居り、又、Cの権威の方は、一寸口で言って下さればそれで済むものをと期待してゐたにも拘らず、最後までその発音をして下さらないといふ風であった。而して、それらの方々は、いづれも『補忘記』とか『開合名目抄』とかいふ論議の書の名を挙げて、そこに示されてゐる四声の音価、それが古くから当山に伝はってゐる音価です、といふことを口を揃へて教へられた。之によって考へれば現在高野山では、この古い歴史をもつ四声の伝承は漸く乱れ、師伝を失ひつつあるのであらう。以上のやうである故、直接口頭に伝はってゐる四声の音価を此処に紹介することは断念しなければならないわけである。

然らばいかにすべきか。『開合名目抄』『補忘記』に見える記述をそのままここに転載しようか、と言ふのに、此も本意に背く思ひがする。そこで、玆には、現在伝承されてゐる声明《シャウミャウ》の中で、四声の発音を最もよく伝へてゐると考へられる『四座講式』の曲節を、岩原諦信師(23)から親しく教へられた所によって考察し、之を通じて、古い四声の音価を考察しようと思ふ。なほ、『四座講式』は明恵《ミャウヱ》上人(貞永元年六〇歳で示寂)の作と伝へられ、涅槃・十六羅漢・遺跡・舎利の四講式から成るものである。玆には、特にその中の『涅槃講式』の曲節を例にとるが、他の三式についても全く同様なことが言へるものである。『涅槃講式』は、現在なほ、涅槃会には必ず奉誦せられるもので、他の三式とともに声明中の雄篇である。

さて現行の『涅槃講式』のテキストは、本文を漢文で書下し、字音で読まれる漢字には、一々四声点を施し、更に本文の左には、現在諷誦されてゐる曲節を節博士によって表記してゐるのであるが、今、字音の四声点の位置と傍に施された節博士の種類との関係を調べて見ると、次のやうな結果が出て来るのである。(24)

〔1〕上声点を施されてゐる文字。

（イ）一拍の字音。原則として節博士〈〈、〉〉で表記されてゐる。〈〈、〉〉は「徴《チ》」と呼ばれ、西洋音階のソに相当し、高い平らな曲節で唱へられる。

例、「釈迦牟尼如来」の「尼」（一枚ウラの二行――以下テキストとしては岩原諦信師編の『四座講式並大師明神両講式伝習手引』の本文を用ひる。この本は、寛延三年に理峯が序を書き、宝暦戊寅に廉峯が校定したものと字配りは全く一致し、ただ節博士その他の注意が詳密に成ってゐる）

「沙羅林中」の「羅」（同じ紙の三行）

「微塵毛端」の「微」（同じく四行）

「不可説不可説」の上の「不」（同じく四行）

「如来ハ生滅ナシ」の「如」（二枚オモテの一行）

「鞞瑟《ヒシュ》長者」の「瑟」（同じく二行）

「三百五十ノ諸度」の「諸」（二枚ウの二行）

「長夜モ将ニ暁《ア》ケナントス」の「夜」（三枚オの一行）

但し例外として、一拍の上声の文字の直前、又は高く唱へられる助詞の直前に来たり、文頭、又は低音の直後に来たりした場合には節博士《く》で表記されてゐる。《く》は「徴のアタリ」と呼ばれ、西洋音階のミミに相当し、低い平らな曲節で唱へられる。

例、「釈迦牟尼如来」の「牟」（一枚ウの二行、直前の「迦」が平声で低く唱へられ、直後の「尼」は一拍の上声の文字である）

「沙羅林中」の「沙」（同じく三行、やはり直前の「教」字は平声で低く唱へられ、直後の「羅」は上声一拍の文字である）

「生滅ハ機ニ約セリ」の「機」（三枚オの二行――直前の「ハ」は此処では低く唱へられ、直後の「ニ」は高く唱へられる）

「値遇ノ大願ヲ成ゼンガタメナリ」の「値」（三枚オの五行――此処は直前で節が切れて居り、直後の「遇」の字は上声

で一拍に発音される）

又、一拍の上声の文字の直前、又は高く唱へられる助詞の直前に来た場合、若し、一拍だけ高い音の直後にあるならば、節博士⟪ヽ⟫で表記されてゐる。⟪ヽ⟫は「徴のカ、リ」と呼ばれ、西洋音階のラミに相当し、高低連結の曲節に唱へられる。

例、「般遮《ジャ》羅ト名ヅク」の「遮」（五枚オの一行——ここは「般」字が去声で最後の一拍のみ高く、「羅」は一拍の上声の文字である）

「同時ニ声ヲ挙ゲテ」の「時」（同じ紙の二行——ここでは「同」字がやはり去声で「ニ」が高い仮名である）

（ロ）二拍の字音。二つの場合があり、低く唱へられてゐる音の直後に来た場合、或いは息の切レ目の直後に来た場合には、節博士⟪くヽ⟫で表記されてゐる。⟪く⟫は前述の「徴のアタリ」で、⟪くヽ⟫全体は西洋音階のミミソに相当し、第一拍は低平、第二拍が高平の曲節で唱へられる。

例、「海雲比丘」の「海」（二枚オの三行——ここではその前の語句「常住の仏身を見」の「見」が「徴角」といふ下降調の曲節で唱へられ、低く終ってゐる）

「大海水の上」の「水」（同じ紙の四行——ここでは直前の「海」の字は「角」といふ低い節で唱へられてゐる）

「普眼契経」の「経」（同じ場所——ここでも「契」の字は「角」で唱へられてゐる）

これに対して、高く唱へられてゐる音の直後に来た場合には、節博士⟪ヽヽ⟫で表記されてゐる。⟪ヽ⟫は前述の「徴のカ、リ」で、全体は西洋音階のラミソに相当し、その第一拍は高低の曲節、第二拍は高い曲節で唱へられる。

例、「沙羅林中」の「林」及び「中」（一枚ウの三行——ここでは「羅」及び「林」の末尾は高く唱へられてゐる）

「微塵毛端」の「塵」及び「端」（同じく四行――ここでは「微」及び「毛」の末尾は高く唱へられてゐる）
「如来ハ生滅ナシ」の「来」（同じく二枚ォの一行――ここでは「如」は高く唱へられてゐる）
「栴檀塔ノ中」の「檀」（同じく三行――ここでは「栴」の末尾は高く唱へられてゐる）

〔2〕通常の平声点を施されてゐる文字。

一拍の字音、二拍の字音の区別なく、原則として、節博士（―）で表記されてゐる。（―）は「角」と呼ばれ、西洋音階のミに相当し、低い平らな曲節で唱へられる。

例、「大恩教主」の「大」及び「主」（一ゥの二行）
「釈迦牟尼如来」の「釈」「迦」及び「来」（同上）
「涅槃遺《ユイ》教」の「涅」及び「教」（同上）
「八万聖《シャウ》教」の「万」「聖」及び「教」（同じ紙の三行）
「五十二類」の「二」及び「類」（同じ紙の四行）

但し例外として、高く唱へられる文字の直後に来たものは、節博士（┐）で表記されてゐる。これは「徴角」と呼ばれ、西洋音階のラミに相当し、初め高、後低の曲節で唱へられる。

例、「大恩教主」の「教」（二枚ウの二行――ここでは「恩」は去声の字で末尾が高い）
「釈迦牟尼如来」の「如」（同じ紙の二行――ここでは「尼」が上声で高く唱へられる）
「涅槃遺《ユイ》教」の「遺」（同じく三行――「槃」の字が去声で末尾が高く唱へられてゐる）
「沙羅林中五十二類」の「五」（同じく三行――ここでは「中」の字は上声で高く唱へられる）

〔3〕平声軽の点を施した文字。即ち、字の左側中央に声点を施した文字。

総て二拍に読まれ、総て節博士《、⌝》で表記されてゐる。《、⌝》は「徴々角」と呼ばれ、西洋音階のソラミに相当し、第一拍を高く、第二拍は初め高く後を低く唱へられる。例は多くないが、次のやうな例を見出だすことが出来る。

「中心ノ悲歎」の「中」（五ウの五行）

「一切ノ天人大衆」の「切」（八オの三行）

〔4〕去声の点を施した文字。

総て二拍に唱へられる。場所により、異る曲節を有し、先づ声の切レ目の直後及び低い音の直後に来た場合には、原則として《一、》で表記されてゐる。《一、》は「角徴」と呼び、西洋音階のミソに相当し、第一拍を低く、第二拍は高く唱へる。

例、「大恩教主」の「恩」（一ウの二行——ここでは直前の「大」字が平声で低く唱へられてゐる）

「涅槃遺教」の「槃」（同じく三行——ここでも直前の「涅」字が平声で低い）

「生滅ハ機ニ約セリ」の「生」（二枚オの二行——ここは直前が息の段落に成ってゐる）

但し、息の段落の直後、又は低い音の直後に来ても、その直後に高く初まる助詞が来る場合は、例外で、博節士《一く》で表記される。《一く》は西洋音階のミミミに相当し第一・第二拍とも低く唱へられる。

例、「常住ノ仏身ヲ見」の「身」（二枚オの三行——直後の「ヲ」は高く唱へられる）

「藍園ノ誕生ニ含ミ」の「生」（同じく五行——直後の「ニ」は高く唱へられる）

又、去声の文字が、高い音の直後に来た場合には、《⌝、》といふ節博士で表記されてゐる。《⌝、》は、「徴角徴」と呼ばれ、西洋音階のラミソに相当し、第一拍は初め高く後低く唱へられ、第二拍は高く唱へられる。

例、「微塵毛端刹海」の「毛」（一枚ウの四行――ここでは直前の「塵」は末尾は高く唱へられる）

「如来ハ生滅ナシ」の「生」（二枚オの二行――ここでは直前の助詞「ハ」が高い。「生滅」といふ同一の語が、直前の節により、異った節で唱へられることは注意すべきである）

〔5〕　軽以外の入声の点を施された文字。「フ入声」の点を施された文字、即ち、文字の下中央に点を差された文字をも含む。

此等の文字は常に二拍に唱へられ、その曲節は普通の平声の二拍に唱へられる文字に全く準ずる。即ち、文頭又は低い音の直後にあっては、西洋音階のミに相当する節博士（⟪一⟫）（角）で表記され、低く平らに唱へられる。

例、「八万聖教」の「八」（一枚ウの三行――ここでは直前の「教」字は低く唱へられてゐる。これは普通の入声の例）

「五十二類」の「十」（同じ所――ここでは「五」の末尾は低く唱へられてゐる。これはフ入声の例）

「不可説不可説」の「説」（同じく四行から五行――ここでは「可」字は低い。普通入声の例）

而して、直前の拍が高く終ってゐる場合には、⟪┐⟫といふ節博士で表記されてゐる。此は「徴角」と呼ばれ、西洋音階のラミに相当し、第一拍が高く、第二拍が低く唱へられる。

例、「微塵毛端刹海不可説」の「刹」（一枚ウの四行――ここでは直前の「端」の字の末尾は高く唱へられる。なほ、この「刹」字の第二拍は促音で、本来無音になる筈であるが、実際にはセーエッのやうに唱へられてゐる）

「生滅ナシ」の「滅」（二枚オの二行――ここでは「生」字の末尾は高い。この「滅」の字の第二拍は舌端を閉鎖して行はれる口蓋帆の破裂音である）

〔6〕　入声軽の声点を施されてゐる、即ち、文字の右側中央に声点註記のある文字。

「双林ノ入滅」の「入」（二枚ウの一行――ここでは直前の助詞「ノ」が高く唱へられてゐる。これはフ入声の例）

これもすべて二拍に唱へられてゐる。例が少い上に、その曲節は区々で法則的なことは言ひ難いが、大体上声の二拍に唱へられる文字に一致する。即ち、低く唱へられる音の直後にあっては、西洋音階のミミソに相当する節博士《く丶》で表記され、第一拍は低く、第二拍に高く唱へられる。

例、「花茎樹葉ヲ銜ンデ」の「葉」（六枚ゥの五行——ここでは直前の「樹」の末尾が低く唱へられてゐる）

これに対し、高く唱へられる音の直後にあっては、西洋音階のラミソに相当する《丶丶》で表記され、第一拍は初め高く後低く、第二拍は高く唱へられる。

例、「現在遺跡ノ徳」の「跡」（三枚ォの四行——ここでは直前の「遺」字の末尾は高く唱へられてゐる）

以上〔1〕—〔6〕に述べた所を総括すると、同じ声調も、その用ゐられる場所により、二種或いは三種・五種・六種の曲節を以て唱へられ、之では四声そのものが二種・三種・四種といった多様の音価を有ってゐたかと疑はしめる。所が、茲に、岩原諦信師の研究に従へば、現在伝へられてゐる『涅槃講式』の曲節は、明恵上人の創作された時代以

	現在の曲節	前代の曲節	その曲節が現れる声調	変化を遂げた動機
(1)	徴のアタリ（即ち《く》）	単なる徴（即ち《丶》）	上声 去声 入声の軽	一つには直前の低い音に連れ、二つには高い音の連続を嫌って節に変化を与へようとしたもの
(2)	徴のカヽリ（即ち《丶》）	単なる徴（即ち《丶》）	上声 入声の軽	単なる高音の連続を嫌ひ、節に変化を与へようとしたもの
(3)	徴（即ち《┐》）角	単なる角（即ち《一》）	平声 平声の軽 去声 入声	直前の高い音に連れて、この音の初めの部分までが高く唱へられるに至ったもの

来、種々変化を遂げて複雑に成ったもので、右にテキストとして撰んだ本文は、この複雑に成った後世の曲節を示すものであるとのことである。そして、例へば、現在前頁の上段の節で唱へられる箇所は、古くは下段のやうな節で唱へられたものと推定されると言ふ。

所で、『四座講式』の古い版本を集め、順次その節博士を点検して見ると、注意すべき事実が見出だされて来るのであって、即ち、寛延三年の釈理峯の序のある版本に於いては、先づ（1）の「徴のアタリ」がなくて、これが単なる「徴」に成って居り、元禄年間に前島茂右衛門が刊行した版本では（2）の「徴のカヽリ」もなくて、それも総て単なる「徴」に成ってゐるのである。

此は何を意味するか、と言ふのに、一つの考へ方としては、「古い版本には細かい譜の技巧を表記することをしなかっただけで、矢張り古くから曲節は現在のやうであったのだらう」とも考へられるが、然し、楽曲が時代と共に唱へやすいやうに変化するといふことは如何にも自然のことゆゑ、やはり岩原師の推定のやうに『徴のアタリ』『徴のカヽリ』は後世の発達で、以前はその古い譜の示すやうに単なる『徴』の音が唱へられてゐた」と考へたいと思ふ。特に、(1)の「徴のアタリ」の如き、前述の如く、現在「徴」ではなくて「角」に唱へられてゐる。若し最初から「角」に唱へられてゐたならば、どうして古い譜に於いて紛らはしい「徴」の音で表記するであらうか。古い譜に於いて「徴」の音で唱へられたからこそ「徴」の博士で表記したのであって、後世それが「角」で唱へられるやうに成ったからこそ、「この『徴』の譜は、普通の『徴』とは違ひ『角』で唱へられるんだぞ」と言ふことを示すために、（こ）の博士の頭へ鍵をつけた、かうして現在の（く）と言ふ博士が出来たと考へる。(3)の「徴角」の節だけは現在の所では古い版本から証拠を見出だすことは出来ないが、その変化の理由は自然であるから、之も恐らく古くは師の推定通り単なる「角」で唱へられたのであらう。

以上の如くで、岩原師の推定に従ふとすると、「古い『涅槃講式』に於いては、今の『徴のアタリ』『徴のカヽリ』は総て単なる『徴』であり、今の『徴角』は総て単なる『角』であったらう」と言ふことに成る。さうすると、『涅槃講式』成立時代に於ける平上去入の各四声は次のやうに唱へられたらうと言ふことに成る。

〔1〕 上声の文字

（イ） 一拍のもの、（「徴のカヽリ」が単なる「徴」と成る結果）総て高い平らな曲節で唱へられたことに成る。

（ロ） 二拍のもの、（「徴のカヽリ」「徴のアタリ」が単なる「徴」と成る結果）総て第一拍も高く平らに、第二拍も高く平らに、唱へられた、即ち全体は高く平らな曲節で唱へられたことに成る。

右の（イ）（ロ）を綜合すれば、総ての上声の文字は高く平らに唱へられたことに成る。

〔2〕 通常の平声の文字

（「徴角」が単なる「角」に成る結果）一拍のもの、二拍のものを問はず、総て「角」の曲節で、即ち、総て低く平らに唱へられたことに成る。

〔3〕 平声軽の文字

（「徴角」が単なる「角」に成る結果）総て第一拍が「徴」、第二拍が「角」の曲節で、即ち、総て第一拍が高く、第二拍が低く唱へられてゐたことになる。

〔4〕 去声の文字

（「徴のアタリ」が総て単なる「徴」に成り、「徴角」が単なる「角」に成る結果）総て第一拍が「角」、第二拍が「徴」の曲節で、即ち、総て第一拍が低く、第二拍が高く唱へられてゐたことになる。

〔5〕 軽以外の入声の文字、及びフ入声の文字

（「徴角」が単なる「角」に成る結果）総て「角」の曲節で、即ち、総て低く平らに唱へられてゐたことになる。

〔6〕　入声軽の文字

（「徴のカヽリ」が単なる「徴」に成る結果）総て「徴」の曲節で、即ち、総て高く平らに唱へられてゐたことになる。

右の新しい〔1〕―〔6〕が、『涅槃講式』の曲節を通じて推定される古代の四声の音価である。各音価をもっと整理してその相違を明瞭ならしめれば次の〔結論第三の一〕のやうになる。その音価が互に相補ひ、全体が組織的になってゐる所から判断して、恐らく此の推定は当を得たものと見てよいであらう。

〔結論第三の一〕

平　声……低平調。即ち、○又は○○。
平声軽……下降調。即ち、○○。
上　声……高平調。即ち、○又は○○。
去　声……上昇調。即ち、○○。
入　声……低平調。但し、第二拍は促音。即ち、○▽。
フ入声……低平調。但し、第二拍はウ音。即ち、○○。
入声軽……高平調。但し、第二拍は促音。即ち、○▽。

なほ前にちょっと触れた『開合名目抄』『補忘記』などに見える、四声の内容は、之と全く同じ内容のものであり(25)、大山公淳師の『声明の歴史及び音律』『真言声明の梗概』に載ってゐる四声の内容も、之と完全に符合することも附け加へてよい。

そして、以上は専ら真言宗に伝へられた四声の内容であったが、多紀道忍師の『天台声明の梗概』(四八頁)に拠れば、天台宗に伝へられてゐる四声の内容も、次のやうで、右に推定した所とよく一致するのである。

〔結論第三の二〕

平声	低平調
上声	高平調
去声	上昇調

かくて、以上の推定は略〻確実かと考へるのである。

六　古代文献にアクセントの註記されてゐる語の現在諸方言に於ける音価の考察

以上、前々節と前節とに於いては、現在我が国に於ける口頭伝承資料を通じて、古代の四声の音価の推定を試みたが、本節と次の節に於いては、愈〻現在我が国に残ってゐる文献資料を通じて古代の四声の音価を推定して見ようと思ふ。「文献資料を通じて」と言ふと、文献資料に見える、四声の音価に関する具体的な記述説明を通じて推定する方法を考へつくが、夫は次節に廻し、本節では古代の文献にアクセントを註記されてゐる一般和語が、現在諸方言でどのやうなアクセントを有ってゐるかを検討し、その結果に基いて各語の表記に用ゐた四声の音価を推定すると言ふ方法を取らうと思ふ。古代の文献としては、断然多くの語彙に声点を施した院政期の『類聚名義抄』をとる。

『名義抄』に見える語彙に就いて、諸方言に於けるアクセントを考察する為には、現在日本各地に於けるアクセントの分布状態に就いて一言すべきであるが、長く成るので省略する。[26] 此処には、先づ、『名義抄』のアクセントの直系の子孫と推定される京都語をとり、そのアクセント体系の上から見て、近い時代に京都語から分離したと推定せられる高知市方言、兵庫県赤穂町方言、及び高松市方言をとって対照させ、更に参考方言として別に東京語を掲げる。

左表において、『名義抄』で（イ）（ロ）（ハ）…の如く表記されてゐる語は、夫々下に示すやうに発音されてゐるのである。

〔1〕一拍語

（イ）『名義抄』で上声点を註記されてゐるもの

(単語)	(京都)	(高知)	(赤穂)	(高松)	(東京)	(名義抄の出所)
「子」	コー	コ(ガ)	コー	コー	コ	法下69オ、他。
「血」	チー	チ(ガ)	チー	チー	チ	僧中8ウ。
「戸」	トー	ト(ガ)	トー	トー	ト	法下46ウ。
「実」	ミー	ミ(ガ)	ミー	ミー	ミ	法下27オ「営」字の条、他。

（ロ）『名義抄』で平声点を註記されてゐるもの

(単語)	(京都)	(高知)	(赤穂)	(高松)	(東京)	(名義抄の出所)
「木」	キー	キー	キー	キー	キ	仏下本41ウ「樹」字の条、他。
「手」	テー	テー	テー	テー	テ	仏下本19ウ、他。

「目」	メー	メー	メー	メー	メ	仏中32オ、他。
「名」	ナー	ナ(ガ)	ナー	ナー	ナ	仏中29ウ、他。
「日」	ヒー	ヒ(ガ)	ヒー	ヒー	ヒ	仏中43オ。
「矢」	ヤー	ヤ(ガ)	ヤー	ヤー	ヤ	僧中16ウ、他。

（ハ）『名義抄』で去声点を註記されてゐるもの。極めて稀で、辛うじて次の数語を拾ひ上げられる。

（単語）	（京都）	（高知）	（赤穂）	（高松）	（東京）	（名義抄の出所）
「巣」	スー	ス(ガ)	スー	スー	ス	仏下本60ウ、他。
「歯」	ハー	ハ(ガ)	ハー	ハー	ハ	法上51ウ、他。

〔2〕二拍語

（イ）『名義抄』で上・上と表記されてゐるもの

（単語）	（京都）	（高知）	（赤穂）	（高松）	（東京）	（名義抄の出所）
「風」	カゼ	カゼ	カゼ	カゼ	カゼ	僧下26オ、他。
「口」	クチ	クチ	クチ	クチ	クチ	法上2ウ「潄」字の条、他。
「此」	コレ	コレ	コレ	コレ	コレ	法上50オ、他。
「竹」	タケ	タケ	タケ	タケ	タケ	僧上31オ。
「鼻」	ハナ	ハナ	ハナ	ハナ	ハナ	僧上44ウ「劓」字の条、他。
「水」	ミズ	ミヅ	ミズ	ミズ	ミズ	法上1オ。

（ロ）『名義抄』で上・平と表記されてゐるもの

(単語)	(京都)	(高知)	(赤穂)	(高松)	(東京)	(名義抄の出所)
「石」	イ|シ	イ|シ	イ|シ	イ|シ	イシ|	法中1オ、他。
「紙」	カ|ミ	カ|ミ	カ|ミ	カ|ミ	カミ|	法中68オ。
「川」	カ|ワ	カ|ワ	カ|ワ	カワ/	カワ|	仏上40ウ、他。
「音」	オ|ト	オ|ト	オ|ト	オト/	オト|	仏中1オ「声」字の条、他。
「橋」	ハ|シ	ハ|シ	ハ|シ	ハ|シ	ハシ|	仏上26ウ「途」字の条、他。
「胸」	ム|ネ	ム|ネ	ム|ネ	ムネ/	ムネ|	仏中63ウ、他。

(ハ)『名義抄』で平・上と表記されてゐるもの

(単語)	(京都)	(高知)	(赤穂)	(高松)	(東京)	(名義抄の出所)
「笠」	カサ|	カサ|	カ|サ|	カサ|	カ|サ	僧上33ウ、他。
「空」	ソラ|	ソラ|	ソ|ラ|	ソラ|	ソ|ラ	法下35オ「霄」字の条、他。
「箸」	ハシ|	ハシ|	ハ|シ|	ハシ|	ハ|シ	僧上31ウ、他。
「秋」	アキ/	アキ|	ア|キ/	アキ/	ア|キ	法下7オ。
「影」	カゲ/	カゲ|	カ|ゲ/	カゲ/	カ|ゲ	仏下本16ウ、他。
「猿」	サル/	サル|	サ|ル	サル/	サ|ル	仏下本64オ「獲猴」語の条、他。

(ニ)『名義抄』で平・平と表記されてゐるもの

(単語)	(京都)	(高知)	(赤穂)	(高松)	(東京)	(名義抄の出所)
「足」	ア|シ	ア|シ	ア|シ	アシ|	アシ|	法上37オ、他。

「池」	イケ	イケ	イケ	イケ	イケ	法上1ウ、他。
「髪」	カミ	カミ	カミ	カミ	カミ	仏下本18オ、他。
「島」	シマ	シマ	シマ	シマ	シマ	法上61ウ「嶼」字の条、他。
「花」	ハナ	ハナ	ハナ	ハナ	ハナ	僧上2ウ「蓮華」語の条、他。
「耳」	ミミ	ミミ	ミミ	ミミ	ミミ	仏中1オ「聡」字の条、他。

（ホ）『名義抄』で去・平と表記されてゐるもの。甚だ稀であるが次のやうな例が挙げられる。

(単語)	(京都)	(高知)	(赤穂)	(高松)	(東京)	(名義抄の出所)
「無く」	ナク	ナク	ナク	ナク	ナク	仏下末26オ、他。
「良く」	ヨク	ヨク	ヨク	ヨク	ヨク	法上49オ「能」字の条、他。
「先づ」	マズ	マヅ	マズ	マズ	マズ	仏中51オ「早晩」語の条、他。
「若し」	モシ	モシ	モシ	モシ	モシ	僧上24オ、他。

〔3〕　三拍語

（イ）『名義抄』で上・上・上と表記されてゐるもの

(単語)	(京都)	(高知)	(赤穂)	(高松)	(東京)	(名義抄の出所)
「形」	カタチ	カタチ	カタチ	カタチ	カタチ	仏下本16オ、他。
「煙」	ケムリ	ケムリ	ケムリ	ケムリ	ケムリ	仏下末20オ「烟」字の条にケブリとあり。
「魚」	サカナ	サカナ	サカナ	サカナ	サカナ	仏中60オ「肴」字の条。

（ロ）『名義抄』で上・上・平と表記されてゐるもの

(単語)	(京都)	(高知)	(赤穂)	(高松)	(東京)	(名義抄の出所)
「小豆」	アズキ	アヅキ	アズキ	アズキ	アズキ	仏中66ウ「腐婢」語の条。
「二人」	フタリ	フタリ	――	フタリ	フタリ	仏上1オ。
「夕」	ユーベ	――	――	ユーベ	ユーベ	仏中51オ「昏」字の条。

（ハ）『名義抄』で上・平・平・と表記されるもの

(単語)	(京都)	(高知)	(赤穂)	(高松)	(東京)	(名義抄の出所)
「力」	チカラ	チカラ	チカラ	チカラ	チカラ	僧上41オ。
「鮑」	アワビ	アワビ	――	アワビ	アワビ	僧下3オ、他。
「黄金」	コガネ	コガネ	――	コガネ	コガネ	僧上57オ、他。

（ニ）『名義抄』で平・上・上と表記されてゐるもの

(単語)	(京都)	(高知)	(赤穂)	(高松)	(東京)	(名義抄の出所)
「烏」	カラス	カラス	カラス	カラス	カラス	僧中59ウ「鴉」字の条、他。
「背中」	セナカ	セナカ	セナカ	セナカ	セナカ	仏中62ウ「背」字の条、他。
「孰」	イズレ	イヅレ	――	イズレ	イズレ	仏下末10オ。

（ホ）『名義抄』で平・上・平と表記されてゐるもの

(単語)	(京都)	(高知)	(赤穂)	(高松)	(東京)	(名義抄の出所)
「兜」	カブト	カブト	カブト	カブト	カブト	仏中59オ「冑」字の条。
「鯨」	クジラ	クヂラ	クジラ	クジラ	クジラ	僧下1ウ、他。

「早く」	ハヤク	ハヤク	ハヤク	ハヤク	ハヤク	仏中50ウ「早晩」語の条、他。

（ヘ）『名義抄』で平・平・上と表記されてゐるもの

(単語)	(京都)	(高知)	(赤穂)	(高松)	(東京)	(名義抄の出所)
「命」	イノチ	イノチ	イノチ	イノチ	イノチ	僧中2オ、他。
「心」	ココロ	ココロ	ココロ	ココロ	ココロ	法中38ウ「意」字の条、他。
「白い」	シロイ	シロイ	シロイ	シロイ	シロイ	法下15ウ「粉」字の条にシロキ牛とあり。

（ト）『名義抄』で平・平・平と表記されてゐるもの

(単語)	(京都)	(高知)	(赤穂)	(高松)	(東京)	(名義抄の出所)
「頭」	アタマ	アタマ	アタマ	アタマ	アタマ	法下30ウ「天窓」語の条。
「鏡」	カガミ	カガミ	カガミ	カガミ	カガミ	僧上69オ、他。
「男」	オトコ	オトコ	オトコ	オトコ	オトコ	仏下末18オ「夫」字の条、他。

右の〔1〕—〔3〕を通覧すると、時には例外があるが、大体『名義抄』で同一の様式で表記されてゐる一群の語は、各諸方言でも同一のアクセントで発音されてゐることが注意され、之によって、先づ、『名義抄』所載のアクセント註記が相当信頼出来るものであることが推定される。而して、京都・高知・赤穂・高松四方言のアクセントを逐一『名義抄』に於ける声点の位置に比較して見ると、その間に次のやうな関係が注意される。〔A〕—〔C〕

〔A〕『名義抄』で上声点の拍

此は、〔1〕—〔3〕を通じ四方言に殆ど総て高く平らに発音されてゐる。〔1〕の（イ）の京都・高知・赤穂三方言、〔2〕の（イ）の京都・高知・赤穂三方言の全拍、（ロ）の京都・高知・赤穂三方言の第一拍、〔3〕の（イ）

の京都・高知・赤穂三方言の全拍、高松方言の第二・第三拍、（ハ）の京都・高知・赤穂方言の第一拍、（ニ）の京都・高知・赤穂・高松四方言の第三拍、（ホ）の京都・高知両方言の第二拍などは、孰れもその例である。著しい例外として、〔3〕の（ヘ）に於ける京都・高知・赤穂方言の第三拍があるが、これは此等の方言に○○○>○○○といふ型の変化が起ったと考へれば解決される。このやうな変化は自然に起り得ると思ふ。〔3〕の（ニ）に於ける京都・高松方言の第二拍も例外をなすが、この方言には○○○>○○○といふ型の変化が起ったと想定することが出来るし、〔2〕の（イ）、〔3〕の（イ）に於ける高松方言の第一拍も例外をなすが、この方言には○○>○○、○○○>○○○といふ型の変化が起ったと想定出来る。右以外の例外も大体はこれに準じて考へることが出来、このやうに考へれば、『名義抄』に於ける上声の拍は、当時高い平らな拍を表記したのではないかと言ふ推定が可能と成って来る。

唯此処に問題になるのは、〔2〕の（ハ）の「秋」「影」「猿」の三語である。此等は現在、京都・赤穂・高松三方言で○○型又は○○型に成ってゐる所を見ると、『名義抄』時代に○○型であったかも知れない。若し『名義抄』時代に○○型であったら『名義抄』の著者はこの語のアクセントをどう表記したであらうか、と考へるのに、若し当時上声以外の他の声、即ち平声又は去声が下降調であったとしたならば、○の拍に平声点か去声点を施したであらう。この場合は問題はない。然し平声も去声も下降調でなかったならば、――この場合には、○○型の第二拍はどう表記されるであらう。上声は高平調であったとし、そして、平声も去声も下降調でないとするならば、下降調の音価をもつ声調はないことに成る。その場合、○の拍を表記するには困るに相違ない。然し表記出来ないと言って表記しないでおく訳にも行かないから、結局○に最も近い音価をもつ声調を求め、不本意ながらそれを以て表記するであらう。その場合選ばれるのは、恐らく高平調の声調、即ち上声だと思ふ。即ち、平声も去声も下降調でない場合には、上声点が高平の拍と下降の拍とを表記する可能性がある。現存『名義抄』は当時高平だったらうと見做される多くの拍と、当時下降調だったかも知れないと疑はれる「秋」「猿」の類の第二拍とが丁度上声点を以て表記されてゐる。さうすると、この事実は、当時「秋」「猿」の類の第二拍が○といふ拍であったと仮定しても、上声の音価が高平調であったといふ推定を破らないのである。

さて、以上は、上声が高平調であると仮定して考へを進めたのであった。然しこの仮定は壊すことが出来るものである。今仮りに平声と去声とは下降調ではなく、上声が下降調であったと仮定したらどう成るだらうか。この場合には問題の○○型の第二拍は勿論上声点で表記したに相違ない。而してその場合、高い平らな拍はどうして表記するだらうか。この場合は又更に二つに別れる。「甲」は、他の平声か去声かが高い平らな声調である場合であり、「乙」は、他の平声も去声も平らな声調でない場合、即ち、高い平らな拍を表はす声調のない場合である。然し実際には先づ「甲」の場合は有りさうには思へない。何故ならば、先づ、平声点は次に考察するやうに現在諸方言でのアクセントから考へて、当時高い平らな拍を表記してゐるとは考へ難いからである。去声点は現在諸方言のアクセントから考へて、当時高い平らな音調を表したかとも疑はれるが、これまた〔C〕の条で考察するやうに、その「数」の上から高い平らな音調を表したとは考へ難いからである。

そこで「乙」の場合、即ち平らな音価をもつ声調がない場合を考へることにする。下降調の声調も、上昇調の声調もある癖に高平調の声調がないといふことは一寸不自然であるが、有得ないとは言へないだらう。この場合『名義抄』の著者は高平拍をどう表記するかと考へて見るのに、不本意ながらやはり最も近い声調で表記したに違ひない。さうすると差当り、下降調の上声か、或いは上昇調の他の声調かで表記したであらう。即ち、上声が下降調であって他に高平調の声調がない場合には、上声点は下降調の拍と高平調の音節とを表記し得るわけである。現在、

『名義抄』では、当時高平調だったらうと推定される多くの拍も、当時下降調であった疑ひのある「秋」「猿」の第二拍も上声で表記されてゐる。さうすると、この事実は他に下降調がないことが明らかにされるならば、上声は下降調の音価をもってゐたかも知れないといふことも考へられて来る。

これは相当重大な事実である。即ち、上声は現在の『名義抄』の声点の状況から高平調と見るのが最も好都合であるが若し上声以外に下降調の声調と、高平調の声調とがない、と言ふことが明らかにされた場合には、上声は下降調であったと考へても現状は解釈出来るのである。

以上の考察を要約すれば、『名義抄』の上声の音価は、先づ高平調を意味するのであらうが、場合によっては下降調かも知れないと言ふことになる。

〔B〕『名義抄』で平声点の拍

此は四方言とも低い平らな音節に発音されてゐることが比較的多い。〔2〕の（ロ）（ニ）（ホ）に於ける京都・高知・赤穂三方言の第二拍、（ハ）に於ける京都・高知・高松三方言の第一拍、〔3〕の（ロ）（ハ）（ホ）（ト）に於ける京都・高知・赤穂三方言の第三拍、（ハ）（ヘ）の京都・高知・赤穂三方言の第二拍、（ニ）（ホ）の京都・高知・高松三方言の第一拍、などは孰れもその例である。而して例外の中で、〔2〕の（ニ）、〔3〕の（ヘ）（ト）に於ける京都・高知・赤穂の第一拍、〔3〕の（ト）に於ける高知・赤穂の第二拍は、此等の方言に○○＞○̄○、○○○̄＞○̄○○、○○○＞○̄○̄○（＞○̄○○）といふやうな変化が起ったと想定することが出来、〔2〕の（ハ）、〔3〕の（ニ）（ホ）に於ける赤穂方言の第一拍は、この方言に○○̄＞○̄○̄、○○̄○̄＞○̄○̄○̄、○○̄○＞○̄○̄○といふやうな型の変化が起ったと想定することが出来、〔2〕の（ニ）、〔3〕の（ヘ）（ト）の高松方言の第二拍、〔3〕（ト）に於ける高松方言の第三拍は、この方言に○○＞（○̄○̄＞）○○̄、○○○̄＞（○̄○̄○̄＞）○○̄○̄、○○○＞

（○○○∨）○○○といふ型の変化が起ったと想定することが出来る。この事実は『名義抄』の平声の拍は、当時低平といふ曲節を有ってゐたのではなかったかと疑はせるのに十分である。殊に、『名義抄』の和訓に施された声点の数を算へると、平声の点は上声の点と同じやうに多く現れて、全声点を大体上点と平点とで二分してゐるといふことが出来る。この事実は、上点が高く平らな音節を表すらしいといふ予想と相俟って、平点は低く平らな拍を表はすのではないかとの疑を深くさせるものである。

唯茲に説明の難しいのは、〔1〕の（ロ）の平声の音価である。即ち「木」「手」「目」の三語と、「名」「日」「矢」の三語とは、京都・高知・赤穂・高松の各方言で異る型に属してをり、特に全く異系統の方言とも言ふべき東京方言においても、この二群が別の型に属してゐる。このことから判断すれば『名義抄』時代の京都方言に於いても、当然この二群の語は互に違ったアクセントをもってゐたと考へたい。然らば具体的にはどのやうなアクセントをもってゐたと考へるべきだらうか。「木」「手」「目」も「名」「日」「矢」も共に○型であったが、「木」「手」「目」の群は助詞が来るとキハ・テハのやうに成ったのに対し、「名」「日」「矢」の群はナハ・ヒハのやうに成った、と考へることも一案である。然し、「木」「手」の一群と、「名」「日」の一群とは単独の場合既にアクセントを異にしてゐて、「木」「手」の一群はキー型だったが、「名」「日」の一群はナー型だったとも想定出来る。更に、「木」「手」の一群はキー型だったが、「名」「日」の一群はナー型だったとも想定出来る。この三つの中でどの見方が正しいだらうか。茲に『名義抄』に見える「名」「日」「矢」の連語、或いは複合語の声点を吟味して見ると、「名」「日」「矢」の一群は○型か、○○型であったと推定されるのである。[27] 而して○型と推定することは、多くの当時高平調であったと推測される拍が上声で表記されてゐる事実と矛盾して好もしくない。で、結局、「名」「日」「矢」のアクセントは『名義抄』時代、○○型であったと推定することが最も望ましいことに成るのである。平声点を施されてゐる拍が、「名」「日」「矢」の場合に限り、○○調を表したと見ることは、出来れば避けたい気もするが、若し○○といふ曲節は上声の曲節でなく、去声の曲節でもないといふことが明らかになったら、『名義抄』時代に、偶々さういふ拍があったらば、平声の一種と見做されたと考へることも出来ないわけではない。そこで、ここには、平声点は一般には低い平らな曲節を表した、但し「名」「日」「矢」といふやうな特殊な場合には○○といふやうな下降的な曲節をも表したかと推定することとしたい。

〔C〕『名義抄』で去声点の拍

前の〔1〕―〔3〕の表を通覧すると、先づ第一に、去声の点は平上二点に比べて著しく少いのに気附く。此は玆に抄出した訓だけについて見られるのではなくて、『名義抄』の和訓全体を通じても言はれることであって、その比は大体、平声点、上声点各ゝ一〇〇〇宛とすれば、去声点は四箇又は五箇内外である。此は、去声点の表記する音節が、何か特殊の音価をもつものであると考へさせる。然らばそれは具体的にはどのやうな音価であるか。

〔1〕の（ハ）の語彙に於いては、余り語彙が少すぎ、かつ、その現在のアクセントがばらばらすぎて、推定は先づ不可能である。「歯」の例から見ると、この語は諸方言のアクセントから考へて『名義抄』時代ハ|ー型だったかと疑はれ、随って『名義抄』の去声点は○○といふ音価を表したかと疑ひたくなるが、何分たった一語ではどうにも成らず、而も別に「歯」は当時○○型だったと考へ難い事実があるので[28]、この推定は成立しない。

次に〔2〕の（ホ）に於いては、語彙が可成りあって、玆では去声点の拍は、後世の諸方言では総て○といふ高い平らな音に成ってゐる拍を表はしてゐる。然らば之によって去声点は高平調の拍を表はしたものかと疑はれるが、先に立てた、上声点が高い平らな拍を表はしたのだらうといふ推定と矛盾して拙い。そこで、去声点は何か、ある拍、而もその拍は後世○といふ高平の拍に変化し得るやうな種類の拍を表はしたものだらうと推定出来ることどまることとなる。然らば夫は如何なる拍であるか。但し、特殊な拍と言っても、低平の平声の拍、高平の上声の拍に対立する第三の拍であるから、さう複雑なものではない、精々上昇調の拍か、下降調の拍か、といふことになる。

かくて、去声点の拍の音価は、右の〔1〕—〔3〕の表ではそれ以上は不明と言はざるを得ない。所が、『名義抄』に見える去声点の例を多く集め、それによってその性格を考へて見ると、去声点の音価が多少推測されて来るのであって、先づその一例は、去声点の各語の上に於ける現れる位置の制限のあることである。

即ち、去声点は、それが現れる単語に於いて、どんな場所にも現れるのではなくて、必ず第一拍に現れるのである。即ち、去声点を施された語は、必ず〘去・平〙〘去・上〙〘去・平・平〙〘去・上・上〙〘去・上・平〙といふやうな構造をもってゐて、〘平・去〙〘上・去〙〘平・上・去〙といふやうな構造をもったものはないわけである。[29] 此は何を意味するか。

私は、先に去声点は上昇調か下降調を表はすのだらうと言った。今、去声点が第一拍にのみ現れるとすると、これが下降調を表はすと見ることは甚だ好もしくないことになる。何故ならば、〘去上〙といふやうに表記されてゐる語に於いて、去声点を下降調とするならば、この語全体は◯｜◯◯｜といふやうな曲節をもつことになる。所がこのやうに前後が高く発音されるやうな語は、特別な事情がない限り、存在したとは想像し難い。之に対して〘上去〙といふやうに表記されてゐる語ならば、これは全体は◯◯｜◯といふ曲節をもつことに成るのであるから、あっても不自然ではないことになる。然るに去声点は第二拍以下には現れないとは、——去声点が下降調を表はすといふことは難色があるわけである。

然らば去声点が上昇調を表はすと見ると、大変好都合である。即ち、上昇調の拍が第二拍以下に来ると、例へば〘上去〙といふ組合せは◯｜◯◯｜を表はすことに成って、甚だ拙いわけであるが、去声点の拍はこのやうな位置には来ないのである。これに対して第一拍に来る場合には、《去上》といふ組合せは○○○型を表はすことになって此ならば少しも差支へない。《去平》といふ組合せは、○○○型を表はすことになり、《去上平》といふ組合せは○○○型を表はすことになって、此も及第である。即ち去声点は必ず第一拍にのみ現れるといふことは、去声点が上昇調を表はしたらうと言ふ推測を支持するのである。

以上によって、去声点は上昇調の拍を表記したのであらう、と疑ふのであるが、この推定を支持する事実は他にも幾つかある。[30] 上声点或いは平声点が下降調を表はしたかと考へる上から言っても、去声点が下降調を表はさず上昇調を表はすと考へるのが都合が良い。斯くて、私は、『名義抄』の和訓に註記されてゐる去声点は上昇調を表はしてゐるのではないかと考へる。

以上、此の節では、『名義抄』に見える和訓の声点について、その語の現代諸方言に於けるアクセント、並びに『名義抄』の和訓の表記相互の比較から、『名義抄』時代の《平》《上》《去》の音価の推定を試みた。今、玆に導き出した結論を要約して掲げれば次のやうである。

平声　恐らく低平調の曲節、即ち○又は○○といふ音価をもってゐたらう。或いは場合によっては下降調の曲節、即ち○○といふ音価をも、もってゐたかも知れない。

上声　恐らく高い平らな曲節、即ち○又は○○といふ音価をもってゐたらう。或いは場合によっては下降調の曲節即ち○○といふ音価をも、もってゐたかも知れない。

去声　多少確実性を欠くが、上昇的な曲節、即ち、○○といふ音価をもってゐたかと疑はれる。

これを更に簡単な形に表はせば、次の〔結論第四〕を得る。入声の音価は得られない。

〔結論第四〕
平声…低平調？　時には下降調も？
上声…高平調？　時には下降調も？
去声…上昇調？

七　古代の諸文献に見える四声の音価に関する記述の考察

以上の数節に於いて、諸種の方面から古代字音の四声の音価を明らかにしようと試みたが、最後に、この節では、古代の文献で四声の音価に就いての記述のあるものにより、その記述を通してこの問題に解答を与へようと思ふ。

元来、我が国には、四声に関して漠然とした記述をした文献ならば可成り多くの数に騰るのであるが、特に四声の音価に関する記述をもった文献と成ると、その数は苟に寥々たるもので、私の気附いた所では大体左のものを挙げるに止まる。

1、釈安然の『悉曇蔵』〔元慶年中に成る〕
2、釈明覚の『悉曇要訣』〔堀河朝に成る〕
3、釈信範の『悉曇秘伝記』〔鎌倉時代末に成る〕
4、著者不詳の『文字反』〔元弘年中に成る〕
5、釈心空の『法華経音訓』『法華経音義』〔吉野朝に成る〕

6、著者不詳の『開合名目抄』〔室町末期に成る〕
7、釈宥朔の『韻鏡開奩《レン》』〔寛永四年に成る〕
8、西村重慶の『韻鏡問答抄』〔貞享四年に成る？〕
9、釈観応の『補忘記』〔貞享四年に初版成る〕
10、釈契沖の『和字正濫抄』〔元禄六年に叙成る〕

元禄以後には文献の数は少くないが、資料となし難いこと前に述べた通りである。

さて右の文献の中、最初の、1『悉曇蔵』に見える四声の音価の記述に就いては、既に有坂秀世博士に「悉曇蔵所伝の四声について」(31)といふ発表がある。即ち、巻五の二十九枚オモテに初まる次の記述が之である。

日本国モト二音ヲ伝フ。「表」ハ即チ平声ハ直チニ低ク、軽アリ重アリ。上声ハ直チニ昂リ、軽アリ重ナシ。去声ハ稍〻引キ、軽ナク重ナシ。入声ハ径ニ止ミ、内ナク外ナシ。（中略）。「金」ハ即チ声勢低昂「表」ト殊ナラズ。但〻上声ノ、重ノ稍〻平声ノ軽重ヲ相合スルニ似テ、始メ重ク終リ軽ク之ヲ呼ブヲ以テ異ナリトス。（中略）承和ノ末「正」法師来レリ。（中略）声勢太ダ奇ニシテ、四声ノウチ各〻軽重アリ。平ニ軽重アリ、軽ニモ亦軽重アリ。軽ノ重ハ「金」ノ怒声ナリ。上ニ軽重アリ、軽ハ「金」ノ声ノ平軽上軽ヲ相合スルニ似テ、始メ平ラニ終リ上ニ之ヲ呼ブ。（この辺り板本の点を改めて訓んだ）重ハ「金」ノ声ノ上重ニ似テ突ズシテ（?）之ヲ呼ブ。去ニ軽重アリ、重ハ長ク軽ハ短シ。入ニ軽重アリ、重ハ低ク軽ハ昂ル。元慶ノ初「聡」法師来レリ。（中略）四声皆軽重著力アリ。平入軽重ハ「正」和尚ト同ジ。上声ノ軽ハ「正」和尚ノ上声ノ重ニ似、上声ノ重ハ「正」和尚ノ平ノ軽ノ重ニ似タリ。平軽ノ重ハ「金」ノ怒声ナリ。但〻力ヲ著シテ呼ブヲ今ノ別ト為スナリ。去ノ軽重ハ自ラノ上ノ重ニ似タリ。但〻角引ヲ以テ去声ト為スナリ。音響ノ終リ、妙ニ軽重アリ。直チニ止ムヲ軽トシ、稍〻昂ルヲ重ト為ス。此ノ中力ヲ著スル亦怒声ナリ。

而してその序の中には次の言葉がある。

我ガ国旧来ノ二家、或イハ上去ノ軽重ナク、或イハ平去ノ軽重ナシ。新来ノ二家、或イハ上去ノ軽重稍と近ク、或イハ平上平去相渉ル。

この叙述に拠れば、当時日本に行はれてゐた四声には、表式・金式・正式・聡式といふ四種のものがあり、それぞれ内容が異ってゐて、古く伝へられた表式・金式は五声或いは六声を区別するに止まるが、新しく伝へられた正式・聡式は八声或いは九声を区別する複雑なものであったことが窺はれる。然し、各声の具体的な音価に就いては、この記述だけでは一寸分りかねると言はざるを得ない。

次に、2釈明覚の『悉曇要訣』は、その巻一の十四枚オモテ以下で、梵字の唱へ方を説く序に、字音の四声の解説に入り、次のやうな記述をしてゐる。

(イ)　六声家ノ去声ハ八声家ノ去声ト同ジカラズ。今、去声ト言フハ、コレ六声家ノ去声ナルベシ。実ハコレ八声家ノ上声ノ重音ナリ。何トナレバ、初メ平ニシテ後チ上ル音ヲ、六声家ニハ去声トナシ、八声家ニハ上声ノ重音トナス。

(ロ)　○△字ハ、初め平ニ後チ去ニ之ヲ呼ブベシ。即チコレハ八声家ノ去声ナリ。故ニ同ジク去声ナリトイヘドモ、軽重異ルアルカ。初メ平ニシテ後チ上ナル字、オヨビ初メ平ニシテ後チ去ナル字ヲ六声家ハ同ジク去声トナス。(○△二字の個所には梵字が書いてある)

(ハ)　宝月宗睿意ハ八声ヲ用フル故、五句ノ第四字ヲ皆上声ノ重音ト云フ。□×▽ノ三字モ亦上声ト言フカ。弘法家ハ六声ヲ用フル故ニ此等ノ字ヲ皆去声ト言フカ。(□×▽三字も梵字)

（ニ）　重音ナル者ニ去声上声ノ軽重アリ。知ル人既ニ少シ。今私カニ案ズルニ、初メ昂リ後侶ル、ヲ平声ノ軽トナシ、初後倶ニ侶ル、ヲ平声ノ重トナス。初後倶ニ昂ルヲ入声ノ軽トナシ、初後倶ニ侶ル、ヲ入声ノ重トナス。当ニ知ルベシ、重音トハ初メ侶ル、音ナリ。初後倶ニ昂ルヲ名ヅケテ上声トナス。是レ六声家ノ義ナリ。初メ侶レテ後チ昂ル音ハ上声ノ重トナスベシ。

（ホ）　故ニ知リヌ、去声トハ即チ今ノ重音ナリ。初メ侶レテ後チ昂ル音ヲ、六声家ハ以テ去声トナスナリ。

之に拠ると、先づ（イ）（ロ）により、当時八声を伝へる流儀と六声を伝へる流儀とがあることが知られ、（ハ）により、弘法家では六声を伝へてゐることが知られ、更に（ニ）（ホ）により、夫々の声の音価は次のやうであったと想定される。「弘法家」とは真言宗の意に相違ない。

平声の重　初め後ち共に侶《た》る丶
平声の軽　初め昂《あが》り、後ち侶る丶
上　　声　初め後ち共に昂る
去　　声　初め侶れ、後ち昂る
入声の重　初め後ち共に侶る丶
入声の軽　初め後ち共に昂る

茲で、「昂る」とか「侶る丶」とか言ふ語は、如何なる音価を表したものであるか。現在の術語では「アガる」と言へば低から高への変化を意味し、「タれる」と言へば高から低への変化を意味するが、然し、この記述に於いてもそのやうだと解しては、四声の孰れもが、低から高へ、或いは高から低へ、変化する音価のものばかりで、高にせよ低にせよ平らなものは一つもない。と言ふことになる。之は可笑しい。又、「初め後ち共にタれる」の如きは、「初めも終りも降る」で、つまり、「ひたすら降る」の意になり、これでは理論上唯「降る」と言ってもよい。つまり「初め後ち共に」と言ふ語が贅語に成って了ふ。これも問題だ。それ故、此処の「昂る」は「低から高へ変化する」の意味ではなくて「高い」の意味、「㐰る丶」は「高から低へ変化する」の意味ではなくて「低い」の意味だと考へることにする。単に高く平らな音勢を「昇る」と表現し、低く平らな音勢を「降る」と表現することは、今の人でも有り勝ちなことであるから、昔の人なら猶更である。それから又、「アガる」「タる丶」といふ訓みは、版本の送り仮名に従ったものであるが、明覚自身は、「昂」を「タカし」、「㐰」を「ヒクし」と訓む意向であったかも知れないのである。兎に角、私は「昂」は「高い」の意味、「㐰」は「低い」の意味と理解しようと思ふ。さうすると、明覚の意図した六声の内容は、次のやうだったと解釈される。

〔結論第五の一〕

平声の重　初めも終りも低い。即ち低平調。
平声の軽　初めは高く終りは低い。即ち下降調。
上　声　初めも終りも高い。即ち高平調。
去　声　初めは低く終りは高い。即ち上昇調。
入声の重　初めも終りも低い。即ち低平調。
入声の軽　初めも終りも高い。即ち高平調。

この智識を得て、前の『悉曇蔵』の記述を読返すと、最初に出てゐた「表」式の四声は、この六声家の四声と同一のものかと思はれる。即ち、「平声ハ直チニ低ク」といふのは、平声の重が低平調であることを意味したもの、「上声ハ直チニ昂ル」といふのは、上声が高平調であることを意味したものと解することが出来、更に「去声ハ稍〻引キ」とは去声が上昇調といふ変化のある音価をもってゐることを言表したものと解釈されるからである。

なほ、「明覚の所謂『八声家ノ四声』とは如何なものか」と言ふことは、『悉曇要訣』の右の言葉からは、明瞭には窺へないが、此は、次に挙げる釈信範の『悉曇秘伝記』が代って答へてくれる筈である。

さて、3信範の『悉曇秘伝記』は、飯田利行氏に従へば、「八声ノ事」として次のやうな記述を載せてゐる由である。

先ヅ四声軽重ヲ明ラカニセバ、私頌ニ曰ク、「平声ノ重ハ初後倶ニ低シ。平声ノ軽ハ初メ昂リ後低シ。上声ノ重ハ初メ低ク後昂ル。上声ノ軽ハ初後倶ニ昂ル。去声ノ重ハ初メ低ク後チ偃ス。去声ノ軽ハ初メ昂リ後偃ス。入声ノ重ハ初後倶ニ低シ。入声ノ軽ハ初後倶ニ昂ル」。

之によれば、八声とは、真言宗の四声とは異り、(平)(上)(去)(入)の四声が各々軽重の別をもち、4×2で八声に成ることを知る。ここの「低し」は今の「低い」といふ術語と同じ意味であらう。『悉曇要訣』で「タる〻」と述べてゐた個所に「低し」といふ語が用ゐてあるが、この事実は前の『悉曇要訣』の「タる〻」を「低い」と解釈したことを支持すると思ふ。「昂ル」は「低シ」に対立するものであるから「高い」といふ意と解される。これも『悉曇要訣』の「昂ル」を「高し」の意と解したのを支持すると思ふ。所で理解しがたいのは、去声の音価の説明に用ゐてある「偃ス」といふ語である。此は他に用例も見当らず一寸途方に暮れざるを得ない。

然し、今思ひを巡らして見るのに、先づ、此は「昂ル」及び「低シ」に対立して用ゐてある所から見て、単なる「高い」とか「低い」とか言ふ意味でないことは明らかである。然らば、差当り思ひ附くのは、「昇る」とか「降る」とか言ふ概念を表す語ではないかと想像される。今、さう考へて、「昇る」「降る」の中の孰れの概念を表したと見る方がよさそうか、と言ふのに、これは「昇る」の意と見た方が妥当性が多いのではなからうか。さう考へる鍵は先の明覚の『悉曇要訣』の（ロ）に見えた、「初め平声に後ち去声に呼ぶのは八声家の去声である」といふ詞である。恐らくこの「初め平で後ち去」の発音は八声家の去声の重であらうと察せられる。即ち信範の「偃ス」は明覚の「去」と同一音調をさすことに成る。明覚の「去」は上昇調を意味するであらう。随って、ここの「偃ス」も上昇調を意味するのではないかと想定するのである。

尤も、このやうに考へると、去声の軽の音価は「初メ昂リ」であるから、「偃」を「昇ル」と見ると、○○○のやうな中凹調になって拙いではないか、と考へられるが、然し、恐らく去声の軽の場合の「初メ昂リ」の「昂リ」は上声軽における「初後倶ニ昂ル」といふ場合の「昂ル」ほどは高くなかったのだらうと考へる。

抑ゝこの八声家に於ける平上去入の各声の「軽重」といふものは、この文で見ると、音が高く初まるか低く初まるかの別であって初め高いものを軽と言ひ、初め低いものを重と呼ぶと知られたが、この軽重における高低の差は、平声・上声における音尾の高低等に比べて遥かに小さかったのではあるまいか。さうでなければ、低平調と下降調といふやうな、可成り差のある音調に対して、一を平声の重とし、他を平声の軽とするといふやうに、一つの声に一括するのは不審だと言へるからである。

即ち、去声の軽の「初メ昂リ」の、初めの部分は、中程度の高さであった、然しそれは去声の重の初まりである「低」の調に比べて高かったから、「初メ昂リ」と呼んだと考へるのである。そして、去声の軽の「後チ偃ス」は中位から高位への上昇調であった、つまり全体は○○○といった曲節であったと考へるのである。

同様に、平声の軽の「初メ昂リ」の「昂リ」といふのも中程度の高さを意味すると想像し、上声の軽の「初メ昂リ」の「昂リ」は「高」の調でよいと思ふが、上声の重の「初メ低ク」は、中程度の高さであると想像する。即ち、此の八声家の四声の内容は、次のやうであったかと考へるのである。

〔結論第五の二〕
平声の重　初めも終りも低い。即ち、低平調　○○型。
平声の軽　初めは稍〻高く終りは低い。即ち、低い下降調　○○型。
上声の重　初めは低く終りは高い。即ち、上昇調　○○型。
上声の軽　初めも終りも高い。即ち、高平調　○○型。
去声の重　初めは低く終りは上昇調である。即ち、初低平、後上昇調　○○型。
去声の軽　初め稍〻高く終りは上昇調である。即ち、初中平後上昇調　○○型。
入声の重　初めも終りも低い。即ち、低平調　○▽型。
入声の軽　初めも終りも高い。即ち、高平調　○▽型。

このやうに考へれば、先に挙げた『悉曇要訣』の

六声家ノ去声ハ八声家ノ去声ト同ジカラズ。今、去声ト言フハ、是レ六声家ノ去声ナルベシ。実ハコレ八声家ノ上声ノ重音ナリ。何トナレバ、初メ平ニシテ後チ上ル音ヲ、六声家ニハ去声トナシ、八声家ニハ上声ノ重音トナス。

といふ記述も矛盾なく解釈出来るし、

初メ平ニシテ後チ上ナル字、オヨビ初メ平ニシテ後チ去ナル字ヲ六声家ハ同ジク去声トナス。

といふ詞は、「初低平後上昇調の○○といふやうな音価は、八声家では単なる上昇調の○○といふ音価とは区別し、

去声の重と見るが、六声家ではこれに該当する型がないので、単なる上昇調と区別せず、普通の去声に摂して聞く」と言ふ意味だらうと考へてとける。(32)

さて次に、5釈心空の『法華経音訓』は、法華経の用字を拾ってその音訓を示したものであるが、その巻末に四声の点図が載せられ、之に次のやうな詞が附せられてゐるのである。

平声ハタル。上声ハアガル。去声ハハジメタレテノチニアガル。入声ハフツクチキニトヾマル。

この「タル」「アガル」は『悉曇要訣』に於ける「佀る丶」「昂る」と同じ意味に解してよいと思ふ。然すれば、ここに説かれてゐる四声の内容は次のやうなものと成る。

〔結論第五の三〕

平　声　低い音調。即ち、低平調。○型又は○○型。
上　声　高い音調。即ち、高平調。○型又は○○型。
去　声　初め低く後ち高い音調。即ち、上昇調。○○型。
入　声　フツクチキで終る音調。

此は、平上去入の孰れにも軽重を説かないから、先の六声家、八声家に対して「四声家」と言ふべきであらう。心空は「四声家の四声」を説いたわけである。而して心空は、『法華経音義』の巻末にも、四声点図を載せ、之と同じ意味らしい、四声の説明を行ってゐる。

さて、以上、『悉曇要訣』『悉曇秘伝記』及び『法華経音訓』を通じて、六声家の四声、八声家の四声及び四声家の四声の内容を考察したが、私が先に四声の音価を記述した文献として挙げた1―10のものは、孰れも此等三つの孰れかと大同小異である。即ち、『開合名目抄』『補忘記』『和字正濫抄』は大体六声家の四声を説き、『文字反』『韻鏡開奩』『韻鏡問答抄』は大体四声家の四声を説いて居り、記述も大体『悉曇要訣』又は『法華経音訓』と似たり寄ったりだと言ひ得る。唯『文字反』に於ける四声の説明は

平声　タヒラカナルコヱ、上声　アガルコヱ、去声　サルコヱ、入声　イリテサガルコヱ。

といふので多少異色があるが、之は平上去入といふ文字面から思ひ附いて作った解説で、特に重んずべきものではないと考へる。(33)

さて、茲に、本節で考察した六声家・八声家・四声家の四声の内容を比較対照すれば次の表のやうに成る。

この表を通覧して注意されることは、四声家・六声家・八声家と、区別する声調の数は異なっても、このやうにして推定された同一声の音価は、大体同じやうな内容であって、唯その差は精粗の差に過ぎないと言ふことである。この事実は、此等文献の記述が大体信頼出来ることを物語ってゐるかと考へられる。それと同時に、この度此等の文献の記述を通じて試みた四声の音価の推定結果も、大体是認してよいことになったかと考へるのである。

即ち、茲に、此の節に考察した所の四声の内容を綜合して記述すれば次のやうに成る。

平声　単に「平声」とだけいふ時は、低平調をさす。若し軽重に分けて言ふならば、平声の軽は下降調を表し、平声の重は低平調を表す。

上声　単に「上声」とだけいふ時は、高平調をさす。若し軽重に分けて言ふならば、上声の軽は高平調を表し、上声の重は上昇調を表す。

去声　単に「去声」といふ時には上昇調をさす。若し軽重に分けて言ふならば、去声の軽は初め中平・後ち上昇の音調を意味し、去声の重は初め低平・後ち上昇の音調を意味するであらう。

		四声家（法華経音訓）	六声家（悉曇要訣）	八声家（悉曇秘伝記）
平声	重	低平調	低平調	低平調
	軽		下降調	低下降調
上声	重	高平調	高平調	上昇調
	軽			高平調
去声	重	上昇調	上昇調	初低平・後上昇調 ?
	軽			初中平・後上昇調 ?
入声	重	―	低平調	低平調
	軽		高平調	高平調

入声　フツクチキの音で終る音をさす。軽重に分けて言ふならば、入声の軽は高平調のさういふ拍を表し、入声の重は低平調のさういふ拍を表す。

これを一層簡単な形で表せば、

〔結論第五の四〕
平声の重＝普通の平声…低平調。
平声の軽……………………下降調。
上声の重…………一種の上昇調。
上声の軽＝普通の上声…高平調。

去声の重＝普通の去声…上昇調。
去声の軽…………一種の上昇調。
入声の重＝普通の入声…低平調の入破拍。
入声の軽……………高平調の入破拍。

八　むすび　考察の収穫

以上　第三節―第七節において、古代我が国に伝へられた四声の内容はどのやうなものであったか、といふことを五つの方面から考察を試み、〔結論第一〕…〔結論第五〕といふ五つの結論を得たが、玆にその結果を綜合して掲げると、次の表のやうになる。

さてこの表を通覧するのに、第一段―第五段を通じて、平上去入各声の音価は非常によく似てゐることが注目される。稀には去声が第二段では「低平調か？」と言ふ疑がかけられてゐるやうな例もあるが、これは「低平調でなければならない」と言ふことを主張してはゐない。「若し、上昇調でない場合には、低平調でも差支へない」と言ふことを表はしてゐるだけである。つまり、上昇調であることが明らかになれば文句はないのである。即ち、この表の第一段―第五段はすべてその中に矛盾を含んでゐないと言ふことが出来る。

而して玆に注意すべきは、この表の第一段―第五段に於ける、四声の音価の推定は、総て相互に独立になされたことである。第二段の「結論第二」は第一段の「結論第一」の結果を全然考慮に入れず、別の方面から別の資料によっ

	平声	上声	去声	入声
中国語の四声の考察から＝〔結論第一〕	平調。特に低平調。	高い声調。高平調か。	変化のある声調。上昇調か。	入破音節。
諸方言の字音語のアクセントの考察から＝〔結論第二〕	低平調か。少くとも高平調にあらず。	高平調か。	上昇調？低平調？	入破音節で声調は平調と同じ。
仏家に伝承する四声の考察から＝〔結論第三の二〕	低平調。軽声は下降調。	高平調。	上昇調。	低平調で第二拍は促音又はウ。軽声は高平調で第二拍は促音。
古文献にアクセントを注記している語の考察から＝〔結論第四〕	低平調？時には下降調？	高平調？時には下降調？	上昇調？	
古文献の四声の音価の記述の考察から＝〔結論第五の四〕	普通は重声で低平調。軽声は下降調。	普通は軽声で高平調。重声は一種の上昇調。	普通は重声で上昇調。軽声は一種の上昇調。	普通は重声で低平調の入破拍。軽声は高平調の入破拍

て導き出したものである。「結論第三」「結論第四」「結論第五」も同様である。即ち、第一段―第五段の結論は、総て全く独立に為されたものであるに拘らず、自づから同じ内容を有するに至ったのである。此は、茲に下された結論が正しかったことを証するものだと思ふ。即ち、この表の第一段―第五段を比較し、矛盾を起さぬやうに解釈した四声の音価、之が古い時代の四声の正しい音価であると考へるのである。これは大体次の〔結論第六〕の如きものであらう。なほ、右の表の第四段に於いて、平声がある場合下降調の音価を発揮してゐると見られたのは、古代の文献で平声を普通の平声の音価を表すために借りた以外に、平声軽の音価をも借りたこともあることを示すものであらう。

〔結論第六〕
平声＝厳密には平声重……低平調。
上声（＝厳密には上声軽）……高平調。
去声（＝厳密には去声重）……上昇調。
入声＝厳密には入声重……低平調の入破拍。

又、いはゆる軽とか重とか言ふものは次のやうに解釈される。

〔結論第七〕
軽……同じ種類の音調のうち、より高く初まる音調の称。
重……同じ種類の音調のうち、より低く初まる音調の称。

この〔結論第六〕〔結論第七〕を組合せれば、次のやうな結論が出る。この他に「上声の重」「去声の軽」も存在するわけであるが、あまりしばしば用ゐられない故、無視してよいであらう。

〔結論第八〕
平声の軽…………下降調。
入声の軽……高平調の入破音節。

さて、以上〔結論第六〕〔結論第七〕〔結論第八〕は、我々がこの稿の初めで考察の目的とした事実であった。小論はそれ故ここで筆を擱いてもよいはずであるが、我々は諸種の考察を試みてゐるうちに、自ら他の事実で明らかにされたものも少くなかった。最後にそれらを列挙してこの稿を終へようと思ふ。中にはもう少し詳しい論考を必要とするものもあるが、既に紙数は非常に嵩んでゐる故、それは省筆することとする。下に掲げた括弧内の数字は比較的に詳しくその問題を論じた節の番号である。

1、『悉曇要訣』以下、第八節に掲げた文献に見える四声の音価は大体正しい観察を遂げてゐるものと見られる。但し『文字反』を除く。(二)(七)。

2、現代漢学者の間に一般的になってゐる四声の観念、「平声はたひらな音」「上声はあがる音」「去声はさがる音」といふのは、江戸時代の中期以後発生した観念で、古代の四声の内容とは直接には関聯のないものである。(二)。

3、古代我が国には漢音の四声と呉音の四声と二種のものが伝はってゐたが、これは全く反対の内容をもつもので、漢音で平声の文字は呉音では大体上声又は去声であり、呉音で平声の文字は漢音では大体上声又は去声であった。なほこの場合、文字を離れて「何声」といふ場合は、漢音、呉音を通じて同一の音価をもってゐたと考へられる。(二)(四)。

4、『悉曇蔵』以後、近世初期に至る諸文献における四声は大体同一種類の内容をもったものと考へられる。而して近世中期以後に至って、文雄式のもの、伊勢貞丈式のものなど、古代のものとは全く関係のない四声の観念が並び起った。(二)。

5、中国における「平声」「上声」「去声」「入声」といふ各四声の名称は、その内容に関して全く無関係なものではないらしい。(三)。

6、『元和韻譜』などに見える四声の音価の説明は、不完全ではあるが、全然見当の外れたものではないらしい。(三)。

7、劉復が現代諸方言の四声の音価を通して得た各四声の一般的性格は、古代の四声に関してもあてはまるもののやうである。(三)。

8、古代我が国では、漢語の発音にあたり、そのアクセントである、もとの四声をやかましく正したらしい。そしてその風は仏教界といふ一部の社会に於いてはずっと近世まで続いたやうだ。(四)。

9、現在諸方言――少くとも京都語の漢語のアクセントには、古代中国から輸入された場合の四声の区別を反映してゐるものが少くない。それは日常多く用ゐられる呉音の漢語に著しい。(四)。

10、『類聚名義抄』に見える「和音の四声」といふものは、当時日本に一般に行はれてゐた字音のアクセントで、それは呉音の四声と密接な関係をもつ。そしてその種類は大体平声と去声との二種類にとどまる。(四)。

11、現代真言宗に伝はってゐる四声と天台宗に伝はってゐる四声とは同一内容のもので、これは古代の四声の伝統をひくものである。(五)。

12、真言宗で現在行はれてゐる声明『四座講式』の曲節は、その製作時代以後、規則的な或る「旋律の変化」を遂げてゐる。古版本『四座講式』の譜は古い時代の四座講式の旋律を伝へるもので、その曲節は字音語のアクセントを甚だ忠実に伝へてゐる。(五)。

13、『類聚名義抄』の声点は当時の京都アクセントを正しく観察し表記したものと考へて矛盾がない。(六)。

14、現代諸方言中、高知方言、赤穂方言、高松方言のアクセント体系は、孰れも『名義抄』式のアクセント体系から転化して出来たものと見ることが出来る。(六)。

15、『類聚名義抄』では上声点、去声点はそれぞれ一種類づつの音価を表はすが、平声点は普通の平声の音価と、平声軽の音価とを表してゐる。(六)(八)。

16、『悉曇蔵』に見える我が国に伝へられた四種の四声のうち、我が国に一般的に行はれたのは「表」式のものであったらしい。(七)。

あとがき

私がこの原稿を一往完成したのは、そろそろ本土空襲の初まった昭和十九年の暮れであった。それがこのたび寺川喜四男氏の尽力で初めて版になるのであるが、当時を思い起し、いささか感慨にたえない。終戦後、この方面の研究は大きな進歩を遂げ、ことに小西甚一氏が大著『文鏡秘府論考』を出されたことは特筆すべきことである。氏はこの著において、私などは見ることのできなかった、多数の、四声の音価について記述した文献をあげ、古代の四声の音価を推定された。これでは、古代の四声の音価の推定は、古代の文献だけで十分であるとも言えそうである。少くとも、「私が四声の具体的な音価を示した文献は甚だ少い」と言ったことばは、撤回しなければならないようである。私は、このたびこの旧稿の公開をよほど見合わせようかとも思ったが、ひとつには、第四節・第五節・第六節あたりは、小西氏の全然触れておられぬところであるし、またひとつには、具体的な音価の推定において小西氏とはちがった結論に到達しているので、おくればせながら、あえて世に問うことにした。簡単に小西氏の結論と、私の結論とのちがいを表示するならば次のようである。

平声軽	高平調(小西氏)	下降調(春彦)	
上声軽	一種の上昇調(小西氏)	高平調(春彦)	

(昭和二十四年二月十一日)

あとがき・ふたたび

昭和二十四年夏、「中国語学研究会」に入会し、倉石武四郎博士、頼惟勤氏等が、私が全く手をつけなかった「天台声明」を資料とし、日本古代における四声の音価について、深い研究を進めておられることを知った。その成果の一部は、頼氏の手により、『中国語学』の第十九号・第二十二号・第三十一号などに発表されているが、『言語研究』の第十七号には、その研究の全貌が明らかになるような詳しい発表が載るはずである。併せ参照いただきたい。なお、私もここに述べたような内容を二十四年夏の同研究会の例会で発表し、その梗概は頼氏の手で、『中国語学』の第三十一号にのせていただいた。

（昭和二十五年十一月十三日）

註

（1）前代の文献で四声に関する記述を含むものの名は、佐藤寛「本朝四声考」（『国文論纂』所収）、井上奥本「日本語調学小史」「日本語調学年表」（共に『音声の研究』二所載）、大西雅雄「日本四声考」（『コトバ』五ノ三所載）などに挙がってゐる。

（2）『国学院雑誌』二二ノ一—四・七—一〇（大正五年）に連載。翁はその後前掲註（1）「日本語調学小史」を公にされた。

（3）現在までに、此の問題に就いては、拙稿「現代諸方言の比較から観た平安朝アクセント」（『方言』七ノ六所載）、「補忘記の研究、続紹」（『日本語のアクセント』所収）、「契沖の仮名遣書所載の国語アクセント」（『国語と国文学』二〇ノ四所載、本書に転載）、「類聚名義抄和訓に施されたる声符に就て」（『国語学論集』所収、本書に転載）などの中で少しづつ考察して見た。

（4）前掲註（1）「日本語調学小史」七七頁八行。

（5）前掲註（3）「類聚名義抄和訓に施されたる声符に就て」の中で簡単に触れたことがある。

（6）此は伊勢貞丈が唱導したといふ意味ではない。唱導したのは河野通清あたりの漢学者であらう。この見方を日本語のアクセントの例に当てはめて説いたのは、貞丈あたりが最初であったかと思ふ。明治以後多くの学者・知識人がこの伊勢貞丈式の四声観をもってゐたが、なかで柳田国男氏は、ひとり契沖と同一の四声観をもってをられたかと疑はれ、興味深い（同氏は「地名の話」〔『地名の研究』所収〕で「木曽の福島はフクジマと濁つて上声に云ふべきであるが、今日は岩代の福島など丶同じになつてしまつた。」と述べて居られる）。

（7）金沢庄三郎「四声軽重考」〔『東洋学研究』創刊号所載〕、岩橋小弥太「和名抄の音註に見ゆる某声の軽又は重といふ事」〔『国学院雑誌』一九ノ一一所載〕、朝山信弥「古代漢音における四声の軽重について」〔『国語国文』一一ノ一一所載〕。

（8）第七節二二八頁を見よ。

（9）王力『中国音韻学』上巻九〇項、九二項。

（10）山田孝雄博士の『国語の中に於ける漢語の研究』に従へば、唐の国子祭酒李涪《フウ》の『刊誤』に「呉音ハ乖舛亦甚シカラズヤ。上声ハ去声トナリ、去声ハ上声トナル」とある由であり、江南地方の声調は、よほど古くから北方のものとは違ひが大きかったと推定される。

（11）劉復『四声実験録』八七頁。

（12）劉復『四声実験録』八七頁―八八頁。

（13）この書は中国語諸方言の四声を論ずる資料として引用されるが、最も肝腎な北京語の四声が誤った曲節に掲載されてゐるのは残念である。

（14）私が留日学生について調査した所では、天津では上平は低平調、下平は高平調、上声が上昇調で、去声だけは北京と同じく下降調であった。

（15）有坂秀世博士は「悉曇蔵所伝の四声について」〔『音声学協会会報』四一所載〕の中で、『悉曇蔵』に見える『表』式の四声は官話の先祖もしくはそれと極く系統の近い方言ではなかったか」と推定して居られる。この説に従った。

（16）例へば佐久間鼎博士は、『国語の発音とアクセント』『日本音声学』などに於いて、漢字音のアクセントがいろいろに成ってゐる事実に気附かれながら、その原因を古い四声の別には求めず、最初は総て起伏型であり、日本化したものが平板型に変化したと推定して居られる。この事実に多少とも論及された学者は、明治以後では、本居長世氏・三宅武郎氏ぐらゐのものであらう。私は「国語アクセント断想」〔『ローマ字世界』三三ノ一所載〕の第二節の中で佐久間博士の考へに対する反対意見を公けにしたことがある。近頃、和田実氏が、この問題に就いて考究を進めて居られるのは心強い。

(17)　岡井慎吾『日本漢字学史』の「音博士」の章、「支那音の奨励」の章を参照。

(18)　平安朝以後に書写された『日本書紀』の古写本や、鎌倉時代以後書写された『古今集』の写本の中にも、漢語に対して声点を差したものが相当あり、此等はずっと後世まで四声を正しく発音しようと努力したあとを伝へてゐると考へる。

(19)　前掲註（16）「国語アクセント断想」の第二節。

(20)　寺川喜四男「日本語の基本的音調に就て」〔『コトバ』再六ノ三所載〕及び寺川喜四男・日下三好『標準日本語発音大辞典』の解説四八頁以下を見よ。

(21)　大山公淳師の『声明の歴史及び音律』、水原尭栄師の『高野山法談論義攷』、多紀道忍師の『天台声明の梗概』などは、孰れもこのやうな事実に言及して居られる。

(22)　橋本進吉先生に「国語史研究資料としての声明」〔『密教研究』三二所載〕といふ論文がある。

(23)　岡山県勝田郡広戸村五穀寺の住職であるが、昭和十五年冬、和歌山県高野口町地蔵寺で二週間ばかり隣室に泊めて頂き、『四座講式』の唱へ方を『魚山蠆芥集』その他表白・祭文の類の唱へ方と共に懇切に御教示頂いた。『声明の研究』『声明教典（解説篇・音譜篇）』及び後述の『四座講式並大師明神両講式伝習手引』などの編著があり、孰れも私達外界のものが声明とはどんなものかを窺ふためには絶好のもので、私が受けた学恩は多大である。

(24)　玆に述べるのは、特に『講式』のうち「初重」と呼ばれる部分の曲節である。「初重」とは低いオクターブの意で、『講式』には別に「二重」（一段高いオクターブ）と呼ばれる曲節もあり、そこでは同じ節博士が附いた句調でも「初重」とは異った旋律に唱へられるが、漢字に施された声点と、左側に施された節博士との関係は、「初重」でも「二重」でも同じことである。「初重」と「二重」とは、恐らく作曲された当初に於いては、同じ節博士は似た旋律で唱へられたものであらう。

(25)　『補忘記』に掲げられた語彙の声点と節博士とを見比べて見ると、所謂出合（イデアヒ）と呼ばれる現象があって、平声の文字も位置によって必ずしも低平調にばかりは唱へず、上声の文字も位置によっては必ずしも高平調にばかりは唱へないやうである。『補忘記』の別の個所に出てゐる「出合の法則」なるものを熟読して見ると、之は国語のアクセントが鎌倉時代に大きな転換を遂げたその結果生じたもので、矢張鎌倉時代以前にあっては、熟語に成って単独の場合と同じやうに唱へられたものであることが推定される。

(26) この問題に就いては、拙稿「国語アクセントの地方的分布」(『標準語と国語教育』所収)を参照せられたい。

(27) この事実に就いては、前掲註(3)拙稿「契沖の仮名遣書所載の国語アクセント」を参照せられたい。

(28)「歯」を先部成素とする複合語のアクセントを『名義抄』の例から考へる場合にそのやうな結論に達するのであるが、これについては他日詳述したい。

(29) 前掲註(3)拙稿「類聚名義抄和訓に施されたる声符に就て」。

(30) 前掲註(3)拙稿「類聚名義抄和訓に施されたる声符に就て」を参照せられたい。

(31)『音声学協会会報』四一に載る。

(32)『群書類従』所収の『作文大体』は、天慶二年の序文をもつ詩文の作法作例を示したものであるが、その中に「上声ノ重ハ去声ニ渉リ、去声ノ軽ハ上声ニ渉リ、遁ニ分別シ難シ」とあるのは、この間の消息を伝へるものと考へられる。なほ『日本文学大辞典』の「四声」の解説の条に、「去声の重は上声に渉って」とあるのは「去声の軽は」の誤植であらう。

(33)『日本文学大辞典』の「乎古止点図」の条に掲げられてゐる経点の点図のうちに、去声に対して「初低後昇」といふ註記のあるものがある。これも上に試みた去声音価の推定を支持するものである。

五　平声軽の声点について

一

本誌〔『国語学』〕の二十九輯、それから今度の三十九輯・四十輯にのった、小松英雄氏の平声軽をめぐる論考は、すばらしい発表である。(1) それは、今まで私どもが粗略に見逃がしていた盲点に照明をあてたもので、これにより、平安朝末期の日本語のアクセント体系が、これまで考えられていたものとはぐっと変わり、きわめて華麗・複雑なものであることが明らかになった。そのアクセント体系の全容はまだすっかりはあらわになっていないが、今後研究の進むにつれて、それが今かぶっているヴェールは漸次取払われていくであろう。楽しみなことである。

二

小松氏の研究は、図書寮本『類聚名義抄』に平声軽の点の存在をつきとめたことにはじまり、それが『金光明最勝王経音義』にも発見されたことによってさらに進展した。私たちは、当時の日本語に下降調の拍があることには気付いていたが、その声点は低平調の拍と全く同じに左裾の位置に差されているものとばかりきめこんでいた。[2] スコーシ上ニズレテササレテイタトワツイ気ガ付カナカッタ。そのために、小松氏の列挙されたような、あんなに多くの語彙に下降調の拍が隠れていようとは、全く青天のヘキレキだった。小松氏は、この種の声点については、私ども先にやったものに傷がつかぬようにとの配慮から、極力限られた一部の文献だけに見られるものだと言おうとしておられる。しかし、実際は、〈平安朝に成立した声点を記載した文献の大部分にこの種の声点が行き亙っている〉というのが真相ではないのだろうか。少くとも「平声軽が施された痕跡」と限定していうならば、そういう痕跡の認められる文献は、相当の数に昇るように思われる。

例えば『日本書紀』の古写本は、今まで声点の位置が特異の文献として注意されていた。[3] しかし、これは、その原型としては平声軽をもっていた、それを転写者が私のような大ざっぱな人間であったために、普通の平声の位置に写しちがえてしまった、その結果、現在見るような体裁になった、と考えるのがいいのではないか。今、小松氏の発見に導かれて、書紀古写本の声点を見直してみると、次のような例を拾うことができる。

(1) ツカハスラシキ° ≪上上上平平 f≫（遣はすらしき）〔岩崎家本『推古紀』の「真蘇我よ…」の歌〕
(2) イヒニヱ°テ ≪上上上 f 上≫（飯に飢て）〔同じ本の「しなてる片岡に…」の歌〕
(3) キミハヤナキ° ≪上上上上平 f≫（君はや無き）〔同じ本の同じ歌〕
(4) タゲテトホラセ° ≪平上上平平平 f≫（喫げて通らせ）〔岩崎家本『皇極紀』の「岩の上に…」の歌〕
(5) ワガテヲトラメ° ≪平上平上平平 f≫（我が手を執らめ）〔同じ本の「むかつをに…」の歌〕
(6) ソノフネトラセ° ≪上上平上平平 f≫（その船取らせ）〔前田家本『仁徳紀』の「なにはびと…」の歌〕
(7) ナミダグマシモ° ≪平平平平平平 f≫（涙ぐましも）〔同じ本の「山城の筒城の宮に…」の歌〕

(8)キイリマキクレ。《去上平平上平f》（来入り参来れ）〔同じ本の「つぎねふ山城女の…さわさわに汝が言へせこそ…」の歌〕

これらは小松氏の発表に照らして、いずれも最後の拍は平声軽の点をもっていて適当な語彙である。(4)

観智院本『類聚名義抄』のごときも、現存の本における形容詞の語尾に施された声点に見られる不統一ぶりや、(5)仏上末巻あたりを中心として見られる平声ではじまる動詞の表記に見られる変異は、(6)その原本における平声軽の点の存在を示唆する有力な徴証のように思われる。『色葉字類抄』の原本に平声軽の点があったらしいことは桜井茂治君により指摘された。(7)高山寺本『和名抄』や『世尊寺字鏡』なども、今の写本の声点にこそ平声軽の点ははっきり見当たらないが、以前の本には、あったのではないだろうか。『和名抄』のマドという和訓の点、(8)『字鏡』のサガシという和訓の点など(9)どうもそうらしく思われる。

三

小松氏の発表は、平安末における予想外に多くの和語において下降調の拍が見られることを教えてくれた。この下降調の拍をもった語彙の数は、今後の研究によってもっともっと増加するであろう。

動詞や形容詞の語尾にそういう拍が存在したことは、小松氏によって明らかにされたが、一拍の助詞の類にも当時下降調だったろうと推定されるものがかなりあるようだ。『日本書紀』の古写本の声点をあたってみると、次のような例が見出だされる。これでみると、今の京都・大阪語で低く発音される助詞というのが多くそういう語調をもっていたのではないだろうか。

(1)カクシモガモ。。《上平平平f平f》（斯くしもがも）〔岩崎家本『推古紀』の「やすみし我が大君の…」の歌〕

(2)マソガヨ《上上上f》(真蘇我よ)〔同じ本の「真蘇我よ…」の歌〕
(3)カミトモカミト《平平平f平平□》(神とも神と)〔岩崎家本『皇極紀』の「うづまさは…」の歌〕
(4)コトゾキコユル《平平f上上上上》(言ぞ聞ゆる)〔同じ本の「はるばると…」の歌〕
(5)ヒトゾトヨモス《上平f平平平上》(人ぞ響もす)〔同じ本の「をちかたの…」の歌〕
(6)オモテモシラズイヘモシラズモ《平平平f上上平平平f上上平f》(面も知らず家も知らずも)〔同じ本の「をばやしに…」の歌〕
(7)ハヤケムヒトシ《平平上平上平f》(速けむ人し)〔前田家本『仁徳紀』の「ちはやびと…さをとりに…」の歌〕
(8)タレカコノコト…《上上f上上平平》(誰かこのこと…)〔前田家本『雄略紀』の「やまとの…」の歌〕

このようなことが確かめられてくると、この方面の研究の先覚者として、二人の学者の名をあげなければならない。一人は、「原始日本語のアクセント」を書かれた服部四郎博士である。博士は、観智院本『名義抄』の乱れた声点を通して、原本には平声軽の点があった可能性をちゃんと見通しておられる。[10] それからまた、『名義抄』時代に「も」という助詞は、下降型のアクセントをもっていたかもしれないということも見事に予言しておられる。[11] この眼識には今さら恐れ入るばかりである。

もう一人は、本誌の二十七輯に「名義抄時代の京都方言に於ける云々」という論文を書いた南不二男君だ。同君は、『名義抄』のアクセントと現在の高知方言のアクセントとの対応関係を考察することにより、当時の動詞の活用形のうち、次のものはその最終音節が下降調であったことを推定した。[12]

第二類二拍四段活用動詞の連用形、[13] 終止形、命令形。あるいは已然形も。[14] 例、「書き」「書く」「書け」。

これはさらに、次の動詞の活用形の最終拍も下降調であったのではないかという推定を導くものである。

第二類二拍一段活用動詞の終止形、已然形。例、「見る」「見れ」。
第二類二拍二段活用動詞の連用形、終止形。例、「晴れ」「晴る」。
第二類三拍四段活用動詞の連用形、終止形、已然形、命令形。例、「動き」「動く」「動け」。
第二類三拍二段活用動詞の連用形、終止形。例、「流れ」「流る」。

小松氏の今度の研究は、右のような南君の推定が当っていたことを逐次証明してゆくようで、同君の着想もまた凡俗ではなかった。

四

ところで、小松氏が平声軽の問題を取扱う上に苦心しておられるのは、一方で平声軽に表記されている同じ種類の拍が、他方で上声に注記されている事実である。そしてこれは、我々先に歩いた者が平声軽の存在を見逃がした原因の一つでもあった。この事実は、小松氏の説かれるように、院政時代ごろに、それまで下降調に発音されていた拍がどんどん高平調に発音されるようになった、その情況を伝えるものに相違ない。そうだとすると、一つ前の平安朝中期にはもっと下降調の拍が多かったのかもしれない。南君は、前節にあげた論文の中で、次のような語彙の最後の拍が、これまた下降調にも発音された可能性があることについて[15]触れている。

第一類二拍四段活用動詞の連用形、終止形、已然形、命令形。

これらは、文献の上からはまだ実証できないようである。図書寮本『名義抄』でも、観智院本『名義抄』でも、これらの拍にはふつうの平声の点が差されている[16]。しかし、平安朝中期の資料が見つかれば、あるいは平声軽の符号がつけられているかもしれない。

思えば、『名義抄』のような文献が、もう少し早く、平安中期に出来たらよかった。そうしたら、下降調はもっと安定しており、常に同じ形で表記されていたかもしれない。そうしたら――いや、しかし、今の『名義抄』でもずいぶんありがたい。もし、これが、下降調が完全に霞んでしまった鎌倉時代に入ってはじめて出来たとすると、そこには平声軽の注記はなかったろうし、そういう場合、私などは、院政時代における下降調の存在、少くとも形容詞の語尾などにおける下降調の存在などには、恐らく気付かないでしまったであろうと思われる。

私は、以前に、東西両アクセントのちがいの成因についての考察を試みた時に、院政時代から鎌倉時代に移るころに、それまであった上昇調の拍が高平調に変化したことを解釈して、拍の短縮が行われたのだろうと想定した。(17) 今にして思うと、この拍短縮という変化は、当時の日本語のもっともっと多くの拍の上に起こったもので、下降調の高平調化ということも、これと同じ線にそった変化と見られる。

思うに、院政時代の一時代前、すなわち平安初期・中期には、日本語がもっと悠長で各拍が十分長く引いて発音された。少くとも長く引くことが今より自由だった。そこで多数の下降調の拍、上昇調の拍が存在できたが、院政時代ごろになると、日本語があわただしくなって、下降調や上昇調が十分発音されず、高平調に発音されることが多くなった。平声軽の点が上声点に変化して行ったのはそのためであろう。

こんなふうに考えてみると、平安時代後期は、日本語のすべての拍が一様に短く変化した時代というわけで、日本語の音韻史の上に画期的な時代と言えるかもしれない。平安朝に起こったと言われるいわゆる「音便」と呼ばれる現象は、この拍の短縮化と関係があるかもしれない。時期的には、音便のはじまったのはもう少し早いようであるが、ああいう現象は、拍が短く発音されるようになってから一層活潑になったであろう。あるいは、音便の起こった平安朝のはじめに拍短縮化はきざしていて、それが院政時代に一般的になったと考えるべきであろうか。

それから、鎌倉時代以後、いわゆる助動詞・助詞の類が、上の自立語の類にくっついて一語のように発音されるようになったと見られるが、[18] これも拍の短縮化と関係がありそうな事柄だ。もし関係があるとすると、これは文法史とも関係をもつ。

五

最後に一つ。私が平安中期には拍が長かったろうというのはあくまでも音声学的な問題である。すべての拍が長く発音された——もっとやかましく言えば、事情によって長くも発音されたと見るわけである。これに対立して短い拍が別にあったわけではないから、音韻論的には今と同じようなものである。ちがったところは、私流に言えば、いわゆる「引く拍」がなかったという点だけである。

ここで連想されるのは本輯〔『国語学』四十一輯〕がその特輯である琉球語の諸方言である。琉球語には、日本語の現代諸方言で短く発音されている語の第一拍が長く引かれる例が多いことはあまねく知られている。[19] 私は、ほかの場所でその成因を考えて、アクセントがもとになって、もと短かったものが長く引きのばされたものだろうと論じた。[20] これは少し言葉が足りなかったようだ。以前には、すべての拍が音声学的には長くも短くも発音されていた、そのうちの一部、つまり、「特に一般の拍に比べて長かったわけではなかった」ものが、長く引きのばされた形のままで固定した、これも私流に言うと、次に「引く拍」が割り込んだ、と言う意味である。

これは、結局、日本語と言わず、琉球語と言わず、古い時代の拍は長く発音されたり短く発音されたりがはるかに自由な性質をもっていたと考えるわけである。実際〈拍〉としては、こういうのがむしろ普通なあり方であろう。

註

(1)「和訓に施された平声軽の声点——平安末期京都方言における下降調音節の確認——」〔『国語学』二九所載〕。「平安末期畿内方言の音調体系——《A register-tone language with contour overlap》としての再構と分析——」(一)(二)〔『国語学』三九・四〇所載〕。

(2) 金田一春彦「類聚名義抄和訓に施されたる声符に就て」〔『国語学論集』所収、本書に転載〕の二一七頁の(2)。同「日本四声古義」〔『国語アクセント論叢』所収、本書に転載〕の六八二—三頁。南不二男「名義抄時代の京都方言に於ける二字四段活用動詞のアクセント」〔『国語学』二七所載〕の七五頁上段の㈡など。

(3) 大原孝道「近畿アクセントにおける下上型名詞の甲・乙類の別の発生に関する一考察」〔『国語アクセント論叢』所収〕の四二〇頁。前掲註(2)南不二男氏の論文の同じ箇所。

(4) これらの例のうち、(1)(3)(7)は形容詞の語尾で、『国語学』二九の小松氏の考証により下降調と見られる。(2)は連用形が一拍である高起式動詞で、小松氏は例にあげられなかったが、「着て」が図書寮本の三二七頁に《f上》型に表記されている例から見てヱの拍は下降調と見られる。(4)(6)は低起式動詞の命令形の語尾で、これは小松氏のあげられたサマラバレの第五拍が平声軽になっているところから見て、やはり下降調であったと考えて不自然ではない。(5)(8)は、低起式動詞の已然形の語尾で、図書寮本にも『金光明最勝王経音義』にも下降調だった証徴はないが、後述のように、当時低起式動詞が単独で文節を構成する語形は、連体形を除いて、すべてその語尾は下降調だったと見られるゆえ、これも下降調だった可能性は大いにある。

(5) 形容詞の語尾のシ・キには、上声点のあるものと平声点のあるものとが相当数まじっている。平山輝男『日本語音調の研究』の「音調比較対照表」(一八一—二五九頁)を見ると、名詞・動詞では比較的類を同じくするものは同じ型に表記されているのに対して、形容詞には異同が多い事実を見よ。

(6) この巻に限り、低起式の動詞の終止形に平平型・平平平型で表記されているものがややめだつ。

(7) 桜井茂治「三巻本「色葉字類抄」所載のアクセント——形容詞・サ変動詞について——」〔『国学院雑誌』六〇の四所載〕。

(8) 高山寺本『和名類聚抄』の中に「牖」という文字の条にマドという訓があり、これに声点が施されている例がある。第五類二拍名詞はこれ一つしか見当たらないが、その声点は《平平》型になっていて《平上》型になっていない。これは《平 f》型の写しちがえと見られる。

(9) サガシという訓に声点を施したものが四例あるが、《平平上》型が二例、《平平平》型が二例あり、統一されていない。《平平平》型は《平平 f》型を写しちがえたものと見られる。ほかにヤハシ・イタイ(カナ)という形容詞の最後の拍も平声に施点した例がある。

(10) 寺川喜四男ほか編『国語アクセント論叢』五六頁の終りから二行、および五七頁一二行。

(11) 前掲註(10)と同じ論文の六二頁六行にアシモのモの右側、六四頁八行にカガミモのモの右側に、下降調のアクセント符号が疑問符とともについている。

(12) 前掲註(2)にあげた論文がそれである。ここに述べたことが言及されているのは、七五頁・七七頁。

(13) 南君の論文には、「連用形のうち、中止法に用いられたものと助詞『も』『は』につづく形」とある。つまり、名詞として用いられた場合を除くというわけであるが、名詞として用いられた連用形は名詞に転成してしまったもので、すでに連用形ではないと考えられるから、ここは単に連用形と言ってしまってよい。

(14) 連用形・終止形・命令形の語尾が下降調だったとすると、この種の動詞にあっては、単独で文節を構成する語形の語尾は、すべて下降調だったろうと推定させる。ただ、連体形の語尾だけが高平調であるが、元来、連体形というものは、他の活用形に比べて、次の文節とのつながりが緊密であるゆえ、この形だけは、語尾が高平調という、次の語と一体になろうとする特別のアクセントをもっていたと見ることは自然である。南君は、已然形の例は見付からないと言われたが、已然形は「こそ」の結びとして一種の終止法に用いられるなど、独立性の強い点で連体形とはちがい、連用形・終止形・命令形と同種類のものと見てよいと思われる。二四三・二四四頁にあげた(5)(8)の例は、已然形の語尾の下降調だろうという推定の正しかったことを証明する。なお、連体的な文節のアクセントがしばしば特別であることは、現代諸方言にもしばしば見ることで、現代東京語で普通の一拍の助詞は、いわゆる下上型名詞に低くつくのに対し、連体的文節を作る「の」だけは高くつくのもその例である。なお、市河三喜・服部四郎共編『世界言語概説』(下巻)の一九五頁一五行など参照。

(15) 『国語学』二七の七七頁下段三行。

(16) ただ一つ「上ぐ」という動詞の連用形「上げ」が《上f》型に表記されている例が見出だされる。図書寮本三〇一頁の「結髪」の条。「上げ」は下二段活用動詞であるが、同じく第一類に属するものである。これは、四段活用の第一類二拍動詞のうちの連用形・終止形・已然形・命令形も、ひろく《上f》型だったことを示唆するものかもしれない。

(17) 金田一春彦「東西両アクセントのちがいが出来るまで」(『文学』二二の八所載)の八四頁。

(18) 金田一春彦「古代アクセントから近代アクセントへ」(『国語学』二二所載、本書に転載)の二一頁下段。桜井茂治「近畿アクセント下上型名詞甲・乙類の別発生の再検討」(『国語研究』五所載)の四五頁上段。

(19) 例えば、奥村三雄「音韻とアクセント」(『国語国文』二七の九所載)の六頁。上村幸雄「琉球方言における「一・二音節名詞」のアクセントの概観」(『ことばの研究』所収)の一三七頁など。

(20) 金田一春彦「アクセントから見た琉球語諸方言の系統」(『東京外国語大学論集』七所載)。

第三編　アクセントの歴史

一　国語アクセント史の研究が何に役立つか

一　おこし

同じ国語史の研究といっても、《アクセントの歴史の研究》というと、国語史のほかの部面の研究とは全然かけはなれた、特殊の研究のように聞えるかもしれない。しかし、一度、過去のアクセントの研究に首をつっこんでみると、それはけっして他の部面の研究と無関係なものではないことが知られ、国語のアクセントの歴史のあとを明らかにすることによって、国語の他の部面の史的研究に、意想外に多くの示唆を与えることができるのではないかと思われる。ここに、幾つか具体的な例をあげて、それぞれの部面を専攻しておられる方々の批判を受けたいと思う。

二　音韻史の研究への発言

元来アクセントは、いわゆる《語音》とごく密接な関係にあるものゆえ、アクセント史の研究が、語音の歴史の研究と深い関係をもつのは当然である。まず著しい例として、いわゆる長音の問題をとりあげてみよう。

現在の近畿方言には、「歯」とか、「日」とかいうような一拍の語を、ハー・ヒーのように長く引く傾向があることは周知の事実であるが、これについて、この傾向は古くからあるものかどうかという問題がある。吉沢義則博士・春日政治博士は、かつてこれについて意見を出され、(1)平安朝の文献に、「蚊」を「加阿」と表記し、「杼」を「比伊」と表記した例が見えることを指摘して、大体、平安朝の京都語に、すでにそういう傾向があったと推定された。この事実がアクセント史の研究からも支持されるのである。

即ち、今、「歯」という語、「日」という語のアクセントを、平安末期第一のアクセント資料である『類聚名義抄』について調べてみると、「歯」の訓ハに対しては《去声》の声点が施されており、「日」の訓ヒに対しては、《平声》の声点が施されている。これは、「歯」は当時《去声》のようなアクセントをもっており、「日」は《平声》のようなアクセントをもっていたことを示すものと見られる。ところで《去声》は、他の資料から、拍の途中で低から高に上昇するアクセントであると推定せられ、(2)《平声》は、他の資料からここは《平声の軽》の意であって、高から低に下降するアクセントであると推定されるゆえ、(3)「歯」も「日」も、ともに拍の途中で高さが変化する語であったろうということになる。この場合、もしこの語が、現在の東京語におけるような普通の拍なみの長さの語であるならば、そのようなアクセントでは、発音されにくいにちがいない。すなわち拍の途中で高さが変化する以上は、「歯」も「日」も、現在の京都語におけるように普通の拍よりも長く引いて発音されたろうと推定されるのである。

ところで、この長音の問題は、一拍語だけには限らない。服部四郎博士は、かつて、琉球語の首里方言において、「息」「桶」「中」「針」など、かなりの数の二拍名詞の第一拍が長く発音されることを指摘して、日本語・琉球語の系統論に一つの問題を提起されたが、(4)その後、諸家により、日本内地の諸方言の中にも、鹿児島県屋久島方言・同甑島方言・島根県隠岐島方言・石川県の加賀・能登方言など、このような傾向をもつものがあることが明らかにされたこ(5)

とは注目すべきことと考えられる。すなわち、今日中央の方言にはこのような傾向は見られないが、古い時代の国語には、そうした傾向があったのではないかと疑われてくるのであるが、この問題に対して、アクセント史の研究は、次のような事実を教えてくれる。(6)

即ち『類聚名義抄』の声点を調べてみると、去声の点が施されている語彙は、けっして一拍語には限らず、二拍以上の語彙にも見られ、例えば次のような語は、いずれも第一拍に去声点が施されているのである。従って、これらの第一拍は、それぞれ一般の拍よりも長く引いて発音されたであろうと推定されることになる。

ハギ（脛）、ヘビ（蛇）…

ミテ（見て）、ミヨ（見よ）、ミオロス（見下す）、ヘテ（経て）…

マヅ（先づ）、ホボ（略）、ヤヤ（稍）、モシ（若し）…

ヨク（良）、ヨミス（嘉す）、ナク（無く）…

メガハラ（雌瓦）、メアハス（妻す）、スクフ（巣食ふ）…

このうち、ハギは、『名義抄』に、ほかの箇所に、ハアギとも表記されている例があるので、(7)第一拍が長かったことは確実である。ヘビは、長野・新潟県下の諸方言で、現在第一拍を長く発音するそうであり、(8)メガハラは、琉球語でミーガーラというよしである。(9)これらは古い時代の発音傾向を伝えているものと私は思う。ミテのミが古く長く引いて発音されたとすると、東京語などで、「こっちを見ながら」の意味で、「こっちを見い見い」というミイミイは、ミミが延びたものという説が一般のようであるが、そうではなくて、むしろ、ミイミイの方が古い形かも知れないと思う。

それでは次に、これらの語の第一拍の長さが、ふつうの拍と同じ長さにちぢまったのは、いつごろかと考察すると、鎌倉時代以後に声点を施されたと推定される『日本書紀私記』や『古今和歌集』の古写本などでは、『名義抄』と同じ語彙が掲げられている場合、『名義抄』で去声点を施されている拍には、常に上声点が施されている。上声ならば、高い平らな声調である。すなわち、上昇調に発音されていた拍が、規則的に高平調に変化したものと見られる。これは、その拍が短縮したために上昇型の声調が保持できなくなって高平調になったとみると、甚だ合理的である。即ち、平安末期以後、鎌倉時代に移るころ、京都方言では第一拍の短縮があったものと推定される。

アクセント史の研究が音韻史の研究に役立ち得るのは、このような音量の問題だけではない。音質の問題においても、当然役立ち得ると考えられるが、まだはっきりした成果を得ていないのは残念である。今のところ有望なのは、例の連濁の現象で、日本語の祖語の中には、連濁を起こしそうであるのに連濁を起こしていない語彙というものがあり、それはなぜそうであるか説明がつかない場合が少くない。現在の諸方言についてみると、アクセントの型と連濁との間に、かなり規則的な関係が見られるゆえ、[10]このようなことは、過去の日本語にもあったに相違なく、過去のアクセントの研究は、この方面の解決に役立つことが多かろうと考える。現在、大野晋氏がこの方面の研究を進めておられ、[11]いずれ発表があろうから、ここでは触れないでおく。

三　文法史の研究への発言

以上は、アクセント史研究の、一般音韻史の研究への発言の例であったが、次には、文法史の研究への発言の例を述べてみたいと思う。

現在、我々が、《複合動詞》と呼んでいる一群の動詞がある。「率いる」「攻め取る」などはこれであって、これらは、今でこそ全く一つの単語と見るべきものであるが、語源的に見れば二つの動詞の集合であって、いずれ、古い時代には、二語の連続として用いられ、また使う人も、二語の連続として意識していたろうことは確実である。然らば、いつごろまで二語の連続だったのだろうということをアクセントの上から考えてみたいと思う。

現在では、これらの語は、例えば、東京語では、ヒキイル・セメトルであっても、つまり、アツマルとかシタガウとかいう一般の動詞と区別がない。「攻め」は、単独では、セメというアクセントをもっているのであるから、「攻め取る」の場合にその部分がセメとなっているのは、一語の一部と成り終っていることを示すものと見られる。ところで、これらの語が『名義抄』でどうなっているかというと、「率いる」は《上平上平》型であり、「攻め取る」は《平上平上》型に表記されている。これは、一般の動詞である「集まる」が《平平上平》型、「従う」が《上上上平》型に表記されているのと比較してみると、全くちがった特別の形になっている。しかも、「引き」「率《ゐ》る」「攻め」「取る」の当時のアクセントは、ほかの例から、ヒキ（上平型）、ヰル（上平型）、セメ（平上型）、トル（平上型）であったと推定される。[12] つまり、「率いる」のアクセントは、「引き」のアクセントと、「ゐる」のアクセントとをそのまま接続させたものであり、「攻め取る」のアクセントは、「攻め」のアクセントと、「取る」のアクセントとをそのまま接続させたものである。そして、具体的な調価を考えてみると、上声の点は、高平調の音調、平声の点は、低平調の音調を示していると推定されるゆえ、[13]「率いる」の当時のアクセントは、《ヒキイル》となり、「攻め取る」は《セメトル》となる。つまり、両方とも二か所に高い部分がある。これは、「率いる」「攻め取る」ともに、当時まだ二語として意識されていたことを物語るものと考えられる。

ここに、考え合わせられるのは、「咲き初《そ》む」とか、「降りまさる」とかいうような語である。これらは現代ではいつも続けて用いられるが、古い時代には、「咲きか初むらん」とか、「降りぞまされる」とかいうように、時に、中間に助詞の類を入れて用いられる。これも二つの動詞の結合がゆるかったことを表わすにちがいない。これらを総合すると、いわゆる複合動詞というものは、古代には明らかに二語の連続であったと考えられ(14)、古代語の文典を編む場合には、二語として取扱うべきものと考えられる。

なお、この種の動詞は、近世初期のアクセント資料である『補忘記《ぶもうき》』などでは、これらの語は高く発音される音節が一か所に限られており(15)、これによれば、このころには、すでに、現代と同じように、融合して一語となっていたと推定される。

複合動詞について述べたと同じような事情は、いわゆる動詞・助動詞が名詞・動詞などについた場合にも見られる。現在、助詞・助動詞は、単独では文節―語節を構成し得ず、また、意義・用法から言っても、普通の単語よりも、一歩接辞に近いものと見られ、学者によっては、そのうちの大部分または一部分を単語と見ない人もあるわけである。私もその点は大いに賛成であるが、語源的には、これらは、多く感動詞・名詞・動詞などから転来したもので、古くは、現在よりも、もっと独立性の強い語であり、また、そう意識されていたろうということは明らかである。さて、今、助詞・助動詞のアクセントについて、現代と古代とを比較してみると、まず、現代の東京語では、例えば「は」なら「は」という助詞は、「花は」の時は《ハナワ》で下型、「鼻は」の時は《ハナワ》で上型というようで、一定のアクセントをもっていないと言える。また、動詞・助動詞が自立語についた場合、二つの山が来ることがなく、例えば、「書きます」という語は、カキマスであってカキマスではない、という点で、一般の単語とはかなりちがったものである。ところが、古代のものにあっては、動詞・助動詞は一定のアクセントをもっている傾向があり、例えば、「は」という動詞は、『日本書紀』の古写本(16)――『名義抄』をひきたいところであるが、『名義抄』には助詞・助動詞の例が少いので『日本書紀』からひく――にあたってみると、常に上声の声点が施されており、「たり」という助動詞は、常に《平上》という声点が施されている。つまり、これらの助詞・助動詞は、当時は、いつも一定のアクセントをもっていたものと推定される。かつ、「並べて」「類《たぐ》ひて」のような、動詞の連用形＋「て」の形のアクセントを調べてみると、「並べて」は《上上平上》型に、「類ひて」は《平上平上》型に、記載されている。これは《ナラベテ》・《タグヒテ》のように、高く発音される部分が二か所に存在していたことを意味するものである。これらの点から考えると、古代――大体平安末期の助詞・助動詞は、現在のものとはちがい、もっと独立性が高い、自立語的なものであったと推定される。

かつて橘純一氏は、『徒然草』の中に「蜻蛉の夕を待ち、夏の蟬の春秋を知らぬものもあるぞかし」のような例、つまり、打消の助動詞「ぬ」が、意義上、はるかに上の「待ち」をも打消しているというような例の多いことを注意(17)されたが、これなど、『徒然草』成立時代には助動詞が今よりも独立性が高かったことを意味すると思う。そうすると、例えば山田孝雄博士など、助動詞の大部分を動詞の「複語尾」と呼んでおられるが、そして、これは、現代語に関するかぎり、まことに妥当と考えられるが、『平安朝文法史』などにおいてもそのように取扱うことには、再考の余地があるように考えられる。

なお、『補忘記』その他を参照すると、助詞・助動詞のアクセントは、室町時代・近世初期になると、もう現在と同じようになっていて、完全にいわゆる助辞の一種に変化してしまっている。

さて、アクセント史の研究が、文法史の研究に役立ち得るのは、以上のような、単語の独立性の問題ばかりではない。橋本進吉博士は、かつて上代の特殊仮名遣を研究された結果、それまで同じ音価をもつと見ておられた、上代の四段活用動詞の已然形と命令形とは、異る音価をもつものであることを明らかにされ、例えば、いわゆる完了の助動詞「り」は已然形につくと見ることはあやまりで、命令形と同じ形につくと見るべきことを論ぜられた。アクセント史の研究も、これと同じような事実を明らかにすることができると思われる節がある。

即ち、古代において、上二段活用の動詞や、下二段活用の動詞は、いわゆる終止形と、連体形とが異る形をもっているが、四段活用の動詞や上下一段活用動詞は、終止形と連体形とが仮名で書くと同じになってしまうので、この二つの活用形は全く同じ形であると見なされていた。そこで、「泣く」なら「泣く」という形に、助詞や助動詞がついた場合、終止形についたものか、連体形についたものかは、他の二段活用の例に比較し、類推によって決定していた有様であった。ところが、『名義抄』、『日本書紀』の古写本など、声点の施された古代文献を見ていると、当時の四段活用の動詞（上下一段活用動詞も）は、終止形と連体形とでは、異る種類の声点が施されており、つまり、異るアクセントをもっていたものと推定されるのである。例えば、「泣く」という動詞ならば、次のように、終止形には上平型（つまり《ナク》と発音されていたろう）の声点が施されており、連体形には上上型（つまり《ナク》と発音されていたろう）の声点が、施されている。

はさの山の鳩の下泣きに泣く（上平）〔図書寮本・允恭紀〕――終止形

下泣きに我が泣く（上上）妻〔右に同じ〕――連体形

これは、調べてみると、「泣く」に限らず、「行く」でも「聞く」でも、私が《第一類動詞》と呼んでいる動詞[18]すべてに通じて言えることが知られる。そこで、こういうことが考えられる。

《これらの動詞のこの形が実際に用いられた場合、もし声点が施されているならば、その声点により、それが終止形であるか、連体形であるか知られるはずである》

具体的な例として、毘沙門堂本『古今集註』[19]は、『古今集』の和歌をあげ、所々に声点を施しているが、中に、

あたにはならぬ田の実とぞ聞く（上上）

という例が見られる。「聞く」の声点は連体形になっている。これは、係助詞「ぞ」の結びとして用いられる形は、四段活用の動詞でも、終止形ではなくて、連体形であるということを実証しているものと考えられる。これは、『古今集』の歌詞に声点を施した文献『古今訓点抄』(20)に見える

鶯の鳴くなる声は朝な朝な聞く（上平）

の例と比較すべきである。また、『古今訓点抄』には、

誰におほせてここら鳴く（上平）らん

という例があるが、これは、助動詞「らん」がつくのは、連体形ではなくて、終止形であることを示していると思う。また、寂恵本『古今集』には、

鶯の鳴くなる声は朝な朝な聞く

の「鳴く」の条に《上平》の点がさしてあるが、これは、この「鳴く」が終止形であることを示しており、あわせて「なる」は指定の助動詞ではなく、伝聞の助動詞であることを示していると考えられる。

これらは、在来の通説を支持しているというべきであるが、一方、『武烈紀』に見える

石の上布留を過ぎて…泣きそぼち行くも影姫あはれ

の「そぼち行く」は、一般にそこで文が切れる、つまり「行く」は終止形のように見られているが、図書寮本にはこの箇所に《上上》の声点がさされてあり、これによれば、連体形であることを表わしている。そうだとすると、「そぼち行く」はここで文が切れるのではなく、「行く」の次の「も」は、「打つや太鼓の音も澄み渡り」の「や」のような、間投助詞の一種と見るべきことになる。

また名詞「向う」は、出自のやかましい単語であるが、アクセントの面から見て、現在の形は、終止形・連体形の

いずれから出たとした方がよいかというならば、「向ふ」という動詞は、終止形《上上平》型、連体形《上上上》型であるゆえ、現在の形は、「連体形」からと見た方が妥当ということになる。もっとも、「向ふ」は名詞的連用形も《上上上》型であるから、今のムコウの形は連用形「むかひ」の音便形から出たということもできるわけではある。つまり、「連用形から」か、「連体形から」かということは決定できないが、ただ、「終止形から」という推定は無理だということは太鼓判を押してよい。

なお、上にあげた「泣く」「咲く」「聞く」…など一群の動詞は、現在京都語その他では、終止形・連体形とも《ナク》《サク》…となっていて、古代の連体形と一致しており、終止形とはちがった形になっている。近世初期の『補忘記』ではどうなっているかというと、これも、現代と同じようになっている。服部四郎博士は、かつて、この事実に注目され、《これら動詞の現在の終止形というものは、古い時代の連体形の系統のものであろう》、つまり《これら四段活用動詞においても、二段活用動詞と同じように古い終止形は亡び、古い連体形が終止・連体の両法に用いられるに至ったものであることを示している》と述べられた(21)が、まことに興味ある事実と考える。また、禁止の助詞「な」がつく形は、現在各地の近畿系諸方言で、《ナクナ》《サクナ》となっていて、《ナクナ》《サクナ》となっていないが、これは、「な」が古く終止形についた形の名残りであって、つまり、古い時代の終止形は、近畿諸方言において、この「な」へつづく時だけに残っていると言えるかと思う。

四　文献の解読への発言

アクセント史研究の、文法史の研究への発言につづき、アクセント史の研究は、文献に載っている単語の意義の解釈に役立ち、ひいては文献の解読に役立ち得ると思う。即ち、ある文献に出ている言葉の意味が不明の場合に、もし、その語にアクセントが表記されていれば、そのアクセントを基として、その語の意義を明らかにすることができ、また、場合によっては、現在ふつうに行われている解釈のあやまっているのを正し得ることがあると思う。

例えば、『名義抄』の和訓を見ていると、「さく」という訓がたくさん出てくる。これが、「裂」とか、「咲」とかいうような文字に付けられている場合には、その意味はすぐわかるが、「湯」という文字や、「栗」というような文字の条に、サクと出ていると、その意味は急には判定できない。前の「裂く」「咲く」のほかに「避く」もある。このような場合に、声点が大いに物を言うというわけである。

今、その声点を調べてみると「湯」字のサクには《上平》、「栗」字のサクには《平上》という声点を施している。そこで、この点を手掛りにして考察を進めると、「裂く」「避く」は、現在諸方言のアクセントからは、『名義抄』時代には、《サク》だったろう、つまり《平上》型だったろう、と推定され、「咲く」は、終止形は《サク》、つまり《上平》型だったろうと推定される。そこで、「湯」のサクは、少くとも、「裂く」や「避く」ではないと推定され、一方「栗」のサクは、少くとも「咲く」ではないと推定されることになる。もっとも、だからと言って、「湯」のサクは「咲く」だろうとも考えがたいゆえ、しばらく他の例をさがしてみると、『古今集』の恋の部に「思ふ仲をもさくるものかは」という歌があるが、ここの「さくる」に対して、毘沙門堂本『古今集註』に《上上上》という点を施している。この「さくる」は「放す」の意味の動詞の連体形である。ところで、他の多くの用例について比較検討してみると、当時のアクセントには、《連体形が《上上上》型の二段活用動詞は、終止形は《上平》型である》という法則があることが明らかになる。つまり、「放す」の意味の「さく」は《上平》型であるにちがいない。そこで、「湯」字の条のサクは、この「放す」の意の「さく」か、あるいは、これと関係のある「さく」であろうと見当がつく。一方、「湯」の字の他の訓を参照すると、この字には、トホシという訓もあるゆえ、恐らく「放す」の意の訓もあってもいいだろうということになり、ここで、「さく」の意義がはじめて明瞭になるのである。なお、他方、もう一つの「栗」字の条のサクは、他の辞典などを参照すると、「裂」の意の「さく」のようである。

さて、このような、アクセントによる単語の解釈は、古典作品などにあてはめる場合に、いっそう興味のある結果が出てくる。例えば、『皇極紀』に出てくる謡歌《わざうた》に、「はろはろにことぞ聞ゆる島の藪原」というのがあるが、この「こと」という部分について、これは「琴」だという、契沖・橘守部等の説と、これは「詞」だという、荒木田久老等の説とがあり、現在多くの研究書は「琴」説に従っているありさまである。元来、「こと」というような音価の語については、橋本博士以来、上代仮名遣の甲乙二類のいずれで表記されているかによって、その意味の判定が下されるはずである。たまたま「琴」も「言《こと》」も、乙類の仮名で表記される語であって、この場合には、上代仮名遣は、語義の決定に対して、積極的な指示を与えないのである。ところで、今、そのアクセントを調べてみると、『書紀』の古写本のうち、岩崎家本では、この歌の部分にちょうど声点が施されており、「こと」の箇所は《平平》となっている。これは、いずれの「こと」を表わしているのかというと、「琴」の方は、現在東京式のアクセント諸方言では大体《コト》型、京阪式アクセント諸方言では大体《コトォ》型であって、このような語は、他の多くの例から推して、平安朝時代には《コト》と発音されていたろうと推定され、したがって、もし、『書紀』の写本に声点がついているならば、《平上》となっているはずだと考えられる。他方、「言」の方は、「事」と同じと見て、東京式諸方言では大体《コト(ガ)》、京阪式諸方言では大体《コト》であって、このような語は、他の語例から推すと、平安朝時代には低平調に《コト》と発音されていたろう、したがって、もし、『書紀』の写本にあがっているならば、《平平》と表記されているはずだと推定される。そうすると、今の岩崎家本『書紀』の声点は、正しく「言」の方だと解釈できるのであって、この写本の筆者、少くとも声点を施した人は、この歌を「言ぞ聞ゆる」と解釈していたと見られるわけである。今、『皇極紀』のこの歌の前後を読み返してみると、この二行ばかり前の条に、「争ひて神語《かむごと》の入微《たへ》なる説《ことば》を陳べき」とある。もし、この文を受けているとするならば、「こと」は正に「琴」と解するよりも「言」と解する方が適当となってくる。[22]

ただここに注意すべきは、岩崎家本の声点は、『日本書紀』編纂当時に施されたものを伝えたものではなく、平安朝に、朝廷で『書紀』の講筵が行われるようになって後、はじめて施されるに至ったもので、それを伝えたものであることである。だから、岩崎家本の声点によって「こと」が「言」と理解されても、この歌が『書紀』に採録された時に、すでにそうだったとは必ずしも断定することができないのは残念である。が、『書紀』編纂からあまり時代のたっていない平安朝時代に、この歌は「言ぞ聞ゆる」と理解されていたということはできると思う。それから推定して、『書紀』成立の時代にも、あるいはそうだったかもしれない、ということもできると思う。

これと似たようなことは、『古今集』などにもあって、例えば、春歌上の部に出ている歌に、「心ざし深く染めてしをりければ…」というのがあるが、この「をり」の部分に対して、多くの『古今集』の古写本、[23] あるいは『下官抄』、『為家聞書』、毘沙門堂本『古今集註』といった類の文献に、《平上》の形に声点が施してある。今、この声点の形から考えると、現在では、この「をり」を金子元臣氏はじめ多くの学者たちは「居りければ」と解釈しているが、古くは――と言っても、『古今集』の撰者ではないが、少くとも、顕昭とか定家とか、『古今集』に声をさすことをはじめた人たちは、この部分を「折りければ」と解釈していたろう、と推定される。

五　語源の研究への発言

アクセント史の研究は、以上のような古典に出てくる語句の解釈から進んで、そういう語句の語源を考えるに至った場合、いっそう大きな発言権をもつに至るのではないかと思われる。

現代語において、新しく出来る複合語・派生語のアクセントが、もとになる語のアクセントに対して、きわめて規則的な関係で結ばれていることは、諸先輩の注意しているとおりであって、例えば、東京語で、「買う」と「飼う」という二つの動詞は、アクセントによって《カウ》(買う)、《カウ》(飼う)と対立しているが、「――する人」の意味で「かいて」という場合には、「買い手」は《カイテ(ガ)》、「飼い手」は《カイテ(ガ)》で、やはりちがったアクセントをもつ。物を買うことを「買い物」というが、この場合のアクセントは、《カイモノ(ガ)》であって、もし、犬や猫を飼うことに対して、かりに「飼い物」という単語を作るならば、それは、《カイモノ(ガ)》とはならず、《カイモノ(ガ)》となるにちがいない。これは東京の人ならばきっと認めると思う。このような事実から、東京語において、複合語・派生語の類は、そのアクセントを検討することによって、もとになった語がどの語であるかを明らかにすることができるわけであるが、このようなことは、東京アクセントより、型の体系がもっと複雑な京阪アクセントにおいて、いっそう顕著である。ところで、古代の京都アクセントは、現代の京阪アクセントより、さらに複雑な体系を具えているゆえ、複合語・派生語のアクセントと、もとの語のアクセントの間には、いっそう顕著な法則性が見出だされるはずであって、もし、その法則を明らかにするならば、それによってその語の語源が明らかになる語が少くないだろうと思われる。

さて、今、『名義抄』、『日本書紀』の古写本、その他古代の文献の声点を見ると、複合語・派生語に関して、いくつか法則が見出だされるが、特に二つの基本的な法則が厳存していることが知られる。これは以前にも報告したことであるが、その一つは《ある語の第一拍に上声の点がついているならば、その語の派生語および、その語を先部とする複合語は、すべて同様に第一拍に上声の点がついている》という法則である。例えば、「歌」は《上平》であるのに対して、「歌ふ」は《上上平》、「酒」は《上上》で「肴」は《上上上》、「上ぐ」は《上平》で「上《あが》る」は《上上平》、「ロ」は《上上》では「唇」は《上上上平》のごとくである。同一の動詞の各活用形、同一の形容詞の各活用形もこの法則にあてはまり、「型」と「形」、「水」と「港」、「煮る」と「膠」、「文」と「筆」「札」、「戸」と「扉」など、同語源と見られるほとんどすべての語はこの法則に従っている。

もう一つの法則は、《ある語の第一拍に平声（又は去声）の点がついているならば、その語の派生語、およびその語を先部とする複合語は、すべて同様に第一拍に平声（又は去声）の点がついている》という法則である。例えば、「夜《よ》」は《平》であるのに対して「よる」は《平上》、「飼ふ」は《平上》で「蚕」は《平上平》、「高し」は《平平上》で「高さ」は《平上上》、「腹」は《平平》で「腹這ふ」は《平平上平》であるが、この法則も同一の動詞の各活用形、同一の形容詞の各活用形の間にもあてはまり、例えば、「手」と「たすき」「たらひ」、「眼」と「まなこ」、「足」と「脚結《あゆひ》」など、すべてこの法則に従っていないものはない。

この二つの法則は、平安朝の文献に関するかぎり、すこぶる厳正に行われていて、ほとんど鉄則というべきであり、例外は例外として、その大部分は、さらに下位の法則で説明がつくのである。[24] しからば、この法則は、どういう事実を示すのかというと、当時の国語において、《ある語が高く始まるならば、その派生語・複合語もすべて高く始まり、ある語が低く始まるならば、その派生語・複合語もすべて低く始まる》というように言い換えられる。こういう法則ならば、属する語彙こそちがうが、現在の近畿系諸方言の大部分や、西南九州方言の大部分においてもはっきり存在しているものであるゆえ、(25)当時の京都方言にあったと考えることは、極めて自然なことと考えられる。そして、このような法則が古代京都のアクセントにあったとするならば、我々はこれによって当時の単語のアクセントを手がかりとして、その語源につき、現行の学説に対して、或は肯定的に、或は否定的に、その適否を判断することができると思う。これは、ちょうど橋本博士が上代仮名遣の内容を明らかにすることによって、「日」と「火」、「神」と「上」のような語に対して、従来の語源説を再検討されたのと全く同じ法式である。

今、例をあげるならば、『枕草子』の「にくきもの」の条に、「物語などするに、差出でて、我一人さいまぐるもの」とある。この「さいまぐる」の語源について、古来多くの説が出ており、「さい」だけについても「先」であるとするもの、「差し」の音便形であるとするもの、漢字音の「才」であるとするものなどがある。ところが、この「さいまぐる」という語は『名義抄』にそのアクセントが示されており、そこに《上上上上平》と表記されている。第一拍は上声である。そうすると、「さい」の部分は、第一拍が上声の語でなければならぬ。ところが、「先」は《上上》型で、この条件に適う。「差し」の方は、「さしおく」という語が『名義抄』に別に出ており、《平上上平》と表記されている。そうすると「さし」の第一拍は平声と見なければならない。それでは、今の条件に適わない。すなわち、「さいまぐる」の「さい」は、そのアクセントから考えて「差し」と見ることは不適当であり、「先」とするのは適当であると考えられる。

このやり方を応用すれば、例えば、枕言葉の「あしびきの」の「あし」の部分は、「足」と見るよりも、「葦」と見る方に分があり、動詞「思ふ」は、「重し」と関係ありと見るよりも、「面」と関係ありと見る方が妥当である。

なお、複合語・派生語に関する法則は、右に述べた二つ以外にもまだ多くのものがあり、これらを応用すれば、

『古今集』などの「ことならば」の「こと」を「如し」の「ごと」と同じものと見る説、「度《たび》」は「旅」から出たと見る説など、いずれも支持すべき説ということになるが、「貝」と「買う」とを関係ある語とする説、「読む」と「呼ぶ」とを関係ある語とする説などは再考を要すると考えられる。また「来る」の語源は「来」＋助動詞「たり」とするのはまずく、「来」＋「至る」と考える方に軍配が上る。

六　国語史の時代区分への発言

アクセント史の研究は、以上のような、音韻史の研究、文法史の研究、文献の解読の研究、語源の研究に役立つ以外に、古代の文献の文字の訓じ方の研究、[26]あるいは文字の用い方の研究にも役立つと見られる点[27]があるが、長くなるゆえ、それらは他の機会にゆずり、最後に、国語史全般の研究に関与する点を述べてみたいと思う。それは、アクセント史の研究は、国語史の時代区分に関して、一つの説を立て得ると思われることである。

今、暫く、《時代区分》ということを離れ、時代区分を平面的にしたものともいうべき《方言区劃》について考えてみると、現在、日本の方言区劃については、標準の立て方により、語彙の相違に標準をおくもの、語法の相違に標準をおくもの、広義の音韻の相違に標準をおくものなど、種々のものがある。ところで、それらのうち、どういう区劃がいちばん良いかというと、どこかに一つの線を引くことによって、その両側の地域が最も顕著な対比をなすような、そういう区劃がすぐれたものであると言えると思う。いま、この観点に立つと、語彙の相違によって線を引くことは最も困難で、「めだか」の俚言の相違に関する線、「じゃがいも」の俚言の相違に関する線は、けっして一線に重ならず、結局ソシュールらのいうように、《方言境界線は存在せず》というようなことになってしまう。[28]つまり語彙によって方言区劃を試みることは、労多くして、成績ははなはだ上らないわけである。語法の相違を標準にとる時は、これより多少はっきりした境界線を引くことができ、狭義の「音韻」の相違を標準とする場合には、さらに有力な境界線を引くことができ、かなり見事な方言区劃を行うことが可能である。が、最も見事な境界線が引かれるのは、広義の「音韻」の中に含まれるアクセント、我々が今問題にしているアクセントであって、例えば、服部博士の発見として有名な、三重県東北隅にある二つの町、西の桑名市と東の長島町とでは、名詞と言わず、動詞と言わず、あらゆる語彙を通じてアクセントの対立が見られ、もし、アクセントのちがいをもとにして、この二つの町の間に方言境界線をひくならば、それは、方言の、他の如何なる部面の相違を標準として境界線を引くよりも、決定的なものが出来上るのである。このようなアクセント境界線は、服部先生に続く諸家により、その後、各地で続々発見された[29]が、また、翻って、個人が一つの方言を習得する場合を考えると、最も早く習得できるのは語彙であり、語法・一般音韻の順に改まりがたく、最後まで改まらずに、根強く残るのはアクセントであるから、アクセントの相違を、語彙・語法などの相違より重大視することは、そういう点からも意味があると考えられる。すなわち、方言区劃において、アクセントの相違を最も重要と考えるのは、決して不当とは言えないのである。

さて以上は、専ら、方言区劃について考えたのであるが、この方言区劃を縦にしたともいうべき日本語の時代区分の場合、これに似たことはないだろうか。

今、我々が現代語のアクセントを観察すると、個々の語のアクセントが老人と子供とではちがうというような例をかなり見出すことができる。東京で、老人は「神」をカミ（ガ）、「赤とんぼ」をアカトンボというが、子供はカミ、アカトンボという、というようなのは、これである。これらを見ると、アクセントなどというものは、実に変りやすいもので、こんなものによって時代区分を立てることは非常に危険だと考える人があるかもしれない。が、これには再考の余地がある。

「神」がカミ（ガ）からカミ（ガ）に変り、「赤とんぼ」がアカトンボからアカトンボに変るというようなのは、これは、《個々の語のアクセント変化》である。《アクセント変化》の中にはこれに対して、《アクセント体系そのものの変化》というべきものがある。例えば、もし、現在の東京語で、《○○（ガ）》型の語と《○○（ガ）》型の語とがすべて同一の型になってしまうとか、《○○（ガ）》型に属する語がひとつも無くなってしまう、とかいうような変化が起ったとしたら、それはアクセント体系そのものが変化したことになる。こういう変化は簡単に起るだろうかと考えてみると、例えば、現在の東京語などには、誰が見てもちょっと起りそうもないと言わざるを得ないと思う。つまり、めったに起らないが、もし起ったら、それは非常に重大な事がらであると考えられる。そして、先に例にあげた、三重県東北隅の二つの町のアクセントに大きな相違が見られたのは、その一方、あるいは両方に、いずれかの時代に、この種のアクセント変化、つまり、《アクセント体系そのものの変化》が起ったために、このようなことになったと考えられる。つまり、アクセントの変化の中には、《個々の語のアクセントの変化》のほかに、《アクセント体系そのものの変化》というべきものがある、そういう変化が起った時は、その国語は非常に重大な変革に際会したと見てよいと思うのである。そこで、国語史の時代区分をなすにあたり、この事実に着目し、《アクセント体系そのものの変化》が起こった時期をもって、区分の標準とし、そうして時代区分を試みるということは、新しい提案として許されると思う。しからば、このようにして時代区分をしたならば、それはどんな結果を生むであろうか。

今、この問題について詳細に論じることはわずらわしいゆえ、ごく簡単に結論だけ述べるならば、(30) 第一に、『補忘記』などによって知られる近世初期の京都語のアクセント、これは、現在の京都語のアクセントとは、明らかにちがったアクセント体系をもったものである。なんとなれば、現在京都方言にある《○○○》型とか、《○○○○》型とか、あるいは《○○○○》型とかいうような、《はじめの二拍以上が連続して低い型》の語は、当時の京都方言には全然存在せず、代りに、現在京都方言には全然存在しない、《○○○》型とか、《○○○○》型とか、《○○○○》型とかいうような、《第一拍だけが低く、第二拍以下が連続して高い型》の語が存在しているからである。これは、その所属を比較してみると、近世初期に《○○○》という型の語、例えば、「背中」とか「隠す」とかが、これであるが、それらが現在に至る間に、いつか分らぬが、一斉に《○○○》という型に変化し、同時に《○○○○》型の語は《○○○○》型に、《○○○○》型の語は《○○○○》型に変化したという、アクセント体系の変革があったことが明らかになる。そこで、近世初期と現代とは、その間に一線を劃すべき、異る時代に属させるべきものであって、そのような変革が起った、その時期をその境とすべきだと考えられる。ただ、現在は資料の関係で、その時期をはっきり推定できないのは遺憾である。

次に、『名義抄』などによって知られる平安朝末期のアクセント体系は、これまた近世初期のアクセント体系と大きくちがうもので、例えば、近世初期には、先に述べたように、《○○○》型、《○○○○》型というような型は全く存在しなかったが、平安末期には、こういう型もちゃんと存在していたことが知られる。この点平安末期のアクセントは現代とむしろ似ているが、その所属語彙は全く異っており、他方、平安末期には、現在京都に存在しない、《○○○》型、《○○○○》型、《○○○○》型、《○○○○》型というような型も存在しており、その点は近世初期と似ているといった状況である。そして、その各型の所属語彙を検討してみると、平安末期にあった《○○○》型の語は、例えば、「命」のような、私のいわゆる「命」類名詞、「思ふ」のような、私のいわゆる第二類動詞、などが、これであるが、これは近世初期までの間にすべて《○○○》型に合流して、《○○○》型は消滅した、同時に、《○○○○》型や《○○○○》型は《○○○○》型に合流し、《○○○○》型は《○○○○》型に合流した、という変化が起ったことが推定されるのである。この変化が起ったことは、非常に大がかりな国語の変革と考えられるから、平安末期の国語と、近世初期の国語とは、その間に一線を劃すべき別の時代に属すべきものと考えられ、そして、その境は、その変革が起った時期に設けられるべきだと考えられる。

然らば、その平安末期のアクセントと、近世初期のアクセントとの境界は、いずれの時期に定むべきかというと、まず、後小松帝の御代に生まれ、後花園帝の御代に死んだ、洞院実熙《さねひろ》が作ったという、『名目抄』の声点を見ると、それから推定される当時のアクセント体系は、『補忘記』のものとよく似ており、『名義抄』のものとは全く異るものであるゆえ、室町時代は、大体近世初期と同じ区劃の中に入れてよいかと思われる。一方高倉帝の御代に生まれ、後堀河帝の御代に世を去った、明恵上人が作ったという『四座講式』は、夥しい和語をその頌詞に含んだ声明《しょうみょう》――仏教讃美歌であるが、この旋律の上に反映しているアクセントは、『名義抄』のものとよく似ていると見られるから、(31)平安末期のアクセントは、大体源平時代ごろまでは続いたと見られる。即ち、平安末期アクセントから、室町近世初期アクセントへの変動の時期は、鎌倉時代の中期か、後期ごろかと推定されるのである。(32)なお、また、平安朝以前はアクセントから見てどう区劃されるかという問題もあるが、これは資料の関係で残念ながら未解決と言うほかはない。ただ、平安中期は、大体平安末期と同じ区劃の中に入れてよさそうである。(33)

七　む　す　び

以上、国語史の時代区劃に対する私案の提出を以て、国語アクセント史研究の、国語諸部面の史的研究への発言についての私見を終るが、なお、アクセント史の研究は、このほかに、書誌学的研究・国文学史の研究、および日本音楽史の研究にも役立ち得ると考えられる。が、これらについては、一部はすでに発表したこともあり、[34]また、他の部分については、またの機会もあろうから、ここでは以上の「国語史の研究への寄与」だけにとどめておこうと思う。

あとがき

これは、昭和二十一年六月一日、東大で開かれた第一回国語学会講演会の時に発表したものの原稿を整理したものである。その後、遠藤嘉基博士・大野晋・大原孝道・都竹通年雄・築島裕・吉沢典男・和田実等の諸家によって、この方面の研究は非常に進んだが、時間の都合上、訂正は最小限度にとどめ、註によって不備を補うという手段をとったことをお許し願いたい。

註

(1) 吉沢義則博士の「濁点源流考」〔『国語国文の研究』六・七所載、のち、『国語説鈴』に収録〕、春日政治博士の「古訓漫談」〔『文学研究』二所載、のち、『国語叢考』に収録〕。

(2) 去声・平声の音価については、金田一春彦「類聚名義抄和訓に施されたる声符に就て」〔『国語学論集』所収、本書に転載〕・「日本四声古義」〔『国語アクセント論叢』所収、本書に転載〕を参照されたい。

(3) 平声点は、この場合だけを問題として考えれば、普通の平声の意で低平調を表わすとも考えられるが、他に「木」「火」の類の語にも平声点が施されていることから、「木」「火」の類の平声点は普通の平声で、低平調を表わし、「日」の平声点は《平声の軽》の意で下降調を表わすものと推定される。金田一前掲註(2)「日本四声古義」六八二頁などを参照されたい。

(4) 服部四郎博士「「琉球語」と「国語」との音韻法則㈡」〔『方言』二ノ八所載〕を見られよ。

(5) 井上一男氏「屋久島方言」〔『方言』四ノ四所載〕、上村孝二「甑島方言のアクセント」〔『音声学協会会報』六五・六六所載〕、島根女子師範学校『隠岐島方言の研究』などを参照。石川県下のものについてはさきに長岡博男氏の報告があり、今は岩井隆盛・吉沢典男両氏が研究を進めておられる。

（6）ここに述べたことについては、遠藤嘉基博士が全面的に認めてくださり、新たな例を追加されて、『訓点資料と訓点語の研究』の一四九頁―一五〇頁に発表された。

（7）金田一前掲註（2）「類聚名義抄和訓に施されたる声符に就て」二一一頁―二頁を見られよ。

（8）都竹通年雄氏の教示に従う。

（9）比嘉春潮氏の教示に従う。

（10）この傾向は字音の語彙などに特に顕著である。このことについては最近奥村三雄氏が「字音の連濁について」〔『国語国文』二一ノ五所載〕の中に具体的な例を報告しておられる。

（11）大野晋氏は、昭和二十六年十一月、日本言語学会研究会で発表された「日本語の母音調和」という講演の中で、いわゆる上代特殊仮名遣と古代語のアクセントとの関係に言及し、上代仮名遣においてイ列音・エ列音のうち、いわゆる乙類に属する拍は、『名義抄』のアクセントにおいて多く上声点が施されている事実を報告された。氏はタケ↓タカ、アメ↓アマのような、音韻変化を起す拍は多く上声の拍であることにも言及されたが、卓見である。このようにアクセントと上代仮名遣との間の関係が明らかにされてくると、アクセント史の研究はいよいよ重要な意味をおびてくると言うべきである。

（12）終止形と連用中止形とでは、動詞のアクセントは常に変らない、という法則が、当時の国語アクセントに見られる。

（13）金田一前掲註（2）「類聚名義抄和訓に施されたる声符に就て」・「日本四声古義」を参照されたい。

（14）この事実については、その後、吉沢典男氏が種々の方面から考察を進め、その成果を最近「複合動詞について」という題で『日本文学論究』一〇に投稿された。

（15）たまたま「率ゐる」と言う語、「攻め取る」という語はあがっていないが、「思ひやる」は〈オモイヤル〉、「さしかくす」は〈サシカクス〉のように表記されている。もし、二語の連続として発音したら、〈オモイヤル〉、〈サシカクス〉となるはずである。

（16）岩崎家本・前田家本・図書寮本などには、歌の部分や和訓に声点が施されている。大原孝道氏がこの方面の研究を進めておられ、歌の部分の声点と、和訓の声点との間に、内容上かなりの相違があることを明らかにされたが、それによると、歌の部分の声点は『名義抄』より多少前の時代のアクセントを、和訓の部分の声点は、大体『名義抄』と同じ時代のアクセントを伝えるものかと推測される。大原孝道氏「近畿アクセントにおける下上型名詞の甲類・乙類の別の発生に関する一考察」〔『国語アクセント論叢』所収〕を見られよ。

(17) 橋純一氏の『つれ〳〵草通釈』巻上の四三頁、巻中の三二二頁、三四七頁などを見られよ。
(18) 金田一春彦「国語アクセントの史的研究」(『国語アクセントの話』所収) 一二一頁—二頁を見られよ。
(19) 京都の山科毘沙門堂門跡に襲蔵。著者未詳。鎌倉時代の末にできた。本文は『未刊国文古註釈大系』に収められており、声点は、橋本博士が毘沙門堂の本から直接転写されたものが、東大国語学研究室にあり、それに従った。
(20) 度会延明の述作。佐佐木信綱博士の竹柏園に写本が伝わっており、「古典保存会」から複製本が出ている。
(21) 文字には書かれていないが、昭和十二年ごろ口頭で発表されたお考えである。
(22) 同様なことは、『允恭紀』にある著名な歌「ささがねのくもの行ひ今宵しるしも」についても言われる。即ち、図書寮本『書紀』に、この歌の部分に点がさされているが、その声点によれば、ここの「くも」は「蜘蛛」ではなくて「雲」を意味すると見られる。大原氏前掲註 (16)「近畿アクセントにおける下上型名詞の甲類・乙類の別の発生に関する一考察」四三四頁—五頁を見られよ。
(23) 例えば寂恵本『古今和歌集』など。
(24) 例えば「日」「矢」は平声であるのに対して、「ひさし」「ひじり」「やじり」「やすり」など第一拍は上声であって例外をなすが、「日」「矢」の平声点は、同じ平声でも《平声の軽》を意味すると考えられる。平声のうち、《軽》は高く初まる声であるゆえ、一般の平声とは異なり、上声と同じ類に属するものであることはきわめて自然である。
(25) 和田実氏の「近畿アクセントに於ける名詞の複合形態」(『音声学協会会報』七一所載)・「複合語アクセントの後部成素として見たる二音節名詞」(『方言研究』七所載)、平山輝男氏の「北九州に於ける二型アクセントの研究(四)」(『コトバ』七ノ八所載)・『九州方言音調の研究』一五二頁以下などを参照されたい。
(26) 『古事記』に見える四声の註の考察から、和田実氏が『古事記』の神名「菅竈由良度美」の訓の改訂を提唱されたのはその一例である。『国語と国文学』二九ノ六所載「古事記の声の註」を見られよ。
(27) 金田一春彦「金光明最勝王経音義に見える一種の万葉仮名遣について」(『国語と国文学』二四ノ一一所載、本書に転載) を見られたい。その後、大野晋氏が、いわゆる定家仮名遣の「お」「を」の使い分けは、アクセントによるものであることを発見されて、その応用範囲はいっそう広くなった。氏の「仮名遣の起源について」(『国語と国文学』二七ノ一二所載) を参照。
(28) 服部四郎博士の「方言境界線の問題について」(『土の香』創刊第五周年記念号所載) を参照されたい。
(29) 稲垣正幸氏の「国語アクセントの研究概観」(『国語アクセント論叢』所収) の四八頁を見られよ。

（30）詳しくは金田一前掲註（18）「国語アクセントの史的研究」の一九六頁―二〇〇頁あたりを参照されたい。
（31）金田一春彦「邦楽の旋律と歌詞のアクセント」〔『田辺先生還暦記念東亜音楽論叢』所収〕の二七一頁―三頁を参照されたい。
（32）大野晋氏がこの間の状況を詳しく考察され、その成果を前掲註（27）「仮名遣の起源について」に発表された。それによれば、この変化は、行阿の時代の少し以前にはじまり、少し以後に完了したと見られる。なお、第二節の中で触れたように、『古今和歌集』の古写本その他、鎌倉時代に声点が施されたと見られる文献のアクセントは、去声拍を欠くというような点で、『名義抄』のものと多少ちがうから、厳密には鎌倉時代のアクセントは、平安朝末期のものと多少ちがっていたと言うべきである。註（16）で触れた『日本書紀』の古写本の歌謡の部分の声点も、同様に問題を蔵している。
（33）『朗詠集』の譜本の中に、源雅信（延喜二十年―正暦四年）が譜を作ったというものが残っており、その譜によってその曲節を考察すると、そこに反映しているアクセントは、『名義抄』のものとよく似ている。
（34）金田一前掲註（31）「邦楽の旋律と歌詞のアクセント」二七五頁―七頁を参照されたい。

二 古代アクセントから近代アクセントへ

これは、今年春の京都での研究発表会で報告した内容を整理したものです。(補註)増訂してありますが、趣旨は変っていません。全文の大意は、二九八頁に要約してあります。

一 アクセントから見た京都語の時代区分

谷崎潤一郎の戯曲「鶯姫」の中に、国語の一教師が平安時代の人に生まれ変るところがあるが、今、現代の人がそのようにひとりだけ平安時代に生まれ変ったとする。と、当然、平安時代のことばを使わなければならない。その場合、その人は何にいちばん苦労するだろうか。それは、現代の我々がちがう方言をしゃべろうとする時と同じことだと思う。すなわち、語彙よりも語法が、語法よりも音韻が、音韻の中でもアクセントが、ことにマスターしにくいだろうと思う。

イハノヘ**ニ・コザル**コメ**ヤク**・コメ**ダ**ニモ・**タゲテ**トホラセ・カマシシノ**オヂ**〔岩崎家本『皇極紀』の声点の解読から(1)〕

ヤマ**ト**ウタ**ハ・ヒ**トノココ**ロヲ**・タ**ネ**ト**シテ**・ヨロ**ヅ**コトノ**ハ**トゾ・ナ**レ**リ**ケ**ル〔『古今集』古写本の声点の解読その

他から(2)」

右は、平安末期のアクセントを復原推定したものであるが、これは京都以外に育った私どもにはもちろんのこと、京都出身の皆さんにも覚えにくく、また、使いにくいことと思う。

なぜアクセントはマスターしにくいか。その原因は、一つはアクセントは語彙・語法とちがい、当時の文学作品類を読むというようなことでは、覚えられないことにある。が、それだけではない。例えば、「米」という語、「岩」という語は、現在京都では、**コ**メ・**イ**ワという同一のアクセントをもっているが、右の例に見えるように、平安朝時代には「米」は低低型、「岩」の方は**高**低型であった。ここには出ていないが、同じクラでも、「庫」は平安朝時代、低低型、「鞍」は平安朝時代、**高**低型である。こんな例はイヤというほどある。こういうのを一つ一つ覚えていくことは、ずいぶん難しいことだろうと思う。現代の人は、アクセントを標識にして、よくその人の出身地を言い当てることがあるが、あれと同様に、他の点でいくら平安人に化けても、平安朝の人は、他の時代からまぎれこんで来た人を、そのアクセントによって、見事に言い当てるだろうと思う。

そうだとすると、国語史の上でアクセントの時代的変化ということは大いに重要視すべきことになる。すなわち、《アクセントのちがい》ということを標準として、国語史の時代区分をすることは大きな意義があると思う。

そうすると、次の問題は、《アクセントによる時代区分が実際に可能かどうか》ということである。私は、それはかなり見事にできるはずだと思う。それは、アクセントが変化する場合には、多くの語がいっぺんに同じ方向に変化し、短い期間にその変化が終ると思われるからである。もちろん、一つの語、あるいは少数の語だけが個別的に変ることもある(3)。が、同一の型に属する語が全部他の型に移ってしまうこともあることは明らかである。

どうしてそれがわかるか。それは、まず、過去のアクセントを記載した文献が、そういう事実を証明する。現在のところ、過去のアクセントを記載した文献は、京都アクセントが主なものであるが、個々の文献を見ると《現在同一の型で発音される語句は同じ型に表記されている》という傾向がきわめて強い。例えば、二八四頁の語彙表でⓀとしてあげた語「命」「白い」「花は」というような語は、『類聚名義抄』『日本書紀私記』など、平安末期―鎌倉初期のアクセントを伝えていると見られる文献には、もし出て来れば、すべて平平**上**型に表記されている。これは、当時、すべて低低**高**型だったことを示す。それが『開合名目抄』『補忘記』等、室町時代―江戸初期のアクセントを伝えていると見られる文献ではすべて**徴**角角型に表記されている。これは《**高**低低》という型だ。そしてこれら両時代の中間の時代の文献は、すべて『名義抄』式か、『補忘記』式か、あるいは、第三の式――その式でも右の語彙は同一の型で表記されている――かであると言ってよい。すなわち同じ類の語は、同じ時代には同じ型であろうとし、もし、そのうちの一つの語のアクセントが変る時には、他の語もそろって変るということが知られる。(4)

これについては不思議に思う人があるかもしれない。どうしてこれらの語句が――意義も職能も関係のない語句が、同じ型に属しているというだけで、一斉に同一の方向にむかって変化するのか、と。しかし、これは不思議でもなんでもない。

例えば、私はきのう汽車へ乗って東京から京都まで来た。東京駅でたまたま共立女子大の山本信道さんといっしょになった。そうしたところが、私が静岡まで来ると、山本さんも静岡まで来る。私が名古屋まで来ると、山本さんも名古屋まで来る。私が京都へ着いたら山本さんも京都へ着いた…。が、これは同じ汽車へ乗った以上はアタリマエのことである。もし、これについて誰かが、よく別々の人が同じ時刻に着いたものだと感心したら、それはよほど頭がどうかしている。同じ汽車に乗っていれば、同じに着くのは当然である。アクセントも正しくこれと同じもので、「命」ということばが、イノ**チ**という型から**イ**ノチという次の型に変化したのは、「命」「白い」「花は」という語が、めいめい新しいアクセントの型に乗り換えたのではない。それらの単語が乗っていたアクセントの型それ自身が動いたのである。アクセントの型そのものが変化する以上は、その型に属している単語は、よほど特別の事情のないかぎり、みんな一斉に同じ型に変るのに不思議はない。

とにかく、アクセントにおいては、多数の語のアクセントがいっぺんに変化するということがある。そうするとアクセントの変化は、国語の変遷の途中で、非常に重要視すべき事実だということになる。これは、かの方言の区画の原理を思わしめるものである。

すなわち、一つの言語の方言区画をしようとする場合、語彙についてその分布状態を調べると、一つ一つの語はそれぞれちがった分布領域をもっていて、等語線はメチャメチャに乱れあう。方言区画というようなことはなかなかできない。そこで、結局フランスの言語地理学が逢着したように、方言区画不可能論が生まれたりする。これに反して語法を基準としておこなうと、もう少しはっきりした区画を立てることができる。もし、音韻を基準とすれば、いっそうはっきりした区画を立てることができる。そうしてアクセントでやると、東西両アクセントの境界線は、誰がやっても、愛知県と三重県の県境付近の、《服部線》の上に引かれる。そんなわけだからアクセントのちがいを目安として方言を区画することが、方言研究の方で重んじられていることは当然である。これは、国語史の場合にもあてはめて考えてよいはずだと思う。

二　平安朝以来の京都アクセントの変化

そこで問題は、アクセントによって国語の時代区分をやったらどのようになるかということになる。過去のアクセントの研究は現在のところ、あまり資料がそろっておらず、資料があっても、はたしてそれが何時代のアクセントを記載しているものか、なかなか判断しにくい。なぜならば、人は、しばしば自分のアクセントを観察せず、先行文献のアクセント表記をそのまま転載しておくからである。(5)

そこで、ここでは、文献に記載されている京都アクセントとおぼしいものを体系の異同によって分け、古いと思われるものから逐次新しいと思われるものへと順に並べるという手順をとった。こうして出来たものが二八四頁の【京都語アクセント変化一覧表】である。すなわち①の文献で代表される平安末期から、現在まで、京都アクセントは、八つの時期に区画されるわけである。なおこの表について、次の一、―五、の条項に注意。

一、この表を作るに当たり、アクセントの新旧の判定は、もっぱらアクセントの内容そのものによった。つまり、記載されている文献の成立の時代に対する考慮は二の次にした。例えば、⑤の『仏遺教経』は、私の見た版本は江戸時代のものであり、本文の成立時代については全然考証していないが、アクセントの内容から、④の次、⑥の前に置かるべきものと推定したごときである。

二、この表で、ⒶⒷⒸ…は、それぞれ、アクセントから見て同じ類の語彙を表わす。各類の内容は、簡単には次の【語彙表】に示したとおりである。詳しくは、小稿「国語アクセントの史的研究」(『国語アクセントの話』所収)、「東西両アクセントのちがいが出来るまで」(『文学』二二ノ八所載)、あるいは近刊の『国語学辞典』の付録、「国語アクセント類別語彙表」等を見られたい。

三、×印のⒷの語彙は、現代では一部が、第二拍の途中で高から低へ降る型に属する。このような性格は、どの時期からあったか不明ゆえ、ここではこの問題は論じない。

京都語アクセント変化一覧表

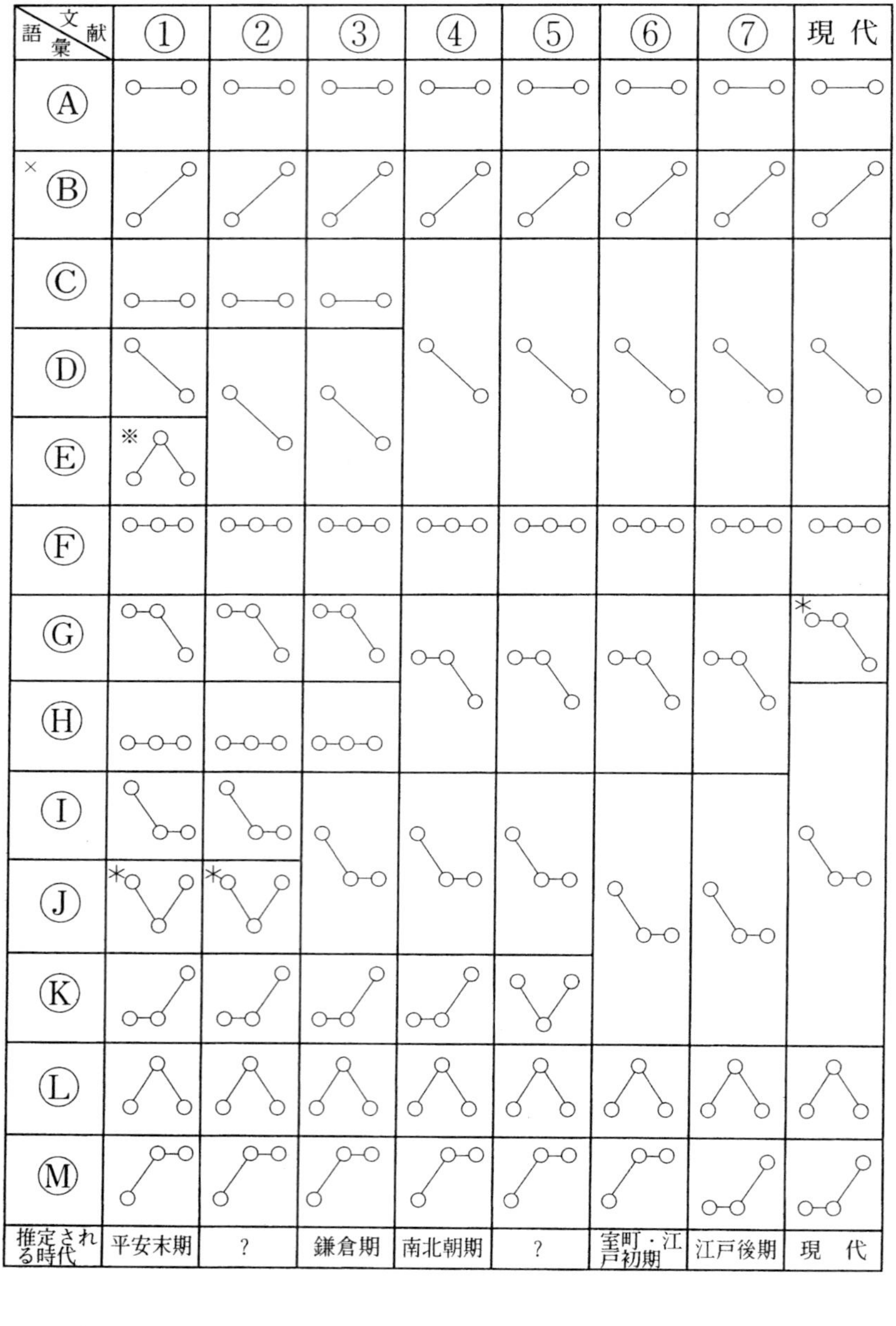

四、Ⓔの語彙は、※印の①の時期には、第一拍が長く――つまり二拍的に、そうして、上昇的に発音されたものと推定される。詳しくは、小稿「類聚名義抄和訓に施されたる声符に就て」(『国語学論集』所収、本書に転載)の一覧を乞う。

五、＊を付した①②の時期のⒿの語彙、現代のⒼの語彙は、原則として、自立語＋付属語の形である。

【時期別文献表】

①『類聚名義抄』・『日本書紀』の古写本の歌謡の声点等。

②御巫本『日本書紀私記』・浄弁本『拾遺集』の声点等。

③『四座講式』の節博士・『古今訓点抄』の声点等。

④『行阿仮名遣』のオヲの仮名遣。

⑤『仏遺教経』の節博士。

⑥『名目抄』の声点・『補忘記』の節博士等。

⑦『平家正節』の素声の譜等。

【語彙表】

Ⓐ「風」「水」その他、第一類二拍名詞。「置く」「買う」その他、第一類二拍動詞の連体形。「蚊は」「子が」その他、第一類一拍名詞＋一般一拍助詞。

Ⓑ「笠」「秋」その他、第四類・第五類二拍名詞。「取る」「見る」その他、第二類二拍動詞。形容詞「ない」「よい」。「木は」「目が」その他、第三類一拍名詞＋一般一拍助詞。

Ⓒ「足」「山」その他、第三類二拍名詞。

Ⓓ「石」「川」その他、第二類二拍名詞。「日は」「葉が」その他、第二類一拍名詞＋一拍助詞。

Ⓔ形容詞の連用形「なく」「よく」。副詞「まず」「もし」等。

Ⓕ「形」「車」その他、「形」類三拍名詞。「上《あが》る」「明ける」その他、第一類三拍動詞の連体形。「風は」「水が」その他、第一類二拍名詞＋一拍一般助詞。

Ⓖ「あずき」「二人」その他、「あずき」類三拍名詞。「赤い」「甘い」その他、第二類三拍形容詞の連体形。

Ⓗ「頭」「鏡」その他、「頭」類三拍名詞。

Ⓘ「力」「黄金」その他、「はたち」類三拍名詞。

Ⓙ「石は」「川が」その他、第二類二拍名詞＋一般一拍助詞。「置いて」「飛んで」その他、第一類二拍動詞＋「て」の形。

Ⓚ「命」「心」その他、「命」類三拍名詞。「白い」「高い」その他、第二類三拍形容詞。「足は」「山が」その他、第三類二拍名詞＋一般一拍助詞。

Ⓛ「かぶと」「たらい」その他、「かぶと」類三拍名詞。「白く」「高く」その他、第二類三拍形容詞の連用形。

Ⓜ「背中」「鼠」その他、「うさぎ」類三拍名詞。「歩く」「隠す」その他、「歩く」類三拍動詞の連体形。「笠は」「空が」その他、第四類二拍名詞＋一般一拍助詞。


次に、①—⑦の順に、名時期を代表する文献について註記を加えておく（二九四頁まで）。

①『類聚名義抄』は、漢字字書で、著名なアクセント資料。平安末期、十二世紀の成立と推定されている。アクセン

トも大体そのころのものであろう。図書寮本と観智院本その他とでは体裁・内容大いに異なるが、アクセントは、いずれも声点によって記載され、しかも同種類のもの――同じ体系のアクセントをうつしたものと見てよさそう。

【語彙表】に掲げたⒶ―Ⓜの語彙は、それぞれ次のように注記されている。[6]

Ⓐカ上ゼ上（風）・ミ上ヅ上（水）。

Ⓑア平キ上（秋）・カ平サ上（笠）・ト平ル上（取る）・ミ平ル上（見る）。

Ⓒア平シ平（足）・ヤ平マ平（山）。

Ⓓイ上シ平（石）・カ上ハ平（川）。

Ⓔヨ去ク平（良く）・ナ去ク平（無く）・マ去ヅ平（先ず）・モ去シ平（若し）。

Ⓕカ上タ上チ上（形）・ク上ル上マ上（車）。

Ⓖア上ヅ上キ平（小豆）・フ上タ上ツ平（二つ）。

Ⓗア平タ平マ平（頭）・カ平ガ平ミ平（鏡）。

Ⓘチ上カ平ラ平（力）・コ上ガ平ネ平（黄金）。

Ⓙ（適当な例見当らず）

Ⓚイ平ノ平チ上（命）・コ平コ平ロ上（心）・シ平ロ平キ上（白き）・ウ平ゴ平ク上（動く）。

Ⓛカ平ブ上ト平（兜）・タ平ラ上ヒ平（盥）。

Ⓜセ平ナ上カ上（背中）・ネ平ズ上ミ上（鼠）。


右のように《平》《上》、稀に《去》の声点でアクセントを示しているが、このうち、平声は原則として低い拍、時に下降的な拍を、上声は高い拍を、去声は低から高にのぼる拍を表記したものと推定される。[7]『類聚名義抄』のほかに、『世尊寺字鏡』『伊呂波字類抄』『法華経単字』『金光明最勝王経音義』などのような、同類の文献でアクセントの註記のあるものも、大体、同じ体系のアクセントを表記したものと見ることができる。やや種類がちがうが、岩崎家本以下の『日本書紀』の古写本の歌謡や傍訓についている声点も、これと同じ種類のアクセントと見ることができそうである。(8) 次にあげる②の文献との対照上、Ⓔの例をあげ、『名義抄』の補充の意味で、Ⓙの例をあげれば、次のとおり。。。がその語である。

Ⓔ阿平珥平予去区平望平阿平羅上儒平（豈よくも非ず）。企去以上利平摩平韋上区平例平（来入り参来れ）【以上、前田家本『仁徳紀』】

Ⓙ等平枳上舎上気平帝上（解き放けて）【図書寮本『允恭紀』】

伊平褒平甫上流平柯上枳平底上（五百ふるかきて）【前田家本『雄略紀』】

『類聚名義抄』とちがう点は、Ⓔの類、Ⓚの類の動詞の終止形・命令形等が〈平上〉型・〈平平上〉型ではなくて、〈平平〉型・〈平平平〉型になっている点である。南不二男君は、この〈平平〉型・〈平平平〉型の最後の「平」は「平声の軽」の意味で、すなわち全体は低**高**低型を表わしたのだろうと推定した。(9) この見方に従えば、『名義抄』と同じ体系のアクセントを表記したものと解釈できる。

②『日本書紀私記』。古写本にはいずれも声点が施されているが、御巫本のものが一番正確らしい。これらについては、大原孝道氏その他の研究がある。(10) 一斑をあげれば、次のとおり。

Ⓔ油上岐平弖上美上与平（行きて見よ）。女上乃上古平爾上之上弖平（女の子にして）。

Ⓙ宇上倍平爾上太平知上万上志平点上（上に立ちまして）。安平女上乃平志上太平爾上（天の下に）。古上礼上爾上与上利平弖上（之によりて）。油上岐平弖上美上与平（行きてみよ）。

浄弁本『拾遺集』は鎌倉・室町両期の境のころの写本。声点については簗島裕君の研究(11)があり、その例は次のとおり。

Ⓔよ上く平み上て上き平（よく見てき）。

Ⓙい上り平て上も平つ上く上し平て上も平（入りても――）。

これらの文献の声点は、『名義抄』『日本書紀』歌謡のそれとよく似ているが、去声の点のない点が異なる。『名義抄』で去声の拍は、この二つの文献では上声になっている。表のⒺの例は、これを反映する。これは表記法がちがったからともとれるが、アクセントそのものが時代的に変ったからと解釈する。右のほか『古今集』の古写本の中に、声点をさしたものがたくさんあるが、(12)大体これらと同じ時期のアクセントを表記したものと見られる。

③『四座講式』は、明恵上人（貞永元年、六〇歳で示寂）の作と伝える講式で、真言宗では、今でも、涅槃会の時などに朗唱する。各種の譜本が現在し、最も古いものは正平年間の奥書がある。(13)若き日の服部四郎博士が高野山にこもって写されたノートから引用すれば、次のとおりで、ヤマトコトバの部分には多く《徴》《角》という譜でメロディーがつけられている。(14)

Ⓒ哀上恋平ノ角イ角ロ角ヲ徴フクミ（色を含み）。ミ徴ヅ徴カ徴角ラ角カ角ミ角ヲ徴ヌ徴ク徴モ徴角ノ角ア角リ角（自ら髪を抜くものあり）。

Ⓗ最去後平ノオ角モ角ヒ角ヲ徴ナ徴角シ角キ角（思いをなしき）。苦平悩平ノコ角ト角バ角ヲ徴ト徴角ナ角フ角（言葉を唱う）。

Ⓙカ徴ハ徴角ヲ角ワ角タ角ツ角テ徴角（川を渡って）。ツ徴ギ徴角ニ角啓上白ヲ角イ角タ角ス角ニ徴角（次に一致すに）。ツ徴ゲ徴角テ角ノ徴玉徴角ハ角ク角（告げて宣わく）。テ徴角ヲ徴ア徴ゲ徴角テ角（手を挙げて）。

元来、「徴」は、西洋音楽でいうsolのようなもの、「角」はmiのようなものである。そうすると「徴」は、この譜をつけた当時高く、「角」は低く唱えるべき音だったと推定される。(15) だとすると、この旋律に反映してアクセントは、

Ⓒイロ（色）、カミ（髪）。Ⓗオモヒ（思ひ）、コトバ（言葉）。Ⓙカハヲ（川を）、ツギニ（次に）、ツゲテ（告げて）、アゲテ（挙げて）

のようになる。

右のうち、Ⓙの条の語に関しては、②の文献とは異り、次の④の文献と一致する。すなわちここに反映しているアクセントは②の時期から一つ進んだ時期のアクセントと推定される。ただし、Ⓒの語、Ⓗの語においては、④の文献とは異り、②の文献に一致する。

次に、『古今訓点抄』（嘉元三年の奥書あり）は、『古今集』から語句を抄出して声点を施した文献であるが、その声点によって示されるアクセントは、大体『四座講式』のものと一致する。用例は、次に示すとおり。

Ⓒシ平モ平ハ上ヲ上カ上ナ平ム上（霜は置かなん）。コ平ヒ平ヲ上シ上コ平ヒ上ハ（恋をし恋いば）。
Ⓗチ上リ上ノ上マ平ガ平ヒ平ニ平（塵の紛いに）。ワ平ラ平ビ平（蕨）。
Ⓙカ上ヂ平ニ平ア上タ上ル上（檝に当る）。ト上バ平ニ平アヒミム（永久に相見ん）。コヱヲホニア上ゲ平テ平（声をほに挙げて）。イ上キ上ウ上シ上ト平イ上ヒ平テ平（生き憂しと言いて）。

右のⒸの「霜」「恋」、Ⓗの「紛い」「蕨」、Ⓙの「檝に」「永久《とば》に」「挙げて」「言ひて」のアクセント、いずれも、『四座講式』の曲節に反映したアクセントと同時期のものに相違ない。

また、北野克氏の教示に従えば、国語辞書『名語記』（文永五年に一部出来、建治元年に完成）に記載されているアク

セントも、④の文献と一致せず③の文献と一致するらしい。

④『行阿仮名遣』。いわゆる定家仮名遣のキャノン。大野晋氏の研究が出ている。(16) 貞治元年（行阿はこの時おそらく七〇歳以上だったらしい）以後の成立だろうという。大野氏は、この文献で、その語のその拍が高く発音されるか低く発音されるかによって、「お」と「を」の仮名が使い分けられていることを指摘された。それによると、次のように、以前の文献で、低く発音されていた拍のうち、Ⓒの語の第一拍、Ⓗの語の第一拍は、高い発音を表わすべき「を」で表記されており、Ⓚの語の第一拍は低い発音を表わすべき「お」で表記されている。

Ⓒをに（鬼）。をや（親）。Ⓗをこり（発り）。をよび（及び）。Ⓚおしむ（惜しむ）。おさむ（治む）。おもふ（思ふ）。おほし（多し）。

すなわち、行阿の時代には、ⒸⒽの語の第一拍は、③の時代とちがって高くなっていた。これに対してⓀの語の第一拍はまだ、③の時代と同様に低かった、⑤の時期のように高くはなかったと推定される。

⑤『仏遺教経』。今禅宗で用いられる経文で、いくつかの版本があるらしい。元来、高僧鳩摩羅什《クマラジュウ》が中国語に訳したもので、今訓読して誦する。訓は、誰がつけたかわからぬが、明恵上人がこれを読んだというから、鎌倉時代には訓読されていたものと思われる。刊行の譜本（刊記はないが江戸時代らしいもの）を見ると、そこに出てくるヤマトコトバに、次のように「徴」と、「角」の譜がついている。『四座講式』と同じように、「徴」は高い拍、「角」は低い拍を表わすものととれる。

Ⓚハ徴チ徴ノ徴ハ徴ナ角ヲ徴ト角ル徴ニ徴（蜂の花を取るに）。ナン徴角ヂ徴ガ徴コ徴コ角ロ徴ヲ徴折徴伏徴角ス徴（汝が心を——）。悪徴病徴角ヲ徴ノ徴ゾ角ク徴ガ徴ゴ徴ト角シ商（除くが如し）。

ここに反映しているアクセントについては、桜井茂治君が研究を進めているが、Ⓚの「花を」「心」という語に、

《**徴角徴**》という譜がついていて、これは当時、これらの語が《**高低高**》というアクセントをもっていたことを反映しているかを思わせる。そうすると、これに反映しているアクセントは、④の文献と⑥の文献との中間の時期のものと推定される。

⑥『名目抄』。『新校群書類従』の雑の部に出ている。洞院実熙（応永十六年の生れ）の著。《**平上去**》の声点を差して、アクセントを示しているが、その声点を解読すると、次の『補忘記』と同じ体系と推定されるアクセントを表記している。

Ⓚカ上ン上ガ平ヘ平ク°上ダ°平ス°平（考えくだす）。オ上ホ平ク平チ平（大口袴）。ヲ上ニ上ノ平マ平（鬼の間）。

Ⓜノ去ザ上キ上（荷前）。ア去コ上メ上（袙）。

右のうち平声・去声の点は低い拍を、**上**声は**高**い拍を表わしたものと推定される。[17] だとすると、Ⓚの語の第三拍が低になっているのは、⑤の文献から変化したあとを示しており、次の「大口」の第三・第四拍、「鬼の間」の第四拍が低になっているのも、これに準じる。Ⓜの語が《**低高高**》型になっているのは、次の⑦の文献とのちがいを表わす。

『補忘記』は、よく知られたアクセント資料で、貞享版と元禄版の二種がある。観応の著で、元禄版の凡例により、京都アクセントを表記したものと見られる。節博士の《**徴**》と《**角**》とでアクセントを表記してあり、実例は次のごとくで、《**徴**》は**高**い拍を、角は低い拍を表わしたものである。

Ⓚア徴シ角ヲ角（足を）。ク徴ラ角ヲ角（庫を）。イ徴ノ角チ角（命）。コ徴コ角ロ角（心）。セ徴バ角キ角（狭き）。

ツ徴ヨ角キ角（強き）。

Ⓜト角ガ徴ヲ徴（咎を）。ナ角ニ徴ヲ徴（何を）。セ角ナ徴カ徴（背中）。カ角ク徴ス徴（隠す）。

これらの例によれば、Ⓚの語は、⑤の文献と異り、《**高**低低》型になっている。一方、Ⓜの語は、次の⑦の文献とは異り、⑤以前と同じく《低**高高**》型である。

『補忘記』と似た文献に『開合名目抄』（刊行年代不明）があり、同じ体系と見られるアクセントを表記している。

⑦『平家正節』の素声《シラゴエ》の段。『平家正節』は、前田流平曲の譜本。荻野検校の著で、安永五年（一七七六）の序と跋がある。各種類の大旋律型を通じて精密な節譜がついているが、中で注意すべきは、語られる部分――歌劇ならばレシタティーヴに当る部分――すなわち「素声」と呼ばれる部分の譜である。(18) この部分には、次に示すように、無譜の文字にまじって、まま《**上**》という譜を記した文字がある。

Ⓜけふは上うづ上きひ上とひ（今日は卯月一日）【厳島還幸】

く上び上がみにはりを上さし（首がみに針を挿し）【緒環】

ⒼⒽよいか上た上きにあふてこ上そ（よい敵に逢うてこそ）【木曽最期】

お上の上れ上は上を上ん上なれば（己は女なれば）【木曽最期】

館山漸之進翁の『平家音楽史』に従えば、《**上**》の譜はその文字を**高**く唱えるというしるしで、それは京都の言葉のアクセントによったと伝えているという。(19)

今、それをたどってみると、Ⓜの語は第三拍だけに**上**の譜がある。第二拍には**上**の譜がない。これは当時の京都アクセントは《低低**高**》型だったからだと見られる。(20) だとすると、これは『名義抄』から『補忘記』に至るすべての文献から推定されるアクセントとは異り、今の京都のアクセントと同じであることが知られる。ただし、今の京都とちがう点もある。ⒼⒽの語がそれで、「敵」「女」の第一拍・第二拍両方に**上**の譜がついている。現代ではこれらは**カ**タキ・**オ**ンナの型に属する。この語は、『正節』の出来た安永年間には、近世初期と同じように、まだ、《**高**

高低》型だったことを表わすものと思う。

三　京都アクセントの変遷の時期

京都アクセントは、大体、平安末期以後、二八四頁の【アクセント変化一覧表】のような変化を遂げて、現在に至ったものと考えられる。次の問題は、これらの各時期の間で、どの時期から、どの時期へ移る変化が、大きなアクセント変化であったかということである。

右の表を見て、すぐに知られることは、時代が後になればなるほど、型の種類が少なくなっていることである。これは①の時期と現代とを比べてみれば明らかである。即ち、京都アクセントはまず型の量において変化を遂げたと考えられる。が、京都アクセントの変化は、このような「量」の問題だけでない。型の質においても変化をしている。これについて述べよう。

今、①②の時期のアクセントの型を見てみると、**高**い拍と低い拍とのあらゆる組合せが可能である。例えば三拍語の型には、$2^3=8$種類の型がある。ところが現代では、**高**い拍と低い拍との組合せに制限がある。現代の型のうち、*をつけた**高高**低の型は、**ハナ**モ（鼻も）・**ウシ**エ（牛へ）というような連語にだけ現れる型である。だからこれは特別の型として除く。そうすると残るのは、**高高高**型・**高**低低型、低**高**低型、低低**高**型である。これらの型は、その高低の配置からみると、（1）すべて**高**い拍ばかりから出来ているか、それとも、（2）一つの拍だけ**高**いか、のいずれかである。①②の時期のアクセントは、もし、トネームという術語を使うならば、《各モーラが**高**または低のトネームを有するアクセント》である。[21]

K. L. Pike の "Tone Language" によれば、メキシコのアメリカインデアンの言語には、こういうアクセント体系をもったものが、たくさんあるらしい。[22] これに対して、現代京都のアクセントは、《どこを高く発音するということ——逆にどこを低く発音するかでも悪くない——が、特に重要な意味をもつアクセント》である。[23] これは古代のギリシャ語やラテン語のアクセントとして知られているものにむしろ似ている。そうすると、京都のアクセントは、平安末期以後、現代に至る間に《メキシコ型からギリシャ型へ》という変化の道をたどって来たものと言える。

今、かりにメキシコ型とギリシャ型と呼んだが、これは、世界の高低アクセントにおける二つの対立するタイプである。[24] このちがいは、ただ外形の上のちがいだけではない。もっと大きく、その機能の上にもちがいが見られる。すなわち、メキシコ型のアクセントの方は、型の区別が豊富であるところから、アクセントが語の意義の区別に役立つことが大きい。[25] が、他方、アクセントが語としてまとまりを示す力は、弱いと言わざるを得ない。ギリシャ型の方は、アクセントが語の意義の区別に役立つことは少い。が、それに対して、一語について高いところは一か所だけというところから、一語としてのまとまりを示す働きは、大きいと言える。そうすると、京都のアクセントが、メキシコ型からギリシャ型に移ったということは、アクセントの機能のうち、語の意義の区別を表わすという方は、これは段々語音の方にゆずり、一語・一語にまとまりを与えるという機能、それを発揮する方向に進んで来たものと言える。これが、京都アクセントの変遷における大きな傾向である。

さて、アクセントの変遷は大体その方向を進んでいるとする。次の問題は、ではメキシコ型からギリシャ型への移行は、いつ、どのようにして、行われたかということである。もう一度、【アクセント変化一覧表】を見ていただくと——

まず、①②③の時期、この時にはあまり大きな変化はしなかった。①の時期から②の時期へ——この時には、Ⓔの語彙の第一拍が短くなった。そのために多少アクセントにも変化が起った。が、たいしたことはない。これは語音史の上の変化がアクセントに影響を与えたものである。(26)②の時期から③の時期へ――ここでは、Ⓙのアクセントが変化した。が、これはこれまで自立的な性格をもっていた助辞の類が、完全に附属語的な性格になったために、アクセントの上にもちょっとした変化が起ったにすぎない。これは、文法史上の変化が、アクセントに影響を与えたものである。(27)

次に④の時期は、③の時期に比べて、ⒸⒽという二つの型が消滅している。これは、かなりの変化である。すなわち、この時期には、《低》ばかりの型というのがなくなった。つまり、高低の組合せに制限が出来たわけである。これは、《メキシコ型アクセントの崩壊が始まった時期》と言わなければならない。次の⑤の時期にはⓀの語に変化が起っている。これは最初の低い音節が**高**い音節に変ったのであって、これは④の時期に起った変化と同じ種類の変化――そのつづきだと言える。次の⑤の時期から⑥の時期への変化は、発話において同じような音調に実現する型を整理したもので、(28)ここで京都アクセントは一往安定した体系になった。つまり、③の時期のアクセント体系は、④⑤という過渡期を経て、⑥という新しい時期に入った観がある。

今、この⑥の時期のアクセント体系を検討してみると、**高**い拍の来る位置、低い拍の来る位置に制限がある点で、メキシコ型ではない。それでは、現代京都のような、どこか高いところが特に重要な意味をもつアクセント体系かというと、そうでもない。今、Ⓘの型は、第一拍の**高**い型である。そこでこれを《第一拍の**高**い型》と呼ぶことにする。と、Ⓖの型を呼ぶのに困る。これを《第二拍の**高**い型》と呼ぶと、Ⓛの型の呼び名がなくなる。つまり、この⑥の時期のアクセント体系の各型を呼ぶには、どこが高いかだけではいけない。すなわち和田実氏が試みられたように、(1)はじまりが**高**いか低いかということ、と、(2)どこで**高**から低へ下るかということ、と、二元的に呼ばなければいけない。すなわち、和田氏にならえば、Ⓖの語彙は、《高く始まって第三拍が降る型》、Ⓖの語彙は《低く始まって第三拍が降る型》というようなわけである。[29]

⑥の時期のアクセント体系は、このような二元的な方法ではじめて解釈でき、そういうアクセントである。これは、①②のようなメキシコ型ともちがう。現代のようなギリシャ型でもない。その中間のものである。即ち、⑥の時期は、①②の時期から⑧の現代に至る、ちょうど中間の段階にあるアクセント、いわば《メキシコ型・ギリシャ型中間型のアクセント》ということになる。

次の⑦の時期になると、Ⓜの語彙が高いところが一か所だけになっている。これはもう一歩ギリシャ型に近づいたことになる。ただし、Ⓖの語彙が、まだ、二拍高いところのある型であって以前の姿をとどめている。そうすると、⑦の時期は、⑥の時期から現代に移る過渡期だと言える。

以上述べたことを要約すれば、①②③の時期から④⑤の時期を経て⑥の時期に移る間に、京都アクセントは大きな変化を遂げ、次に⑥の時期から⑦の時期を経て現代に至る間に、また顕著な変化を遂げたと言うべきである。

四　京都アクセントの変化の動向

以上は、もっぱら、【京都語アクセント変化一覧表】の上で、京都アクセントの変遷を考えたのであるが、これを実際の時代にあてはめてみるとどうなるか。表には、①—⑦の文献が表わすと推定される時代を最下欄にあげておいた。この時代の名は、もっと研究が進めば訂正されるかもしれない。が、今は右の程度に考えておく。

このように考えておいて、まず、平安末期から鎌倉期に至る時期は、前節に述べたメキシコ型アクセントの時代である。これは《古代アクセント時代》と呼んでよかろう。それが、南北朝時代という過渡期を経て室町時代に入り、古代・近代中間の、いわば《中世アクセント時代》になった。これが江戸初期まで続く。そうして、その後江戸後期にまた新たな変化が起って、現代のギリシャ型アクセントになり、《近代アクセントの誕生》ということになった。

ただし、こうは言うものの、現代の京都アクセントは、ギリシャ語のアクセントにそっくりなのではない。現在の諸方言のうちでは、鹿児島方言や、青森方言のようなのこそ、ほんとうのギリシャ型というべきものである。(30) 現代の京都語には《高高》型、《高高高》型というような、古代ギリシャ語にはない型が存在する。また、三拍語にこそ、《高高低》型というような型はないが、四拍語には《高高低低》型、《高高高低》型というような型もある。現代の京都アクセントを目してギリシャ型になったというのは、その点で言い過ぎである。が、平安末期以来、ギリシャ型へ向って変化を続けて来たとは言えると思う。そうして、この傾向は、今後も引き続いて進んで行くだろうと推測する。

いずれにせよ、以上を総括すれば、こうなる。

平安末期以後、京都語のアクセントには、大きな転機が二度あった。一つは、南北朝時代、もう一つは江戸後期である。そうして、アクセントの性格そのものは、語義の区別に役立つメキシコ型アクセントから、一語のまとまりを示す、ギリシャ型アクセントへの脱皮を遂げて来たと考えられる。

もし、《アクセントの変遷を国語史の上に非常に重要視せよ》という私の主張が正しいならば、これが日本語の変遷の大きな姿である。

註

(1)『皇極紀』の声点のうち、上声のものを高く、平声のものを低く読むとこうなる。名古屋大学の南不二男君は、「通らせ」の「せ」は、実は平声の軽で、トホラ**セ**ェ型ではなかったかという。これはおもしろい見方である。

(2)「やまとうた」は、寂恵本『古今集』の声点からの推定、他は『類聚名義抄』の声点その他からの推定。

(3)例えば、次に述べるⓀの類の語の中で「思う」「動く」等四段活用動詞の一群は、近世初期以後、現在までの間に、**オ**モウ型から**オモウ**型に変化している。これは、この種の語は、他の活用形への類推作用が原因となり、一般の語とはちがって、個別的な変化をしたものと考えられる。服部四郎博士の「国語諸方言のアクセント概観」㈢(『方言』一ノ四所載)一四―一七頁を見よ。

(4)後出の『仏遺教経』では、この類の語は、**高低高**型に発音されたろうと、推定されるように表記されている。

(5)具体的な例については、小稿「契沖の仮名遣書所載の国語アクセント」(『国語と国文学』二〇ノ四所載)の三〇六―三〇七頁を参照(本書に転載)。

(6)印刷の都合上、例えば、本文にアキとあるのはア平キ上と転写し、ヨクとあるのはヨ去ク平と転写した。以後声点をさした文献の引用はすべてこれに準じる。

(7)『類聚名義抄』で平声が確実に下降調の拍を表わしたろうと推定されるのは一拍の語の一部(例、「日」「矢」等)と、それに準じる語(例、「して」の「し」)である。それ以外は、低平調の拍を表わしたと推定される。

(8)大原孝道氏は、昭和十九年の日本音声学協会の例会で、「日本書紀の古写本に見えるアクセント」という題のもとに、『日本書紀』の傍訓の声点と、歌謡の声点とで、多少性格がちがうことを指摘報告されたことがある。注意すべき警告であるが、後述の南君の考えに従えば、同一のアクセント体系を記述したものと見ることができるので、ここにはそのちがいは問題にしなかった。

(9)「名義抄時代の京都方言に於ける二字四段活用動詞のアクセント」(『国語学』一七所載)。

(10)大原氏のものは、註(8)に紹介した発表のほかに、「近畿アクセントにおける下上型名詞の甲・乙類の別の発生に関する一考察」(『国語アクセント論叢』所収)がある。その他、浜田啓介君は昭和二十五年度の京大文学部の国語学の単位レポートで私記の声点についての考察を行い、水田紀久君は最近『国史大系』本の私記の声句を集めて謄写版で出版された。

(11)『国語アクセント論叢』所載の「浄弁本拾遺和歌集所載のアクセントに就いて」がそれである。

(12)例えば「寂恵本」など。『古今集』の古写本の声点については早大国文科出身の秋永一枝君が克明に研究を続けている。

(13) 私の所持する版本だけでも、明暦本・貞享本・宝暦本・大正本・昭和本二種、計六種があり、服部博士所持の版本に元禄本がある。これらは、その譜を比較すると、少しずつ異なり、かならずしも正平本が最も古いメロディーを伝えているとは判定しにくい点がある。が、一般に後世のものほど、新たに修飾された小旋律型を多く有し、古いものほど簡単なメロディーをもっているとは言える。

(14) 原文では、平上去入は、漢字の四隅に声点によって示され、角徴の譜は和訓の右側に節博士によって示されている。印刷の都合上本文のような体裁に改めた。

(15) この講式の現行のメロディーは、岩原諦信師の『声明の研究』および『四座講式並大師明神両講式伝習手引』の中に、きわめて具体的に解説されている。現行の曲節では、正平本の徴の一部は徴のカヽリという小旋律型に変り、後世の変化を示している。Ⓒの「かは」の「は」や、「つぎ」の「ぎ」などに付せられている《徴角》という小旋律型は、恐らく古くは単純な《角》という小旋律型をもっていたものであろう。声楽が語り伝えられる時には、《高音のすぐ次の低音は、その音の全体、あるいは前半のみが高音に変化する》ということが、しばしばみられる。逆に《低音のすぐ次の高音は、変化してその音の全体、あるいは前半のみが低音に変化する》。これらは《旋律変化の法則》ともいうべきものであろう。なお小稿「日本四声古義」〔『国語アクセント論叢』所収、本書に転載〕の第五節を参照いただければ幸甚である。

(16) 『国語と国文学』一七ノ一二所載の「仮名遣の起源について」がそれである。

(17) 平上去の声点で語句のアクセントを示しているが、その示し方は『類聚名義抄』などとは少しちがう。去声の点は第一拍にのみ現れ、しかもその場合は第二拍は必ず上声である。一方平声の点は第一拍には決して現れぬ。思うに、著者は、低い拍のうち第一拍のものを去声で示し、第二拍以下のものを平声で示したのにちがいない。

(18) 平曲の大旋律型の種類とその特色については、小稿「前田流の平曲のメロディーについて」〔『日本文学研究』三一所載〕および平凡社刊『音楽事典』の「平曲」の条に述べた。曲節の種類により、アクセントの反映の仕方はまちまちで、素声および口説《クドキ》と称せられる曲節は、大体⑦の時期のアクセントを忠実に反映しており、指声《サシゴエ》・折声と称せられる曲節は、むしろ⑥の時期のアクセントを反映している。これは指声・折声は、素声・口説に比して、より音楽的な部分であるために、前代からの伝統を、より忠実に守っているためと思われる。なお、現在の館山甲午氏の平曲において、口説・指声・折声の部分の旋律は、『正節』の譜に対してきわめて忠実である。

(19)『平家音楽史』の八二四頁を参照。ただし、現在の館山氏は、素声の部分に限り、『正節』の譜から離れた自由な旋律で誦しておられる。

(20) これは現代の京都語と同様である。ただし、平曲の素声の旋律によれば、四拍語で現在《低低低高》型の語（例、「雀が」「空色」等）は、当時《低低高高》型だったらしい。三拍語の低起式平板型が《低低高》型であり、四拍語のそれが《低低高高》だということは、現在、和歌山県日高郡竜神村のアクセントに見られる性格である。すなわち、元禄期の京都アクセントが高知・田辺式だと言えると同様、安永期の京都アクセントは「竜神式」だと言える。最近、竹岡正夫氏が本誌〔『国語学』〕二一に富士谷成章が『稿本あゆひ抄』（明和四年—安永二年の間に成立）の中でおこなったアクセントに関する考察を紹介されたが、それによると、成章は、「すすき」という語を《低低高》型に、「かりがね」という語を《低低高高》型に表記している。平曲の旋律と成章の記述の両方から考えて、明和・安永ごろの京都アクセントが「竜神式」の体系をもっていたことは、ほぼ確実である。

(21)『国語アクセント論叢』所収の「原始日本語のアクセント」の二三頁を見よ。

(22) "Tone Language" によると、メキシコのインデアン語のうちで Mixtico 語は、各モーラが高中低の大体いずれにも成り立ち得るという。五頁の註8によれば、Matlazinco 語というのは、高低二個のトネームから出来ており、各モーラにそのいずれをも取り得るアクセントを有するらしい。平安末期の京都アクセントは、大体このあたりのものによく似ていそうである。

(23) 現代京都語には、全平型もあるし、また四拍以上の語には、《高高低低》型、《高高高低》型もあるから、どの拍が高くなるかだけでは型は決定しない。が、平安末期のアクセントに比べれば、どの拍を高めるかということは、重要な意味を持つと言ってよい。服部博士の術語で表現すれば、《「音節アクセント」ではなく、「単語アクセント」である》ということになる。

(24)「メキシコ型」「ギリシャ型」ともに、名称として不適当だというそしりを受けそうであるが、この席だけということにしてお許しを乞う。この発表の中で、何か短い名称がないとどうも不便である。

(25) Pike によれば、メキシコ・インデアン語の一種 Mazateco 語は、四段階の高低トネームから成立するアクセントを有し、例えば、site という音韻は、アクセントのちがいにより、「私はつむぐ（だろう）」「彼はつむぐ」「彼はつむぐだろう」「我々はみなつむぐだろう」など十二種類のちがった意味を表わし分けるという（"Tone Language" の二三頁）。

(26) この問題については、かつて『言語民俗論叢』所収（本書に転載）の「国語アクセント史の研究が何に役立つか」の第二節で考察した。

(27) これについては、註(26)と同じ論文の第三節で言及した。

(28) 《高低高》型は、断定を表わすイントネーションを伴って用いられると、《高低低》調に近く発音されたであろう。他方、《高低低》型は、問掛けのイントネーションを伴うような場合などには、《高低高》調にも発音されたであろう。

(29) この考えは『季刊国語』二所載の、氏の「アクセント観・型・表記法」に見える。服部四郎博士が『音声学』の一九三頁―一九四頁に提出しておられる見方も、これと似て見える。

(30) この両方言は、一語のうちのどこか一拍が必ず高く、しかもその高い拍は一拍に限る。鹿児島方言については平山輝男氏の『九州方言音調の研究』を参照。青森方言は芳賀綏君の研究による。

(補註) 国語学会研究発表会〔京都〕第八回、昭和三十年五月二十九日(日)、京都大学文学部第七講義室。

三　国語のアクセントの時代的変遷

一　おこし

〔一・一〕私は二度ほど日本語のアクセントの歴史について書いた。一度は、日本方言学会編『国語アクセントの話』の中で「国語アクセントの史的研究」という題のもとに、もう一度は、雑誌『国語学』第二十二輯に「古代アクセントから近代アクセントへ」という題で。この二つのものは、書き方をかなり変えてみたが、結局、あとのものは前のものより語彙の数を減らし、時代の区画をこまかくしたところにちがいがあるだけで、根本的な見方のちがいはない。ところで今度、第三回目の「日本語のアクセントの歴史」を執筆するに際しては、内容に多少大きな変更を加えなければならなくなった。それは、あのあと、二人の学者によってこの方面の研究が進んだためである。

〔一・二〕二人の学者という、その一人は、馬淵和夫氏である。氏は、従来江戸初期のアクセントを示す文献として私などが認めていた『補忘記』について、一つ前の時代のアクセントを示す文献ではないかという疑いを提出された。[1]氏の説かれるところは、ごく簡単ではあるが、いいところをついている。その論証のし方はともかく、結論は従うべきもののように思う。私は従来の見方を変える。すなわち、今まで『補忘記』をもとにして構成されていたアクセント体系は、一時代くり上がり、室町時代のものとなる。

こうなると、江戸時代のアクセント体系については、それを表わす文献を我々は改めて探さなければならない。私はその候補として、平曲の譜本、例えば、東京教育大本『平家物語』(2)および荻野検校著の『平家正節』(3)をあげたい。もっとも、これらは〈アクセントそのものを示した文献〉ではない。〈アクセントを反映していると推定される語り物の旋律を表わした文献〉である。つまり、アクセント資料としては、いわば間接的な資料であって、その取扱いには特別の注意をしなければならない。それからまた、どうしてこれが江戸時代のアクセントを反映していると見られるかについても、立ち入った考証をしなければならないが、それについてはまた別の機会を得ることにする。現在のところでは、これらの譜本の中で、クドキあるいはシラゴエと呼ばれている曲節(4)の部分は、江戸時代のアクセントを伝える箇所として適当のように思われる。

〔一・三〕馬淵氏と並んで、アクセント史の研究を進めたもう一人の学者は、二松学舎の小松英雄氏である。氏は、『国語学』に二篇の論文を送り、平安朝末期のアクセント体系が従来考えられていたよりもはるかに複雑な体系であることを明らかにされた(5)。氏の取扱った文献は『類聚名義抄』と『金光明最勝王経音義』とであって、これは従来もアクセント史の資料として利用されていたものではあるが、氏は、『名義抄』は特に図書寮本を精密に再検討することにより、『金光明最勝王経音義』は承暦三年書写の原本を見ることにより、従来考えられていたもののほかに、もう一つ、「平声軽」を表わす点のあることを発見され、これにより、当時のかなり多くの語彙にわたって下降調の拍が見られることを明らかにされたのである。その考証はあくまでも緻密で、その推論には少しの疑惑も許さないものがある。残念なことには、『名義抄』の時代はたまたまアクセント変化の過渡期で、そろそろそういう下降調の拍が消失しかけていることがその声点の分布の上に現われており、したがって当時のアクセント体系をがっちりととらえるまでには、もう少し同時代の他の文献の調査が必要である。が、とにかくこれにより平安末のアクセントのほんとうの姿が、今までとは格段にはっきりと見きわめられたのは結構なことだった。

〔一・四〕こんなわけで、今までの、観智院本『類聚名義抄』で平安朝のアクセントを、『補忘記』で近世初期のアクセントを示し、それを現代語のそれと対比するというやり方は捨てなければいけない。これからは、まず図書寮本『名義抄』その他の平声軽点のある文献で平安末期のアクセントを推定し、一方にはそれ以前の姿を想像すると共に、他方それからあと新たな文献によって次々と各時代のアクセントの姿を推定して行くという方法をとらなければいけない。ここでは次のような文献を主に用い、語類別に各時代のアクセントの大勢をうかがおうと思う。

平安末期　『図書寮本類聚名義抄』『金光明最勝王経音義』、やや不精密ではあるが、『日本書紀』の古写本[6]『世尊寺字鏡』『観智院本類聚名義抄』『高山寺本類聚名義抄』等の声点。

鎌倉時代　『四座講式』その他講式類の墨譜[7]、『古今集』の古写本や注釈書・聞き書きの類の声点[8]、築島裕氏の扱われた『浄弁本拾遺集』の声点[9]、『日本紀私記』の声点。この時代のものか、前の時代のものか迷うものに、『法華讃嘆』や祭文の類の墨譜がある。また、大野晋氏の研究で明らかにされたところにより、定家仮名遣で書かれた諸文献[10]も役立つはずである。

室町時代　『名目抄』の声点、『補忘記』『開合名目抄』その他論議の参考書の記述。この時代に属させるか次の時代に属させるか不明のものとして、平曲の譜本のうち指声と呼ばれる曲節のはじめの部分、等。

江戸時代　平曲の譜本、例えば東京教育大本『平家物語』荻野検校の『平家正節』等のクドキ・シラゴエと呼ばれる曲節の墨譜、文雄の『和字大観抄』富士谷成章の『あゆひ抄稿本』その他に見える記述、方言がちがうかもしれないが、契沖の『和字正濫通妨抄』その他仮名遣書の記述等。

二　一拍名詞

〔二・一〕院政時代に一拍名詞は、単独に用いた場合、四つの型のどれかに属したと考えられる。四つの型とは、●型（＝高く平らな型）・◓型（＝高から低へ移る型）・◒型（＝低から高へ移る型）・○型（＝低い平らな型）である。これらはそれぞれ長く二拍程度にも発音された。つまり、●型は●●型にも、◓型は●○型にも、◒型は○●型にも、○型は○○型にも発音されていたろう。そしてこれらに属する語彙は次のとおりだったと見られる。

〔1〕●型～●●型。例、「鵜」「柄」「蚊」「子」「背」「血」「戸」「帆」「身」「実」「世」「緒」（これらを**第一類**一拍名詞と呼ぶ。）

〔2〕◓型～●○型。例、「江」「毛」「名」「葉」「日」「藻」「矢」（これらを**第二類**一拍名詞と呼ぶ。もっともここにあげたものの中には、声点の位置から見て疑点のあるものもある。）

〔3〕○型～○○型。例、「鹿《か》」「木」「粉《こ》」「田」「手」「菜」「荷」「根」「野」「火」「穂」「目」「湯」「夜」「輪」「画」「尾」（これらを**第三類**一拍名詞と呼ぶ。）

〔4〕◒型～○●型。例、「巣」「歯」「杼《ひ》」「女《め》」「屋《や》」

〔二・一・一〕右のうち、多少問題があるのは、まず〔3〕の○型である。これらの語彙は現在の京都方言で○●型であり、これを文献によってさかのぼると、近世初期には契沖の『和字正濫通妨抄』その他によりすでに○●型になっていたことが証明される。そうすると、平安朝時代にも、あるいは◒～○●型ではなかったかとも疑われる。が、◓～○●型を表記するためには別に去声の点があり、去声点が施された別の語が厳存するのであるから、やはり一往右のような低平型と見てよいだろう。

〔二・一・二〕〔3〕の語彙と並んでもう一つ問題なのは、〔4〕の◒型〜○●型の語彙である。この型は、何より所属する語例が少数なので音価が推定しにくいが、しかも日常用いなくなっている語彙が多いのではなはだ心細いことである。これらの中で、わずかに今まで日常語として用いられている語を探すと、「巣」と「歯」とがえらばれるが、この語は、現在京都で、「巣」は〔1〕の語彙と同じく●型であり、「歯」は〔2〕の語彙と同じく◒型である。こうなると、一体◒型というような型があったろうかという疑いもかかってくるが、そこまでは疑わないことにして、右のような第四番目の型として認めておくことにする。現代語における「巣」と「歯」の型のちがいの由来については、次の〔二・三〕項で述べる。

〔二・二〕これらの語彙のうち、〔1〕〔2〕のものは、院政時代以後、現在の京都方言に至るまで大きな変化はなかったと見られる。変化があったのは〔3〕〔4〕の型である。

〔二・二・一〕〔3〕○〜○○型の語彙は、さっき述べたように現在の○●型になっているが、この変化はいつ行われたかと考えるのに、鎌倉期—室町期の間に〈高い部分のない型の消滅〉という大きな変化があったことは明らかであるから、室町時代にはもう○〜○○型ではなくなっていたに相違ない。ところで問題は、鎌倉期—室町期の間の変化に際しては、もとの○○型は原則としては●○型に変化したと見られるから、一拍語のこれらの語に限って○●型に変化したという以上は、それは変則的な変化を遂げたとしなければならないことである。どうしてそのような変化が起こったか。

思うに、これら第三類の一拍名詞の語は、室町時代に移る途中、○○型∨●○型の変化の浪にもまれて、現実には●○調にも発音された。そうして●○型というアクセントも獲得しかけたであろう。ところが、これらは助詞がついた場合には○●型になるが、この形は厳として守られた。単独の場合は●○型で、助詞がついた場合は○●型というのはそもそも変則である。ところが、一拍名詞などというものは、百個用例があれば九十九例まで助詞のついた用例で、単独で用いられるということは零に近い。そんなことから助詞のついた形のアクセントである○●型に圧倒されて、単独の場合の●○型という型は誕生しなかったものと思われる。つまり、これらの語は室町時代へ移る時に○○型から○●型へ変化を起こしたが、それは○○型＞○●型という、型そのものの規則的変化があったわけではなく、助詞のついた形への類推という、いわば一種の〈形態変化〉によって新しい型に変化したと考えられる。

なお、現代の諸方言では、琉球諸方言を除くすべての方言を通じて一拍名詞の第三類は二拍名詞の第四類といっしょになっていて、二拍名詞の第三類とはちがう型になっているが、琉球諸方言では第四類といっしょにならず、第三類といっしょになっている。これは、この類の語が、以前、単独の場合、○○型＞●○型という、規格にあった変化を遂げた形跡を示すものであろう。このことについては別の稿で触れたが、内地諸方言で○●型が変化しなかったのに琉球諸方言で●○▽型に変化したのは、琉球諸方言では他の諸方言とちがって一拍名詞は助詞がついた場合にも長く引いて発音されるのが立て前だったことを物語るものと思われる。(11)これは逆に、他の諸方言では、一拍名詞第三類は助詞がついた場合に主として短く発音されたろうということを推測させる事実である。このことは第三類の名詞には限らなかったろう。そうすると、ここで次のようなことが言える。

《鎌倉時代の日本語で、一拍名詞は助詞がついた場合には、声を引かないで発音される方が一般的な発音傾向だったろう》

〔二・二・二〕次に〔4〕の◒型はどうなったか。前にもふれたとおり、院政時代に◒型に属していた語彙は、その数も少く、しかも現在ばらばらに分属しているのでその変遷のあとはたどりにくい。しかし、こういうことは言える。二拍以上の語で◓という拍は、鎌倉時代に移る時にすべて規則的に●調に変化した、そうだとすると、この類の語は一様に●型になったものにちがいない。ただし、「巣」と「歯」という二つの代表的な語彙が現在別々の型に別れてしまっている事情はこれでは説明できない。これについては、次項で述べる。

〔二・三〕院政時代これら各型の語彙に助詞がついた場合はどうなったか。助詞にもいろいろあるが一拍の代表的な助詞として、「が」「に」「は」「を」の四つのものをえらぶとすれば、〔1〕〔2〕〔3〕は次のようになったものと想像される。〔2〕はまだしっかりした例を見出だしていない。ただし、次の鎌倉時代には〔1〕—〔3〕を通じてすべて用例がある。

〔1〕●型＋▼→●▼型　例「子は」（仁徳紀・歌謡）

〔2〕◓型＋▼→◓▼型（◓▽型）　例「日は」

〔3〕○型＋▼→○▼型　例「木は」（仁徳紀・歌謡）

このうち、〔1〕〔3〕の場合は、現代の京都語でもそうであるから問題はない。現代までこれらの語のアクセントは変らなかったわけである。〔2〕の場合の→の下の二つの形は、括弧の外のものの方は、助詞の接合のゆるかった場合の形、括弧の中の方は助詞の接合がきつく行われた場合の形である。院政時代には、括弧の外の形の方が多く行われたであろう。これについては、二拍名詞の条で再説する。

問題は〔二・一〕にあげた〔4〕の語彙である。これは、院政時代に助詞を伴った例を見ない上に、日常使われない語彙が多く、たまたま日常使われる「巣」と「歯」とは、現在京都語で別のアクセントをもっているので、はなはだ想定が難しい。

「歯」は、契沖の『通妨抄』で見ると、「葉」と同じ型になっており、江戸時代に●▽型だったろうかと推定される。

恐らく鎌倉時代以後そうだったのだろう。「巣」の方は、どうしたことか、契沖の『通妨抄』にもれている。契沖は一百以上の一拍名詞を集めてアクセントを示しながら、どうしてこの一番大切な語を記載し忘れたのであろうか。止むをえず『平家正節』の中からこの語を探すと、「物怪」の章のクドキの条に、「巣を」という語句に対して《上上》という墨譜をしるした例が一つだけ見つかる。つまり近世中期にも、現在と同じく●～●▼型だったことが推定される。そうすると、鎌倉時代もそうであったろう。つまり、「歯」と「巣」とは鎌倉時代にすでに別々の型に属していたろうと考えられる。

これはどう解釈したらよいか。私は、一番いい方法はこんなものだと思う。院政時代にも助詞のつき方がすでにちがっていたとするのである。「歯が」の方は◒▽型、「巣が」の方は◒▼型というように。二拍名詞の○●型が、助詞のつく時に二つに分れることを考えると、一拍名詞の◒～○●型にも二つのちがった型があったと考えることは不自然ではないであろう。(12) ここではそう解することにする。鎌倉時代に移る時に、◒の拍は●の拍に変化したはずである。

〔二・四〕以上のように見る時は、院政時代の一拍名詞は、助詞がついた場合、次の五種類の型があったことになり、後世、下のように変化したことになる。

(院政)		(鎌倉)		(現代)
●▼型	→	●▼型	→	●▼型
◓▽型	→	●▽型	→	●▽型
○▼型	→	○▼型	→	○▼型
◒▼型	→	●▼型		
◒▽型	→	●▽型		

三　二拍名詞

〔三・一〕院政時代二拍名詞は、単独の場合次の五つの型があり、それぞれ下にかかげるような語彙が属したと見られる。

〔1〕●●型　例、「飴」「牛」「梅」「魚」「枝」「海老」「柿」「瘡」「風」「金《かね》」「壁」「顔」「粥」「雉」「疵」「君」「桐」「霧」「釘」「口」「国」「首」「腰」「此」……（第一類二拍名詞）

〔2〕●○型　例、「痣」「彼《あれ》」「石」「岩」「歌」「上」「音」「垣」「川」「紙」「北」「鞍」「杭」「下《しも》」「蟬」「旅」「弦」「夏」「橋」「旗」「肘」「人」「町」「胸」「村」「雪」……（第二類二拍名詞）

〔3〕○○型　例、「足」「孔」「網」「泡」「池」「家」「色」「腕」「馬」「裏」「鬼」「鍵」「皮」「貝」「髪」「瓶」「鴨」「岸」「草」「櫛」「靴」「雲」「倉」「栗」「苔」「事」「坂」「竿」「島」「尻」「谷」「鯛」「玉」「土」「綱」「時」「年」……（第三類二拍名詞）

〔4〕○●型　例、「跡」「粟」「息」「糸」「稲」「帯」「笠」「粕」「数」「肩」「鎌」「上《かみ》」「絹」「屑」「今朝」「今日」「鞘」「汁」「筋」「隅」「空」「種」「罪」「中」「箸」「針」「舟」「他」「松」「麦」「我」（第四類二拍名詞）

〔5〕○◓型　例、「秋」「虻」「影」「蜘蛛」「琴」「鯉」「声」「猿」「露」「鶴」「鍋」「窓」「前」（第五類二拍名詞）

このうち、〔5〕の○◓型は、小松氏の研究によって存在が確認されたものである。

〔三・一・一〕ところで、これらは大部分の語彙が属した型で、このほかにごく少数の語彙が属する型があったらしい。すなわち次のものである。

〔6〕●◓型　例、「溝」（図書寮本名義抄）
〔7〕◓○型　例、「虹」（金光明最勝王経音義）
〔8〕◒●型　例、「象《きさ》」（観智院本名義抄）「鵐《しめ》」（字鏡）「蛇《へみ》」（観智院本名義抄）
〔9〕◒○型　例、「脛《はぎ》」（観智院本名義抄）「百合」（色葉字類抄）

〔8〕〔9〕は以前から存在が認められていたが、〔6〕〔7〕は小松氏の発見によるものである。〔6〕に属するミゾは、ほかに●●型に表記されている例もあり、やや危ぶまれる。が、○◓型が存在し、他型三拍以上の語（名詞ではないが）に●●◓型の存在が認められるからには、やはりあったと見て差支えないであろう。〔7〕の◓○型も妙な形のアクセントであるが、ニジという語が現在諸方言にニージのように第一拍が長く引かれる例がしばしば見え、院政時代にこのようなアクセントをもっていたとすることは、そういう事実を説明するのに好都合である。(13) こういう型だったのであろう。〔9〕ではハギという語例は『観智院本名義抄』の中に別にハアギとして《平上平》型の声点を施している例があるところから、ハギが◒○型だったことは、したがって◒○型という型が存在していたことは、確実である。◒○型があった以上は◒●型もあったことと思われる。ただし、〔6〕―〔9〕の型は、その所属語彙が少かったろう。

〔三・二〕さて、これらの型は後世どのように変化したか。このうち〔1〕〔2〕〔4〕の語彙は、現在もそのまま●●型・●○型・○●型であるから問題はない。〔5〕の語彙も、現在そのまま○◓型であって、これも変化しなかったものと見てよかろう。ただ、この型に属する語彙は、中世の文献、たとえば『四座講式』の旋律や『古今集』『日本紀私記』などの声点や『補忘記』では、○●型のように表記されていることが問題になる。しかし、これは大まかな表記をしたもので、この型に属する語は○●型のようにも発音されたということを示すもので、正式には終始

○◓型であったものであろう。江戸時代になると、富士谷成章ははっきり○◓型であることを認めているし、[14]契沖の記載も○◓型を意図しているように解せられる。[15]

〔三・二・一〕次に〔3〕の語彙は、現在●○型になっている。これは鎌倉・室町期の交に●○型に変化し、〔2〕の語彙と合流してしまったことは、早くから明らかにされている。[16]その時期については大野晋氏の研究があり、「仮名遣の起源について」という論文の中で、いわゆる定家仮名遣では、オニとかオヤとかいう、この型に属している語が「お」で表記されているのに、行阿の仮名遣の中ではこれらが「を」で表記するように規定されているのを根拠として、行阿の時代にはもうすでに高く変化していたものと推定されたのは、見事な手際であった。ただ問題は、行阿は、後醍醐・後村上両朝の代の人であるのに、それよりあとの人である長慶院が、『仙源抄』の中でこの〔3〕の語彙と〔2〕の語彙のアクセントのちがいについて述べていて、あたかも院御自身がその区別をあやつっておられるかのような印象を与えることである。しかし、これは、その時代にはもうすでになくなっていた音の区別を、知識としてだけ知っていたものかもしれない。服部四郎博士によると、正平年間の写である『四座講式』の譜では、この類の語が〔2〕の語と同じく●○型のように表記されているのが多いようである。とすると、この変化は、南北朝のかなり早い時代に、もうずいぶん進んでいたものと思われる。その後現代までひきつづき●○型であることは言うまでもない。なお、この類の語には現在●○型になっていないで○●型になっているもの、○◓型になっているものが比較的多くまじっている。これらは『四座講式』の江戸時代の版本のあるものや『平家正節』の譜本ではちゃんと●○型になっているところを見ると、一往他の語とともに●○型に変化し、そのあとであるいは○●型に、あるいは○◓型に変化したものと見える。

〔三・二・二〕なお、〔三・一〕にあげたうち、稀少型の〔8〕の◒●型が●●型に、〔9〕の◒○型が●○型に変化したのは、鎌倉時代にはいる時に起こった◒拍の●拍化によるもので、当然であろう。〔7〕の◓○型もこの時に●○型に変化してかげをひそめたものと想定される。〔6〕の●◓型は、○◓型が残り得たことから考えると、多少あとまで残り得たかと思われるが、◒拍と関係の深い拍はなくなったようであるし、●◓型というアクセントは元来発音しにくい型であるから、早くなくなって●●型になったかもしれない。

〔三・三〕次に、これらの名詞に助詞がつく場合はどうなるか。院政時代、これらに「が」「に」「は」「を」がつくと、一往それらがそのままつき、↓の下のようになったものと推定される。〔2〕〔5〕〔6〕〔7〕〔9〕は、一往括弧の外のような形になったであろう。

〔1〕●●型＋▼→●●▼型
〔2〕●○型＋▼→●○▼型（●○▽型）
〔3〕○○型＋▼→○○▼型
〔4〕○●型＋▼→○●▼型
〔5〕○◓型＋▼→○◓▼型（○◓▽型）
〔6〕●◓型＋▼→●◓▼型（●◓▽型）
〔7〕◓○型＋▼→◓○▼型（◓○▽型）
〔8〕◒●型＋▼→◒●▼型
〔9〕◒○型＋▼→◒○▼型（◒○▽型）

問題は〔2〕〔7〕〔9〕である。〔2〕は現代助詞がつくと普通●○▽型である。つまり括弧の中の形だ。『補忘記』や『平家正節』の譜によると、室町時代・江戸時代もそうだったと見られる。鎌倉時代には二種類の文献があり、

『四座講式』は●○▽型を反映しているが、『日本紀私記』の声点は●○▼型に注記されている。そして平安朝の文献では、今見られるところでは●○▼型のものばかりである。これはどう解釈すべきか。注意すべきは、現代京都語で●○▽型であるとは言うものの、もし助詞に重みを加えて発音すれば●○▼型にもなることである。とすると、こんなことも考えられる。

《平安朝の文献や鎌倉時代の文献で●○▼型になっているのは、たまたま助詞に重みを加えて発音した形を表記したのだ。鎌倉時代の『四座講式』や、室町時代や江戸時代の文献で●○▽型になっているのは、みな助詞に重みをおかない場合の形を表記したのだ。だから実際は、院政時代―現代を通じてアクセントは変らず、ずっと●○▼・●○▽の両型をもっていたのだ。》

こういうことは蓋然性がないとは言えないと思う。しかし実際の例に合わせて考えると、少し極端にすぎると思われる。日本語の助詞は、上代には今より名詞への接合がゆるかったろうという亀井孝氏の説もある。そこで私はこう解したい。

《平安朝―現代を通じてこの語彙に助詞がついた場合には、●○▼型・●○▽型両様の発音があった。ただし、平安朝時代は比較的助詞が独立性をもって発音される傾向が強かったので、●○▼型の方がより普通に用いられる形であった。鎌倉時代に入ると、助詞が上の名詞に付属する傾向が生じて来て、●○▼型・●○▽型とも同じ程度に用いられ、室町時代以後はその傾向がますます強くなって、●○▽型の方がより普通になった。》

これは文献の実例にてらしてもあてはまると思う。また、このことは〔2〕の語彙のほかに〔7〕〔9〕の語彙にもあてはまるだろう。たとえば、院政時代には、〔7〕の語彙は、◓○▽型に発音されることもあったが、◓○▼型の方が普通だったろう。同様のことは、一拍名詞の◓型＋助詞の場合にもあてはまるだろう。

〔三・四〕助詞がついた場合の現代までの変化のあとは、今述べた単独の場合に準じていい。例えば、●◓▼型・◓○▼型・◒●▼型・◓○▼型などは、鎌倉時代に入るころ、◓や◒の拍が●の拍に変化してなくなってしまったと見られる。ただ、○○▼型が●○▽型に変化して消滅した時期は、単独の○○型が●○型に変化した時期と少しずれるかもしれない。大野氏は○○●型が●○○型に変化したのは、○○型が●○型に変化したよりも後であることを明らかにされた[17]。そうすると、○○▼型は名詞単独の場合よりも少し後まで○○▼型でがんばっていたかもしれないと思われる。

四　三拍名詞

〔四・一〕三拍名詞のアクセントには、院政時代には次のような型があったらしい。まず主なものとその所属語彙をあげる。

〔1〕●●●型。例、「いかだ」「錨」「いわし」「飾」「霞」「形」「着物」「鎖」「くつわ」「子牛」「氷」「小山」「衣」「しうと」「印」……（「形」類名詞）

〔2〕●●○型。例、「あづき」「間」「毛抜き」「つるべ」「とかげ」「二つ」「二人」「夕」……（「小豆」類名詞）

〔3〕●○○型。例、「黄金」「小麦」「さざえ」「力」「岬」……（「二十歳《はたち》」類名詞）

〔4〕○○○型。例、「朝《あした》」「頭《あたま》」「扇」「軍」「いたち」「うなじ」「うづら」「恨」「表」「思」「鏡」「敵」「刀」「言葉」「こぶし」「暦」「境」……（「頭」類名詞）

〔5〕○○●型。例、「朝日」「油」「命」「かれい」「きうり」「心」「たすき」「涙」「錦」「柱」……（「命」類名詞）

〔6〕 ○●●型。例、「いづれ」「うなぎ」「翁」「からす」「きつね」「すすき」「すずめ」「背中」「高さ」「鼠」「ひばり」「誠」「みみず」……（「兎」類名詞）

〔7〕 ○●○型。例、「いちご」「後《うしろ》」「蚕」「かぶと」「からし」「薬」「鯨」「たらひ」「一人」「ほとり」「病」……（「兜」類名詞）

このうち、●○○型の語彙はずいぶん少かったらしい。現在のところ、文献にははっきり●○○型に見えるもので、しかも現在まで用いられている語彙は「力」があるにすぎない。「鮑」は『名義抄』に《上平平》型と出ているが、現代諸方言との比較からみて、はたしてそう見てよいか疑問が残る。「二十歳《はたち》」という単語は、院政時代に●○○型であったろうと推定されるが、文献の上で実証できないのが惜しい。現在京都語で●○○型が最も優勢な型であるのを思い合わせると、著しいちがいである。しかし、「力」という語がこの類だったろうことはあらゆる点から見て矛盾がないし、この型が存在しなかったという疑いのかかるすきはない。

〔四・一・一〕 ところで、〔1〕―〔7〕は、主要な型であって、このほかに少数の語彙の属する型があったと見られる。それをここに全部あげつくす自信はないが、少くとも次のような型はあったことが確認される。

〔8〕 ○○◓型。例、「たまき」「ひろめ」「ひとへ」（以上『図書寮本名義抄』）「あきづ」（『図書寮本雄略紀』の歌謡の声点）

〔9〕 ◒○○型。例、「えやみ」「めびる」（以上『観智院本名義抄』）

この他、◒●●型・◒●○型・●●◓型・○●◓型なども、まだ実例を見出だしていないが存在が期待される。●◓○型・○◓○型・◓○○型になるとちょっとありそうもない。◒◓○型・◒●◓型となればなおさらである。

〔四・二〕 これらの型は後世どのように変化したか。このうち〔1〕〔3〕〔7〕の三型は後世まで変化しなかった。

これに対し、残りの〔2〕〔4〕〔5〕〔6〕の四型は、一度または二度他の型に変化している。

〔四・二・一〕まず〔2〕の●●○型という型は、大体江戸時代末頃まで存続していたと見られる。そして、明治時代に入る時にそれが消滅したと見られる。この場合、問題がいくつかある。

たとえば、それが消滅したと言っても全滅したというわけではないことである。すなわち、現在京都語でも●●○型で発音される少数の語があることである。例えば、「一つ」「ひとり」「一羽」「一度」「一里」などがそれである。「旗日」「浜辺」なども●○○型にも発音されるほかに、●●○型にも発音されるという。この意味で、あとに述べる平安・鎌倉時代の○○●型が、室町時代に入る時に完全に消滅したのとはちがう。ただ、現在●●○型に属する語彙は、いずれも特殊な意味をもった又は構成をもった語である。二拍プラス一拍という構成のものがほとんどすべてである。その意味で、現在京都語の●●○型は、院政時代で言ったら三拍語の◒○○型や○○◓型のような稀少型であると言ってよい。

また、所属語彙を見ると、現在京都語で●●○型のものは、院政期以来●●○型だったものはまずないと言っていいことも注意される。もとは他の型だったものが——○○○型だったものが比較的多いが——室町ごろになって●●○型になり、以後その多くが他の型へ転向したが、少数のものが●●○型でがんばっているというものが多い。昔懐しい名前のしにせがあったので入ってみると、主人一族はもうその家にはおらず、よそから入ってきた番頭や小僧がわずかに店を守って細々とやっていた——というのを見るような感じである。

次に、問題は、●●○型が消滅したというのは、現在に至るまでにその所属語彙がどの型に移ったということになるかということである。統計的にとってみれば、●○○型に移ったものが最も多いことはたしかである。院政時代に●●○型であった語の中で、「あづき」「えのき」「かしら」「とびら」などはいずれも現在●○○型である。「東」

「娘」「女」も現在●○○型であるが、院政期には●●○型だったであろう。ただし、現在○●○型になっているものが多いことも注目される。「二つ」「二人」「みどり」「とかげ」「むかで」などがその例である。ほかに、「あたり」「えくぼ」「けぬき」「つばさ」などは、現在●○○型・○●○型と両様のアクセントをもっている。これでは昔の●●○型が現在に至る間に●○○型と○●○型との二つの型に分れたと言わざるをえない。

これはちょっと注意すべきことである。というのは、アクセントの型が変化する場合には、その型に属していた語彙は特別の事情がないかぎり他の同じ型にひきうつるというのが鉄則であったから。

なぜ●●○型に限って二つの型に分れたのか。これにはいろいろな考え方ができる。たとえば、●●○型の消滅というのは、鎌倉期以前にあった○○●型の消滅とちがい、〈型そのものの変化〉ではないのであろう。上に述べたような●●○型の語が、少しではあるが、ともかくも今でもあるというのはその証拠と見られる。●●○型というのがある理由で人気がなくなり、それに属する語彙が少しずつ他の類似の型に移りはじめた。アクセントの変化にはそういうものもあると見える。そこで●●○型に属していた語彙は、●○○型へと○●○型へという二つの方向にむかって進んだが、なぜ方向が二つできたかというに、○●○型は起伏が烈しく、(私流に言わせると、二つのタキをもつのはこの型だけである。[18]) 印象が強烈なので、強烈な効果をもって使われるような語彙はこの型に移ろうとし、それほどの必要のない語彙は●○○型に変化したものであろうと思われる。楳垣実氏が『近畿方言双書』(第六冊)に発表された「大阪方言アクセント変化の傾向」のB篇を読むと、もと●●○型だった語が二つの型に分れる時の事情が手にとるようによくわかる。

そうすると、問題は「なぜ●●○型がきらわれたか」ということになるが、これは、私は、京都方言では高低二種の拍が併存しながら高い拍が二つある型がきらわれたのだと解する。室町ごろならば○●●型というような型も許された。江戸時代には三拍語に○●●型はなくなったが、それでも四拍語ならば○○●●型があった。それも末頃には恐らくなくなったであろう。そうなってみると、三拍語の●●○型は中途はんぱな型になった。この型は●○○型とも○●○型ともつかぬ存在である。このことから、この型のかげが薄いものとなり、その型に属する語彙がどんどん●○○型と○●○型とに移籍されるということになったものと思われる。

さて、問題はもう一つある。私は、院政時代の●●○型は江戸時代まで健全だったように述べてきた。ほんとうにそうだったろうか。このことを少しつついてみたい。●●○型は、室町時代に以前の○○○型の語彙を収容したので、一躍大勢力にのしあがった。しかし、他の型、特に○●○型への転向はずいぶん早くから起こっていたようである。「二つ」「二人」は、すでに『補忘記』や『平家正節』で○●○型になっている。「緑」は『補忘記』で●●○型・○●○型の両型に記載されていて、○●○型に移る過渡期の状態を示している。「とかげ」「むかで」は現在○●○型であるが、これらが江戸時代に●●○型ではなかったという証拠はない。文献にこれらの語がまだ発見されていないだけである。そうすると、江戸時代のはじめには●●○型の語彙はかなり○●○型に移っていたのではないか。楳垣実氏によると、同じ近畿方言でも、大阪府泉北・泉南地方は、現在●●○型>○●○型の変化がきわめて盛んだという(19)。そうするとどこか京都方言の近くの方言で●●○型が早く○●○型に変化したものがあって、それが江戸時代の末までたえず京都方言に影響を与えつつあったのではないか。

一方●●○型から●○○型への変化、これは明治時代に移るころに京都方言の上に起こった変化であろう。そうするとこうなる。

《正式の変化としては●●○型は●○○型に変化した。その時期は近世末期である。》

〔四・二・二〕●●○型のことが長くなったが、次に○○○型に移る。この型は、鎌倉時代でも○○○型であったが、室町時代に●●○型に合流した。『補忘記』でも『平家正節』でも、この類の語は●●○型である。その後、明治時代までにその主要メンバーが●○○型に変化した。これは上の●●○型の条にすでに述べたとおりである。○○○型が●●○型に変化したのは、二拍名詞の○○型が●○型に移ったのと同じ時期だろう。大野氏の仮名遣史の研究から見てもそう解して差支えないようである。その原因も、○○型＞●○型の変化と同じもので、低い拍がはじめに二つ以上つづく型を嫌ったことであろう。

また、●●○型になってから●○○型に変化したといっても、一部は○●○型に移ったようである。すなわち、次の語は、『平家正節』によっていずれも江戸時代に●●○であったことが証明される語であるが、このうち（イ）は現在京都語で●○○型であり、（ロ）は現在京都語で○●○型である。

（イ）「敵《かたき》」「言葉」「表」「扇」「刀」「たもと」「境」「思ひ」「やしき」

（ロ）「軍《いくさ》」「あまり」……

これを院政時代以来●●○型の語の場合と比較すると、●○○型になったものが多く、○●○型になったものが著しく少いことが知られる。これは、在来の●●○型の語が○●○型に移ったのは比較的早い時期に行われてしまい、明治期に移る時には大体●●○型＞●○○型のみをたどったことを示すものであろう。

〔四・二・三〕次に、院政時代の○○●型の語はどうなったか。これは鎌倉時代から室町時代に移るころに●○○型に合流した。その時期については大野氏に説があり、○○○型＞●●○型の変化は行阿の時代にはすでに完了していたが、○○●型はまだ●○○型への変化を起こしていなかったろうとする。それは、鎌倉時代に○○○型であった「おこじ」(魚の名)「おこり」などの語は、行阿仮名遣で「を」を表記しているが、それに対し、鎌倉時代に○○●型だったと見られる語は行阿仮名遣では従来どおり「お」と書いている事実にもとづいたもので、きわめて明快な論証である。○○●型の方が○○○型よりおくれて変化を起こしたろうことはまちがいない。もっとも、変化の原因は同一で、語頭に低い音節が二つ続く型を嫌ったものであろう。また、おくれたと言っても、洞院実熙（一四〇九年の生まれ）の『名目抄』では、すでに○○●型でなく●○○型に表記されているところを見ると、室町時代の中期までにはこの変化も完成していたものと見られる。●○○型になってからは特に言うべきことはない。

〔四・二・四〕院政時代に○●●型だった語は、室町時代までは変化を起こさなかったが、江戸時代に入るころ、あるいは入ってから、今の○○●型に変化した。これは、従来の、〈江戸時代に入っても○●●型だった、それが中期になって○○●型になった〉とする考えを訂正するものである。

従来江戸時代に入っても○●●型だったと考えたのは『補忘記』の表記によったものであるが、『補忘記』のアクセントは、はじめにちょっと触れたように、むしろ室町時代のものを写すと見た方がよいらしく、江戸時代のアクセント資料としては、むしろ平曲の譜本を見るべきであると思われる。その一番古い本とされる東京教育大本『平家物語』の譜を見ると、これは○○●型のアクセントを示している。この教育大本『平家物語』はいつの成立かはっきりわからないのが残念であるが、渥美かをる氏はこれを江戸時代のごく初期であろうと見られた。[20]私もこれに異存はない。とすると、江戸時代に入るか入らないかのころ、この類は○○●型になっていたと見られる。

ここで問題となるのは、契沖の著書の中でこの類の語は○●●型に発音されていたらしい形跡のあることである。[21]が、これは馬淵和夫氏の説かれるように、契沖の観察したのは大阪方言で、そのアクセントは京都方言とは少しちがっていたと考えることにする。[22]富士谷成章のものでは、「芒」が○○●型と思われる形に表記されていて、当時この類の語が○○●型であったことはまちがいない。[23]○●●型が○○●型になったのは、第二拍の《高》が第一拍の低に同化したこと、それから●●●型とのちがいをはっきり際立たせようとした意図が働いたことと解する。

〔**四・二・五**〕以上で、院政時代の三拍名詞に見られた主要な型についての後世の変化の様子を述べ終った。これ以外にも院政時代の三拍名詞には稀少型があった。これは後世どうなったか。

まず、◒○○型のような、第一拍に◒調の拍をもったものであるが、これは鎌倉時代に入る時にその第一拍が●調になったものと推定される。文献の上にその証拠はないが、二拍名詞の◒●型・◒○型にそれと平行的な変化が起こっている。それと行動を共にしないということはないだろう。

次に、○○◓型は、鎌倉時代にもこのままであったろうと思われる。『四座講式』の中に「炎」という語に、「に」という助詞のついた形が一箇所《○○●○》というアクセントを示しているところがあり、この型に属していたかを思わせる。その後、この型に属していた語は、室町時代にうつる時に、《○○●》型が《●○○》型に変化するのといっしょに《●○○》型に変化してしまったと推定される。「ひとえ」は『補忘記』にヒトヘニ《**徴角角角**》として出ている。「ほのほ」は『平家正節』では室町ごろ●○○型だったろうと見られる墨譜がついている（「奈良炎上」の折声の条に《**上中上上**》の表記あり）。こんなわけで、○○◓型は京都方言の上から一度その影を消してしまったと考えられる。

〔**四・三**〕三拍名詞に一拍の助詞がついた場合にはどんな形になるか。院政時代の三拍名詞の八つの型に助詞「が」「に」「は」「を」がついた場合には、次のようになったものと推定される。下段の括弧の外のものは二語として発音された場合、括弧の中は一語のようにまとまった形として発音された場合の形を示す。院政時代には二拍語の場合と同じようで、括弧の中のようにまとまることは少く、括弧の外の形をとる方が多かったであろう。

〔1〕　●●●型＋▼――→●●●▼型

〔2〕　●●○型＋▼――→●●○▼型（●●○▽型）

〔3〕●○○型＋▼――→●○○▼型（●○○▽型）
〔4〕○○○型＋▼――→○○○▼型
〔5〕○○●型＋▼――→○○●▼型
〔6〕○●●型＋▼――→○●●▼型
〔7〕○●○型＋▼――→○●○▼型（○●○▽型）
〔8〕○○◓型＋▼――→○○◒▼型（○○◓▽型）

〔四・三・一〕　このうち、問題があるのは〔5〕の型である。服部四郎博士は「原始日本語のアクセント」という論考の中で、平安朝時代にこの型の語は助詞をともなった場合には○○●▽型になったものが多いと推定しておられるように見うけられる。(24)これは『名義抄』に多い助詞「の」がついた形をもとにして判定されたものかと思われるが、どうも一般の助詞がついた場合には○○●▼型になるのが一般だったと見る方がよいように思う。例は少ししかないが、『日本書紀』古写本の歌謡に見える次の声点がそれである。

阿娯羅ニ立タシ　（平平上上）　呉床に　（雄略紀）
虚々呂ハ　（平平上上）　心　は　（仁徳紀）
望苔弊ハ　（平平上上）　本辺は　（仁徳紀）
夜莽苔ヲ過ギ　（平平上上）　大和を　（仁徳紀）
烏苔咩ヲ　（平平上上）　少女を　（仁徳紀）

そうして、「が」「に」「は」「を」がついて○○●▽型に表記されている例は、今のところ見当たらない。

時代がくだって鎌倉時代の例では『四座講式』に次のような例を見る。例はいずれも山田忠雄氏蔵『涅槃講式』(25)からとる。

イノチヲ《十十斗斗》命。ココロヲ《十十斗斗》心。ナサケヲ《十十斗斗》情。ナムダニ・ナムダハ・ナムダヲ《十十斗斗》涙。

右の《 》の中の語の中で《斗》は十より高い音を示すと思われる。たった一つの例外として先に述べたホノホニがあるが、これは、ホノホが単独の場合○○◓型というような型に属していたもので、これは特例と見る方がいいのではなかろうか。

〔四・四〕次に、これら三拍名詞に助詞がついた形は、後世どのように変化して現在に至ったか。

〔四・四・一〕鎌倉時代は、右の院政時代と大差なかったと見られる。ただし、名詞と助詞との間の結びつきが固くなって、右の〔四・三〕にかかげた表で、↓の下の二種の表記のうち、括弧の中の形の方がより一般的になったものと考えられる。

〔四・四・二〕室町時代に移る時、〔4〕〔5〕〔8〕の上に変化が起こり、『補忘記』ではそれぞれ〔2〕〔3〕の型へ統合した。その変化した形を下段に示す。

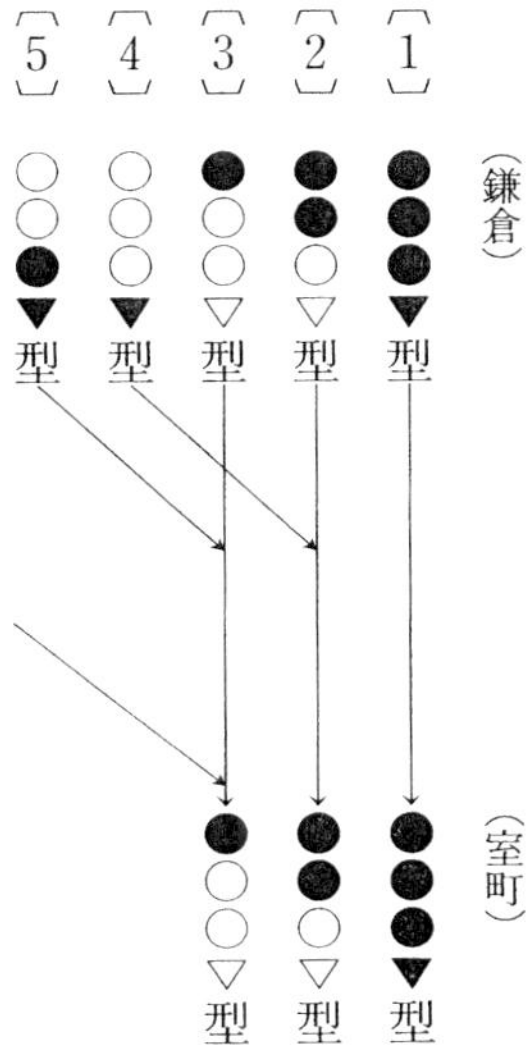

〔6〕○●●▼型 ―→ ○●●▼型
〔7〕○●○▽型 ―→ ○●○▽型
〔8〕○○●▽型

〔四・四・三〕これが江戸時代にはどうなったか。以前『補忘記』を江戸初期の文献と見ていたころは、このアクセント体系が江戸前半まで続いていたと見た。しかし、今『補忘記』が室町時代の資料となり、江戸初期の資料としては新たに『平家物語』の譜本を知るようになってみると、これではまずい。このうちの〔6〕には、江戸初期に入る前に次のような変化が起こったと見られる。

○●●▼型 ―→ ○○●▼型

この原因は、第二拍の《高》が第一拍の《低》にひかれたこと、ほかに、●●●▼型とのちがいをはっきりさせたいという欲求とであろう。東京教育大本『平家物語』に次のような例が見え、この類の語に助詞のついた形が当時○○●▼型であったことをうかがわせる。

常盤ガ腹ニ　□□**中上中**□□　「我身の栄花」の章
内裏ニ　□□**中上**　「清水炎上」の章
妓王ヲコソ　□□**中上中**□　「妓王」の章

江戸中期の『平家正節』となればいっそう例が豊富である。

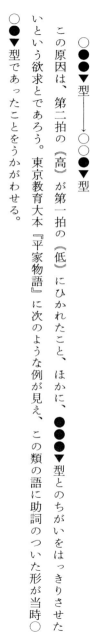

竹岡正夫氏によると、富士谷成章の『稿本あゆひ抄』の中に「かりがね」という語を《低低**高高**》型に表記した例があるが[26]、これは前代に○●●●型だった語がこの時代にはこういう型になっていたことを証する重要なきめてである。

その後、この類の語は○○○▼型に変化して現在に至った。現在近畿系諸方言で○○●▼型の地方はきわめて少いところを見ると、その時期は明治にはいるよりもかなり早いころであろうか。

五　むすび

〔五・一〕以上が、一拍―三拍の名詞の京都方言におけるアクセントの変遷の大体であった。動詞・形容詞にはまた多少ちがった点もあるが、大綱はこれと似たものだと見てよい。この稿で考察した変遷を表にすれば後にかかげる〔付表〕１２３のようなものになる。

〔五・二〕問題は、一般に国語史という場合には、奈良時代には奈良方言の形をあげ、平安時代―江戸初期には京都方言の形をあげ、江戸後期には京都と江戸の両方言の形をあげ、明治以後には東京方言の形をあげて対照させるというのが従来の慣例であった。小稿の場合は、ただ平安末期以後の京都方言の形を並べたにとどまっている。これは、平安中期以前の日本語のアクセントと、もう一つ、江戸時代の江戸方言のアクセントとが未詳であるために、とった方法である。ただこのうち、江戸後期の江戸方言のアクセントは、ほぼ現代の東京語のアクセントと似ていたと言えそうである。そうだとすると、たとえば二拍語は、江戸時代以後は次のように書き改めた方が、国語史の他の分野の研究に対して協調的になるかもしれない。

	江戸前期	江戸後期	現代
風は	●●▼型	●●▼型 ○●▼型	○●▼型

川は　●○▽型　（○●▽型・●○▽型）　○●▽型

山は　●○▽型　（○●▽型・●○▽型）　○●▽型

空は　○●▼型　（○●▼型・●○▽型）　●○▽型

雨は　○●▽型　（○●▽型・●○▽型）　●○▽型

一拍名詞・三拍名詞の場合も、ほぼ同様にして記載することができる。

〔**五・三**〕次に、小稿で、京都方言におけるアクセントの変遷を通じて、日本語のアクセントの大きな変化の方向はどうかという問題があるわけであるが、これは、私が前に試みた二つの発表「国語アクセントの史的研究」「古代アクセントから近代アクセントへ」の中に述べたところを特に変えることもないのでここにはくり返さなかった。一言にして言うならば、(1)日本語のアクセントは複雑な体系から単純な体系に向かいつつある。(2)意義の区別に役立つ機能よりも語のまとまりを示す機能を強めつつある、と言ってよい。このことは、京都アクセントの変遷を言う場合にばかりでなく、江戸時代後期に、共通語のバトンが京都方言から東京方言の手に渡されたという事実を考慮に入れて論じる場合にも、なおかつ主張できるところである。

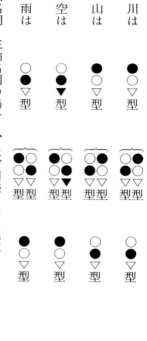

〔付表1〕　一拍名詞

時代＼語彙	実	実は	日	日は	木	木は	巣	巣は	歯	歯は
平安末	●	●▼	◓	◓▼	○	○▼	◒	◒▼	◒	◒▼
鎌倉	〃	〃	〃	●▽	〃	〃	●	●▼	●	●▽
室町	●●	〃	●○	〃	○●	〃	●●	〃	●○	〃
江戸	〃	〃	〃	〃	〃	〃	〃	〃	〃	〃
現代	〃	〃	〃	〃	〃	〃	〃	〃	〃	〃

〔付表2〕　二拍名詞

時代＼語彙	風	風は	川	川は	山	山は	空	空は	雨	雨は
平安末	●●	●●▼	●○	●○▼	○○	○○▼	○●	○●▼	○◓	○◓▼
鎌倉	〃	〃	〃	●○▽	〃	〃	〃	〃	〃	○●▽
室町	〃	〃	〃	〃	●○	●○▽	〃	〃	〃	〃
江戸	〃	〃	〃	〃	〃	〃	〃	○○▼	〃	〃
現代	〃	〃	〃	〃	〃	〃	〃	〃	〃	〃

〔付表3〕　三拍名詞

語彙＼時代	平安末	鎌倉	室町	江戸	現代
形	●●●	〃	〃	〃	〃
形は	●●●▼	〃	〃	〃	〃
小豆	●●○	〃	〃	〃	●○○
小豆は	●●○▼	●●○▽	〃	〃	●○○▽
力	●○○	〃	〃	〃	〃
力は	●○○▼	●○○▽	〃	〃	〃
表	○○○	〃	●●○	〃	●○○
表は	○○○▼	〃	●●○▽	〃	●○○▽
命	○○●	〃	●○○	〃	〃
命は	○○●▼	〃	●○○▽	〃	〃
兎	○●●	〃	〃	○○●	〃
兎は	○●●▼	〃	〃	○○●▼	○○○▼
兜	○●○	〃	〃	〃	〃
兜は	○●○▼	○●○▽	〃	〃	〃
一重	○○◒	〃	●○○	〃	●●○
一重は	○○◒▼	○○●▽	●○○▽	〃	●●○▽

註

（1）『国語教育のための国語講座』二所収の「国語の音韻の変遷」。

（2）渥美かをる氏によれば、現存平曲の諸本のうちで最古のもので、江戸時代の初期の成立だろうという。

（3）安永五年の序文がある。前田流平曲のテキスト。館山漸之進『平家音楽史』、『国語国文学研究史大成』九の三八頁。

（4）平曲の曲節とその種類については『平家物語講座』二所収の「平曲の曲調」を見よ。

（5）「和訓に施された平声軽の声点」（『国語学』一九所載）、「平安末期畿内方言の音調体系」一・二（同三九・四〇所載）。

（6）岡田尚子「日本書紀古写本のアクセントと古今訓点抄のアクセントについて」（上）（下）（『女子大文学』国文篇八・九所載）という論文がある。

（7）「日本四声古義」（『国語アクセント論叢』所収、本書に転載）の六六一頁以下。

（8）『国語国文学研究史大成』七、四六頁以下に秋永一枝氏の記述がある。

（9）「浄弁本拾遺和歌集所載のアクセントに就いて」（『国語アクセント論叢』所収）。

（10）「仮名遣の起源について」（『国語と国文学』二七の一二所載）。

（11）「アクセントから見た琉球語諸方言の系統」（『東京外国語大学論集』七所載）。

（12）現代の乙種諸方言で、「歯が」は大体●▽型であるが、「巣が」は東京その他で○▼型になっている。このことも、院政時代に、この両者に助詞のついた場合のアクセントがちがっていたとする見方を支持する事実だと考える。

（13）柳田国男「虹の語音変化など」（『西は何方』所収）。

（14）竹岡正夫「稿本あゆひ抄と刊本あゆひ抄の成立」（『国語学』二一所載）の九四頁―九五頁。

（15）金田一春彦「契沖の仮名遣書所載の国語アクセント」（『国語と国文学』二〇の四所載、本書に転載）の八八頁。

（16）（3）の語彙について、服部四郎博士は、後世（2）の語彙と混同されることを考慮して、その混同が行われる直前には《中低》調に（したがって助詞がつけば《中低高》調に）発音されたろうという考えを発表しておられる（「原始日本語のアクセント」四六頁―七頁）。室町時代にはいる間に混同が行われたとしたら、その時期は鎌倉時代であろう。私もこれに異存はないが、それは音声学的なもので、音韻論的には鎌倉時代にも《低低》型、《低低高》型だったと見たいと思うので、ここでは特に言及しなかった。

（17）「仮名遣の起源について」の第八章。

(18) 金田一春彦「京阪アクセントの新しい見方」〔『近畿方言』三所載〕。
(19) 楳垣実「アクセント変化過程の実態（資料篇）」〔『帝塚山学院短期大学研究年報』六所載〕の二四頁を見よ。
(20) 渥美かをる「語り物の研究」〔『文学』二一ノ二所載〕の三七頁。
(21) ちょうどこの類の語彙の例があがっているわけではないが、『通妨抄』所載の「いろは歌」に、「わが世」「うゐの」という語句を《去上上》型に注記しており、これは○●●型をうつしたものと見られる（金田一春彦「契沖の仮名遣書所載の国語アクセント」〔前出〕八六頁以下）。つまり、○●●型という型が当時あったことになり、そうなると、この類の語はこの型に発音されていたかと思われる。
(22) 馬淵和夫「国語の音韻の変遷」〔前出〕の一六七頁。
(23) 竹岡正夫「稿本あゆひ抄と刊本あゆひ抄の成立」〔前出〕の九五頁。
(24) 寺川喜四男ほか編『国語アクセント論叢』所収。
(25) 新たに山田氏によって発見された『涅槃講式』の珍しい古写本。墨譜が古風で、鎌倉末期のものかと思わせる。『四座講式』最古の譜本である。
(26) 竹岡正夫「稿本あゆひ抄と刊本あゆひ抄の成立」〔前出〕の九五頁。

第四編　音韻・アクセント史の周辺

一　連濁の解

一　アメリカの銀行の窓口で
――問題のありか――

私の知人で、沢田という男がアメリカに行っている時、日本の出版社から銀行為替を送って来た。どんな時でもお金は重宝なもの、早速指定の銀行へ出掛けて自分の名前を手馴れたサインで署名したところ、銀行の窓口ではこの金は渡せぬと言う。どうしたのかと思ったら、出版社の方では受取人の名をSawadaと書いていた。当人は日ごろSawataと綴っていたので、そのときもついそのとおり書いて提出した。銀行ではSawadaとSawataとでは同一人と認めがたいと言うのである。沢田は、いや、日本ではSawadaとSawataとは同一人の名であることは誰でも認めるんだということを滔々と論じ、結局はお金は取れたようだったが、そのためには千言万句を費したと言うことだった。日本の事情を知らない外国人の目にはtとdと入れかわっていたのではまったくちがった言葉として映じるのであろうか。我々にしてみれば、SawadaもSawataも「沢田」という同一の漢字を思い起させるもので、別語という意識はない。私にしてからが「金田一」という苗字をキンダイチ、キンタイチのどっちでも構わない。というよりも、どっちが正しいのかほんとうのところは知らない。ローマ字綴りは一往Kindaichiと綴ってはいるが、東大の国語学の時枝誠記教授などは、いつもキンタイチ君と呼んでおられたものである。

「田」(ta)というmorphemeが、他のmorphemeのあとに来て、それが密接に結び付いた時に(da)となる。この類の音の変化を〈連濁〉と呼んでいる。日本ではごく当り前のことのように思うが、この連濁は語により起らない場合もある。同じ「田」でも「森田」や「富田」では「田」はtaのままであるが、「上田」や「前田」ではdaとなる。「沢田」や「川田」では人により、taとなりdaとなるようだ。どのような場合にtaでとどまり、どのような場合は連濁を起こしてdaになるのか。このきまりを考えるのは案外難しい。日本人にすれば、同じ「田」を書けば、タと読んでもダと読んでもという意識があるからあまりそんな法則を考えようともしなかった。しかし、日本語を学ぼうとする外国人の方が却って重要視する。連濁の法則に初めてふれた人はポルトガル人、ロドリゲスであった。連濁に関する一番見事な法則を打立てた人はアメリカ人ライマンである。日本人の学者はそのあとから考えた形跡がある。今日その法則はまだ完成というには程遠いところにあるが、今までに明らかにされたところに多少新見を加えて述べてみたいと思う。

なお連濁の起こる拍はカ行音(子音、k)サ行音(子音、s)タ行音(子音、tおよびts)ハ行音(子音、h)に限り、それがガ行音(子音、ng)、ザ行音(子音、z)、ダ行音(子音、dおよびz)、バ行音(子音、b)になる場合を言う。ハ行音が語中・語尾に来てワ行音(子音、w)になる場合も同じような現象であるが、これは連濁からはずされる。ハ行音がパ行音(子音、p)になることは、pを半濁音と呼ぶところから、連濁に入れることもあるが、これは性質がちうものと見て、ここには入れない。ハ行音→パ行音の音変化は、東京の下町方言によく見られるサ行音→ツァ行音(子音、ts)の変化と同じ性質のものである。

サン↓オトッツァン
サラウ↓カッツァラウ
スグ↓マッツグ
セキ↓カラッツェキ

江戸時代の戯作者式亭三馬がツァをザと書いたのは、尊重していい。

二　天下は昔はテンガ
――ロドリゲスの連濁論――

連濁の現象をはじめて取り上げた人は、ポルトガルから来朝した神父、J・ロドリゲス（Rodrigues、一五六一―一六三四）で、その大著『日本大文典』の「日本語の発音法」という章で、どのような場合に連濁が行われるかについて、三つの条件をあげている。

第一は、fitobito（人々）、cuniguni（国々）、xuju（種々）というような同じ単語が繰返される時と言っているが、たしかにこのように名詞が重なる場合、例外なく連濁が行われる。ただし、同所にロドリゲスが述べている「同じ拍が繰返される時」という条件は除いた方がいい。また、同じmorphemeが重なる場合でも、カラカラ・クルクルのように擬声語・擬態語の場合は、むしろ連濁を起さない方が多いこと、のちにライマンが指摘するとおりである。

ロドリゲスは、連濁が行われる第二の条件として、二つの名詞が「…の…」の意味で結び付けられた時と規定している。yamazato（山里）、taquezauo（竹竿）、fibachi（火鉢）などはその例だと言う。これもたしかにそういう傾向はあるが、例外もかなりあって、アサヒ（朝日）、カラカミ（唐紙）、ニワトリ（鶏）…などいずれも例外である。これはロドリゲスの時代にもそうであったと見られるから、法則して立てるには不十分であった。

次にロドリゲスは、第三の条件として、その前に立つ morpheme が ŏ、ô、ŭ、n である場合に連濁が行われると言って、guiŏji, zuru（行じ、ずる）、tcŭji, zuru（通じ、ずる）…nôja（能者）、sancanja（算勘者）のような例をあげている。

この規定は、現代の日本語で見ると、例外が多くて、法則として弱いように思われる。しかし、ロドリゲスに言わせると、当時、日本人の間に「う・むの下濁る」という言伝えがあったと言う。当時の他の言語資料によって見ると現在清んで言う単語で、連濁を起こしていたものがたくさんあったことが知られる。テンガ（天下）、シンダイ（身体）、シンゴー（信仰）などがそれである。とすると、当時は引く音や撥ねる音の直下の拍は濁る傾向がかなり一般であったことが知られ、これは尊重すべき法則である。

ウで終る morpheme のあとで連濁が起こりやすいというのは、ウのうち、古い時代に ngだったもののことであることが、あとで奥村三雄の研究によって明らかになる（第八節を参照）。また撥ねる音の直後でも連濁を起していないものは、漢音の熟語と見られることもあとで述べる（第五節を参照）。

このことは、連濁というものはその直前に鼻音があった場合に起こりやすかったということがまず考えさせる。これはなぜだろうか。鼻音のもつ声の要素が次の拍のはじめの子音を同化したと考えてもいいが、それよりも、中世以前の日本語では、有声音の子音のうちで〔g〕〔z〕〔d〕〔b〕は、その前に鼻音が発せられて〔${}^{\text{ŋ}}$g〕〔^{n}z〕〔^{n}d〕〔^{m}b〕のように発音されたと言う説が浜田敦によって提唱され、これがかなり有力である。そうだとするとこの変化は一層容易に行われる下地があったと考えられる。

なお上にあげた「天下」「身体」…などの語は、現在ではすべて連濁を起こしておらず、この時代よりも現在の方が連濁している例が少いことは注意される。そうしてその傾向はことに漢語の場合著しいといえる。漢語の場合減少したという原因は、恐らく明治以後の人が、漢語を耳で聞いて覚えるより、目で読んで覚えることが多くなった。その場合、「下」はカという字だと知って「天下」をテンカと読む、「体」という字はタイという字だと知ってシンタイと読む、そういう傾向が強くなったことによると思う。一種の spelling pronunciation である。

しかし、鼻音の次に連濁が行われたということは、現在の連濁の例を説明する場合にやはり有効であることは確かである。「南国」「南北」「千載」「勘当」「本国」「今生」「音曲」「本尊」「三杯」「三遍」「万歳」「新参」「先祖」「心中」「春秋」あるいは「東国」「用心」「障子」「中将」「楊枝」「冬至」などの例はこれで解釈できるものである。ロドリゲスの時代にもすでに「返答」や「懇請」のような例外もあったらしいが、それ以前に鼻音のあとの連濁可能の拍はすべて連濁した時代がかつてあったのではないかと思われる。

「皇后」はゴーと濁るが「皇太后」はコーと濁らない、ということが戦前やかましく言われたことがあった。「皇」は元来 hwaŋ であり、「太」は tai であるから、たしかにこのちがいはあるはずである。「東国」はトーゴクだが「西国」はサイコクが正しいと言われたのも、これで説明できる。ただし、「皇太后」が戦前しばしばコータイゴーと連濁を起こし、「西国」は現在サイゴクという人が殖えたことが報じられている。連濁というものは、類推によって似た語に感染するものであることをこの事実は示唆している。

三　音が下降したあとは清む

――石原正明の連濁論――

日本人で連濁の原理を考えた人としては、江戸中期の国学者石原正明（一七六〇―一八二一）があり、『年々随筆』の中で、まず漢字一字の字音語に「する」がつく場合、便スと弁ズという対立があることを説いて、「字音によみつくるスル、セル等の類あるいは清み、あるいは濁る、平上去によれり」と言い、その理由として、

㈠「便」のような去声は下降調であるから、終りの方が勢がなくなって、スル・セルの部分は清んで言う（摘意）

㈡「弁」のような上声は上昇調であるから終りの方まで勢が残って、スル・セルの部分は濁って言われる（摘意）

という法則をたてた。日本語の例もあげて

辛クシテ

という時は、辛クが下降的であるからシテが清み、

辛ウジテ

という時は、辛ウが上昇的であるからジテが濁るというのである。これはアクセントを原因として考えた連濁の論である。

これと同じような説を出した人に、やや後れて出た漢学者日尾荊山があり、『訓点復古』という本の中で「三巴」「烟波」等のような上をはねて半濁なる時は、上のはね仮字が必ず平声である。平声とは、上り下りなく平らかなる声を言う。

「丹波」「玄蕃」のような上のはねる字が上声の時は下を全濁によむ。上声とは、しり上りによむ声を言う。（摘意）

と言って、漢語に広く及ぼした。この研究も、現在奥村三雄氏に引き継がれ、あとで述べる「字音の連濁について」その他の論文として発表されているが、たしかにアクセントと連濁との間には関係がある。

石原の立てた㈠の法則は、現代一般の和語の間でも多少生きて働いていることは注意すべきである。例えば、先に述べた「×田」という日本人の苗字のうち、「森田」「宮田」は連濁を起こさないと言ったが、これらは「森」「宮」の部分が下降調に発音される。同様に次の苗字も類例である。

柴田・富田・広田・横田・生田・坂田・成田・栗田・久保田・豊田・古田…

一方「上田」「前田」は連濁を起こすと言ったが、これらは「上」「前」の部分は上昇調に発音される。同様に次の苗字も類例である。

山田・吉田・石田・池田・岡田・内田・福田・武田・安田・松田・岸田・土田・下田・寺田・神田・塚田・飯田・本田・梅田・浅田…

「金田」「浜田」「篠田」あるいは「岩田」「村田」のような多少の例外もないではないが、大体の傾向はそうである。興味あるのは、「川田」という苗字で、これを○○○というアクセントで言う人はタと清んで言い、○○○というアクセントで言う人はダと濁って言うことである。大正の女優川田芳子はカワダヨシコであり、昭和初期のボードビリヤン川田晴久はカワタハルヒサであった。巻頭に掲げた「沢田」も本人はサワタと呼び、東京の出版社はサワダと唱えていたものに相違ない。なお、「金田」「浜田」の類については後に言うところがある。

同じようなことは「□川」という形の苗字についても言うことができる。

連濁しないもの、前のmorphemeから「川」へと下降する。

早川・黒川・堀川・古川・市川・山川・前川・細川・相川・及川・立川・湯川・松川・吉川・森川・横川

連濁するもの、前のmorphemeから川に平らに続く。

長谷川・小川・北川・柳川・皆川・品川・宇田川・笹川

これにも「玉川」「中川」「石川」など例外はあるが、稀である。

アクセントと連濁の関係についてはのちにまた述べることがある。

四　柴田錬三郎とは変った読み方

――ライマンの連濁論その一――

ところで連濁について一番重要な法則を見出だしたのはアメリカのライマン（Benjamin Smith Lyman）で、彼はアメリカ東洋学会でThe Japanese Nigori of Compositionという題の講演を行い、その内容を一八九四年に出版した（The change from surd to sonant in Japanese compounds）。私はあいにくその原本を見る機会をもたないが、その要点を言語学者の小倉進平が「ライマン氏の連濁論」という題で『国学院雑誌』に二回（一六巻七・八号）に亙って引用・批評している。

小倉進平はのちに東大の言語学の主任教授になり、一時期には日本の言語学の中心となった人であるが、この本で見る限りかれがここで述べている見解はきわめて臆病でライマンの足もとにも及ばないことは、今さらながら当時の欧米人の勉強ぶりに驚かされる。ライマンは、元来、明治初年、御雇外国人として来日し、北海道はじめ日本各地の地質調査にあたった人である。以下、ライマンの説を引用しよう。

ライマンの連濁論は、連濁が起り得べくして起らない場合を数えている点で、先のロドリゲスの場合と裏腹の関係にあるが、彼はここで連濁の起らない場合として、大きく四つの条件をたてて論じている。その第一の条件がすばらしい。それは、

複合語中の第二詞（「春風」なら「風」）の第二拍にすでにb・d・g・j・p・zがある時、またはその後の拍の何れか（「荒稼ぎ」なる語ならばカセギのギ）にこれらの音のいずれかが存する時は語頭音（カゼのカ、またはカセギのカ）は濁ることがない

と言うのである。

これはまことにその通りで、彼のあげた例は知りかねるが、「□風」「□旅」「□髯」「□首」「□疵」「□瘤」「□籠」「□数」「□響」「□続」「□比べ」「□言葉」「□つつじ」「□つなぎ」「□運び」「□防ぎ」のような形の語で連濁を起こした語は一つもない。これは今日まで発表された連濁の法則のうちで一番有力なもので、この発見には衷心から頭を下げる。ライマンはたった一つの例外として「雨合羽」をあげたが「合羽」はカッパでパは先に述べたとおりで除いていい。外国人に発見の功を奪われたのは残念とあって、昭和の国語学者大岩正仲は日夜呻吟した挙句、やっと

礼手紙（レイデガミ）

という一語と、

松島庄三郎（ショーザブロー）、（柴田）錬三郎（レンザブロー）

のような例を見つけ出した。筆者も苦心惨胆の末、

踏んじばる

という一語をひねり出した。しかしこれらはまことに暁の星というべきで、ライマンの功績は没すべからずである。ただ惜しいことには、なぜこのような法則があるのか、その説明は難しい。ライマン自身もそれには何も触れなかった。金田一京助は『国語音韻論』でこの問題にふれ、元来、連濁は母音という有声音にはさまれた、それへの同化によって起るものとし、ここの連濁回避の現象は有声音がダブリを避ける異化によるものと解した。一般の日本人は濁音が二つ重なっては汚いから避けるのだろうとすぐに思うけれども、果してそれでいいかどうか。先に述べたように、浜田敦によると、これらの濁音の子音は、古くは ^{m}b, ^{n}d, $^{\text{ŋ}}g$ のように鼻音＋濁音の複合子音だったと言う。とすると、そういう音を重ねる労を厭うたのであろうかとも思う。

五　漢字音には連濁が少い

——ライマンの連濁論その二——

さてライマンは、連濁の法則の第二として

あとの語が漢語なる時は、原則として濁音とならぬ

と言い、ただし、はじめの語の終りがnの場合には例外がかなりあることを注意している。この鼻音の次というのは、ロドリゲスが注意していたことでこの場合特に重要な事項ではないが、漢語には和語ほどは連濁が多くないことの指摘は注意すべきで、このことを昭和四十八年に至って沼本克明は、字音のうちで、呉音には連濁が多いが、漢音の場合にはほとんど連濁は見られないことを明らかにした。『国語国文』(四二巻一二号)所載の「漢音の連濁」を見られよ。

沼本は漢音に連濁が行われにくかった理由としては漢音は外国語として学ばれ、一つ一つの漢字のヨミ方がこうだ

と規範的にきめられており、これを正しく発音しようとしたためと考えたようであるが、これは的を射ていると思う。が、私はほかに、漢音は呉音よりあとから入ったが、漢音が入って来た時は、日本人の間に連濁の傾向がもう盛んではなく鼻音の次の無声音は規則的に連濁するという傾向がやんでいたためと思う。さらにのちに中川芳雄は明治以後日本語の中に入って来た洋語ではほとんど連濁が行われず、洋語で連濁が行われるのは、カルタのような江戸時代以前に入って来たものに限られることを指摘した。なお、ライマンはその次の条で二字の漢語の morpheme に動詞「する」がついた場合の連濁についても述べているが、これはロドリゲスや石原正明などが触れたところだった。小倉進平はここで「緘す」「関す」は連濁を起さないが、「感ず」「観ず」は連濁を起すことを取り上げ、連濁が行われるか行われないかを決定するカギを見つけようとしているが、解決できず匙を投げている。石原正明の研究を知らなかったことは不勉強だった。

六　「切り通す」と「切り通し」
――ライマンの連濁論その三――

ライマンは次に第三の法則として

ヘボンの複合動詞は濁音とならぬ

と言っているが、これは例外の少い重要な法則で、ライマンの創説の一つとしてよい。たしかに～キル、～カケル、～コム、～サス、などの形は原則として連濁せず、ことに「切り通し」「走り書き」「溺れ死に」「立ち枯れ」「書き初め」のような全体が名詞として用いられる場合には盛んに連濁が起っているのと比べて著しい事実である。ライマンが例外としてあげた「生捕る」は名詞の「生け捕り」から作った言葉で、もう「いけ」の部分は動詞とは言いにくい。「さえぎる」は動詞の連結の例になるが、これは鈴木一男が語源は「先切る」でそれの音変化サイギルが古い形であることを実証した。「引きずる」「這いずり（まわる）」などでは「摺る」が連濁でズルとなったようであるが、「かけずりまわる」「舌なめずり」などと比べてみると、案外「ずる」という濁音ではじまる動詞が以前あってその語があとについて出来た語かもしれない。

このように複合動詞に連濁が起らないのは、それだけ見るといかにも不思議のようであるが、私に言わせるとその理由は簡単である。それはこれら複合動詞が現在のように一語として扱われるようになったのは江戸時代以後のことで、それまでの長い間連続した二語であったからと考える。それはこれらの語の早い時代のアクセントを調べてみれば簡単に証明できることであるが、また、

咲きも初めず

立ちぞわづらふ

のような、その中間に助詞がとび込み得ることからも知られる。江戸時代の中期以後はじめてこれらは一語になったが、そのころは新しい複合語は連濁するというきまりが以前のように強力でなく、そのためにこれらは連濁しない形で今存在するものと解される。

ライマンはまた「何の何」という形のものは連濁を起さないと言っているが、これは二語の連接であるから、連濁を起さないのは当然である。ここでは寧ろライマンが例外として「天の川」「道のべ」の二語をあげたということに拍手を送りたいと思う。これは連濁の法則がきわめて有力だった奈良時代以前に複合した語であるからであろうか。

ライマンは次に助詞のテ、ト、ハなどが、条件によってデ、ド、バの形になることをあげて動詞の語尾となる助辞

にしばしば連濁が起きることを指摘している。たしかに

書キテ→書イテ　差シテ→差イテ　立チテ→立ッテ　思ヒテ→思ウテor思ッテ　作リテ→作ッテ

に対し

漕ギテ→漕イデ　死ニテ→死ンデ　飛ビテ→飛ンデor飛ウデ　飲ミテ→飲ンデ

となるのは日本語文法の著しい事実で〔gi〕〔bi〕のような濁音の拍や〔ni〕〔mi〕のような鼻音の拍が次の拍を連濁させる傾向があることは注意すべきである。

なぜこのようなことが起るのであろうか。ギ・ビの場合は、その拍の有声の要素が次の拍を直接同化したように見えるが、高橋正郎という人は、「濁音前に現れる撥音便と鼻音」（『国学院雑誌』四五巻四・七号）の中で古代の日本語ではギ・ビは〔^{ŋ}gi〕〔^{m}bi〕だった。この〔ŋ〕〔m〕が働いてギが〔ĩ〕になりビが〔m〕あるいは〔ũ〕になって、次の拍を〔de〕にしたのではないかと考えた。とするとこれも鼻音の拍のために生じた連濁の例と解せられる。ライマンが「と」が「ど」になるというのは、「あれど」を「あれと」の転と見たもののようで、また「は」が「ば」になるというのは、「あらば」を「あらは」の転と見たもののようで、これはどのようにしてこの形が出来たかまだ定説がないので何とも言えない。

確実に助辞の「と」が連濁を起して「ど」になった例としては寧ろ中世に多く見られる「擬声語＋と」の形をあげた方がよさそうだ。『平家物語』などの

ねらひを定めすひゃうど射る

などがそれで、長音の次では「と」は当時連濁を起こした模様である。今の副詞の「ちょうど」はそのようにして出来た語の名残りである。

七　「ひとびと」とクルクルのちがい

――ライマンの連濁論その四――

ライマンはそのあと、連濁の法則の第四として、連濁を起しそうで連濁を起さない語群をいくつか挙げている。その第一は、

ラッパ吹き・風呂吹き・雨降り

のような名詞プラス活用語の形の名詞であるとしているが、これは完全ではないが、いいところをついている。これはあとで奥村三雄のところで述べよう。

連濁しそうで連濁しない語群の第二は、

チクチク・ケラケラ・チリチリ…

といった同音のくり返しの群だとしているが、これもおもしろい。これについては、この論文の紹介者小倉進平がもっと厳密に規定して、連濁を起さないものは、そのうちの擬声語・擬態語の類であるとし、

かさかさ・かたかた・かちかち…

さくさく・さらさら・ちょろちょろ…

のような例をあげている。そうして他方「ひとびと」のような名詞の畳語、「変る変る」のような動詞由来の語の畳語は、どんどん連濁を起こすことを述べている。擬声語・擬態語に連濁が起らないのは注意すべきで、その理由は、一つは連濁を起すとその印象がちがってくるためとも考えられるが、そのほかに、これらは複合動詞の場合と同様、

一語に融合したのが比較的おそかったためとも解される。アクセントから見てキラキラというのはキラキラから変化した形で、その二つの部分は融合はまだ完全に行われているとは思われない。

連濁しそうで連濁しない例の第三は、

　第二詞が形容詞からなる形容詞

という群だとかで、

　青白イ

というような例をあげているが、これは失考であろうと思う。例が少いのでよくわからないが、「青白い」はアオジロイで連濁する。この項はない方がよろしい。

次にライマンは連濁しそうで連濁しない語の第四群には、

　アチコチ・アトサキ・イトタケ…

のような、意義の類似した、あるいは相反した語の並置したものをあげているが、これはまたおもしろい。「山川」という語が「山の中の川」の意のときはヤマガワであるのに対し、「山と川」の意のときはヤマカワであるのもこの例である。思うにこの種の複合名詞は、前の部分があとの部分と対立の関係にある。もし助詞でその関係を表わすならば、多くの他の複合語では「の」であるのに対し、この場合は「と」である。「と」の場合には、前の部分とあとの部分が完全に融合しない。アクセントから見てもアトサキやイトタケのように前の部分のアクセントが全体として生きているのは、前の擬声語・擬態語の場合と同様で、複合がほんとうに熟し切っていないことを表わすものと見られる。

最後に連濁しそうでしない語の第五として、

生血《ナマチ》・白血《シラチ》…

のような説明のつけにくいものをあげ、これらの原因を考えるに当たって、

前の語が後の語の起源・源流・原因・所有を表はし、又第二詞より優勢なことを示し、又は第二詞の意義を包括してゐるやうな意義を有する語である

と言っているというが、このあたりはちょっと苦しい。小倉進平がこのあとで批評して、今連濁している語はいろいろな時代に連濁が行われたもので、それぞれの時代の連濁の法則はちがっていたかもしれない。それらを一括して原則的な法則を見出だそうとしても困難だと言っているが、これは小倉の言うことがいい。なお小倉は、このライマンの説を批評したあとで連濁の法則として、

㈠前のアクセントの工合が後の語の語頭音に何らかの影響を及ぼすことがないか。

㈡二つの語の融合の度合によって清濁が別れることがないか。即ち両方の語の間がまだ全く融合しきれない場合は清音となり、全く融合して一語の熟語のようになったものは濁音となるというようなことはあるまいか。

と自問し、

一通り述べてみたがどうもはっきりした結果を得ることができない。

と自答している。

はっきりした結果を得ないとは何ともたよりない次第であるが、この㈠の問については、先に述べたようにむしろあとの語のアクセントが連濁の成立に多少の関係をもっている。㈡はさらに有力な事実で、前の複合動詞、擬声語・擬態語、対立語の問題は大体これによって解決できる。小倉がこういう原則を思いつきながらまとめることができなかったのは、ライマンに対して大分遜色があるようだ。

さて最後にライマンは日本語の連濁現象の起源を説明して何か助詞のようなものがあったのが脱落した、たとえば名詞と名詞との間にある「の」という助詞のnが脱落した形、それが次の拍に影響を与えてできたものであろうと説いた。これは卓抜な考えで、もしそういうことが起ったとするならば非常に古いことにちがいない。今の複合語の中に連濁が行われるものと行われないものがあることなどを考えると、果してそう考えていいかどうかはわからないけれども、とにかくこの難問題に対する一つの野心的な解決案として尊重すべきことは確かである。なお、文献時代以後見られる連濁の語は、すべてが一斉に出来たものではなく、類推によってあとから生じたものも多いであろうし、はじめ連濁していた語で後に連濁しなくなった語も多いであろう。その事情は複雑であったと思われる。

なお、ライマンが連濁の起源に何か拍の消失を考えたのは、まことに自然である。たしかに

イカニカ↓イカガ（如何）　フミテ↓フデ（筆）　スミスリ↓スズリ（硯）　セントス↓センズ（せんず）　セズデ↓セデ（せで）

のような例をたくさん集めることができる。ことにナ行拍の消失の結果連濁の現象が起っている例が多いのは、「の」が消失したと解する十分な根拠となる。

八　シンヂューとシンチュー
――奥村三雄の連濁論その一――

ライマンの発表が画期的であったので、それを恐れてかその後日本人の学者で連濁の問題に取り組んで見る学者が長いこと出なかったのは腑甲斐ないことである。

ただライマンの研究を一般に紹介した小倉進平はこの本を読んだことから刺激されたか、その後の考えを『国語及朝鮮語のため』（大正九年）の中に発表している。ただしほとんど進歩はない。

昭和になってから、金田一京助（『国語音韻論』）・菊沢季生（同名の『国語音韻論』）・大岩正仲（同書評）などがぼつぼつ連濁の問題に触れているが、深く追究したものは第二次世界大戦の終戦までとうとう出なかった。

連濁の問題が、本格的に学界で取り上げられるようになったのは戦後になってからで、とくに京都大学の雑誌『国語国文』に幾つかの注目すべき論文がのった。奥村三雄の「字音の連濁について」（同誌二一巻五号）はその早いものである。

奥村はここで室町時代の字音語の発音を示す仏教関係の文献を渉猟した結果、字音の連濁について次のような傾向が見られることを報告した。

(一)前の字との関係

(イ)連濁は、原則として、撥ねる音ン・ムまたはウ表記の尾音の後においてのみ認められる。

(ロ)前にウ表記の尾音があっても、そのウの原音がng類のものでない場合、すなわちもともとウの場合などは連濁は認められない。

(二)声調との関係

(イ)同じく撥ねる音の表記の尾音やng尾音を有するものの中でも特に去声調の字音が前にある場合、そのあとの字音に連濁が多く行われる。

(ロ)しかし去声調の字音そのものには連濁はあまり認められない。すなわち去声調の字音が他の字音のあとに来た場合には連濁はあまり行われない。

このうち㈠の方は、先に述べたロドリゲスの発表をもう少し厳密に規定したものである。ロドリゲスの説くままであると、「東国」や「兄弟」が連濁を起すのに平行して、「孝行」でも「高等」でも連濁を起しそうなものであるが、そんなことはない。これは、「東」のウはngに由来したものであるが、「孝」や「高」のウはもともとuだからである。奥村は今のような考察をしたあとで連濁は鼻音の後においてのみ起り得たと法則化している。要するに鼻音と連濁の関係の緊密さがますます明らかとなり、奥村はさらに今の漢語で○イという形のものでもとngから来たものもやはり連濁を起すことを述べている。例えば「晴天」はロドリゲスの時代、セイデンと濁ったそうであり、清書もセイジョと言ったという。□スルの形でも「命ずる」は今でも濁って読む。ただし実際に○イ□という形の熟語では、イがngから由来するものの場合でも、uの場合のようには連濁を起すことが多くなかったようである。とするとそれはなぜだろう。イが早く鼻音の要素を落してiになってしまったためであろうか。私はそうではなくて○イというのは漢音の字音であるが、漢音が盛んになった平安朝時代には、新しい語を連濁する傾向がすでに弱くなっていたためではないかと思う。例えば「上」というmorphemeは「しょう」というのは漢音であるが、この場合はウで終っていても「上下」「上古」など連濁を起さず、一方呉音の「じょう」の場合には「上手」「上戸」など盛んに連濁を起す。

次に奥村の見つけた法則の㈡はアクセントと連濁の関係でこれは石原正明や日尾荊山が述べたものの発展である。先に石原は「去声の時には清となり上声の時には濁となる」と言った、それとこの奥村の発表と比べると、去声と上声とが逆になっていて変な感じがするが、同じ去声が漢音の場合と呉音の場合では内容がちがっていて石原は漢音の去声を扱ったために清になり、奥村は呉音の去声を扱ったために濁になったので、この不一致は矛盾ではない。奥村がこの論文で、

丈夫（ジョーフとジョーブ）

心中（シンチューとシンジュー）

関東（カントー）と勘当（カンドー）

感謝・甘蔗（カンシャ）と患者・間者（カンジャ）

のような例をあげたのは説得力をますのに力があった。

「□田」「□川」の形の苗字におけるアクセントと連濁の関係もこの応用である。ただし、このアクセントと連濁との関係についてはまだまだ考察すべきことがたくさんあるようである。

第一に例外が多すぎる。先の「□田」「□川」という苗字の場合にも例外がかなり見られたが、「□崎」という形の場合には次のようで、下降調の高い拍のあとに「崎」が来た場合でもかなり連濁の例が多い。

○○ザキのもの、　山崎・松崎・杉崎・岡崎・島崎・篠崎・石崎・寺崎・竹崎

「野崎」「尾崎」もこれに準ずる。

○○サキのもの、　藤崎・長崎・大崎

つまり「□崎」という形には○○○○のようなアクセントはほとんどないのである。たまたま「川崎」という姓があるが、これは連濁を起さない。また「□川」という形は○○○○という形が多く、それにも連濁を起すものがあるが、「□島」とか「□沢」とかいう姓には○○○○という形が多く、それにも連濁を起さないものがある。

それから、例えば東京語で言うと、聞き馴れぬ言葉・言い馴れぬ言葉は○○○○型、○○○○型のような前の方だけを高く言う型で発音するが、聞き馴れた言葉は、○○○○型、○○○○型のような後の方まで高い型で発音する傾向がある。

カガワ（香川）・タカマツ（高松）・エヒメ（愛媛）・マツヤマ（松山）・トクシマ（徳島）・コーチ（高知）…

のような遠い地方の地名と、

ヨツヤ（四谷）・シンジュク（新宿）・カンダ（神田）・ウエノ（上野）・シナガワ（品川）…

のように東京の地名のアクセントとを比べてみれば明らかである。

先に、言い馴れた言葉は連濁を起しやすく、耳馴れぬ言葉は連濁を起しにくい傾向があった。そうすると個々の語の中に(a)言い馴れぬ、(b)言い馴れたという対立があって、(a)の語はアクセントは前高型で連濁を起さない、(b)の語はアクセントは後高型で連濁を起こすというのが事実かもしれない。

とすると、アクセントのちがいは連濁を起すか起さないかのきめてになるのではなくて、連濁と随伴して変化を起すものかもしれないということになる。姓の例などを考えると、どうも○○タ型のものには比較的稀なものが多そうである。○○○型のものには普通のものが多く見られる。漢字音の場合には中国から伝わった四声によっているのであるから問題はないとしても、和語の場合は慎重な取扱いが必要となってくる。

先の「崎」「川」がつく姓と「島」「沢」がつく姓とでアクセントと清濁にズレが見られたが、これは「崎」「川」と「島」「沢」とは、古くアクセントを異にする語であったためと推定される。この条、和田実に「複合語アクセントの後部成素として見たる二音節名詞」（『方言研究』七）という考察がある。

九　「人買い」と「仲買い」

――奥村三雄の連濁論その二――

ところで奥村三雄は、前出「字音の連濁について」を発表したほかに、国語学会編『国語学辞典』の「連濁」の項を執筆し、ここに従来の説をまとめて紹介している。ロドリゲスや石原、ライマンの考えも一往ここに紹介されているが、ここでもう一つ彼は名詞プラス動詞の連用形という形の複合語を取り上げてこう述べている。

(一)名詞がその目的格の場合には連濁が起りにくい。

(二)名詞がその連用形の副詞的修飾格の場合には連濁が起りやすい。

このような傾向はたしかにあると思う。これは、副詞的修飾語と動詞の関係は、主格または目的格と動詞との関係に比べてより緊密である。そのために連濁が起りやすいのだと考えられる。アクセントの面でも副詞的修飾語＋動詞の場合は全体が○○○○型、○○○○○型というような平らに助詞まで続く型のものが多く、主格名詞または目的格名詞＋動詞の場合には○○○○型、○○○○○型というような前の方に高い部分がある型のものが多いことが知られているが、関係のあることにちがいない。

次に例を掲げよう。このような例を集めることは従来困難であったが、近く学習研究社から出版される『学研国語大辞典』には、あとの部分を共有する複合語を一ヵ所に集めてあるので、それから拾うのが便利である。なお(一)の方には主格の場合も含ませる。＊は例外のしるしである。

ところでこの場合には上にあげた語例で知られるようにかなりの例外が見出されるが、特に例外の生じるものに二つのジャンルのものがあることは注意を要する。

一つは、動詞の連用形の第二拍がナ行音、マ行音のものおよびエのもので、それらは主格・目的格＋動詞の場合でも比較的連濁するものがあることである。例えば、前例の中で「人死ニ」「瀬踏ミ」「足踏ミ」「値踏ミ」「目覚メ」「帯締メ」などの「□死ニ」「□踏ミ」「□覚メ」「□締メ」の形、「井戸替エ」などの「□替エ」の形がこれであるが、ほかにヨーズミ（用済み）、ツマゴメ（妻籠）、クソダメ（糞だめ）などもそれである。また「□好キ」の形に連濁が多い

動　　詞	主格 or 目的格＋動詞の連用形	副詞的修飾語＋動詞の連用形
買う	人買イ・役者買イ・女郎買イ・機嫌買イ・ケイズ買イ・*先物ガイ	仲買イ・一升買イ・思惑買イ・小買イ・信用買イ・衝動買イ・ドル買イ
書く	絵書キ・字書キ・*言葉書キ・*効能書キ・*所書キ・*人相書キ・原稿書キ・宛名書キ	アト書キ・ヒト筆書キ・裏書キ・上書キ・仮名書キ・ローマ字書キ・縦書キ・横書キ・表書キ・下書キ・葉書キ・箱書キ・箇条書キ
貸す	金貸シ・蒲団貸シ	内貸シ・信用貸シ・損料貸シ・賃貸シ・前貸シ・先貸シ・*高利貸シ・又貸シ
刈る	草刈リ・芝刈リ・稲刈リ	青田刈リ・角刈リ・五分刈リ・下刈リ・丸刈リ
聞く・利く	御用聞キ・口利キ・手利キ・幅利キ・目利キ・左利キ・腕利キ・*人聞キ	又聞キ
切る	石切リ（場）・糸切リ（歯）・縁切リ・風切リ・皮切リ・巾着切リ・口切リ・首斬リ・ソバキリ・爪切リ・根切リ（虫）・腹切リ・指切リ・ヨシキリ	裏切リ・*カマキリ・句切リ・一寸切リ・千切リ・試シ切リ・微塵切リ・滅多切リ・四ツ切リ・輪切リ・辻切リ・百人切リ
食う	メシ食イ・オ菜クイ・虫クイ・ワラジクイ・*イカモノ食イ	二度食イ・売リ食イ・溜メ食イ・バカ食イ
込む	木目込ミ・*意気込ミ・*人込ミ	尻込ミ
咲き		四季咲キ・八重咲キ・遅咲キ・返リ咲キ・狂イ咲キ・二度咲キ・室咲キ
刺す	鳥刺シ・針刺シ・アジサシ・餌差シ・将棋サシ・油サシ・状差シ・銭サシ・水差シ・紅差シ（指）・物差シ・札差シ・*名刺シ・*日ザシ	落シ差シ・思イ差シ・道中差シ・二本差シ・一輪差シ・後挿シ・脇差シ・芋刺シ・田楽刺シ
敷く	座敷・屋敷・釜敷キ・土瓶敷キ・*板敷キ	中敷キ・*風呂敷キ・下敷キ・八畳敷キ
死ぬ	*人死ニ	恋死ニ・無駄死ニ・犬死ニ・狂イ死ニ・野垂レ死ニ・早死ニ・若死ニ
好く	*男好キ・*女好キ・*酒好キ・*世話好キ・*物好キ・*人好キ	横好キ

動　　詞	主格 or 目的格＋動詞の連用形	副詞的修飾語＋動詞の連用形
磨る・摺る	味噌スリ・手スリ（＝欄干）・*足摺リ・*頬擦リ・垢摺リ・墨摺リ	色刷リ・活版刷リ・仮刷リ・ゲラ刷リ・二度刷リ・手刷リ・別刷リ・石摺リ・草摺リ・本刷リ
焚く	飯焚キ・風呂焚キ	*水タキ・カラ焚キ・関東ダキ
立ち	*毛羽ダチ・*巣立チ	一本立チ・仁王立チ・朝立チ・逆立チ・中立チ・爪立チ・ヒトリ立チ
付く	家付キ・尾頭付キ・折紙ツキ・型ツキ・狐ツキ・金箔ツキ・正札ツキ・瘤ツキ・縄ツキ・紋付キ・オマケ付キ・三食昼寝付キ・*肉ヅキ	
突く	地突キ・玉突キ・羽根ツキ・肘ツキ・米搗キ・餅ツキ	七分搗キ
釣る	魚釣リ・ズボン吊リ・カヤツリ(グサ)・アユ釣リ・トンボ釣リ・首吊リ	宙吊リ・沖釣リ・竿釣リ・夜釣リ・磯釣リ・一本釣リ
取る	明リ取リ・汗取リ・跡トリ・糸トリ・命トリ・音頭トリ・舵トリ・粕トリ・カルタ取リ・草履取リ・陣トリ・尻取リ・借金取リ・月給取リ・炭取リ・小遣取リ・種取リ・竹取リ・点取リ・天下取リ・名取リ・スモー取リ・蠅取リ・旗取リ・日傭取リ・星取リ・弓取リ・嫁取リ・鼠取リ・人気取リ・*気取リ・*位取リ・*日取リ	内ドリ・先ドリ・手ドリ・丸ドリ・横取リ・隠シ取リ・ツカミドリ
張る	傘張リ・弓張リ・障子貼リ・*板張リ・*ガラス張リ・*目張リ・*縄張リ	内張リ・上張リ・千枚張リ・伸子張リ・下張リ・一点張リ・一閑張リ
引く	風引キ・客ヒキ・車引キ・金棒ヒキ・猿引キ・代引キ・水引キ・股引キ・綱引キ・*字引キ・*ゴム引キ・*クジ引キ・*福引キ・*友引・*塩引キ・*口引キ・アト引キ・糸引キ・裾引キ・三味線弾キ・ピアノ弾キ・バイオリン弾キ	天引キ・間引キ・前弾キ・一割引キ・連レ弾キ・曲弾キ・ノコギリ引キ・後弾キ
吹く	笛吹キ・ラッパ吹キ	

動　　詞	主格 or 目的格＋動詞の連用形	副詞的修飾語＋動詞の連用形
踏む	麦踏ミ・*瀬踏ミ・*足踏ミ・*値踏ミ	
降る	雨降リ・霧降リ	本降リ・土砂降リ
干す	物干シ・*梅干シ・*虫干シ・*甲羅ボシ	日干シ・陰干シ・土用干シ・丸干シ・生干シ
変える	*井戸変エ・*宗旨変エ・*表替エ・*模様替エ・*宿替エ・*衣替エ・*畳替エ・*国替エ	
掛ける	腰掛ケ・山カケ・汁カケ(飯)・帽子掛ケ・衣紋掛ケ・足掛ケ・稲掛ケ・刀掛ケ・帆掛ケ・肘掛ケ・鈴懸ケ・*心掛ケ・*小屋掛ケ・*雑巾掛ケ・*ユカタガケ・*命懸ケ	内掛ケ・外掛ケ・腹掛ケ・爪掛ケ・襷掛ケ・千鳥掛ケ・袈裟掛ケ・*壁掛ケ・*肩掛ケ・*窓掛ケ・*ヨダレ掛ケ・*前掛ケ
枯れる・嗄れる	*水嗄レ	夏枯レ・霜枯レ・冬枯レ・シワ嗄レ
決める	親決メ	月決メ・独リ決メ・本決メ
覚める	*目覚メ・*酔覚メ・*興覚メ	湯冷メ
締める	首締メ・*帯締メ・*胴締メ・*根締メ・*音締メ・*元締メ	一人占メ・板締メ・緒締メ・羽交イ締メ
染める	*白髪染メ	紺染メ・柿染メ・絞リ染メ・墨染メ・血染メ・友禅染メ・京染メ・丁字染メ・曙染メ
立てる	花立テ・筆立テ・本立テ・矢立テ・目立テ・腕立テ・*御膳立テ・*陣立テ・*気立テ・*筋立テ	脇立テ・二階建テ・二頭立テ・二本立テ
付ける	味付ケ・*気付ケ・種付ケ・袖付ケ・手付ケ・糊付ケ・根付ケ・火付ケ・目付ケ・*色付ケ・*口付ケ・*君付ケ・*肉付ケ・*名付ケ・*心付ケ	裏付ケ・前付ケ・向ウ付ケ・横付ケ・匂付ケ・釘付ケ
詰める	*膝詰メ・*字詰メ・*橋詰メ	折詰メ・ビン詰メ・ギュウ詰メ・国詰メ・後詰メ・スシ詰メ・雪隠詰メ・箱詰メ・氷詰メ・腸詰メ
止める	*血止メ・*滑リ止メ・*土止メ・*ネクタイ止メ・*歯止メ・*札止メ・*車止メ・*口止メ・*咳止メ・*錆止メ・*帯止メ	ワル止メ・パチン止メ

のは、古く「何々を好く」ではなくて「何々に好く」と言った名残りであろうか。また次のようなものは「を」が経過や分離を表わすためで目的格ではないからであろうか。

——越エの形　山越エ、伊賀越エ、箱根越エ、川越エ

——越シの形　川越シ、三年越シ

——立チの形　巣立チ、鹿島立チ

ただし「□引き」の形に連濁が多い理由はわからない。

また、もう一つ動詞の部分が三拍になると、比較的連濁が多くなると見られる。例えば、上には出さなかったが、

人通リ、店仕舞イ、女嫌イ、浄瑠璃語リ、代替リ、人殺シ、秀才ゾロイ、美人ゾロイ、山開キ、鏡開キ、乳離レ、人頼ミ、人助ケ、息ヅカイ、神ガクシ、気ヅマリ、金ヅマリ、フンヅマリ、医者ダオシ、サケヅクリ、菊ヅクリ、金払イ、咳バライ、金包ミ、日ダマリ、気ヅカイ、仮名遣イ、人使イ、湯ザマシ、燗ザマシ、目ザマシ、アナタゴノミ、主人ゴノミ、身グルミ、親方ジコミ

などがそれである。

人形使イ、魔法ツカイ、毬ホーリ、露ハライ、チリハライ、棒タオシ、目カクシ、首クグリ、下駄カクシのような例もないではないが、連濁を起す方が多いことは事実である。佐藤栄作首相のころ、「人作り」がヒトツクリかヒトヅクリかが話題になったが、あれもこの間をゆれている語であるためだった。あとが三拍語ものに連濁が多く見られるのは、全体を一語にまとめた形にしようという努力の現れかと考える。

十　連濁は語の区別のために起こるか
——中川芳雄の連濁論その一——

京大教授浜田敦は、奥村より早く連濁について言及しているが、昭和三十五年『国語国文』（二九巻一〇号）に「連濁と連声」を発表した。これは、日本語において、語中・語尾の今の清音に当る音節は古くはそろって濁音であった。つまり今の茨城・栃木以北の方言に見られるような状態であった。従って連濁というのは、一般には語中・語尾の濁音が清音になったそれ以後も古い姿で残存したもので、これは、「連濁・消極的同化説」ともいうべきもので、金田一京助の『国語音韻論』に対する異説である。語中・語尾の今の清音に当たる拍が古くは濁音だったという考えは、傾聴に値する一説であるが、ここではそういう説が出たということにとどめて、ここには奥村のように、連濁の起こる条件について考察した中川芳雄の発表を紹介する。中川芳雄のものは「連濁・連清（仮称）の系譜」という題で『国語国文』（三五巻六号）に掲載された。

中川はこの論文の中で、

㈠連濁は和語にはじまり、漢語や洋語も和語と同じような親しい単語ということになると連濁をするようになる。
　歌ガルタ、くわえギセル、赤ゲット
のような洋語も、洋語意識が薄れたことによって連濁が起った。（摘意）

㈡一つのmorphemeがある複合語で連濁を起すと、類推によってそのmorphemeは、他の複合語においても連濁を起すようになる。コロモガエ・オクニガエ・ヤドガエ…というような先例があると、「住みか替え」とい

うような新しい単語が生まれた場合、それは躊躇なく連濁の形で用いられる。（摘意）

㈢連濁が行われるか行われないかの決定には二つの語を区別して表わそうという働きが見られる。例えば「山川」という語を「山の中の川」の意の時にヤマガワと連濁すれば、「山と川」の意の時はヤマカワと清んで言い、「豊川」という名を、町の名がトヨカワと清んで言うならば、川の名としての方はトヨガワと連濁させて言う、の類である。（摘意）

のような法則を述べた。

右のうち㈠と㈡とは筆者も賛成で、たしかにそうであろうと思う。これらについては以前述べたところがあるからここでは再説しない。しかし㈢はどうであろうか。私にはこのようなことは起らないと思う。「山川」の二つのちがいは、一方は「何々の川」という意味のときは他の語の場合連濁を起す、それゆえ類推によって「山の中の川」の時は連濁を起したもの、「何々と川」の意味の時は他の語の場合は清んでいう、それに類推して「山と川」の意の時も連濁を起さないので、この二つの間にちがいを生じたのは、それぞれ別のものに類推したためと考える。「豊川」の二つのちがいも同様で、都市の名の時は濁らないことが多い、川の名の時は濁ることが多い、それぞれに類推してトヨカワとトヨガワとが生まれたので、これも原因は類推だと思う。

これはちょうどアクセントの場面と同じである。「花」という女性の名のアクセントはハ|ナであって、普通名詞の「花」のアクセントのハナ|とはちがう。大正ごろのアクセント学者はこれを論じて普通名詞と差別するために、ことさらにちがったアクセントで発音するものと論じた。しかし私に言わせると、人名の「花」をハ|ナと言うのは、二拍の人名は◯|◯型に言うという法則がある。それに従って多くのものに類推しただけの話だと思う。もし人名の時にことさらに区別しようとするならば、「春」とか「秋」とかも人名の場合には普通名詞とちがったアクセントで呼びそ

うでないものであるが、実際には普通名詞の場合と同じくハ|ル・ア|キである。ハル|・アキ|ではない。一般にアクセントは同音語の区別のために新しい型をとるということは、まずなく、むしろよく用いられる同音語があればそれに類推してそのアクセントに同化される方が普通である。これを筆者は「国語アクセントの史的研究」で論じた。連濁も恐らくそうであろう。

「折紙」という語があるが、「色紙」の意の場合はオリガミと連濁し、「極め書き」の意の場合はオリカミと清んで言うと若い頃教えられた。NHKのアナウンサーは永いことそのきまりを守っていたが、今では両方ともオリガミと言う人が多く、結局NHKでも両方ともオリガミでよいという決定にしてしまった。大分県に野猿で有名な「高崎山」という山があるが、これは群馬県の都市「高崎」がタカサキであるのに対してタカザキヤマというのが本来の言い方である。しかし群馬県の高崎を知っている人は、類推によって大分県の高崎山もタカサキヤマと言うであろう。これを、わざわざ群馬県の方がタカサキだから変えてタカザキヤマと言ってやろうと思う人はないと思う。大分県でタカザキヤマと言っているのは、別に群馬県の都市と区別したためではなく、□崎という地名が多く○○ザキと濁って言われる、それに類推してタカザキヤマと言ったもの考えられる。もし今後この山がもっともっと全国的に有名になれば、関東の高崎を知っている人によってタカサキヤマと言われるように変化するであろう。もっともその前に「高崎山」の方が有名度が高まれば、群馬県の高崎の方が、タカザキと呼ばれるようになるであろう。

中川は、ほかに「犬を殺す人」の意の「犬殺し」はイヌコロシで連濁をせず、「人を殺すこと」の方はヒトゴロシと連濁をする。これに平行して「人形を使う人」の「人形使い」は連濁せず、「包丁の使い方」の意味の「包丁使い」は連濁を起す。ここには、「何々する人」の意味の場合は一貫して連濁しないという原則が守られており、この原則は意義の区別をはっきり示すために生じたと説いている。

私に言わせると、このようなちょっと気付きにくい事実に気付いたのは中川の功績であると思う。が、しかしこの説明はちょっとまずいと思う。「何々する人」の意味の場合、連濁しないという原則はたしかにあるかもしれない。それはそのような語が幾つか出来た、それがもとになって、次に出来る「何々する人」の意の語も連濁を起さなかったものと見る。そこには、「何々すること」の意味ではないからという区別の意識は働いていないと私は見る。やはりこれも原因は類推であろうと考える。

ちょうどアクセントの方で「何々な人」の意を表わす語には、ケチンボ、クイシンボのような頭高のアクセントの語が比較的多い。これと同じような現象であると考える。

十一　法則的でない連濁の例

――中川芳雄の連濁論その二――

中川の功績は、そういう連濁の原理を考察したところにあるのではない。今まで一般に気付かれなかった、連濁を起こしそうでありながら起さない語の発見報告にある。たとえば、中川は、数詞の基本形ヒト・フタ・ミ等に接するmorphemeには原則として連濁が起らない、ただし、フタゴコロ・フタバのようなフタ何々の場合には例外があることを述べた。

これはまことにそのとおりで、

ヒトハ・ミカサネ・ヨカエリ…

など連濁を起しそうで起さず、その点似た形でありながらヒトツダネ・フタソギ・ミツガサネ…

の方は連濁を起すのと対照的である。この原因は中川も詳らかには語らないが、あるいは古い日本語で

ヒト・ハ　ミ・カサネ　ヨ・カエリ

などの言い方で、数詞のmorphemeとあとに続く部分との間が一般の複合語のようには緊密ではなかったのではないかと想像する。

このようなmorphemeの例をほかに考えてみると、「大島」「大川」などの「大」がやはり連濁を避けようとするmorphemeであることに気付く。「小島」「小川」は連濁を起すのに、「大島」「大川」は起さないのは何かわけがあるはずである。姓のうち、「大倉」「大崎」「大木」「大河原」「大谷」「大友」「大竹」「大原」「大沢」「大坂」などが連濁を起さないのは著しいことである。この「大」というmorphemeも、日本語で連濁が盛んに起ったころ、それに続く名詞の部分と、強くは融合していなかったものであろうか。

次に中川は「紐」という語が複合語のあとに来た場合連濁を起さないことを注意している。たしかに

ホソヒモ・フトヒモ・アゴヒモ・オビヒモ・ツケヒモ・クツヒモ…

などいずれもヒは清んだままである。恐らく基本的な単語があって、あとはそれに類推してこのようになったものであろうが、それにしてもなぜこの単語にそのような基本的な形が出来たのかは不思議である。

これに関連して考えてみると、似たような性質の語が幾つかあることに気付く。今頭に浮ぶものは、

浜。例、スナハマ・イソハマ・ナガハマ・アラハマ…

姫。例、マイヒメ・イトヒメ・カグヤヒメ…

これに合せて、英語学者の三宅鴻が、若いころ、連濁を起さない語として「隅」をあげていたことを思い起こす。あ

るいは「暇」もここに含めていいかもしれない。

これらを通して観察されることは、第一拍が無声摩擦音で第二拍が鼻音という点で、共通していることである。とすると、そのような組合せには、何か連濁を拒否する性格があるのであろうか。

が、これは非常に不思議だと言わざるをえない。というのは、ほかにこのような組合せの時に限って連濁を起こすという例があるからである。昔の人名がそれである。

平安期から江戸時代までの貴族や武士の正式の名乗はヨリトモ・ヨシツネ・ヒデヨシ・キヨマサ…というような、二拍のmorphemeの組合せで出来ていた。そうしてこの場合、ヨリトモ・ヨシツネのように原則として連濁は起らなかった。が、稀な例外として、サネ・スミ・フミの三種があって、これが後の部分になった時に限り、

菅原道真（ミチザネ）・三浦義澄（ヨシズミ）・平貞文（サダブミ）

のように連濁を起こすことにきまっていた。ところが、この例外のmorphemeが、いずれも第一拍が無声摩擦音、第二拍が鼻音という構成である。とすると、それは「紐」「浜」「暇」「姫」の例と全く同条件である。それがどうして、一方は他の場合より連濁を起しにくくなっているのであろうか。

『国語国文』（四一巻六号）に発表された桜井茂治の「平安院政時代における和語の連濁について」は、平安朝時代の複合名詞について、次の拍が鼻音の子音をもつと連濁が起りにくいと述べている。が、用例が少く、しかもそこにあげた語例四つのうちの半数はライマンの法則で説明できるものであるから、ちょっとそういう法則があったとは考えがたい。

一般に、鼻音と連濁とは関係があることを先に述べたが、ほかにもこの関係を暗示する例は多い。名詞プラス動詞の連用形の場合にも、鼻音の拍があとに続くときに連濁が多かった。

また、○○タというアクセントをもつ□田という姓には「田」を連濁せずタとよむものが多いとし、例外は「金田」「浜田」「鎌田」などだと述べたが、これらは第二拍がナ行・マ行音であるのは偶然ではないと思う。「蓑田」「種田」「谷田」「友田」「小茂田」など稀な苗字もすべてそうなる。これは前に鼻音があると連濁が起る例であるが、そうだとすると、日本語の形容詞は普通何々シイという形であるが、何々ジイという形のものが五つばかりある。オナジイ・ヒモジイ・スサマジイ・イミジイ・ムツマジイ…がそれであるが、すべてジの前の拍が鼻音の拍である（ただしヒモジイは「ひ文字」に由来する）。

このような例を考えると、「ひも」「はま」…など一連の語が連濁を拒否するのは不思議というほかはない。

中川はもう一つの連濁を起こしそうでいながら起さないmorphemeの例として、ペンサキ・ホコサキの「先」をあげているが、これも原因は不明というほかはない。

十二　重要なのはその歴史的な研究
——結びとして——

以上十節に亙って、連濁というものがどのような場合には起り、どのような場合には起り得ても起らないかということを、先人の説を紹介しながら、あらあら述べ終った。これを総括すると、この問題はなかなか複雑で簡単に幾つかの箇条で説明し尽せるものではないということになる。

複雑だという原因は、日本語ではじめて連濁という現象がはじまったのは、文献以前の太古のことであり、それが今日に至るまで、たえず新しく出来る複合語に連濁が現れたり、現れなかったりしたが、それの現れる条件というものが歴史とともに変化した、一方一度連濁を起した語が後世になって連濁をやめたりしたこともあった、そうして現在の日本語が出来ているからである。ただし一般的に言えることは、現代を遡るほど連濁の現れることは多かったようで、現代は、今までのどの時代に比べても連濁を起すことが少い時代だということである。「天の河」や「道のべ」に連濁が起っているというのは、この語が出来たころは随分連濁が盛んだったということを物語る。このようであるから古い時代には連濁を起していたが現代は連濁を起していない語が多いということが言える。

上智大学に勤めて七号館のエレベーターに乗ると、学生諸君のうちには「三階」をサンカイと言う人が多い。私たちはサンガイと言い馴れて来たので、「三回」の意かと誤解しそうであるが、たしかに「階」の字はそれだけではカイだし、イッカイ・ニカイ…ヨンカイ・ゴカイ…と他はいずれも清んで言うから、「三階」も清んで言う方が自然かもしれない。

昔から連濁の法則は一貫してはいないが、しかし次のようなことは法則的に言えることと思われる。

第一にその語の前後二つの部分の結び付きが親しいものには連濁が起り、親しくないものには起りにくいということ。複合動詞とか擬声語・擬態語の類に連濁がほとんど起らないのは、連濁が盛んだった時代に、それらはまだ二つの単語の複合であったからというのはこの原理の応用である。

次に音韻と連濁との関係は密接で、その中でも強力なのは、濁音と連濁との関係である。即ち、問題の拍のあとに濁音の拍が来る場合には連濁が起らないと言うライマンの法則である。これは濁音を続けては許すまいという意向の現れと解される。これについては、鼻音と連濁との関係で、撥ねる音の直後には連濁が起りやすく、これは後にウになったng音の場合もそうだった。時代によってはnやngの次の連濁は規則的に行われたのではないかと思われる。ナ行音・マ行音も連濁と密接な関係があり、直後にナ行音・マ行音があると、連濁が起りやすかった。「人死に」「白髪染め」などの連濁、「道真」「義澄」などの連濁はいずれもこの原理によるものである。濁音の拍がイの音や撥ねる音・引く音に変化した場合次の拍が連濁するものも鼻音のせいと解される。引く音も次の音を連濁にしやすかったが、これはngからuに変った音が連濁を伴った、それへの類推かもしれない。また、ある拍が消失すると次の拍に連濁が起ることがある。これもこれに準ずることかと思う。

アクセントも連濁の原因を作ることがあり、呉音の漢字音の場合、平らに続く音に規則的に連濁が起ったようである。和語にもこれに似た例があるが、これはむしろ次に述べる親しい語は連濁を起すという原理で説明すべきことかもしれない。

すなわち連濁は次にその語が日常どのように用いられるかとも関係があり、日常用いられるようになると連濁を起しやすくなるということがある。人の姓で連濁を起すものと起さぬものと比較すると、ありふれた姓に連濁を起すものが多い。反対に耳遠くなると連濁を起さなくなるということがいえる。

それから日常耳遠い言葉は、日常親しい言葉で音韻的条件に似たものに類推して連濁すべきかすべからざるか決定する傾向がいつの世にも強いものと考えられる。

いずれにしても連濁の原因を明らかにするためには、個々の語の古い姿が明らかになることが必要である。キリシタン資料、平安朝字書類・記紀万葉の漢字の使用例などから見ると、個々の語の古代の清濁には今と随分ちがったものがあって驚くことが多い。このような研究がもっと進んでどの語はいつ清んでいた、いつ濁っていたということが明らかになることが望ましく、連濁の本格的研究が出来るのはそのあとのことのようだ。

二　奈良・平安・室町時代の日本語を再現する

一

今日の私のお話は、室町・平安朝・奈良朝の日本語を耳で実際に聞いていただこうというテーマです。（補註）私は前に平安朝の女性、例の紫式部が『源氏物語』を読んだらば、いったいどういうふうになっただろうかと私なりに想像いたしまして、レコードを作ったことがあります。これは関弘子さんという女優さん、この人は他に類のない女優さんでありまして、私が平安朝の言葉を推定して発音記号で書きますと、ぴったりにその通り読んで下さるんです。

今日は、中世の代表として『天草本平家物語』、それと平安朝の代表としまして『枕草子』の一番有名なところ「春はあけぼの」、それから最後に飛鳥時代の例としまして、『万葉集』の持統天皇の「春過ぎて夏来たるらし」、これを読ませてみようと思います。それから余興に、現代の歌謡曲を万葉調に読んだらどうなったであろうか、私の想像するところをやっていただこうと思います。

関さんをご紹介いたしましょう。

関さん、どうぞ。（拍手）

金田一と関弘子氏

皆さんテレビの画面でご覧になってご存じかと思いますが、ご覧の通りきれいな人で、お母様が関種子さん、伯母様が関鑑子《あきこ》さんとおっしゃいまして、関さんは声楽の方もなさるんです。関さんは本名を観世さんとおっしゃって、観世三人兄弟の長男、亡くなられた観世寿夫《ひさお》さんの奥さまでいらしたんです。そういうわけで、謡曲もなさるんです。今日もマイクなしで朗々となさいますが。

二

その前に、なぜ私がそういった妙なことをやったかとか、こういった点に苦心したというお話を少しさせていただきたいと思います。

まず、私がなぜ平安朝の言葉の発音を再現する、あるいは奈良朝までさかのぼるということをやりだしたかと申しますと、実はこういうことは外国にはあるんです。例えば、イギリスでは一番古い古典作品はチョーサーの『カンタベリー物語』で、十四世紀の作品ときいていますけれども、イギリスの言語学者はそのころの英語の発音などを考証して、チョーサーはこういうふうにしゃべっていたに違いない、というのをレコードに出しているんです。しかもヨーロッパではローマとか紀元前のギリシャとか、例えばホーマーの詩などの発音を考証しまして、ホーマーになったような気持ちで朗詠している人もいるんです。中国でも、唐の時代の李白とか杜甫とかの詩は、こんなふうに当時詠んだんだろうという人がいます。もっとも中国は、私から見ますと研究がよくできておりませんで、日本で最近、平山久雄さんという方が出しておられる本のほうが見事だと思いますが。そういうふうに各国で、昔の芸術作品をその時代の発音で読んでみようという試みがあるんです。で、日本だけこれがなかったんです。どうして日本だけそれがなかったかと言いますと、日本の言語学者というのはよくいえば慎重なんですね。うっかり間違ったことをやって学界に害毒を流してはいけないという良心的なところがある。もう一つ私に言わせますと、臆病なんですね。恥をかきたくないという気持ちがあったらしい。そこへいきますと私は心臓が強いですから、しからば私がその試験台になってやってみようということから始まったんですが、心臓だけではできませんので、そこにこの関さんという無類の名女優を見つけたんです。平安朝の言葉の発音を長々とおできになるのは関さん一人でして、これはやってみようと思いまして始めたわけでした。

もう一つ、私がなぜやったかと言いますと、言葉の発音には二つの面があるんですね。一つは、例えば人間の「鼻」というのを一般には「ハナ」と言いますが、方言によりますと、沖縄の方では「ファナ」と言ったり、あるいは「パナ」と言う地方があります。これは「語音」の問題ですね。それだけではありませんで、「アクセント」の問題があるわけです。例えば、降る「雨」と、なめる「飴」でもいいですけれど、これが地方によって違う。「山」なんていうのも、東京、こちらの長崎・福岡・北九州は、全部〔ヤマ〕といいますけれども、京都や高知あたりへいきますと、〔ヤマ〕と後を下げて言います。「海」ですと、東京や北九州は〔ウミ〕ですけれど、長崎は今度は京都と一

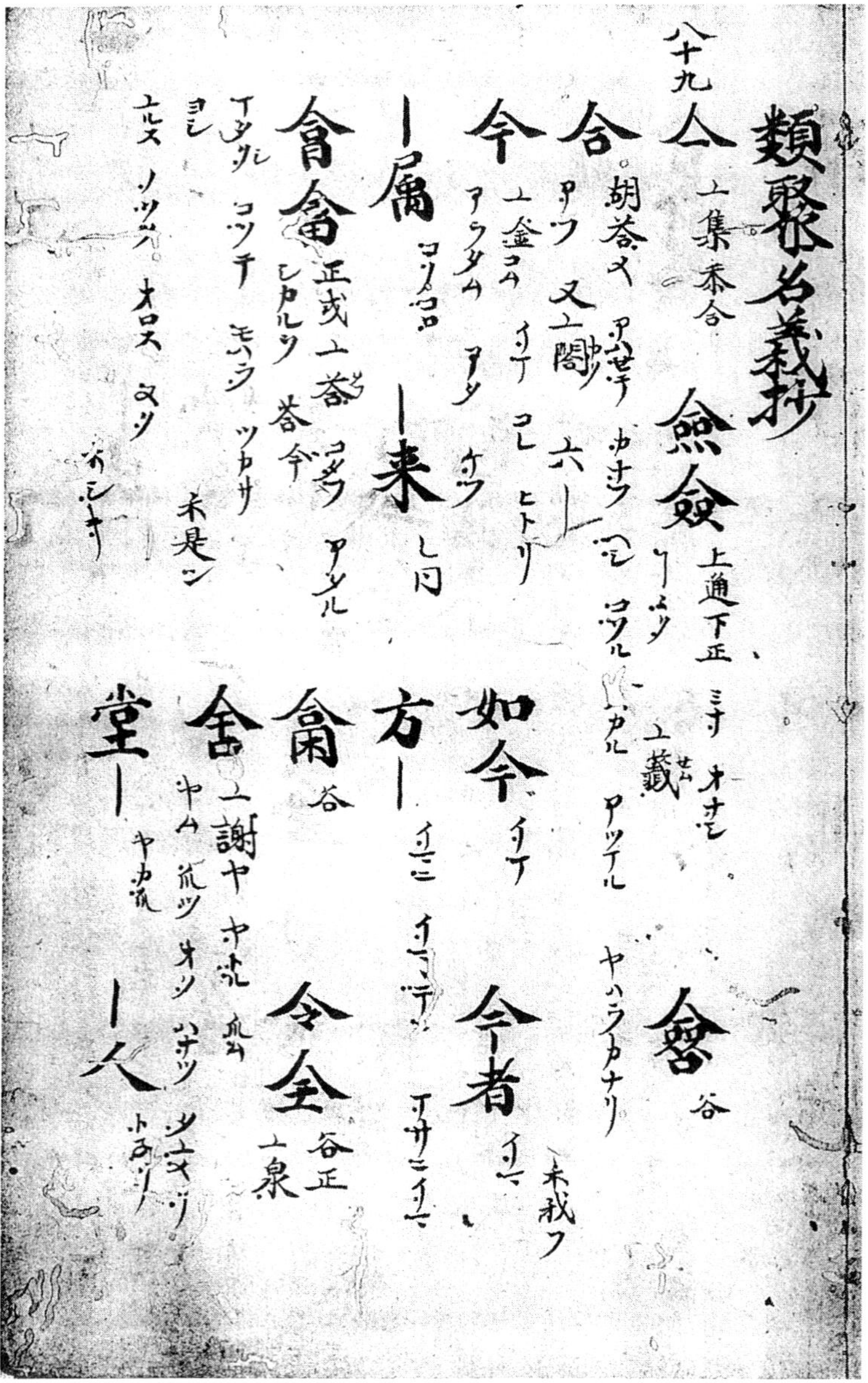

〔図1〕
（天理大学附属天理図書館所蔵　八木書店
『天理図書館善本叢書』和書之部34より）

緒になりまして〔ウミ〕と申しますね。こういった古い時代の言い方はどうであったかを調べなければ、昔の発音が復元できないわけです。語音の方は橋本進吉とか有坂秀世とか、最近では森博達さんというような立派な人がおられて、奈良朝のことを非常に詳しく調べられたが、アクセントの方は実は私が始めたんです。

アクセントという言葉は外来語でありまして、明治以後入ってきた言葉ですから、日本語のアクセントというようなことは、昔の人はだれも考えていなかったろうと私ははじめは考えていましたが、ところがそうじゃないんですね。平安朝あるいは奈良朝あたりまで、今の人が英語の発音をばかにやかましく言うのと同じでして、中国語の発音を勉強したんですね。中国語には「四声（スーシャン）」というのがありまして、うっかり四声を間違えますと、意味が通じない。だもんですから、日本人はそのことを平安朝時代からほんとうにやかましく勉強いたしまして、例えば図1に出しておりますのは、『類聚名義抄』という漢字の辞書なんですけれども、一つ一つの漢字の下に仮名がついておりまして、その仮名にハナクソみたいな点がついておりますね。それがどうもアクセントらしい。例えば、三行目に「今」という字が書いてありますが、これに対してイマという仮名がついている。「イ」のところには左の下に点がついている。その次の妙な字が「マ」という字でありまして、左の上に点がついてるんですね。で、これは〔イマ〕と読むんです。京都では実際に〔イマ〕と言いますし、長崎でも鹿児島でも〔イマ〕と申しまして、これが古いアクセントかと思われます。その左下の方には「ケフ」とありますが、今のキョーという言葉で〔ケフ〕とこう言う。今、東京では〔キョー〕と言いますが、京都・長崎・鹿児島では〔キョー〕と言います、これが古いアクセントかと疑われます。つまり、そういったようなことがわかるわけでありまして、このころの人は中国語のアクセントを勉強したものですから、日本語のアクセントに対する反省もできていまして、アクセントの資料というのは実は豊富にあるんです。

この他にも歌を歌う時にもアクセント通りに日本人は節をつける。現在の歌謡曲は、その点滅茶苦茶で自由奔放ですけれども、これが素朴なわらべ歌なんかになりますと、その地方地方でアクセントによって節が違うことが観察されます。例えば、東京では、

ひらいたひらいた　れんげのはなが　ひらいた

と歌うんです。これが京都へいきますと、

ひらいたひらいた　れんげのはなが　ひらいた

といいまして、向こうのアクセントの通りに歌うんです。そういう傾向がありまして、昔の歌う歌もそういうふうに歌っている。簡単に申しますと、例えば図2は、『四座講式《しざこうしき》』というもので、仏教の賛美歌のようなものであります。それから図3は、『平家正節《まぶし》』と読みますけれども、平家琵琶の譜なんです。この譜の終りから三行めに「指声」とありますが、「さしごえ」と読むんですね。こういう本がありますと、「或ル経」という言葉に《中上中中》という譜がついている。その道の人にどうやって読むんだと言いますと、その通りに唱えるんです。つまり、この「中」とか「上」とかいうところを他の文献と付き合せてみますと、当時のアクセントだということがわかるわけであります。もっともこれは平家琵琶の譜本で、鎌倉時代のオトではないですね。南北朝時代に、明石検校という人が出まして、あのころ一回平家琵琶の節が変りますけれども、こういった資料が残っておりまして、平曲によるアクセントの研究

は相当明らかになりました。

もっともアクセントのわかるのは、ごく一部の言葉だろうとお思いになるかもしれませんが、アクセントというものは不思議な面がありまして、一つの言葉のアクセントがわかりますと、数珠つなぎにたくさんの言葉のアクセントがわかるようになっている。例えば「山」という言葉を〔ヤマ〕とマの方を上げて言いますと、その地方では「花」も〔ハナ〕と言うんです。つまり一つの言葉がわかりますとたくさんの言葉のアクセントがわかるということが、今の方言ではありますが、昔もそうだったらしい。と申しますのは、ヤマとハナ、両方とも平安朝では低い平らな音だったようでありますが、全部その仲間の言葉は低い平らな音だった。そういう法則があるもんですから、その時代の少しの言葉がわかっているだけで、他のたくさんの言葉もわかるようになってくるんです。私は平安朝までさかのぼりましたが、最近、九州大学の大学院の学生だった高山倫明さん、この人が『日本書紀』の前田家本という写本のアクセントまで詳しく調べたんですね。これはどうも、歌謡の部分の万葉仮名は、中国の漢字の四声に合わせてつけているらしいということから、その時代のアクセントまではっきりわかりましたので、今日は自信をもって、関さんに万葉時代の歌までやらせてみようと思っております。

〔図2〕

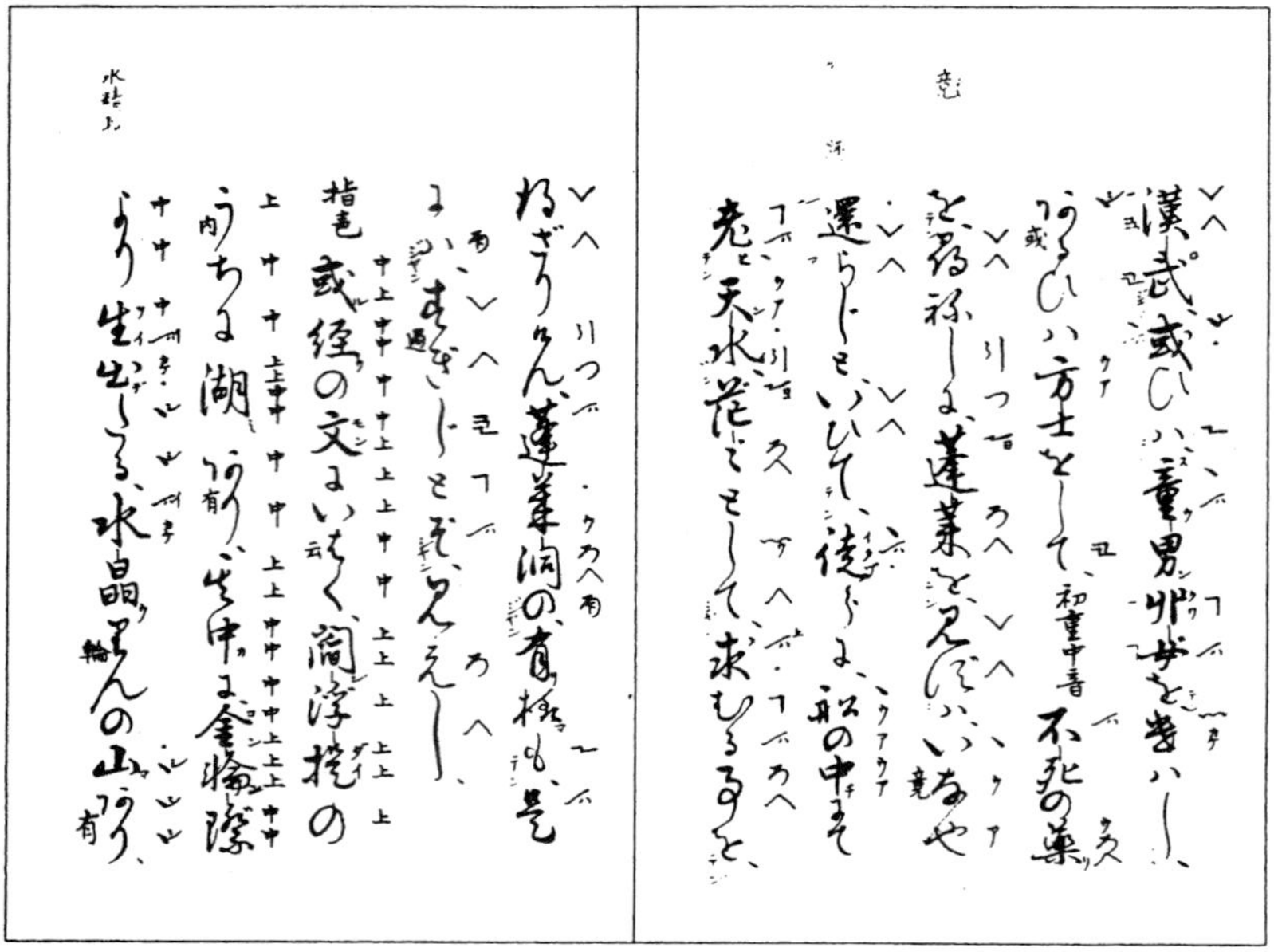

〔図3〕

三

前置きが長くなりましたが、最初は『天草本平家物語』の「重衡の東下りのこと」からまいりましょう。平重衡は平清盛の五番目の息子でして、この人が一の谷で虜になって鎌倉へ連れて行かれた。で、当然殺されるはずでありますけれども、見たところなかなか優秀である。頼朝はちょっとかわいそうになりまして千手の前という美女を、サービスさせるために一晩重衡のもとへさしむけました。千手の前はすっかり重衡に惚れまして、重衡も千手の前をかわいいと思ったんでしょうね、一晩をすごす。その所のお話ですが、私が講釈をする前に関さんに唱えていただきましょう。「宗茂」というのは、狩野宗茂といい、頼朝の家来の武士です。

初めに今の活字本を読んでいただきます。今、高校で国語の先生がお読みになるあの読み方です。

「重衡の東下りのこと、同じく千手の前が沙汰」

〔千手の前酌を取って参ったれども、重衡いと興もなげにござったれば、〕宗茂そこで、「何事でもあれ、一声申して御酒お申しあれかし。」と申せば、千手酌を差し置いて、今様を歌へば、重衡その時、杯を傾けられて千手に下さるる。千手飲うで宗茂に差す。宗茂が飲むとき、千手琴を弾きすませば、重衡笑うて、「この楽は普通には五常楽と申せども、重衡がためには後生楽とこそ観ぜうずれ。」と仰せられ、重衡も琵琶を取って転手をねぢて琵琶を弾ぜられた。小夜もやうやう更け行けば、世間もうち静まって、いともの哀れなに、重衡心を澄まいておぢゃる折節、灯火消えたれば、これを御覧ぜられて、重衡、

灯火暗うしては、数行虞氏が涙、夜更けて四面に楚歌の声

といふ朗詠を泣く泣く口ずさまれた。　（『天草本平家物語』から）

これを関さんに戦国時代の発音で読んでいただくとこうなります。　（『天草本平家物語』朗読）

ムネモチ　ソコンデ　ナニンゴトデモ　アレェ　フィトコイェ　マォーシテ　ゴシュ　オマォーシ　アレカシトマォーシェバ　シェンジュ　シャクヲ　サシオイテ　イマヤォーヲ　ウタイェバ　シンゲフィラ　ソノトキサカンヅキヲ　カタムケラレテ　シェンジュニ　クンダサル。シェンジュ　ノーデ　ムネモチニ　サス。ムネモチンガノムトキ　シェンジュ　コトヲ　ヒキスマシェバ　シンゲフィラ　ワラォーテ　コノ　ガクワフツーニワゴシャォーラクト　マォーシェンドモ　シンゲフィランガタメニワ　ゴシャォーラクトコソ　クワンジョーズレ。

トオオシェラレ　シンゲフィラ　ビワヲ　トッテ　テンジュヲ　ネンヂテ　ビワヲタンジェラレタ。サヨモ　ヤォーヤォー　フケユケバ　シェケンモ　ウチシンヅマッテ　イト　モノアワレナニ　シンゲフィラ　ココロヲスマイテ　オンヂャル　オリフシ　トモシビ　キイェタレバ　コレヲ　ゴラォージェラレテ　シンゲフィラ
トモシビ　クラォーシテワ　スカォー　グシンガ　ナミンダ　ヨーフケテ　シメンニ　ソカノ　コイェー
トイウ　ラォーイェイヲ　ナクナク　クチズサマレタ。

どうしてこのような復元をしたか。この原本は「天草本」と言いますけれども、ちょうどこの頃は室町の末で、ポルトガルやスペインの神父さんが来まして、日本にキリスト教を広めようとした。そのためには日本語をマスターしなければならないというわけで、日本語の文法書を作り、文典を作ったんです。これは当時の日本語を明らかにするのに非常に貴重なものでありまして、ポルトガル語で書いてありますので非常に難しいんですが、土井忠生博士とおっしゃる方が、わざわざポルトガルに行って昔のポルトガル語を勉強なさってこれを解釈して下さったので、今、我々は当時の文法の方もわかるわけですが、発音についても、詳しくその本に出てくるんです。ローマ字で書いてありますから、当時の日本語の発音が非常によくわかる。おそらく、奈良朝から現代まで、一番よく日本語の発音がわかるのは、室町時代のこの頃なんですね。

お聞きになっていただいてわかると思いますが、母音は今のアイウエオのほかにオの広いのがあったんです。昔の歴史的仮名遣いで「あう」「かう」と書いたのは、今の「おう」「こう」と違いまして、もう少し幅の広い ɔː, kɔː という発音であったということ、その他に今と同じ oː という狭いものもあるんです。歴史的仮名遣いで「おう」「おほ」というのは狭い音であった。こんな発音が当時できたろうかと不思議に思いますが、これが地方によると残って

おりまして、新潟県の長岡では、長岡のこともナガォーカとオの広い音で言うんですね。「今度の冬至には湯治に行こう」という時は「今度のトージにはタォージに行カォー」って言うんだそうです。九州ではおもしろいことには、昔の「あう」は「オー」と言いますが、「おう」というのはウーとなっている地方がありますね、「灯籠《トウロウ》」なんてのはツールーと言う地方があります。これが島根県の方へいきますと、「おう」はオーといいますが、例えば「坊主」なんていうのはバーズと言いまして、「あう」がアーとなる地方がありますが、この時代の京都では広いアォーと狭いオーの違いになっていた。それからアイウエオの「エ」は、今の共通語の「エ」と違いまして、jeとなっている。これは今九州に広く行われていますね。これは卑しい言葉ではありませんで、この時代の正しい発音が九州に残っているものであります。当時は京都でもjeというのが標準だったようです。

次に子音ですが、ガ行の鼻音、これは九州などでは言葉の初めのガ行と同じになっていますが、この時代には例えば「宗茂が」と言う時、関さんはムネモチンガと言いましたけれど、「宗茂」と言ってから「が」の前で鼻音をちょっと入れる。これがどうも当時の発音だったらしい。これは今では高知県に残っています。それから近畿地方の南の方の熊野地方にも残っていますし、九州では鹿児島県の薩摩の南の方で「ンガ」と言っている。当時、ダ行の前にも鼻音がちょっと入って、「参ったれども」というところ、「参ったれンども」となる。これが「天草本」というローマ字資料からわかりますし、先に言った地方にやはり残っております。それよりも問題なのが「ジ」と「ヂ」、「ズ」と「ヅ」でして、これは今では日本中ほとんど区別がなくなっておりますが、有名なのは筑後地方、宮崎県と大分県、これらの地方は「シ」の濁音「ジ」と「チ」の濁り「ヂ」が区別がある。「チ」の濁りの方は当時やはり前に鼻音が入るものですから「ンヂ」となっている。それから「ス」の濁りと「ツ」の濁り、「ズ」と鼻音のちょっと入った「ンヅ」とこの二つが当時あったらしい。今では、九州のほかには高知県、和歌山県南部の一部、飛んで山梨県の一部、富山県の一部にしか残っていませんが、九州はこういう点でいろいろ古い発音が残っている。それからサ行の「セ」、これも九州一般に「シェ」という地方が広いですけれども、当時のキリスト教の神父さんは、みんな「xe」と書いてありますので、どうも当時の標準は「シェ」であったらしい。次にハ行の子音ですね。これは当時、今のようなhの音ではありませんで、一種のfの音でfaとかfiとか言ったらしい。これは今では新潟県から山形・秋田県にかけて処々に残っています。これは平安朝へいきますと、ますますはっきりします。

次はアクセントですが、図4に『補忘記《ぶもう》』というものを出しましたが、これは「論義」の参考書なんです。論義というのは、例えば仏教の真理について二人の坊さんがお互いに議論することがありまして、鎌倉時代までは真面目にやっていたんです。ところが室町になると堕落いたしまして、初めから八百長みたいになって、相手を本当に言い負かすというより、正しい発音でやることがいいことになった。そこで中国から来た漢字は中国の四声で読みますけれども、和語の方も当時は京都の人が、いばっていたものですから、関西のアクセントでやらないと負けになるんですね。そこでこれを編集した観応という坊さんですが、栃木県の人で、これは当時日本で一番発音の悪い地方で有名だったんです。で、笑われてばかりいたらしい。それで残念だと思って、全部の必要な言葉にアクセントをつけた。これが日本で一番古いアクセント辞典なんです。「端」と「箸」と「橋」の区別など、よくわかりますね。こういったものから室町時代から江戸時代のはじめの頃までのアクセントがわかるわけであります。その結果が、今の関さんのお唱えになったものです。ではもう一度、今申したことを頭において今の関さんの発音をお読み下さい。

（『天草本平家物語』朗読）

今ちょっと説明不足でしたが、例えば「観ぜうずれ」、つまりkaとkwaの区別ですね、これもあったはずであります。今、九州では普通です。

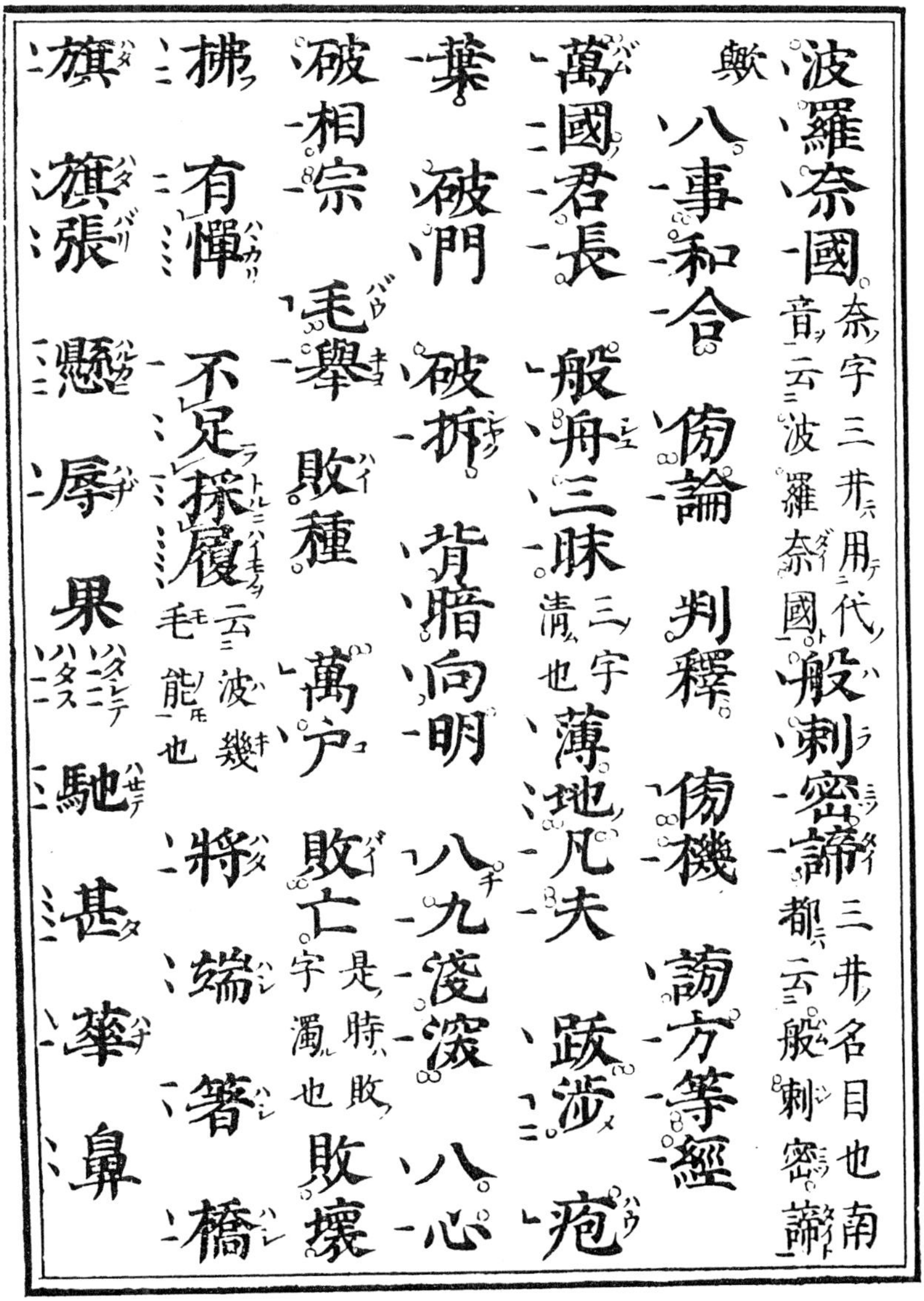

波羅奈國 奈字三井用代音ニ云波羅奈國般剌密諦三井名目也南都ニ云般剌密諦歟

八事和合 傷論 判釋 傷機 諍方等經

萬國君長 般舟《シユ》三昧三字清也 薄地凡夫 跛渉 疱《ハウ》

葉 破門 破折 背暗向明 八《チ》九箋滾 八心

破相宗 毛《バウ》擧 敗《ハイ》種 萬戸《コ》 敗《バイ》亡是時ハ敗字濁也 敗壞

拂 有憚《ハヾカリ》 不足採履云波幾毛能也 將《ハタ》 端《ハシ》 箸《ハシ》 橋《ハシ》

旗《ハタ》 旗《ハタ》張《バリ》 懸 辱《ハヂ》 果《ハタシテ》《ハタス》 馳《ハセテ》 甚 華 鼻

〔図4〕

四

その次は平安朝へさかのぼります。平安朝は『枕草子』を読んでもらうわけでありますが、平安朝の発音はあまり資料がないんです。ただ、その前の奈良朝にすばらしい資料がありまして、室町が今のように詳しくわかりますから、その中間として大体こうであったろうという見当がつきます。ただし、平安朝の発音を知るのに非常にありがたいことは、例の「歴史的仮名遣い」ですね。あれは平安朝の発音をそのまま示していると見てよさそうです。例えば仮名にはア行の「い」とワ行の「ゐ」、ア行の「お」とワ行の「を」がありますが、平安朝はちょうどそれを区別して、糸の「い」〔i〕と井戸の「ゐ」〔wi〕とははっきり違っていたはずであります。それから言葉の初めのハ行と中につくハ行とは当時は発音が同じであった。例えば「粟」は「あは」で、「泡」は「あわ」と書きましたが、発音は「泡」の方は〔awa〕で今と同じでしたが、「粟」の方は〔afa〕であったわけです。これが院政時代に、今と同じように〔awa〕となってしまったわけです。ですから「蝶」という言葉などは歴史的仮名遣いで「てふ」と書きますが、平安時代はまさしく〔tefu〕といったはずであります。

だいたいそのような歴史的仮名遣いに書いたものをそのまま発音した。ただ一つ一つの字の発音は多少後世とは違っていたものがあります。例えばタチツテトのチとツ。今、chi, tsu と発音していますけれども、平安朝の時代には、ti, tu と言ったらしい。どうしてそれがわかるかと申しますと、漢字がもし「ち」というのが今のように chi だったらば、中国で chi という字をあてるはずですけれど、中国では ti という字、天地の「地」なんかがあたっているんですね。それでどうも ti, tu と言ったらしい。これは今、そう言う地方が実際にありまして、九州では大分県の一部に〔hitotu〕〔Futatu〕と言う地方があることを観察したことがあります。東日本では山梨県の一番山奥の南巨摩郡早川町の奈良田というところと伊豆の新島にあります。ですから「チ」の濁りと「シ」の濁りは、室町時代よりいっそう激しく違っていた。「チ」の濁りの方は di、「シ」の濁りの方は ʒi のような発音であった。

それから「エ」が je であったということ。これにはおもしろい例がありまして、筑波大学にいらっしゃいました中田祝夫さんの説なんですが、短歌というのは五七五七七ですが、時々字余りというのがあって許されるんですね。例えば「田子の浦に」というのは六音であっても許される。「心あてに」も六音であるけれども許される。この許されるものを調べますと、アイウエオのうちのア・イ・ウ・オの四つに限られるんです。その四つに入らないエがあって字余りが許されるということは決してないんだそうです。これはなぜかと考えまして、アとイとウとオは単純な母音だけだった、ところがエの方は je という音だったもので子音がついているんですね。そのことから、エだけは字余りが許されなかったのだろうと中田さんは考えられたのですが、私も確かにそうだろうと思います。それからはねる音とつめる音、これが今と同じようにあったようですが、はねる音、これが当時二種類あったらしい。例えば「あらむ」というような言葉は「む」で書いてあります。これははねる音でありますが、m の発音で、これはゆっくり伸ばして「あらm」と言ったらしい。ところが「死にて」なんてのは「死んで」となりますが、こういうものははねる音が字で書いてないんです。「死で」と書いてありまして、この n の方は短く「死ンで」と言ったらしい。これは他の仏教の方から実はわかるんですが、仏教の声明、まあ仏教の讃美歌でありますが、あれを唱える場合に、中国から m の発音で来たものは、あの「三」という字などで、「サーンー」と伸ばすんですが、n の発音の「散」という字なんかですと「サーン」と言って、n になったとたん止めてしまうんですね。よく「あんめり」とか「あんなり」とかいう言葉がありますが、あれは m じゃなくて n の方なんです。「あめり」とか「あなり」とか書いてありまして、

「ぬ」がはっきり書いてないのがありますが、ŋの発音だったんです。

では関さんに『枕草子』を一回読んでもらいましょう。初めはやはり今の活字本の読み方から。

「春はあけぼの」（『枕草子』の第一段）

春はあけぼの。やうやうしろくなりゆく山ぎは、すこしあかりて、紫だちたる雲のほそくたなびきたる。夏は夜。月のころはさらなり、やみもなほ蛍飛びちがひたる。雨などの降るもをかし。秋は夕暮。夕日花やかにさして山ぎはいと近くなりたるに、烏のねどころに行くとて、三つ四つ二つ三つなど、飛び行くさへあはれなり。まして雁などのつらねたるが、いと小さく見ゆる、いとをかし。日入り果てて、風の音、虫の音など。

冬はつとめて。雪の降りたるは言ふべきにもあらず。霜などのいと白く、またさらでもいと寒きに、火などいそぎおこして、炭持てわたるも、いとつきづきし。昼になりて、ゆるくゆるびもて行けば、炭櫃、火桶の火も、白き灰がちになりぬるはわろし。

（小学館『日本古典文学全集』第一一巻より）

これを平安時代の発音で、同じく関さんにやっていただきましょう。アクセントはさっきの『類聚名義抄』によります。（『枕草子』の第一段朗読）

ファルゥファ　アケボノ。　ヤウヤウ　シロク　ナリィユク　ヤマギファ　スコシ　アカリテェ　ムラサキダ

ティタル　クモノ　ホソク　タナビキタル。ナトゥファ　ヨル。トゥキノ　コロファ　サラァナリィ。ヤミモォ　ナフォオ　フォタル　トビ　ティガフィタル。アメェノ　フルサフェ　ウォカシィ。
アキィファ　ユフングレ。ユフフィ　ファナヤカニ　サシィテェ　ヤマンギファ　イト　ティカク　ナリィタルニ　カラスノ　ネンドコロフェ　ユクトテェ　ミトゥヨトゥフタトゥナンド　トビイソングサフェ　アファレェナリィ。マシテ　カリィナンドノ　トゥラネ　タルンガ　イト　ティフィサク　ミユル　イト　ウォカシィ。フィイ　イリ　ファテェテェ　カジェノ　オト　ムシノ　コウェェ　ナンド。
フユファ　トゥトメェテ。ユキノ　フリィタルファ　イフベキィニモォ　アラズ。シモナンドノ　イト　シロク　マタ　サラデモォ　イト　サムキィニ　フィイナンド　イソギィ　オコシィテ　スミ　モッテェ　ワタルモォ　イト　トゥキドゥキシィ。フィルニ　ナリィテェ　ヌルク　ユルビィモッテ　ユケバ　スンビトゥ　フィウォケノ　フィイモォ　シロキィ　ファフィガティニ　ナリィタルファ　ワロシィ。

関さんが今お読みになったのは非常に遅い。私はスピードの方も、当時は遅かったんじゃないかと思います。例えば中世の狂言というのは今の漫才のようなものだと思いますけれども、非常にゆっくりしていますね。平安朝はもっと遅かったのではないか。と申しますのは、例えばアクセントの資料によるのですが、「飛びいそぐ」などという言葉は、今だったらトビイソグと一語のように言う。ところが当時のアクセントでは、トビイソグと二つの言葉についているんです。助詞も例えばファルファと二つの単語のようについている。　助詞などというのは、当時は今より独立性が強かった。複合動詞も二つの動詞だったのだろうと思うんです。ですからこの頃は、例えば「咲きもやらず」とか「咲きこそ散らめ」とか、「も」とか「こそ」とかが間に入りますね。あれは当時二語であった。今、連濁というのがありまして、複合動詞に限って連濁がないんですね。「咲きかかる」とか「咲きそむ」とか連濁があってもいいはずなんですが、複合動詞にはない。というのは、連濁というのは平安朝ごろ盛んにおこったんですが、その頃まだこれが二語であって、一語のようにくっついていなかったというのを示すものだと思います。

五

飛鳥時代にさかのぼりましょう。『万葉集』の歌一首、持統天皇の有名な御製ですが、短いですから関さんに最初に読んでいただきまして、後で講釈をいたします。

初めに、歌を現在の活字本で見たままを。

春過ぎて　夏来たるらし　白妙の　衣乾したり　天の香来山

関さんに飛鳥時代の発音で読んでもらいます。（『万葉集』から「春過ぎて」朗読）

pa ru: tsu ŋgi: te:　na tu ki: ta: ru ra tʃi:　tʃi ro ta pai nə
kə rə mə pə tʃi: ta: rii　a mai nə ka ŋgu ja ma

随分現代と違っているとお思いでしょう。

まず、母音が今と違って八種類ありました。これは例の、橋本進吉博士発見の「万葉仮名遣い」によるものでありまして、「イ」は甲類と乙類とで、母音が違っていたらしい。この母音の正体がどうであったかということは難しいんですね。八つなどとそんなに多くはなかったという学説を出す人もいるんですけれども。私が一番尊重してますのは、十年ほど前、同志社大学におりました森博達君という、今大阪外語大におります若い学者の説で、すばらしい研究を『文学』という雑誌に発表いたしました。それによりますと、『日本書紀』の万葉仮名で書いてある歌謡というもの、あれは巻によって中国の字音を非常に正確に使ってあるということを発見したんです。巻によるんです。つまり、それ以外の巻では、例えば「カ」という音を表すのに、中国のkaの字も使っているし、haの字も使っている。ところが、その巻ではkaの字しか使っていない。「シ」を表すときに、他の巻ですとchiの字を使ったりshiの字を使ったりしているけれども、その巻に限って一つしか使っていないということを明らかにしたのであります。その人の研究によりますと、母音には甲類の「ア、イ、ウ、エ、オ」――これは今と同じでありますが、その他の乙類という方は、「イ」はiではなくて、今東北地方に残っています中舌母音に近いような母音だった。それから「オ」の乙類の方は「エ」「オ」の中間の、少し間の抜けたような母音だった。その他に「エ」の乙類は「雨」のメなんかそうでありますが、これは〔mai〕といった二重母音であったろうと言っています。私もそれに承服いたしまして、その説に従うことにいたしました。

母音の次に子音でありますが、ハ行の子音は当時はpの音であった。これは上田万年の「P音考」以来有名でありますが、従って「白妙の」の「へ」の音がpe、ただし乙類ですからpaiになるわけですね。それからサ行が難しいのでありまして、これはいろいろな説が今までありました。例えば、中央大学の馬淵和夫さんはʃa行だったんではないか、それから金田一京助という学者がおりまして（笑い）、cha 行だったんじゃないか、「スズメ」なんていうのは〔チュヂュメ〕と言ったんではないかというようにいろんな説がありましたが、有坂秀世博士がこれは tsa 行であったのではないかとおっしゃいまして、今この森さんもそれに賛成しておりますので、私もそれに従うことにいたしました。

アクセントの方は、九州大学の大学院生だった高山倫明君の説に従って考証しましたわけで、十年ぐらい前に関さんにやっていただいた頃はまだ自信がなかったんですが、今度は自信を持って、関さんにお願いすることができるようになったつもりであります。ではもう一度お願いします。

（『万葉集』から「春過ぎて」朗読）

母音の発音はなかなか苦心されていると思いますが、例えば「春過ぎて」の「ぎ」はカ行上二段活用で、その連用形というのはギの乙類の方である。これがもし四段活用ですと甲類ですが、乙類なものですから、〔paru:tsuŋgïte:〕というように中舌母音をわざと苦心してお出しになっているわけです。それからオ段の方は、乙類の方が数は多いんですね。「衣乾したり」の「衣」もそうですが〔kə rə mə pə tʃi: ta: rïi〕のようになってしまった。乙類なものですから、オともエともつかないような発音をなさいましたが、関さんが別に変な訛りがあるわけでは決してありませんで、私がそのようにお願いしたわけであります。

次は、柿本人麿の名歌を一首。初めに活字本の歌詞で。

東《ひむかし》の野に　かぎろひの　立つ見えて　かへりみすれば　月傾けり

関さんに飛鳥時代の発音で。（『万葉集』より「東の野に」朗読）

pï mu ka tʃi nə　noo nï ka ŋgï ro pï nə　ta tuː mi jeː teː

ka pe ri mi tsu re ba　tu kï ka ta mu ke ri

二ヵ所注意いたします。「東」は今「ひむがし」と読むのが普通ですが、「か」をガと濁るのは「か」の前のmuがmになったせいで、「東」の「む」がはっきりmuだったときは「か」はkaだったと思います。

また最後の「月傾けり」は今「月傾きぬ」と読むのが一般ですが、そう言うと、中天にかかっていた月が、作者が西を向いた途端に地平線の方に落ちかかる意味になってしまいます。ここは、賀茂真淵が「月西渡」の三字に訓をつけたところですが、どうしても、「傾けり」のような「あり」の意を含む助動詞をもって来たいところです。

熟田津《にきたつ》に…月待てば　潮もかなひぬ

とか、

冬ごもり　春さり来れば　鳴かざりし　鳥も来鳴きぬ

など、いずれも「月待つ」「春さり来る」が先で、その結果として「潮」が「かな」ったり、「鳥も来鳴い」たりするのでしょう。「…ば」と言って、それ以前の状態を言うためには次のような言い方が必要です。

田子の浦に　打出でて見れば　真白にぞ　富士の高嶺に　雪は降りける

鵲の　渡せる階《はし》に　置く霜の　白きを見れば　夜ぞ更けにける

六

これから最後の余興ですが、昨日できまして、今朝一回だけ関さんにおできになるかどうか試してみただけなんですが、私の思った通りにできておりますので、皆さんの前でご紹介いたします。現在、いろんな歌謡曲があります。それを万葉調でやったらどうなるか、ひとつやっていただきますが、一番初めは「雨の慕情」です。「雨々ふれふれもっとふれ　私のいい人　つれて来い」。私はこれを、『万葉集』の歌人だったらどうやったろうかと考えまして、こう訳してみたんです。

久かたの　雨は降らなむ　我が思ふ　君来ますがに　降りまさらなむ

関さんに万葉調でやっていただきましょう。

ピツァカタの　アマィパプラナム　ワンガオもプ　キミキィマツンガニ　プリマツァラナム

次は「星影のワルツ」です。「別れることは　つらいけど　仕方がないんだ　君のため」。これをやっていただきましょう。

キミンガタマィ　シェムツベェヲナァミ　クツァマクラ　タビユクワレパ　こころクルシィもぉ

（君がため　せむすべをなみ　草枕　旅ゆくわれは　心苦しも）

次は「矢切の渡し」をしましょう。「親のこころに　そむいてまでも　恋に生きたい　二人です」です。

タラティィネの　オヤのこころニ　タンガピィテもぉ　コピニイキィナム　イモシェナリィケリィ

（たらちねの　親の心に　たがひても　恋に生きなむ　妹背なりけり）

最後に「3年目の浮気」ですが。「馬鹿いってんじゃないよ　お前と俺は〔ケンカもしたけど〕ひとつ屋根の下暮らして来たんだぜ」。これをやりましょう。

オロカシキィ　ことナイピつぉネェ　ピとトゥヤァニ　イマシもぉワレもぉ　クラチコチものヲ

（愚しき　言な言ひそね　一つ家に　汝しも我も　暮らし来しものを）

（補註）昭和六十一年十月二十三日（木）、長崎県総合福祉センターで行われた第三十回九州地区高等学校国語教育研究大会における講演をもとにした。

ントが低平型であると考えることはよくないと思う。「も」という助詞のアクセントは『日本書紀』の歌謡に多数出てくるが，「良く」「斯くし」「知らず」のような低く終わる語につく時はすべて［＼］の形で現れている。

予区望《去平東》　　『仁徳紀』第49番歌謡

訶勾志茂《上平平東》『推古紀』第102番歌謡

始羅孺母《上上平東》『皇極紀』第111番歌謡

つまり，「も」が［＼］調であるのは，平平型・平平平型に付いたためではなく，本来の型だと見る方がよいと思う。川上氏は，「口も」というような形が，［￣￣＼］型から，［￣￣＿］型に変化したと私が考える，それが良くないと言われる。しかしその変化はほかにも行われている。「赤き」のような形容詞の連体形は，平安時代は［￣￣＼］型であったのが，鎌倉時代には［￣￣＿］型になった。これは［￣￣＿］型と［￣￣＼］型とが，聴覚の類似から混同され，より発音しやすい［￣￣＿］型に統一されたと解されるもので，ごく自然なアクセント変化であると見る。

(14)　服部前掲註 (3)「アクセント素とは何か？　そしてその弁別的特徴とは？」の15頁—16頁。

(15)　小稿「高さのアクセントはアクセントにあらず」〔『言語研究』48，1965，所載〕8頁（『日本語音韻の研究』では49頁—50頁）。

(16)　1981年度春季の国語学会で高山倫明氏の「日本書紀仮名表記の一考察」という題の発表があった。『日本書紀』は，巻によっては，その歌謡や和訓の漢字の使い方にアクセントを反映しているという事実の注目すべき発表で，これによると，そこに反映しているアクセントは，『類聚名義抄』などによって知られる平安朝のアクセントと，非常によく似たものであることが明らかになった。従来学界の一部には，奈良時代の日本語のアクセントは，平安朝のアクセントと大分ちがったものだったろうという説があったが，それはいっぺんに吹き飛んでしまった。

も解釈できるかもしれない。もっとも相当複雑なものになろう。

(6)　市河三喜・服部四郎編『世界言語概説』下（東京，研究社，1955）159 頁および服部前掲註 (3)「アクセント素とは何か？　そしてその弁別的特徴とは？」の 40 頁。

(7)　稲垣正幸「高松アクセントの音相」〔『国文学論考』15，1979，所載〕，同続き〔同誌 16，1980，所載〕を参照。それによると，「あずき」はアズキ型，「朝日」はアサヒ型で，ほかにゴイシ（碁石），ケムシ（毛虫）のような型の語もあるという。また，そこには書いておられないが，「花や」と呼ぶねえやがいたらハナヤというアクセントになりそうだと言われる。つまり，第 2 拍がしっかりした音価をもつもので，○○○型の語もある。

(8)　最初の発表は金田一「京阪アクセントの新しい見方」〔『近畿方言』3，1950，所載〕。その後「柴田君の「日本語のアクセント体系」を読んで」〔『国語学』26，1956，所載〕，前掲註 (2)「私のアクセント非段階観」で繰返し論じた。いずれも金田一前掲註 (2)『日本語音韻の研究』に再録。

(9)　服部前掲註 (3)「アクセント素とは何か？　そしてその弁別的特徴とは？」の 40 頁。

(10)　服部前掲註 (5)「音韻論から見た国語のアクセント」〔『国語研究』2 所載〕の 22 頁。

(11)　金田一前掲註 (2)「私のアクセント非段階観」を参照。連文節の場合に困ることについては，『国語研究』17 の 19 頁―21 頁（『日本語音韻の研究』では 346 頁）を参照。もっとも，こういう場合困るのは，筆者の場合だけではなく，方向観をとる立場にある諸家は，軒並み困難を感ぜられるはずであるから，これは筆者の一元論の欠陥ではなく，方向観そのものの弱点である。

(12)　J. D. McCawley 氏が *The phonological component of grammar of Japanese* (The Hague : Mouton, 1968) の中で発表しておられる表記法は［＿＿￣￣］を《˥○˥○○○》と表記するものである。このような方法ならば／˥／一元で解釈できそうであるが，拍の途中で高さが変化する場合などの表記を考えると，非常に複雑になりそうなので，ちょっと意欲は起らない。

(13)　服部前掲註 (3)「アクセント素とは何か？　そしてその弁別的特徴とは？」の 25 頁。なお，ハナ（花）の型が，次の拍を高くするということは，服部氏のほかに，川上氏が「京阪語の「も」などのアクセント」〔『田辺博士古稀記念国語助詞助動詞論叢』所収〕という論文の中で主張される。川上氏は，鎌倉時代にハナ＋モが［＿＿＼］型であると解されることをもとにして，この「も」という助詞は，もともと低平のアクセントをもっていたのが［＼］になったのであるから，ハナは次の語を高める力をもっているのだと言われる。しかし，私に言わせると，「も」のアクセ

(g)	(h)	(i)	(j)	(k)	(l)	(m)
向			観			新しい段階観
早田C説	服部A説	服部B説	上野A説	上野B説	私　説	
⌈○	○	○	○	○	○	●
⌈○ˈ	○⌉	○⌉	○⌉	○⌉	○⌉°	●°
⌊○	⌊○	○⌋	⌊○	⌊○	⌉○⌈	○
ᵛ○	?	?	?	⌊⌈○	⌉∘⌈○	∘●
⌊○ˈ	⌊○⌉	○]	⌊○⌉	⌊⌈○⌉	⌉∘⌈○⌉	∘● ?
⌈○○	○○	○○	○○	○○	○○	●●
——	○○⌉	○○⌉	○○⌉	○○⌉	○○⌉°	●●°
⌈○ˈ○	○⌉○	○⌉○	○⌉○	○⌉○	○⌉○	●○
⌈○ˈ○	?	?	?	⌈○⌉○	○⌉°○	●°○
⌊○○ˈ	⌊○○	○⌋○	⌊○○	⌊○⌈○	⌉○⌈○	○●
⌊○○ˈ	⌊○○⌉	○⌋○⌉	⌊○○⌉	⌊○⌈○⌉	⌉○⌈○⌉°	○●°
⌊○○	○○⌋	○○⌋	○⌊○	⌊○○	⌉○○⌈	○○
ᵛ○○	?	?	?	⌊⌈○○	⌉∘⌈○○	∘●●
⌊○ˈ○	⌊○⌉○	○]○	⌊○⌉○	⌊⌈○⌉○	⌉∘⌈○⌉○	∘●○
⌈○○○	○○○	○○○	○○○	○○○	○○○	●●●
⌈○○○ˈ ?	○○○⌉	○○○⌉	○○○⌉	○○○⌉	○○○⌉°	●●●°
⌈○○ˈ○	○○⌉○	○○⌉○	○○⌉○	○○⌉○	○○⌉○	●●○
⌈○ˈ○○	○⌉○○	○⌉○○	○⌉○○	○⌉○○	○⌉○○	●○○
*	?	?	?	⌈○⌉○○	○⌉°○○	●°○○
ᵛ○○○	⌊○○○	○⌋○○	⌊○○○	⌊○⌈○○	⌉○⌈○○	○●●
?	?	○⌋○○⌉	?	⌊○⌈○○⌉	⌉○⌈○○⌉°	○●●°
⌊○○ˈ○	⌊○○⌉○	○⌋○⌉○	⌊○○⌉○	⌊○⌈○⌉○	⌉○⌈○⌉○	○●○
⌊○○○ˈ	○○⌋○	○○⌋○	○⌊○○	⌊○○⌈○	⌉○○⌈○	○○●
⌊○○○ˈ	⌊○○○⌉?	○○⌋○⌉	○⌊○○⌉	⌊○○⌈○⌉	⌉○○⌈○⌉°	○○●°
⌊○○○	○○○⌋	○○○⌋	○○⌊○	⌊○○○	⌉○○○⌈	○○○
*	?	?	?	⌊⌈○○○	⌉∘⌈○○○	∘●●●
?	?	?	?	⌊⌈○○⌉○ ?	⌉∘⌈○○⌉○	∘●●○
⌊○ˈ○○	⌊○⌉○○	○]○○	⌊○⌉○○	⌊⌈○⌉○○	⌉∘⌈○⌉○○	∘●○○

日本語音韻音調史の研究（オンデマンド版）

Digital Publishing

2018年10月1日　発行

著　者　金田一春彦《きんだいちはるひこ》

発行者　吉川道郎

発行所　株式会社 吉川弘文館
〒113-0033 東京都文京区本郷7丁目2番8号
TEL 03(3813)9151(代表)
URL http://www.yoshikawa-k.co.jp/

印刷・製本　株式会社 デジタルパブリッシングサービス
URL http://www.d-pub.co.jp/

金田一春彦（1913～2004）
ISBN978-4-642-78521-1

著者略歴
一九一三年　東京都生れ
一九三七年　東京大学文学部卒業
〔主要著書〕
『日本語』（一九五七年、岩波書店）
『四座講式の研究』（一九六四年、三省堂）
『日本語音韻の研究』（一九六七年、東京堂出版）
『国語アクセントの史的研究』（一九七四年、塙書房）
『平曲考』（一九九七年、三省堂）

日本語音韻音調史の研究

二〇〇一年（平成十三）一月一日　第一刷発行

著者　金《きん》田《だ》一《いち》春《はる》彦《ひこ》

発行者　林　英男

発行所　株式会社　吉川弘文館
郵便番号一一三—〇〇三三
東京都文京区本郷七丁目二番八号
電話〇三—三八一三—九一五一〈代〉
振替口座〇〇一〇〇—五—二四四

印刷＝精興社・製本＝誠製本

（装幀＝山崎　登）

索　　引

（凡例）

①この索引は，I 件名，II 人名，III 文献（近世以前），IV 文献（近代以降），V アクセントの型より成る．

② IV 文献（近代以降）は，著編者・執筆者名により排列した．

③斜体の数字は逆頁部分の頁を示す．

I 件　　名

欧　　文

あ　　行

か　　行

さ　行

た　行

な　行

は　行

ま　行

や　行

ら・わ行

II　人　　名

欧　文

あ　行

か　行

さ　行

た　行

な　行

は　行

ま　行

や　行

ら・わ行

III　文献(近世以前)

あ　行

か　行

さ　行

た　行

な　行

は　行

ま　行

ら・わ行

IV　文献(近代以降)

欧　文

あ　行

赤堀又次郎
『国語学書目解題』(1902年)………135(註10)
朝山信弥
「古代漢音における四声の軽重について」(『国語国文』11ノ11所載, 1941年11月)…239(註7)
渥美かをる
「語り物の研究」(『文学』21ノ2所載, 1953年2月)……………………………………332(註20)
有坂秀世
「アクセントの型の本質について」(『言語研究』7・8合併号所載, 1941年4月)…136(註32)
「悉曇蔵所伝の四声について」(『音声学協会会報』41所載, 1936年4月)…………222, 239(註15), 241(註31)
池田弥三郎
→金田一春彦・池田弥三郎(編)
市川三喜・服部四郎(編)
『世界言語概説』下(1955年)………250(註14), *18*(註6)
稲垣正幸
「国語アクセントの研究概観」(寺川喜四男他編『国語アクセント論叢』所収, 1951年)…277(註29)
「高松アクセントの音相」(『国文学論考』15・16所載, 1979年3月, 1980年2月)…*18*(註7)
→寺川喜四男・金田一春彦・稲垣正幸(編)
井上奥本
「語調原理序論」(『国学院雑誌』22ノ1—4・7—10所載, 1916年1—4・7—10月)………135(註4・22), 170, 238(註2)
「日本語調学小史」(『音声の研究』2所載, 1928年12月)…56(註21), 101(註5), 103(註29), 135(註4・12), 136(註24), 238(註1・2・4)
「日本語調学年表」(『音声の研究』2所載, 1928年12月)……………………………238(註1)
井上一男
「屋久島方言」(『方言』4ノ4所載, 1934年4月)………………………………………275(註5)
伊庭　孝
『日本音楽概論』(1928年)……………………8
岩橋小弥太
「和名抄の音註に見ゆる某声の軽又は重といふ事」(『国学院雑誌』19ノ11所載, 1913年11月)……………………………………239(註7)
岩原諦信
『四座講式並大師明神両講式』(＊別冊『講式伝習手引』, 1939年)………198, 240(註23), 300(註15)
『声明教典』解説篇・音譜篇(1938年)…25, 29, 34, 42, 49, 53(註8), 55(註14), 240(註23)
『声明の研究』(1932年)…25, 49, 53(註8・9), 54(註11), 55(註17), 240(註23), 300(註15)
『昭和改板進流魚山蠆芥集』(1942年)………45
上田万年
「P音考」(『国語のため』第二所収, 1903年)……………………………………………………387
上村幸雄
「琉球諸方言における「一・二音節名詞」のアクセントの概観」(国立国語研究所編『ことばの研究』〔国立国語研究所論集1〕所収, 1954年)……………………………251(註19)
内山正如
『新義声明大典』(1917年)………29, 54(註11)
楳垣　実
「アクセント変化過程の実態(資料篇)」(『帝塚山学院短期大学研究年報』6所載, 1958年11月)……………………………332(註19)
「大阪方言アクセント変化の傾向」(『方言論文集』2〔近畿方言双書6〕所収, 1957年)…319
上野善道
「アクセント素の弁別的特徴」(『言語の科学』6所載, 1975年12月)……………*14*(付表註)
「日本語のアクセント」(『岩波講座日本語』5所収, 1977年)……………………*14*(付表註)
榎　克朗
「雑声明」(『国語国文』22ノ10所載, 1953年10月)…………………………………53(註8)
「声明」(大阪大学『語文』8所載, 1953年3月)……………………………………………53(註8)
遠藤嘉基
『訓点資料と訓点語の研究』(1952年)……………………………………276(註6)
王　力
『中国音韻学』(「大学叢書」, 1936年)……135(註16), 239(註9)
大岩正仲

「書評　菊沢季生氏著：国語音韻論」(『音声学協会会報』39所載，1935年12月)……351
大川茂雄・南茂樹(編)
『国学者伝記集成』(1904年)………102(註10)
大西雅雄
「日本四声考——音声学の諸問題(八)——」(『コトバ』5ノ3所載，1935年3月)…102(註6),238(註1)
「謡曲の音声」(講演)………………………………9
大野　晋
「仮名遣の起源について」(『国語と国文学』27ノ12所載，1950年12月)………277(註27),278(註32),300(註16),313,331(註10)
「日本語の母音調和」(昭和26年11月日本言語学会研究会講演)……………………276(註11)
大原孝道
「近畿アクセントにおける下上型名詞の甲・乙類の別の発生に関する一考察」(寺川喜四男他編『国語アクセント論叢』所収，1951年)……249(註3)，276(註16)，277(註22)，299(註10)
「日本書紀の古写本に見えるアクセント」(昭和19年日本音声学協会例会報告)……299(註8)
「類聚名義抄のアクセントと諸方言アクセントとの対応関係——主として三音節名詞について——」(日本方言学会編『日本語のアクセント』所収，1942年)…………136(註25・26)，165(註10)
大矢　透
『音図及手習詞歌考』(1918年)……………163
大山公淳
『声明の歴史及び音律』(1930年)…54(註11)，135(註19),206,240(註21)
『真言声明の梗概』………………………………206
『仏教音楽と声明』(1959年)…………54(註11)
岡井慎吾
『日本漢字学史』(1934年)……162,240(註17)
岡田尚子
「日本書紀古写本のアクセントと古今訓点抄のアクセントについて」(大阪女子大学『女子大文学』国文篇8・9所載，1956年3月・12月)……………………………………331(註6)
岡田希雄
「観智院本類聚名義抄攷」(『芸文』14年ノ6・7所載，1923年6・7月)…………135(註7～9)
「類聚名義抄に就いて」(『芸文』13年ノ2・4—7・9—12，14年ノ1—3所載，1922年2・4—7・9—12月，1923年1—3月)……134(註2)
奥村三雄
「音韻とアクセント」(『国語国文』27ノ9所載，1958年9月)………………………251(註19)
「字音の連濁について」(『国語国文』21ノ5所載，1952年6月)………276(註10),340,351
「連濁」(国語学会『国語学辞典』編集委員会編『国語学辞典』所収，1955年)……………354
小倉進平
『国語及朝鮮語のため』(1920年)…………351
「ライマン氏の連濁論」(『国学院雑誌』16ノ7・8所載，1910年7・8月)…………………341
小野塚与澄(編)
『伝法会艸本』……………………………………52

か　行

寛　五百里
「声明の「読みくせ」」(『岐阜大学研究報告』人文科学7所載，1958年12月)………53(註2)
春日政治
「古訓漫談」(九州帝国大学『文学研究』2所載，1932年10月　⇨『国語叢考』所収，1947年)……………………………………275(註1)
金沢庄三郎
「四声軽重考」(駒沢大学『東洋学研究』1所載，1931年12月)………………………239(註7)
上参郷祐康
→平野健次・上参郷祐康・蒲生郷昭(監修)
上村孝二
「甑島方言のアクセント」(『音声学協会会報』65・66合併号所載，1941年4月)…275(註5)
蒲生郷昭
→平野健次・上参郷祐康・蒲生郷昭(監修)
川上　蓁
「京阪語の「も」などのアクセント」(田辺博士古稀記念国学論集編集委員会編『田辺博士古稀記念国語助詞助動詞論叢』所収，1979年)……………………………………*18*(註13)
木枝増一
『仮名遣研究史』(1933年)……………101(註1)
菊沢季生
『国語音韻論』(1935年)……………………351
金田一京助

『国語音韻論』(1932年) …………343, 351, 360
金田一春彦
「アクセントから見た琉球語諸方言の系統」(『東京外国語大学論集』7所載, 1960年3月) ………………………251(註20), 331(註11)
「魚山蠆芥集の墨譜の問題点について」(高野山大学仏教学研究室編『中川善教先生頌徳記念論集仏教と文化』所収, 1983年)…54(註12)
「契沖の仮名遣書所載の国語アクセント」(『国語と国文学』20ノ4所載, 1943年4月 ⇨本書所収) …238(註3), 241(註27), 299(註5), 331(註15), 332(註21)
「京阪アクセントの新しい見方」(『近畿方言』3所載, 1950年8月 ⇨『日本語音韻の研究』所収, 1967年) ………332(註18), *18*(註8)
「現代諸方言の比較から観た平安朝アクセント」(『方言』7ノ6所載, 1937年7月) …67, 102(註17), 103(註36), 137(註48), 138(註61), 238(註3)
「国語アクセント史の研究が何に役立つか」(金田一博士古稀記念論文集刊行会編『言語民俗論叢』所収, 1953年 ⇨本書所収) ……301(註26), 302(註27)
「国語アクセント断想」(『ローマ字世界』33ノ1所載, 1943年1月)…239(註16), 240(註19)
「国語アクセントの史的研究」(日本方言学会編『国語アクセントの話』所収, 1943年)…102(註16), 103(註36), 104(註39), 137(註40・41・55−59), 138(註60), 165(註9・11), 277(註18), 278(註30), 283, 303, 328, 362
「国語アクセントの地方的分布」(国語教育学会編『標準語と国語教育』〔国語教育学叢書2〕所収, 1940年) ………136(註31), 241(註26)
「古代アクセントから近代アクセントへ」(『国語学』22所載, 1955年9月 ⇨本書所収) …………………………251(註18), 303, 328
「金光明最勝王経音義に見える一種の万葉仮名遣について」(『国語と国文学』24ノ11所載, 1947年11月 ⇨本書所収)………277(註27)
『四座講式の研究』(1964年) ……………………49
「柴田君の「日本語のアクセント体系」を読んで」(『国語学』26所載, 1956年10月 ⇨「柴田氏の「日本語のアクセント体系」を読んで」〔『日本語音韻の研究』所収, 1967年〕) …*18*(註8)
「高さのアクセントはアクセントにあらず」(『言語研究』48所載, 1965年11月 ⇨「音韻論的単位の考」〔『日本語音韻の研究』所収, 1967年〕) ………………………*8*, *19*(註15)
「東西両アクセントのちがいが出来るまで」(『文学』22ノ8所載, 1954年8月) ………………………………251(註17), 283
「日本四声古義」(寺川喜四男・金田一春彦・稲垣正幸編『国語アクセント論叢』所収, 1951年 ⇨本書所収) …56(註22), 275(註2・3), 276(註13), 331(註7)
「補忘記の研究, 続貂」(日本言語学会編『日本語のアクセント』所収, 1942年) ……67, 102(註17), 104(註40), 137(註36〜39・43), 238(註3), 239(註5)
「平曲」(平凡社編『音楽事典』9所収, 1957年) ……………………………………300(註18)
『平曲考』(1997年)…………………20(註1・4)
「平曲の曲調(一)――仙台のものを中心に――」(高木市之助・佐々木八郎・冨倉徳次郎監修『平家物語講座』2所収, 1957年) ………17, 331(註4)
「邦楽の旋律と歌詞のアクセント」(田辺先生還暦記念論文集刊行会編『田辺先生還暦記念東亜音楽論叢』所収, 1943年)…278(註31・34)
「前田流の平曲のメロディーについて」(『日本文学研究』31所載, 1952年3月)……17, 300(註18)
「類聚名義抄和訓に施されたる声符に就て」(橋本博士還暦記念会編『国語学論集』所収, 1944年 ⇨本書所収)……………102(註17), 164(註4・5), 238(註3), 241(註29・30), 275(註2), 276(註7・13), 285
「私のアクセント非段階観」(『国語研究』17所載, 1963年12月 ⇨『日本語音韻の研究』所収, 1967年) ………*15*(註2), *18*(註8・11)
→寺川喜四男・金田一春彦・稲垣正幸(編)
金田一春彦(編)
『青洲文庫本平家正節』(1998年) ……20(註2)
金田一春彦・池田弥三郎(編)
『学研国語大辞典』(初版, 1978年) ………355
金田一春彦・和田 実
「国語アクセント類別語彙表」(国語学会『国語学辞典』編集委員会編『国語学辞典』所収,

1955年)……………………………………283
金田一春彦他(編)
『新明解古語辞典』(初版，1972年)…53(註9)
日下三好
→寺川喜四男・日下三好(編)
国語学会『国語学辞典』編集委員会(編)
『国語学辞典』(1955年)………………283,354
小西甚一
『文鏡秘府論考』(1948年・1951年・1953年)
………………………………………………237
小松英雄
「平安末期畿内方言の音調体系——《A register-tone language with contour overlap》としての再構と分析——」(『国語学』39・40所載，1959年12月，1960年3月)…249(註1)，331(註5)
「和訓に施された平声軽の声点——平安末期京都方言における下降調音節の確認——」(『国語学』29所載，1957年6月)…249(註1・4)，331(註5)

さ　行

佐久間　鼎
『国語の発音とアクセント』(1919年)…239(註16)
『日本音声学』(1929年)…137(註44)，239(註16)
桜井茂治
「近畿アクセント下上型名詞甲・乙類の別発生の再検討」(国学院大学国語研究会『国語研究』5所載，1956年10月)………251(註18)
「三巻本「色葉字類抄」所載のアクセント——形容詞・サ変動詞について——」(『国学院雑誌』60ノ4所載，1959年4月)…249(註7)
「「仏遺教経」の旋律に反映した国語のアクセント」(『国語学』27所載，1956年12月)…53(註6)
「平安院政時代における和語の連濁について」(『国語国文』41ノ6所載，1972年6月)
………………………………………………365
佐藤　寛
「本朝四声考」(国学院編『国文論纂』所収，1903年)………………………………63，238(註1)
塩谷　温
『作詩便覧』(1940年)…………135(註17)，167
島根女子師範学校(編)
『隠岐島方言の研究』(「島根女子師範学校郷土研究」3，1936年)……………………275(註5)
鈴木智弁(編)
『南山進流声明集付仮譜』(1957年)…………40
全国大学国語国文学会研究史大成編纂委員会(編)
『国語国文学研究史大成』7(1950年)…331(註8)
『国語国文学研究史大成』9(1950年)…331(註3)

た　行

高橋正郎
「濁音前に現れる撥音便と鼻音」(『国学院雑誌』45ノ4・7所載，1939年4月・7月)……346
高山倫明
「日本書紀仮名表記の一考察」(1981年度春季国語学会発表)………………………*19*(註16)
多紀道忍
『天台声明の梗概』(1930年)…103(註24・26・30・33)，135(註19)，207，240(註21)
多紀道忍・吉田恒三(編)
『天台声明大成』(1935年・1955年)…………34
竹岡正夫
「稿本あゆひ抄と刊本あゆひ抄の成立」(『国語学』21所載，1955年6月)……301(註20)，331(註14)，332(註23・26)
橘　純一
『つれづれ草通釈』(1938年・1941年)…277(註17)
館山漸之進
『平家音楽史』(1910年)………293，301(註19)，331(註3)
田辺尚雄
『日本の音楽』(1947年)………………54(註10)
谷崎潤一郎
「鶯姫」(『中央公論』第32年2月号所載，1917年2月　⇨『谷崎潤一郎全集』4所収，1981年)……………………………………………279
趙　元任
『現代呉音的研究』(「清華学校研究院叢書」4，1928年)………………………135(註15)，178
築島　裕
「浄弁本拾遺和歌集所載のアクセントに就いて」(寺川喜四男・金田一春彦・稲垣正幸編『国

語アクセント論叢』所収，1951年）……299（註11），331（註9）
寺川喜四男
「日本語の基本的音調に就て」（『コトバ』再6ノ3所載，1944年3月）……………240（註20）
寺川喜四男・金田一春彦・稲垣正幸（編）
『国語アクセント論叢』（1951年）…250（註10），332（註24）
寺川喜四男・日下三好（編）
『標準日本語発音大辞典』（1944年）…240（註20）
東条　操
「日本のアクセント研究史」（『国語教育』3ノ7所載，1918年7月）…………………101（註4）

な　行

中川善教
「南山進流声明概説」（東洋音楽学会編『仏教音楽の研究』〔『東洋音楽研究』12・13合併号〕所収，1954年10月）………………54（註11）
中川芳雄
「連濁・連清（仮称）の系譜」（『国語国文』35ノ6所載，1966年6月）………………………360
日本コロムビア（製作）
『日本音楽史』（＊レコード）…………………26
沼本克明
「漢音の連濁」（『国語国文』42ノ12所載，1973年12月）……………………………………343

は　行

橋本進吉
「アクセント」（藤村作編『日本文学大辞典』1所収，1932年）…………………………101（註3）
「乎古止点」（藤村作編『日本文学大辞典』1所収，1932年）…………135（註6），241（註33）
「国語学史概説」（東京帝国大学文学部昭和9年度講義筆記ノート）…………………135（註5）
「国語史研究資料としての声明」（『密教研究』32所載，1929年3月　⇨『国語音韻の研究』〔「橋本進吉博士著作集」4〕所収，1950年）………………21，28，53（註1），240（註22）
「四声」（藤村作編『日本文学大辞典』2所収，1933年）………………135（註6），241（註32）
橋本進吉（校訂）
『契沖全集』7（1927年）………………………61
服部四郎
「アクセント素とは何か？　そしてその弁別的特徴とは？」（『言語の科学』4所載，1973年6月）……………*15*（註3），*18*（註6・9・13），*19*（註14）
『アクセントと方言』（『国語科学講座』7，1933年）……136（註31），137（註42），164（註8）
「音韻論から見た国語のアクセント」（『国語研究』2所載，1954年3月　⇨『言語学の方法』所収，1960年）……*4*，*15*（註5），*18*（註10）
『音声学』（「岩波全書」131，1951年）……302（註29），*15*（註5）
「原始日本語のアクセント」（寺川喜四男・金田一春彦・稲垣正幸編『国語アクセント論叢』所収，1951年）…………245，250（註10），301（註21），324，331（註16）
「原始日本語の二音節名詞のアクセント」（『方言』7ノ6所載，1937年7月）…136（註31）
「国語諸方言のアクセント概観」（1）—（4）（『方言』1ノ1・3・4，2ノ2所載，1931年9月・11月・12月，1932年2月）……136（註31），299（註3）
「表層アクセント素と基底アクセント素とアクセント音調型」（『言語の科学』7所載，1979年3月）……………………………*14*（付表註）
「補忘記の研究」（日本言語学会編『日本語のアクセント』所収，1942年）……67，101（註2），102（註7・9）
「方言境界線の問題について」（『土の香』創刊5周年記念号所載，1933年5月）…277（註28）
「「琉球語」と「国語」との音韻法則」（2）（『方言』2ノ8所載，1933年8月）…………275（註4）
→市河三喜・服部四郎（編）
浜田　敦
「連濁と連声」（『国語国文』29ノ10所載，1960年10月）……………………………………360
早田輝洋
「生成アクセント論」（『岩波講座日本語』5所収，1977年）…………*14*（付表註），*15*（註1）
久松潜一
「契沖伝」（『契沖全集』9所収，1927年）…103（註23）
平井秀文
「承暦本「金光明最勝王経音義」に就いて」（『国語国文』10ノ11所載，1940年11月）…164

(註 1)
平野健次・上参郷祐康・蒲生郷昭(監修)
『日本音楽大事典』(1989 年) …………20(註 1)
平山輝男
「北九州に於ける二型アクセントの研究」(4)(『コトバ』7 ノ 8 所載, 1937 年 8 月) ……277(註 25)
『九州方言音調の研究』(1951 年)…277(註 25), 302(註 30)
『日本語音調の研究』(1957 年)………249(註 5)
平凡社(編)
『音楽事典』(1954 年～57 年) ……8, 300(註 18)

ま　行

馬淵和夫
「国語の音韻の変遷」(『国語教育のための国語講座』2 所収, 1958 年) …………331(註 1), 332(註 22)
水原尭栄
『高野山法談論義攷』(1939 年) ……240(註 21)
南　茂樹
→大川茂雄・南茂樹(編)
南　不二男
「名義抄時代の京都方言に於ける二字四段活用動詞のアクセント」(『国語学』27 所載, 1956 年 12 月) ……………………245, 249(註 2), 250(註 15), 299(註 9)
宮田幸一
「日本語のアクセントに関する私の見解」(『音声の研究』2 所載, 1928 年 12 月　⇨柴田武他編『日本の言語学』2 所収, 1978 年) ……*15*(註 4)
宮野宥智(編)
『南山進流声明類聚附伽陀』(1930 年) …43, 57(補註 4・5)
森　正俊
「長母音単音節語及び短母音単音節語の長音化されたるものが internal intonation によつて意味の区別を示す例」(『音声学協会会報』4・5 所載, 1927 年 5 月・8 月)……102(註 8)

や　行

柳田国男
「地名の話」(『地名の研究』所収, 1936 年) ………………………………………239(註 6)
「虹の語音変化など」(『西は何方』所収, 1948 年) ………………………………331(註 13)
山田孝雄
『観智院本類聚名義抄解説』(1937 年) ……134(註 1), 135(註 7・10)
『国語の中に於ける漢語の研究』(1940 年) ………………………………………239(註 10)
『古事記概説』(1940 年) ……………………168
『平安朝文法史』(1913 年) …………………260
『平家物語』(「岩波文庫」, 1929 年) …………12
『平家物語』(1933 年) …………………………13
『平家物語の語法』(1914 年) …………………13
吉沢典男
「複合動詞について」(『日本文学論究』10 所載, 1952 年 7 月) ………………………276(註 14)
吉沢義則
「濁点源流考」(『国語国文の研究』6・7 所載, 1927 年 2 月・4 月　⇨『国語説鈴』所収, 1931 年)…………………………………275(註 1)
吉田恒三
→多紀道忍・吉田恒三(編)

ら・わ行

頼　惟勤
「漢音の声明とその声調」(『言語研究』17・18 合併号所載, 1951 年 3 月) …………53(註 7)
「声明のふしと中国語の声調」(東洋音楽学会編『仏教音楽の研究』〔『東洋音楽研究』12・13 合併号〕所収, 1954 年 10 月)………53(註 7)
「諸天漢語讃について」(『お茶の水女子大学人文科学紀要』12 所載, 1959 年 6 月)………53(註 7)
「天台大師画讃並びに類似の諸讃より見出だされる声調について」(『中国語学』22 所載, 1948 年 12 月)…………………………53(註 7)
劉　復
『四声実験録』(1924 年)………135(註 15), 178, 179, 239(註 11・12)
和田　実
「アクセント観・型・表記法」(『季刊国語』2 所載, 1947 年 10 月)…………………302(註 29)
「近畿アクセントに於ける名詞の複合形態」(『音声協会会報』71 所載, 1942 年 10 月) ………………………………………277(註 25)
「古事記の声の註」(『国語と国文学』29 ノ 6 所

Ⅴ　アクセントの型

(1)

(2)

(3)

(4)

(5)

(6)

第四編　音韻・アクセント史の周辺

一　連濁の解（『Sophia Linguistica』二、昭和五十一年三月）

二　奈良・平安・室町時代の日本語を再現する（『国語研究』三一、長崎県高等学校教育研究会国語部会、昭和六十二年四月）

三　方向観による平安朝アクセント（『Sophia Linguistica』一一、昭和五十八年三月）

初出一覧

第一編　音韻・アクセント史と平曲・声明
一　平曲の音声（『音声学会会報』九九・一〇一、昭和三十四年四月・十二月）
二　音韻史資料としての真言声明（『国語学』四三、昭和三十六年二月）
第二編　アクセント史と文献資料
一　契沖の仮名遣書所載の国語アクセント（『国語と国文学』二〇ノ四、昭和十八年四月）〔昭和十八年二月七日稿〕
二　類聚名義抄和訓に施されたる声符に就て（橋本博士還暦記念会編『国語学論集』所収、岩波書店、昭和十九年十月）〔昭和十七年九月六日稿〕
三　金光明最勝王経音義に見える一種の万葉仮名遣について（『国語と国文学』二四ノ一一、昭和二十二年十一月）
四　日本四声古義（寺川喜四男他編『国語アクセント論叢』所収、法政大学出版局、昭和二十六年十二月）
五　平声軽の声点について（原題「平声軽の点について」『国語学』四一、昭和三十五年八月）
第三編　アクセントの歴史
一　国語アクセント史の研究が何に役立つか（金田一博士古稀記念論文集刊行会編『言語民俗論叢』所収、三省堂、昭和二十八年五月）
二　古代アクセントから近代アクセントへ（『国語学』二二、昭和三十年九月）
三　国語のアクセントの時代的変遷（『国語と国文学』三七ノ一〇、昭和三十五年十月）

三　方向観による平安朝アクセント

1　小稿の目的

日本語のアクセントの音韻論的解釈には，二種類の様式のものが行われている。一つは，どこが高い，どこが低いというのをそのまま表明するもので，例えば東京語の「秋」や「雨」に対して，「上下型」とか「高低型」とか呼び，$\overline{○}$○型とか，●○型とか表記するものである。もう一つは，高い部分から低い部分に移るところ（または低い部分から高い部分に移るところ）に契機があるとか，あるいはその直前に核があるとか表明するもので，東京語の「秋」や「雨」を○⌉○型と表記するものである。川上蓁氏は前者を《段階観》と呼び，後者を《方向観》と呼ばれる。

段階観の方は，早く大正年間の佐久間鼎氏・神保格氏に発するもので由来が古く，方向観の方は昭和に入って宮田幸一氏に発するもので，その発生は新しい。現在の言語学界の状況を見ると，服部四郎氏・柴田武氏をはじめとする多くの有力な学者は，方向観をとっており，方向観によるのが，日本言語学界では定説の位置を占めている観がある。たしかに東京語などは方向観で解釈する方がすっきり説明できる面があり，方向観の長所は印象的である。しかし，京都，大阪語になると，方向観に立つ人の間で解釈がいろいろにちがい，これは方向観の弱さを露呈しているように思われる。

方向観による学者たちは，さらに進んで，『類聚名義抄』その他の資料によって推定される平安朝時代の日本語のアクセントまで，その方法で解釈しようとしている。この稿の巻末の〔付表〕の方向観という(d)～(k)欄に掲げた各位の説はそれである。

しかし，そもそも平安朝のアクセントは，周知のように，大部分が《上》《平》の二種の声点によって表示され，二拍語には，[￣￣] 型，[￣＿] 型，[＿￣] 型，[＿＿] 型，という四種類の型が少なくとも存在し，有得る，[￣] と [＿] とのすべての組合せが見られる。三拍語には，[￣￣￣] 型，[￣￣＿] 型，[￣＿＿] 型，[＿￣￣] 型，[＿￣＿] 型，[＿＿￣] 型，[＿＿＿] 型，という [￣] と [＿] との，ここにもほとんど総ての組合せが見られる[1]。このような場合，段階観をとり，《高》とか《低》とかいう段階を音韻論上の単位と考えれば，すべての型は [￣] は《高》，[＿] は《低》ということになって，誰がやっても同じ結果になって具合がいい。

さらに，平安朝のアクセントには，〔付表〕の(a)欄に示すように《東》声，《去》声で表わされているものもあり，これは一拍の途中で《高》から《低》に降るもの，あるいは《低》から《高》に昇るものであることが認められる。すなわち，(b)欄に示すように [＿＼] 型とか，[／￣] 型とかいうものの存在を無視してはいけない。とすれば，もし，《高》とか《低》とかを，《調素》という一番小さい単位と考えれば，[／] は《低》+《高》と解釈され，[＼] は《高》+《低》と解釈される。今，《高》を●，《低》を○で表わし，●と○によって，あらゆる型を表記すれば，〔付表〕の(c)欄の段階観表記のようにきちっときまる。

それに対して，[￣＿＿] 型は，第1拍から第2拍に降るところにアクセントのきめ手がある…などとやっていったら，すべての拍の間の上昇・下降が問題になってしまって，はなはだ煩わしい。この稿の〔付表〕の(d)～(k)欄に見られるように，各学者の解釈はすべてちがい，そうして同じ個人が，はじめに立てた説をあとで変更したりしておられる例も一つや二つではない。これは方向観というものが，この平安朝のアクセントを解釈するのに，好ましくないものであることを物語っているのではないか。

私はきょうこの〔付表〕を物しながら，コノ人タチハ頭ガドウカシテイルノデハナイカ，と失礼なことを考えた。しかし，この人たちは，平生私の尊敬してやまない方々である。私はつとめて謙虚な気持にならなければ

ならない。もし，方向観のよさを認めないのが私ひとりだけだとすると，私の頭がおかしいのにちがいない。このような状勢が進むと，方向観に依るものにあらざれば，日本語のアクセントの音韻論的解釈は認めず，というような時代が来るかも知れない。その時のことを頭に置いて，ここに**私がもし方向観をとったら，平安朝アクセントをどのように解釈するか**という答案を発表しておきたいと考えた。

次の第2節では，私の解釈の方針を述べ，その次の第3節では，私の解釈で自らよしとしていることをPRする。

2　私の方向観の基本的な考え方

(1)　高く始まる型の表記

〔付表〕で(1)「子」，(2)「名」，(6)「口」，(7)「溝」，(8)「石」，(9)「虹」などの語は，平安朝時代に高く始まる語であった。この種の語には，私は**語頭に特別の符号をつけない**。ということは，**高く始まることは普通の始まり方をするものと見，低く始まる方は特別の始まり方をするものと見る**のである。この点，諸家のうち，川上説・早田BC説とはちがい，服部説・上野説と一致する。もっともこれは一致するといっても，私が服部説・上野説に従うというものではない。この種の型に対して語頭を符号なしで表わすのは，私の方が先輩である。私が現代の京都・大阪語に試みた嚆矢で，これについては，和田実氏との間でちょっとしたいきさつがあった(2)。それの応用にすぎない。服部氏はそのころは，この種の型には／「／という高く始まることを表わす記号をつけておられ，それを後に取り外されたのである(3)。上野氏はそれに同調されたものと見る。高く始めて発音する方が標準だ，という考えに立つのは，その方が符号が一つ少くてすむという経済的な利点があるし，またこの考え方が，あとに述べるいろいろな現象を解釈する上に好都合だからである。例えばこの稿の12頁の9行以下を

参照。

(2)　符号／˥／の意味

〔付表〕で，(8)の「石」，(17)の「小豆」，(18)の「力」のような語は，その語の途中に音が下降する個所があり，そこに／˥／の符号をつける。つまり，イ˥シ　アヅ˥キ　チ˥カラとなる。

この行き方は，早田Ｂ説，服部AB説，上野AB説と同じ体裁である。が，諸家の解釈と私の解釈との間にはちょっとした開きがある。

諸家は／˥／を呼ぶのに，《核》という術語を使われる。そうして／˥／は，核の位置を示す符号とされる。一体，《核》という語をアクセント論ではじめて用いた人は宮田幸一氏であった。宮田氏は《高》から《低》に変化する個所，つまり／˥／そのものを《中核》と呼ばれ，また《滝》とも呼ばれた[4]。私の考えはこの宮田氏のものと同じで，下降そのものを重要だと見る。そうしてそれを《滝》と呼ぶ。ところが，諸家は／˥／の直前の拍を《核》と呼び，その拍の位置を重要視される。

《核》という術語の意味を，このような下降を背負う拍の意味に使うようになったのは，服部氏の「音韻論から見た国語のアクセント」[5]に始まる。私はこれが今のアクセント方向観のもついろいろな困難をひき起こした根源であったと見る。この見方は日本語の，ことに平安朝のアクセントを解釈する場合に一層都合が悪い。というのは，日本語のアクセントでは，《高》から《低》に変化するのは，拍と拍との間であることが多いが，時にには一つの拍の途中で起こることがあるからである。

そのような場合，下降する個所を問題にすれば，きれいに説明ができる。たとえば，現代の方言のことになるが，現代の高松市方言で，アズキ（小豆）・アルク（歩く）は［＿￣＿］型であるが，ココロ（心）・アガル（上る）は，［＿＼＿］型である。つまり第１拍，第３拍は同じように《低》であるが，第２拍は「小豆」では高い平らであり，「心」では途中で《高》から《低》に降る型である。いわば《低降低》型だ。この場合，《滝》を考える行き方

ならば，「小豆」では，滝がズとキの間にありとし，「心」では滝が第２拍のコの途中にあると言える。が，《核》を考える行き方では，両方とも第２拍に核があるとせざるを得ない。服部氏もこれではまずいと考えられたようで，一度は「歩く」の方は《高アクセント》，「上る」の方は《低アクセント》と区別され，またあとでは和田実氏の意見に賛成して，［＿＼＿］型の方は［￣＿＿］型と同じ○˥○○型というアクセント素の音声学的な変異であると説いておられる[6]。が，実際の高松のアクセントは，そのような解説を許すような単純なものではない[7]。

とにかく，服部氏の創見以後の諸家は，《核》というものを《高》から《低》への下降の直前の拍がそれだと考えられる。すなわち，音の下降に関し，直前の《高》を重要視されるわけである。が，**音の下降に関し，私は直後の低の方がむしろ重要だと思う。**一体〔付表〕に見られるように，多くの諸家は，(1)「子」や(6)「口」や(15)「魚」のような語は，符号なしで表記される。一方，(3)「木」，(10)「松」，(20)「鳥」，(23)「心」のような語には，それぞれ符号を付けて表記される。とすれば，滝の直前の最後の《高》に重要な意義を認めるよりも，滝の直後の最初の《低》を重要視する方が理屈に合っているのではないか。このことについては，また第４項に論じるが，私の場合は，以上に述べるように/˥/**という符号は，そこまでが高いということを表記するのではなくて，そこからが低いということを表記する符号と考える。**もっともそうすると，これは/˥/という形より，/L/という形の方が良いとも思うが，諸家のものとあまりちがった形を用いるのも不便なもので，/˥/を使ってそういう意味を表わすことにする。

(3)　低く始まる型の表記

〔付表〕で(3)「木」，(4)「巣」，(5)「歯」，(10)「松」，(11)「雨」…などの語は，低く始まるが，私の案ではこのような語には，**語頭に/˥/の符号を付ける。**これは第２項に述べた《高》から《低》に移るところに付けた符号と同じもので，《語頭の滝》と呼ぶ。この考えは，早く現代語の京都・大阪語

のアクセントの解釈に用いたもので，私の創説として諸家の批判を受けているもの[8]，それを平安朝アクセントにも適用しようというのである。符号を付ける点では，早田A説・服部B説と異なり，またその形は諸家が核の直後に付けるものと同じである点で，すべての諸家とちがう。

ここに滝の符号を使うことの利点は，符号の種類を一箇少くするということで，経済の原理にかなう。が，そればかりではない。私が語の途中につける/˥/の符号は，前項に述べたように，そこまでが高いことを表わす符号ではない。そこからあとは低いぞということを表わす符号である。であるから，この符号を低く始まる型の語頭に付けることは，きわめて合理的である。服部氏は，この語頭の滝をさして，何もないところに《核》を認めるのは不適当だと批評されたが[9]，当らないと思う。

また，服部氏は，単語の途中の高から低への変化を，低く始まる型の語頭に私が流用することを批判された[10]。すなわち，低く始まるところは，低く強く発音されるのに対し，単語の途中の核のあとは，低く弱く発音されると言われる。しかし，私はそのちがいは，いわば音声学的な変異にすぎないと考える。中国の北京語の「好」という語の音調は，それだけ言えば，最初ちょっと高く始まり，あと，低い平らな音が続き，最後にまたちょっと高くなって終る。ところがその直前に何か別の語が来ると，最初のちょっと高い部分は消えて，「好」は低く平らに始まる。「很好」という場合はそうなる。この「好」の最初のちょっとした《高》は，音声学でいう入り渡りであって，いきなり発音するときに，これは低い声調だぞということを示したく，そのためにちょっと高く発音するもので，音韻論的に意味のあるものではないと解する。京都・大阪語の「海」のウの《低》の強さも同様で，もし京都・大阪の人が「海」の前に「この」という語を付けてコノウミというならば，ノからウへの移る時の下降は，オヤユビ（親指）のヤからユへの移りとまったく同じになる。このことから見て，低く始まる型は，その語頭に/˥/の符号を付けて表わすのがよいと思う。そうして，平安朝時代のアクセントにおいても，この間の消息は同じだったと考える。

(4)　符号/｢/の意味

私の方式の方向観では，現代の京都・大阪語のアクセントは，符号は/⏋/一種だけですました。少くとも単語・文節のアクセントを問題にする限り，それで片付けた(11)。

然し，平安朝の京都語はそういうわけにはいかない。二拍語に［￣￣］，［￣＿］，［＿￣］，［＿＿］という四種類の型があってみれば，/⏋/だけで表記し分けるのははなはだ難しい。絶対に不可能ではないまでも，煩雑をきわめることになる(12)。ここは《低》から《高》への昇りを表わす/｢/という符号を考えて，それを活用しなければならない。/｢/は川上氏の創説でここから高いということを表わす符号であるが，私の場合は，**ここまでが低いぞということを表わす符号**とする。というと，早田A説や服部AB説の符号/｣/を使う方がよく表わしているかもしれない。が，ここでは，先に第2項で/⏋/を，次が低いぞということを表わす符号として用いたことを頭に置き，ここまでは低いということを表わす符号として/｢/の方が適当と考えて，あえて使うことにする。

ところでこのように述べると，読者は，「次から《高》だ」というのと「ここまでが《低》だ」というのとは同じ意味ではないかと言われるかもしれない。⑽「松」とか㉓「心」とかいう語では同じことになる。然し⑿「花」や㉕「男」とかいう語ではちがう。服部氏は，⑿「花」や㉕「男」のような語を，次に高い拍を要求する語と見られた(13)。私はこれらの語が次の拍を高める性質を積極的にもっているとは解さない。たしかに「花」や「男」に一般の助詞が付くと，［＿＿￣］，［＿＿＿￣］という形になって助詞の部分が高い。が，これは，これらの助詞は，本来高く発音される助詞であって，それがそのままの姿勢で発音されたと見るべきだと思う。『日本書紀』の歌謡の声点を調べると次のようで，一般の助詞は上平型の語「上」「人」「妻」「夫ら」にもすべて高く付いている。

比苔破（上平上，『神武紀』11番歌），菟摩烏（上平上，『允恭紀』70番歌），制

囉我（上平上,『皇極紀』108番歌）, 禹杯爾（上平上,『斉明紀』116番歌）…
同様に, 上上平型の語「やだり」に付けば, 夜儾利破（上上平上,『仁徳紀』49番歌）, 平上平型の語「早く」に付けば, 波椰区波（平上平上,『允恭紀』67番歌）となっている。さらに図書寮本『類聚名義抄』には,

ツヒニ（平東上,「未訖」語の条, 129頁）, オホキニス（平平東上東,「豊」字の条, 129頁）

のような例もあり, 服部氏らが《核》と呼ばれるものが最後の拍にある語にも,《高》で付いている。とすると,「花」や「男」のような語が, 助詞を押し上げたという形跡はまったくないと言っていい。

(5)　下降調の拍について

平安朝のアクセントには下降調の拍があった。〔付表〕で(2)「名」全体, (7)「溝」の第2拍, (9)「虹」の第1拍, ⑾の第2拍などがこれである。私はこれを/◯˥°/というように表記する。

以前私は/˥/という符号を◯の上に載せて表記していた。これは平山輝男氏が, 京都・大阪語に試みられたものに追随したもので, 私の創唱ではなかった。これは敬服すべき創見だった。が, 今これについて考え直した。というのは, 服部氏が私のアクセント観を批評して, 春彦は《高い》という調素と《低い》という調素とを, 対等の関係にあると考えている。それはまずいと言われたことに基く(14)。

私は, この服部氏の反対の意味はよくわからない。音素の中に母音と子音の区別があるが, 私の調素の中にはその区別がない。が, 私はそれで差支えないと思う。《高》《低》という二つの調素は, 音素のうちの《a》と《ə》とのようなものだと思う。現実に二つの調素が組合せられて一つの拍を作る場合に, 主従関係ができればそれでいいので, 京阪語の「雨」のメに現れるような下降調な拍では,《高》が種で《低》が従と見る。このことは前稿「高さのアクセントはアクセントにあらず」に述べたとおりである(15)。しかし, 服部氏のような意見が出るのは, 私が◐とか, あるいは◯

の上の中央のところ/˥/を載せた符号を使ったのが悪かったものと反省する。私は素意をはっきり形に表わすために/○˥°/という形に改めようと思う。以前，小丸を下右に付けた符号を用いたことはあったが，今回/○˥°/と改める。小さい丸が上や下の方につく意味は，小丸が○°のように上の方についた時は，その小丸は直前の○と一拍を形成することを表わす。したがって，もし小丸が◦○のように下の方についている時は，次の○とで一拍を形成することになる。このように定めておけば，⌒とか‿とかのような符号を使わなくてすむ。以上のように決めると，(2)「名」(7)「溝」(9)「虹」や(11)「雨」や(16)「蜥蜴」(21)「立てり」のような語は，すべて〔付表〕の1欄にあるように表記されることになる。

(6)　上昇調の拍の表記

平安朝のアクセントでは，現代の京都・大阪語とちがい，二拍以上の語第1拍に，しばしば上昇調の拍が現れる。これはどう表記すべきか。早田氏と上野氏がいろいろ苦心しておられるが，私は下降調の拍の表記に，大小二つの円を組合せて用いた。これを応用すれば，上昇調も《低》を表わす円と《高》を表わす円と，二つの円を組合せて表記することになる。下降調の場合には，前の《高》の部分が主であることが普通と考える。だから，それは/○˥°/一種で済んだ。が，上昇調の場合は，前の《低》が主位に立つ場合と，あとの《高》が主位に立つ場合とあり得る。前項で，円を中央より上に書くか，下に書くかによって，前後のいずれの大円と一つの拍を形成するかを示すと約束した。と，《低》が主の場合は，/˥○「°/と表記することになる。《高》が主の場合は/˥◦「○/となる。現在の京都・大阪方言で「木」「火」を一拍の語として発音した場合の上昇型は/˥○「°/と見る。中国北京語の第2声の調価のようなのは/˥◦「○/で表わす。

さて，平安朝の(13)「百合」や(26)「紫苑」の第1拍はどうであったか。二拍に引きのばして言うと○「○調になることはわかっているが，どっちが主であったかはっきり教えてくれる資料がない。ただし，この種の拍は，

次の鎌倉時代には《高》の拍と紛れてしまった。この事実を重視すると，平安朝時代には《低》の方が従位に立っていたと解するのがよさそうだ。つまり，無造作に発音すれば，《低》が消えて《高》だけになろうとしたと解する。と/˥○˩○/であったと推定することになる。もっともこれは平安朝時代の話で，この拍はもともと《低》だけの拍と縁が深い。一方，奈良時代のアクセントは，平安朝時代のアクセントとあまり変っていなかったらしいことが，高山倫明氏によって明らかとなった(16)。奈良時代にはこれの拍は，平安朝時代とちがい，/˥○˩○/だったと考える。

3　私の方向観の自負するところ

以上が私の抱懐する，方向観による平安朝京都語の解釈で，その結果を一覧していただくようにしたのが，〔付表〕の1欄である。この節では，なぜ私がこのような考え方をするか，どういう点で私の考えの方が諸家のお考えより勝っていると自負するかということを述べてみたい。

その一は，**私の考えが一番よくすべての型を表記し分けることができる**ということで，これが何よりの強みだと考える。すなわち〔付表〕で，(5)「歯」，(13)「百合」，(14)「腓」，(28)「えやみ」のような上昇調の拍が出てくると，川上説では表記できないように見える。早田説では，C説で(15)「歯」，(13)「百合」，(14)「腓」は表記できるようになったが，それでも，シオン［／￣￣］のようなものは表記できないのではないか。早田氏は，第1拍が上昇拍であると，第2拍以下はすべて低平拍であると想定されたが，現実には(26)にあげた「紫苑」や「露盤」のような例もあるし，和語の例をと言われるならば，「めかつら（牝桂）」［／￣￣￣］のような例もある。第1拍が上昇調の場合，もっといろいろ工夫される必要があると思う。

なお，早田C説では，(10)「松」や(23)「心」を語末に/˥/を付けた形で表記しておられるのは，漢語の「乳のかゆ」や「駱駝の馬」との区別を考えて

の苦心の処理であるが，その結果，⑾「雨」や㉔「あきづ」と同じ形に表記されてまずかった。もし，私が氏のように考えたならば，「雨」「あきづ」は/┐○┌○┐°//┐○○┌○┐°/であるのに対して「松」「心」は/┐○┌○┐//┘┌○○┌○┐/，「乳」「駱駝」は/┐○┌○//┐○○┌○/で三つとも区別される。もっとも私は「松」「心」と「乳」「駱駝」とのちがいは，形態音韻論的なちがいで，両方とも/┐○┌○//┐○○┌○/と見ておいていいと思う。また「駱駝」は当時すでに三拍語だったと見て差支えないように思う。

次に服部氏の表記では，⑷「巣」，⒀「百合」，㉖「紫苑」，㉗「なずれ」，㉗「えやみ」が表記できず，また⑼「虹」，⒆「日向」も表記できないのではなかろうか。

以上のように見てくると，このような型をも表記できるものは，私説と，上野B説だけである。が，しかし，上野B説でも表記できない型が，この他にあるように思う。それは［￣／］という型である。図書寮本『類聚名義抄』では，「思量る」という語に対して，平去平平上型の声点がさしてある。「おも」の部分［＿／］型だったと解される。このように［／］が第2拍以後に来る場合の表記は，上野B説では困るのではないか。私の説ならば，/┐○｡┌○┐○○┌○┐°/と表記できて問題はない。これと同じような型は，まだあったかもしれない。つまり，私説以外は，すべての型を表記し分けるためには，いろいろ考え直していただかなければならないように思われる。

第二には，**連語におけるアクセント変化をよく説明できる**ことである。

例えば，高い平らな型の次に，低く始まる型が来る場合である。服部B説の場合には，低く始まる型に対して，語頭に符号を付けない。高く始まる型と区別がない。そのために「咲く花」「降る雨」のような連語は，

サク＋ハナ」──→サク┐ハナ└

フ」ル＋ア」メ┐──→フ」ル┐ア」メ┐

となり，/┐/という符号がどこから入ったかという説明を考えなければい

けない。他の諸家の場合は，例えば上野B説では，

サク＋⌞ハナ ⟶サク⌝ハナ

⌞フ⌜ル＋⌞ア⌜メ⌝ ⟶⌞フ⌜ル⌝ア⌜メ⌝

で，/⌞/が/⌝/に変化したとすれば，説明が一往でき，川上説・早田説もほぼ同様である。が，非常に見事とは言えない。私説の場合には，

サク＋⌝ハナ⌜ ⟶サク⌝ハナ

⌝フ⌜ル＋⌝ア⌜メ⌝ ⟶⌝フ⌜ル⌝ア⌜メ⌝

でこの点ぴったりである。

次に低く始まる型のあとに高く始まる型が続く場合にも問題がある。服部説だけは，

ハナ」＋サク⌝ク⟶ハナ」サ⌝ク

で簡単でよいが，諸家のものは，こうは行かない。例えば川上説では，

⌞ハナ⌜＋⌜サ⌝ク⟶⌞ハナ⌜サ⌝ク

となって，ハナのあとの/⌜/が無用の長物と化する。早田C説は，

⌞ハナ＋⌜サ|ク⟶⌞ハナサ|ク

で，この場合，始めにはあった/⌜/の行方を説明しなければならない。上野説は，

⌞ハナ＋サ⌝ク⟶⌞ハナ⌜サ⌝ク

で，ナとサの間に今までなかった/⌜/を入れなければいけない。これに対して私案では，

⌝ハナ⌜＋サ⌝ク⟶⌝ハナ⌜サ⌝ク

のようになり，ぴったりではないか。

一体このような解釈では，少数の符号ですませる方が，多くの符号を使

うよりも服部氏のいう経済の原理に叶っている。私の説は/⌝/と/⌜/との一元二要素であるが，諸家の説を見ると，

(1)　早田A説・服部B説/⌜//⌝/の ⎫
　　上野A説　　　　　/」//⌝/の ⎭ 一元二要素

は私説と同数であるが，

(2)　早田Ｃ説　/⌈//⌊//ˈ//ˇ/の三元四要素

(3)　川上説　/⌈//⌊//⌈//⌊/の二元四要素

(4)　服部Ａ説・上野Ｂ説/⌊//⌉//⌋/の二元三要素

(5)　早田Ｂ説　/⌊//⌉/の二元二要素

のように，多くの説は私のものより多くの符号を必要としている。服部氏も，今の立場を変えずに(4)「巣」や「(9)「虹」その他の語の表記を考えると，一元二要素ではいかなくなるのではなかろうか。

この**経済の原理に叶う**点が，私の説の第三のミソである。

最後に当時の京都アクセントでは，高く始まる型は共通の性質をもっており，低く始まる型はそれとは別の共通の性質をもっていた。すなわち，高起式の型と，低起式の型に二分されていたと認められている。この区別は，明瞭に表わされることが望ましいと思うが，これを最もよく表わしているのは，川上説，早田Ｂ説，上野Ｂ説と私説である。服部Ａ説では，/⌊/が付かないもののうちに，高起式の型と低起式の型とがあって，わかりにくかった。服部Ｂ説は上野Ａ説と同じようなもので，多少改良されたが，約束ごとをよけいに覚えなければならない。早田Ｃ説はそれよりはよいが，しかしまだ改良の余地がある。

以上この節に述べたことを要約すると，多くの案の中で，**私案だけが経済の原理にも叶い，どんな型でも表記でき，型相互の近縁関係をもはっきり表わし，しかも連語のアクセント現象でも無理なく表現できる**ということで，最もすぐれたものと自負するが，どこか間違っているであろうか。

4　終　り　に

私は以上のようで，従来発表された諸家の方向観による平安朝アクセントの音韻論的解釈は，いずれも不備な点があり，ここに発表した私案が一

番良いものと自負している。が，はじめに述べたとおり，これは，私が方向観をとればこうなるというだけのことで，私は高調素と低調素の二元による段階観の方がすぐれたものだという考えは変らない。科学の一般的基準として，分析できるものは分析し，そののちにそれらの関係を考えて，全体を見るということがあるが，その意味で段階観の方が，より見事に分析して単位を考えているだけ勝っていると思う。

なお，私の調素による段階観は〔付表〕のc欄に掲げたが，私の方向観について，/○⏋°/や/⏋∘⌜○/のような様式を始めたことについて，段階観も◐型のような記号は改めて●°型というようにしたい。とすると，/⏋∘⌜○/は同様に《∘●》とすることになり，/⏋○⌜°/は同様に《○•》と改めることになる。〔付表〕のm欄に挙げたものがそれである。

〔付表註〕

この表は，上野善道氏が「アクセント素の弁別的特徴」〔『言語の科学』6（1975）〕の73頁に発表されたものをもととし，私意を以て補足したものである。早田C説は『岩波講座日本語』5〔音韻〕所載の早田輝洋「生成アクセント論」に拠り，服部B説は「表層アクセント素と基底アクセント素とアクセント音調型」［〔『言語の科学』7（1979）〕の90頁によって補い，上野B説は，「アクセント素の弁別的特徴］〔前出〕の83頁と，『岩波講座日本語』5〔音韻〕所載の上野「日本語のアクセント」に拠った。

語例欄　上野氏の「アクセント素の弁別的特徴」に見えるものはそれに従い，新たに早田氏によって「日向」を補い，『類聚名義抄』の訓からナズレ（ソ）を，『日本書紀』古写本の歌謡から「立てり」を加えた。型の種類はこのほかに上野氏の言われるように［／＼］型や［／￣＼］型も考えられる。私は11頁に述べるように［＿／］型があると見る。［＿＿／］型もありそうだ。

(b)欄　「歯」はあるいは［∧］型だったかも。

(c)欄　もし「歯」が［∧］型だったら，一つの○を白，黒，白の三段に染め分けた符号になる。

三九七

(d)欄　末尾の/⌜/は（　）に入っているが，印刷の面倒を思い（　）をはずした。

(e)欄　「歯」「腓」「えやみ」に対して，上野氏はそれぞれに二種類ずつの表記を推定しておられるが，ここには省いた。

(g)欄　早田氏は「溝」の上東型は誤記か，臨時の音声学的なものかと見られる。「蜥蜴」も認められないであろう。「日向」は，二語のように言った形か，あるいは一語として弛い複合の形だったろうと見られる。「紫苑」は外来語で別扱いすべき

ものと言われる。

(l)欄　「歯」は［⋀］型ならば」○「○˥○となる。

(m)欄　「歯」は［⋀］型ならば○●○となる。

註

(1)　早田輝洋氏は『岩波講座日本語』5〔音韻〕(1977) の 348 頁以下で，四拍以上の語には，上と平の組合せに制限があったと言われる。この論述にはなかなか説得力がある。しかし私は，四拍語ではまず，平平上上型は健在だったと解する。図書寮本『類聚名義抄』の 128 頁に，

　　能良万米《平平上上》［野豆］

　　阿知万米《平平上上》［穭豆］

　　曾比万米《平平上上》［鵜豆］

のような語があるが，「豆」の部分が単独の場合とアクセントがちがっている。これは全体が一語になっているものと解する。同様に五拍語には，これは観智院本であるが，

　　オホガシラ《平平上上上》［大頭，仏下本］(129 頁)

という例があり，第 3 拍に連濁が起っているところから見て，完全な一語になっているものと解する。早田氏があげられた「稲負せ鳥」の四つの例は，平平平平平上平型のものは完全に融合した場合のアクセント，平平上上上上平型のものは，十分融合していない形のアクセントではなかろうか。オの部分の声点がないものは《上》の声点の落ちたもの，オが《平》になっているものだけは誤写であろう。

(2)　金田一春彦「私のアクセント非段階観」〔『国語研究』17，1963，所載〕8 頁―11 頁（小著『日本語音韻の研究』(東京，東京堂出版，1967) では 333 頁―336 頁）を参照。

(3)　その事情は服部四郎「アクセント素とは何か？　そしてその弁別的特徴とは？」〔『言語の科学』4，1973，所載〕の 22 頁を参照。

(4)　宮田幸一「日本語のアクセントに関する私の見解」〔『音声の研究』2，1928，所載〕33 頁（柴田武他編『日本の言語学』2 (東京，大修館書店，1978) では 336 頁)。

(5)　服部四郎「音韻論から見た国語のアクセント」〔『国語研究』2，1954，所載〕の 11 頁（同『言語学の方法』(東京，岩波書店，1960) では 251 頁)。服部氏はそれより以前は高松方言の「小豆」と「心」のような対立に対して，高平・下降という二種類のちがった核の存在を考えておられた（服部『音声学』(1951) 194 頁)。どうしても《核》の考え方でこの方言を考えようと言うならば，この方法の方がよかった。この方法を応用して高平・下降・上昇の三種の核を考えれば，平安朝のアクセント

〔付表〕

語例＼表記			(a)	(b)	(c)	(d)	(e)	(f)
			文献表記	具体的調価	段階観表記	方		
						川上説	早田A説	早田B説
(1)	一拍語	子	上	￣	●	⌈○	○	○
(2)		名	東	＼	◐	⌈○⌉	○⌉	○⌉
(3)		木	平	＿	○	⌊○⌈	○⌋	⌊○
(4)		巣	去	／	◑	?	?	?
(5)		歯	去	／?	◑	?	?	⌊○⌉
(6)	二拍語	口	上上	￣￣	●●	⌈○○	○○	○○
(7)		溝	上東	￣＼	●◐	⌈○○⌉?	○○⌉?	○○⌉
(8)		石	上平	￣＿	●○	⌈○⌉○	○⌉○⌋	○⌉○
(9)		虹	東平	＼＿	◐○	?	?	?
(10)		松	平上	＿￣	○●	⌊○⌈○	○⌋○	⌊○○
(11)		雨	平東	＿＼	○◐	⌊○⌈○⌉	○⌋○⌉	⌊○○⌉
(12)		花	平平	＿＿	○○	⌊○○⌈	○○⌋	⌊○⌉○
(13)		百合	去上	／￣	◑●	?	?	?
(14)		腓	去平	／＿	◑○	?	?	?
(15)	三拍語	魚	上上上	￣￣￣	●●●	⌈○○○	○○○	○○○
(16)		蜥蜴	上上東	￣￣＼	●●◐	⌈○○○⌉?	○○○⌉?	○○○⌉
(17)		小豆	上上平	￣￣＿	●●○	⌈○○⌉○	○○⌉○⌋	○○⌉○
(18)		力	上平平	￣＿＿	●○○	⌈○⌉○○	○⌉○○⌋	○⌉○○
(19)		日向	東平平	＼＿＿	◐○○	?	?	?
(20)		烏	平上上	＿￣￣	○●●	⌊○⌈○○	○⌋○○	⌊○○○
(21)		立てり	平上東	＿￣＼	○●◐	⌊○⌈○○⌉?	○⌋○○⌉?	?
(22)		椿	平上平	＿￣＿	○●○	⌊○⌈○⌉○	○⌋○⌉○	⌊○○○⌉
(23)		心	平平上	＿＿￣	○○●	⌊○○⌈○	○○⌋○	⌊○⌉○○
(24)		あきづ	平平東	＿＿＼	○○◐	⌊○○⌈○⌉?	○○⌋○⌉?	?
(25)		男	平平平	＿＿＿	○○○	⌊○○○⌈	○○○⌋	⌊○○⌉○
(26)		紫苑	去上上	／￣￣	◑●●	?	?	?
(27)		なずれ	去上平	／￣＿	◑●○	?	?	?
(28)		えやみ	去平平	／＿＿	◑○○	?	?	?